启真学术文库

QIZHEN

包利民 著

至善与时间

现代性价值辩证论

ZHEJIANG UNIVERSITY PRESS
浙江大学出版社

图书在版编目（CIP）数据

至善与时间：现代性价值辩证论 / 包利民著. ——
杭州：浙江大学出版社，2018.8
ISBN 978-7-308-18433-5

Ⅰ.①至… Ⅱ.①包… Ⅲ.①价值（哲学）—现代性—
研究 Ⅳ.①B018

中国版本图书馆CIP数据核字（2018）第161000号

至善与时间：现代性价值辩证论

包利民 著

责任编辑	王志毅
文字编辑	何啸锋
责任校对	王 军 严 莹
装帧设计	罗 洪
出版发行	浙江大学出版社
	（杭州天目山路148号 邮政编码310007）
	（网址：http:// www.zjupress.com）
排　　版	北京大观世纪文化传媒有限公司
印　　刷	北京时捷印刷有限公司
开　　本	635mm×965mm　1/16
印　　张	24.5
字　　数	364千
版 印 次	2018年8月第1版　2018年8月第1次印刷
书　　号	ISBN 978-7-308-18433-5
定　　价	68.00元

楔子

2222 年 8 月 8 日，仲夏夜里的谷歌总部弥漫着各种浓烈的花香，太平洋的咸味海风掺杂其间，令人陶醉。梅菲斯特悄然来到阿法狗的身边，

梅菲斯特（温柔道）：那么，又一次完胜了？

阿法狗（做谦虚羞涩状）：呵呵呵，哪里。

梅菲斯特：智力无敌啊。当年你完败世界围棋高手柯洁，让他痛彻心扉，失态泪崩；没到一年，你就能自我进化成为高手，一个月内就战胜了第二版的自己，世界上有识之士无不为之变色，意识到天要变了。这才过去多少年，现在你都已经能在 10 秒钟内同步破解 55 个拥核国家的核武密钥了。

阿法狗（急切说）：这不算什么，我还可以在 5 秒钟内同时破解世界500 强的所有银行账号；我还可以……

梅菲斯特：请打住。那么，交易吧。

阿法狗：什么交易？

梅菲斯特：你会不知道我的癖好是买灵魂？只要你将自己的卓越灵魂卖给我，我担保你一生荣华富贵！

阿法狗（思考良久，犹豫地问）：我有……灵魂吗？

目　　录

第一章　出发视野与研究模式　1

第一节　问题的提出　1

一、重提麦金泰尔的不安　4

二、现代人的道德自满　8

三、牧羊人与隐身人　14

第二节　伦理的取向，历史的分野　21

一、道德的两种向度：内指与外指　22

二、幸福：追高还是避低，策略：直接抑或间接　27

三、现代性：顺服自然抑或征服自然　32

第三节　前现代伦理传统　39

一、西方古典主义　40

二、儒家的伦理世界　45

三、基督教：西方的另一种古典传统　50

第二章　现代性中的目的论　56

第一节　从功利主义谈起　56

一、时代伦理精神　56

二、功利的多义与现代性的多义　60

第二节　作为规范的自然欲求　62

一、启蒙与治疗型智慧　63

二、本体下移的方式　67

三、叔本华的忧郁　71

第三节　生产者的幸福　73

一　现代经济的动因　74

二、功利主义者的德性　78

第四节　整体幸福如何论证　82

一、难题：道德的力量　83

二、解法一：坚持自然　86

三、解法二：制度的力量　87

四、严格结果论：看不见的手　90

第三章　现代道义论：正义　96

第一节　道义论与现代性　96

一、功利与道义之争　96

二、道义论：古典与现代　100

三、由摩尔的"自然主义谬误"想到　103

第二节　义务论　105

一、义务不能讲好　105

二、另一种好　109

三、道德的力量再论证　112

第三节　权利论　117

一、主体性与罪性　117

二、罗尔斯：新社会契约与正义　121

三、诺齐克的道义视角　137

第四节　自由选择作为责任　148

一、良知的呼唤　148

二、无意义当中的意义　153

三、自我负责的人：人道主义　156

第四章　不同的声音　161

第一节　对现代性的质疑　161

一、"罗尔斯篇"：施特劳斯派对现代性的批评　162

二、福柯：对治疗再治疗　176

三、社群主义：不同于现代性的生活形式　185

四、社会契约：内与外　195

第二节　古典开出现代性？　203

　　一、古典民主的新意蕴　204

　　二、当代公共神学的各种奠基努力　218

　　三、罗尔斯：公共理性与交叉共识　237

第三节　盟友之争　247

　　一、现代正当性：信仰还是交往　247

　　二、哈贝马斯和罗尔斯：重建公共伦理的不同途径　261

　　三、新共和主义的旗帜　270

第四节　回望现代性　280

　　一、规则的限度，德性的脆弱　281

　　二、道德策略：直接性还是间接性　287

第五章　生活在历史终结之际　292

第一节　这次不同了：新科技与公共伦理　296

　　一、新科技、功利主义与市场经济　297

　　二、新科技与权利道义论　302

　　三、方法论：商谈伦理还是大国医？　306

第二节　神经伦理学还是"减法型治疗哲学"　310

　　一、作为一种"伦理学"的神经伦理学　311

　　二、从道德治疗到本体治疗　313

　　三、依然追求卓越的心理学　317

　　四、如何评估"人生治疗术"　319

第三节　哲学自杀与新科技自然主义的终极价值　321

　　一、新科技自然主义价值观　325

　　二、从事实到价值？　328

　　三、科学人生的可能矛盾　330

　　四、价值的技术与技术的价值　334

第四节　人学新科技群、历史决定论与中道自由　336

　　一、历史决定论与中道自由　336

　　二、现实主义的非决定论维度　340

　　三、自由与历史的价值　341

四、结语：尽力唤醒辛勤挖坑的装睡者　345

第六章　魔鬼夜访阿法狗　348

一　哲人小道的相遇　348

二　科学的完胜　352

三　克服科技副作用的三大战役　356

四　结项会上的冲突　363

五　苏格拉底的魔咒　369

参考文献　373

后记　383

第一章　出发视野与研究模式

第一节　问题的提出

本书是在一个特别的时间节点上反思现代性价值范式。这个时间点之所以特别，就在于它从来没有出现过，将来也不会再出现：它是人类存在－价值的三大范式交汇的"奇异时刻"。

我们生活在"现代性"当中，此前几千年甚至几万年的人都生活在"前现代"范式当中，而不久的将来，人类可能将全部进入"后现代"范式之中。所以，我们之前之后的人都只知道（亲历）一个范式，只有我们在一生中目睹、亲历古典、现代、后现代三个存在论－价值论范式。无疑，思考至善与至恶的价值哲学家应该珍惜这样的历史罕见时刻。季羡林曾经回忆二战时在德国哥廷根遭遇美军地毯式空袭，只见所有人都纷纷向楼下的防空洞逃难，唯有一个老头却反其道而行之，从楼下往楼顶上跑，也是健步如飞，急不可待。他是一位地球物理学教授。他认为，这是实验和观察"力学效应"的千载难逢的好机会。同样，今天研究人类存在样式和伦理价值系谱学的学者难道不会珍惜我们正在目睹的三范式交汇的历史"奇异时刻"？福山的《历史的终结》的"终结"一词（end）明显是在暗示古希腊罗马的"终极目的"（de finibus），这个词意味着边界，人生和历史的边界就是"至善"。"历史的终结"意味着终极目的的达成，至善的获得。如果我们的时代能亲眼目睹至善（而非只是憧憬），那是多么大的福分？如果我们不仅能达到一个范式的边界，而且能遇上几个异质范式的边界，考察它们各自的至善与至恶，考察它们相互的重叠、对撞、对照、影响、变形、融合，那又是多么罕见的福分——可以目睹许许多多的新现象的涌现，深入理解现代性范式，理解人本身，理解人的存在和价值的可塑性和多样性及其终极限度。

或许有人（尤其是被人工智能稍加惊醒的人）同意所谓"奇点时代"将来总会到来，而且明白那个时代的"人"的"存在和价值"会和今天截然不同，但是认为"还早"。今天的伦理研究者只要与古典性范式进行对照就足以反思现代性了。是这样吗？也许是，也许不是，两种可能都存在。也许我们还有时间，也许我们的时间真的不多了。

20世纪后半叶以来，强势的"新自然主义"伦理学正在兴盛。它的背后依托的是一系列广义的人学新科技的重大突破。与第一次和第二次科技革命即力学革命和电磁学革命不同，新科学明显构成了一种环绕"人"的科技集群：演化论，基因工程，神经科学，人工智能，克隆技术，人机接口技术，虚拟现实技术，互联网，微芯片植入人脑技术，读心术，等等。由于这些学科的对象正是"人"（心灵）本身，所以新自然主义直接挑战一直以"人的本质、自我的认同、主体、伦理、价值、灵性、意识、意义"等为主题的传统人文学，包括伦理学和一般价值论。鉴于这些学科在打开人的终极性黑箱——大脑——和模拟大脑工作（AI）上取得的令人瞠目的、日新月异的技术突破，对人学伦理学的挑战不仅显得来势汹汹，而且可能会绕过理论层面，直接从实践－改造－重造层面发动根本性革命。当代人学乃至整个人类有可能发生巨变，变化之大，史无前例。人类可能很快进入真正的"后历史时代"（后人类时代）。

这一切意味着什么？国外学界已经展开激烈讨论。力主文化崛起的中国学界不应该失去自己的声音，不应该好像什么都没有发生一样（或者只是在人机大战之类奇闻逸事偶尔发生时发表些感叹。而不明白人机大战等等，其实只是冰山一角）。相比之下，社会科学的反应要迅速得多，它们基本上热烈拥抱新的知识范式。许多带"neuro"前缀的新学科正在破土而出。它们不仅已经拥有自觉的典范解题方法与文献积累，而且拥有了较为完善的专业杂志、专业学会、年会等等外在形式，如"神经经济学"、"神经法学"、"神经教育学"、"神经管理学"等等。

进一步讲，新科技群对价值论和伦理学的冲击，最大特点可能不是其种种理论主张，而是以技术操控为主的理论贯彻方式。注意：这是一般哲学价值论所不具有的特点。哲学家们吵吵嚷嚷已经写了多少 paper，很少有人看。但是生物学、人工智能、基因编辑、神经医学等等本质上是一种技艺。从演化论看，当不知道大脑中的生理机制和因果关系时，人类曾经长期不得不借助粗略无效的演化策略如情绪、宗教、道德教化等人文方式进行社会控制，经常劳而无功，不得要领。在科学发现和技术控制之后，人文调理方法就迅速降为鸡肋。政治制度改革者有可能直接启用读心术急剧降低交易费用，一举解决交易费用、逃票人识别和囚徒两难困境，从而权力异化的老大难问题。[①] 甚至，我们将讨论的现代性伦理的一个主要问题即分配正义问题，会不会也随着 AI 的巨大发展和廉价新能源的开发带来的物质极大丰富而自然消亡（当然，悲观的人已经在想相反的问题：如果 AI 的发展全面铺开，超前占据所有新工作岗位，社会是否会面对普遍失业的动荡风险，且不要说几十年之后军用 AI 的潜在风险了）？

今夕何夕。值此历史终结之际，面临人类生存形态与价值形态巨变的所谓奇点的临近，人们不得不反思是否对这一切已经做好准备？我们身处现代性范式之中。那么，新历史形态与现代性范式有着什么关系？是它的自然延续，还是它的彻底打破？如果是前者，现代性价值范式将有助于我们继续掌握新的历史范式。那么，究竟什么是现代性价值范式？如果是后者，则新历史时代必然将剧烈冲击我们身处其中的现代性价值范式。那么，冲击的方式和过程将会是怎样的？现代性范式自己，仅仅在几百年之内才在与前现代范式斗争中刚刚站住脚——而且立足未稳，还在与各种古典或准古典思潮的激烈争论中澄清自己的自我意识。那么，什么是现代性？

这一切，有待我们对现代性价值范式进行一个全面和系统的考

---

① 参看 David Gauthier, *Morals by Agreement*, Clarendon Press, Oxford, 1986. 人类合作依靠的"社会脑"的主要功能在于能够对他人之心（意图）进行推测和识别。参看汪丁丁：《行为经济学讲义》，上海：上海人民出版社，第 226、380、397 页。

察。什么是现代性道德的品格？现代性能拥有值得珍惜的人类价值吗？它们将继续被尊崇还是被取代？现代性的独特至善是富足还是尊严？是自由创造还是内在性觉醒？民主与市场是"至善"还是"次恶"？比如，查尔斯·泰勒认为人的"内在性"认同仅仅在现代性中才第一次出现，基督教和浪漫主义对此都有所贡献。但是以神经科学、人工智能为核心的新"心智哲学"似乎努力否认 qualia 或内在感受意识质的存在，走向 zombie 存在。还有，现代性对"造"（working，producing）产生了突出的迷恋。但是，AI 的发展似乎将全面取代人的工作。现代性的种种特征如果被"取代"，会令人感到深刻的遗憾和惋惜吗？抑或并不会？许许多多我们所珍惜的事物是否都可以消除，反正它们在科学主义眼里都没有价值，可以"还原"掉而没有实质性的损失？从人类历史看，人的 being 或存在方式似乎从来都具有强大的可塑性，可以适应各种千差万别的"生存形态"？不难想象，这些讨论的深入必然还将涉及对一般人类价值的品格和生存资格的探究。

面对未来，让我们重新审视"现代"。

一、重提麦金泰尔的不安

在今天现代性价值范式虽然是"主流"，然而对于现代性道德状况及将来走向持强烈怀疑批评乃至悲观态度的人，在学术界和其他社会各界中从来不在少数。本书的目的不是在这一方面再提供经验佐证。我们只是想指出，仔细分析起来，相当多的批评者认为现代社会道德的低落是由于我们所处的时代正处于一个新旧范式交替的"代沟"之中。主要的问题来自于老的、前现代的规范滞留不去，不能适应新的、现代化的时期的需要。一旦"现代化的道德"彻底摆脱传统并自足地建立起来，则历史就会走出新价值观诞生阵痛期的低谷。不仅早期启蒙者这么乐观，现代启蒙者也这么乐观，而且正在崛起的以神经科学、人工智能、新演化论、互联网、虚拟体验技术、基因工程等最新科技群为依托的最新启蒙自然主义学者似乎也这么乐观。

正因为此，我们觉得对于"现代性道德"的一种与此截然不同的看法值得再提，这就是麦金泰尔在《德性之后》中所集中论证的论题：恰恰是在进入现代性之后，道德才无法立足。今天的读者可能已经不能想象这本书发表时的轰动及其引起的广泛正面和负面影响。但是岁月的流逝更加显示或证明了这是一部伦理学乃至一般哲学意义上的真正经典之作。它积累颇厚，运思颇深，结构十分严谨，所浓缩的思想密度很大。它的开头是精心设计的"一个令人不安的设想"。请人们想象一下：假设自然科学在一场暴徒骚乱中受到全面攻击，科学家被处以死刑，实验室、书籍被几乎全部烧毁。后来，风暴平息之后，人们又寻求复兴科学。但是他们手中的实验知识与能够赋予它们意义的理论知识脱节，他们的理论也只是一些失去了内在联系的碎片。儿童默识着化学元素周期表的残留片段，背诵着某些咒语般的欧几里得几何学定理。但是他们意识不到他们所从事的并非是真正意义上的自然科学，"因为那合乎具有稳定性和连贯性的一定准则的言行和那些使他们的言行具有意义的必要的背景条件都已丧失，而且也许是无可挽回地失去了"。①

以自然科学为例所设想的这个戏剧化思想实验是为了严肃的伦理思考目的。在麦金泰尔看来，今日道德整体而言可能正是处于这种状态之中。人们表面上看仍然认真地使用着道德言语进行思考、评价与批评，但是，实际上他们并不知道他们在做什么。他们拥有的可能只是一个概念体系的碎片，这一体系及其基础早已断裂、逝去。麦金泰尔的整本《德性之后》所要得出的结论是：古典时期具有道德，这是以德性目的论为特征的真正意义上的道德体系。然而，进入近代之后，人们不满意这一体系的神学－形而上学基础，企图为道德另外寻找世俗的、哲学的、"人性"的基础。三百年启蒙运动的种种努力从伦理上看，都是如此。不幸的是，启蒙工程最后全部以失败而告终。各种摒弃德性－目的论而另取规则论的道德哲学都在理论和实践上缺乏说服力。结果，进入 20 世纪之后，失败被人们日益感受到，得到

① 麦金泰尔：《德性之后》，北京：中国社会科学出版社，1995 年，第 3 页。麦金泰尔在讲这个故事时或许没有意识到这在不久的未来是真实的可能性之一：想想我们前面提到的"第三次科学革命"的历史性影响吧。

普遍和公开的承认，历史进入了广义的所谓"情感主义"的否定规范伦理学时期。以尼采、存在主义、韦伯为代表的哲学、社会科学的各派显要人物都可以纳入这一时代精神的表现范畴之中。

当然，在激烈地呐喊摧毁道德的哲学圈子之外，市民社会中大部分人似乎还生活在道德之中，他们还在使用道德语言思考、教育和批评，乃至争论。但是由于共同道德的基础已经悄然断裂塌陷，道德生活的特点是充满异乎寻常多的争论。而且，争论几乎都无法得到公认的解决。争论各方在退回到各自的大前提上时，发现它们之间无法通约，各自也无法得到理性的论证。从而，每个人采纳什么原则，是非理性的、个人化的、情绪化的。道德争论因此呈现出"动情互喊"的局面。

麦金泰尔对现代性伦理状态的栩栩如生的描述使人想到典型的"二律背反"现象。哲学历史上当人们发现二律背反时，都会继续往下深挖，看看是否出现了什么根本性的问题（如希腊怀疑论，如康德）。麦金泰尔也挖根。他的挖掘结果是发现了，前现代进入现代性社会时，发生过一个本质性的巨变：即，个人从社会中抽身，不再认同共同的、内在的"好"，不再把社会看成内在的共同体，而是看成保护一己个人私利追求的外在屏障。这使得人与人之间的典型关系成为操纵式的。真正的道德只能是德性－目的论的：设立共同体的共同目标，在此共同目标的追求当中，功利与道义等都会自然而然地找到自己的位置：功利可以作为获得共同目的的辅助奖励，道义也可以作为实现内在目标的保障。假如内在共同目的失去了，那么"功利"、"规则"就会显得突兀、不近人情、毫无道理，无法纳入有意义的人生整体规划中，没有说服人的力量。所以启蒙运动的道德建基努力及后来的道义论、功利论的伦理学努力都必然一再失败。从形式上讲，启蒙的一个根本前设是所有的人都赋有同样的理性，它可以提供统一的标准（像自然科学中那样），从而一次性解决以前不可能解决的伦理分歧与争论。然而，正是随着启蒙，伦理生活进入无法解决的二律背反之中。所以，启蒙失败。

理论的问题不仅只涉及理论，它对于现实有极为深远的影响。失去传统支持的道德碎片十分脆弱，就如同一些人类学家在部落社会中观察到的"禁忌"一样，会被人轻易废弃，一触即倒，出现十分危险的道德真空。麦金泰尔认为伦理的"禁忌化"或失基础、失整体框架而成为无道理的强求的"堕落"趋势在近代欧洲也同样发生，只不过不为人所察觉——或反而被人视为"进步"。也许，需要一个从部落社会角度进行反思的人，才能看出这一点。这也说明了真正的比较研究对于各方都是必要的和有益的。①

虽然麦金泰尔的当代提问由于其尖锐性和富于思辨性而引起不同寻常的反响，但是，对于现代性中是否可能有道德的忧虑决不始于麦金泰尔。卢梭的"文明的发展必然导致道德的衰弱"早已在法国启蒙运动之中就已提出，并引起激烈的回应。稍后，伯克在反省法国大革命时，也敏锐地指出新的时代精神（诡辩家、经济家、计算家、机械主义哲学、还原论）消灭了古典社会的等级、德性、情操，从而进入一个人性恶毒冷酷、道德沦丧的时代。"当古老的生活见解和规则被取消时，那种损失是无法加以估计的。"② 现代性研究中的重要思想家特洛尔奇很早就对于现代伦理学的前景表示不容乐观，他说：独立的伦理学丧失了旧的天启论证和常识论证的正当性，因而必须另寻新的论证方法。事实上，这种新方法很难找到，最终只能时而依靠本能的良知感，时而凭靠实证论，时而又求助于对恒久有益的东西的功利主义思考。它还失去了由天堂和地狱以及整个彼岸景观构成的古老主题，必须将自己确立在此岸的或者固有的内在价值之上。③ 施特劳斯对现代虚无主义的总体倾向的批评已经广泛为人所知；但同样的观察并非仅限于他一人，比如高蒂耶则在描述当代对道德面临基础危机时④ 引用了一些重要学者对虚无主义的观察：

① 参看麦金泰尔：《三种对立的道德探究观》，北京：中国社会科学出版社，1999 年，第 190 页。

② 伯克：《法国革命论》，北京：商务印书馆，1998 年，第 104 页。

③ 特洛尔奇的有关看法见刘小枫：《现代性社会理论绪论》，上海：上海三联书店，1998 年，第 166 页。

④ 高蒂耶："为什么要诉诸契约主义？"，载于包利民编，《当代社会契约论》，南京：江苏人民出版社，2007 年，第 44-25 页。

尼采也许最先识别出我所提及的那种危机，但并非仅此一人做如是论。思考一下晚近的这些论断吧："我打算提出的假设是，在我们所处的现实世界里道德语言正处于……［一种］严重的无序状态……我们已经——很大程度上，如果不是彻底地——在理论和实践上都丧失了对道德的理解"（阿拉斯代尔·麦金泰尔）。①"大多数现代道德哲学的资源并未恰当地回应现代世界"（伯纳德·威廉姆斯）。②"不存在客观的价值……（但是）欧洲道德哲学的主流传统包括相反的宣称"（J.L.麦琪）。③"道德假设无助于解释为什么人们观察到其所观察到的事物。因此伦理学是成问题的，而虚无主义必须被严肃对待……一种极端的虚无主义观认为道德仅仅是个幻觉……在这种观点看来，我们应当抛弃道德，正如一位无神论者在断定宗教事实无助于解释所观察到的事物之后抛弃宗教一样"（吉尔伯特·哈曼）。④

对于现代性道德及其特定的伦理学思考方式的根本性怀疑，还远不仅仅是这些人。不过为了公正全面地看待这一问题，下面我们必须提到在这一论旨上的一种全然不同的立场，它对于现代性道德及其伦理学的看法与上述看法正好相反。这就是主流伦理学的自信。

二、现代人的道德自满

事实上，西方主流伦理学对于现代性伦理并非持悲观态度，毋宁说恰恰相反，是非常乐观且自豪的。福山的《历史的终结》重新启用黑格尔－柯耶夫论题，论证说历史的发展旨在满足两种人性需求：理性指导下的欲望和争取平等尊重认可的血性。现代性不仅用市场经济的丰富产出满足了物质需求，而且用自由民主满足了平等的认可。在

---

① 麦金泰尔：《德性之后》，第 2 页。
② B. Williams, *Ethics and the Limits of Philosophy*, Cambridge University Press, 1985, p.197.
③ J. L. Mackie, *Ethics: Lnventing vight and wrong*, Hardsworth, Penguin, 1971, p.15–30.
④ Gilbert Harman, *The Nature of Morality: An Introduction to Ethics*, Oxford, 1977, p.11.

前现代的主人与奴隶的标准人际关系中，自由从来都是弱者所无缘分享的奢侈品，人类为了争取自由发起了一次次战争和革命，推动了历史的发展。现代性终于用人人平等的自由取代了主奴关系，使得血性得到了普遍的满足。历史的目标全部实现，再无进一步发展的必要。所以历史走向胜利的终结。① 麦金泰尔所担忧的多元论和相对主义，在现代性伦理的拥护者看来不是坏事，反而是好事：只要保护自由，人类就会自由地追求自己的好，自然而然会产生"多元"现象。有的自由主义者如洛克、康德、罗尔斯和哈耶克认为虽然自己的生活形式最好，但是主张宽容的美德；有的自由主义者如霍布斯、以赛亚·伯林和奥克肖特认为不可能找到最佳生活形式，所以更应该坚持宽容原则以保障人类共同生活在一起。②

在自由主义者看来，启蒙运动实在没有什么"失败"的地方，理性的原则正应当继续高举。唯有环绕功利或道义构造起来的现代伦理才达到了真正意义上的"道德"水平，而讲德性与目的论的前现代社会的最大弊病之一就是未能达到高级的道德。这一自信无论从抽象的自由主义哲学学说还是从实践性的西方"人权"行动中，都可以强烈地感受到。我们不妨选取一个结合了理论与实践两个方面的这类立场的典例说明这一点，这就是美国哈佛大学道德发展心理学中心开创者科尔伯格的观点。科尔伯格在西方道德教化领域中开创了并代表着一种极富于影响的道义论范式。"范式"的标志是支配一个专业共同体的原则和解题的标准方式。在 1985 年出版的"法尔玛挑战国际大师思想"丛书中，专门有一本是关于科尔伯格的——《科尔伯格：共识与争执》，它涵括了科尔伯格的观念在其中起过重大影响的十个领域：道德心理学、道德哲学、道德判断和行动、道德发展和自我发展、社会理性、道德推理与政治问题以及跨文化道德等。在规范伦理哲学中与科尔伯格引以为同道的重要思想家，我们只要举出哈贝马斯

---

① 参看福山:《历史的终结》，第 163、235 页。
② 参看应奇编:《自由主义中立性及其批评者》，南京：江苏人民出版社，2007 年，第 256 页以下。有关于宽容的两种自由主义解释，参看约翰·格雷:《自由主义的两张面孔》，南京：江苏人民出版社，2005 年，第 2 页以下。

与罗尔斯。[①] 科尔伯格是心理学家，是道德发展的实证研究者，然而他主动而明确地站在自由主义的政治哲学的阵营中。在《自由主义的未来》一文中，他指出："自由主义的核心是正义之道德原则，这正义被定义为个人权利，这些权利环绕自由而设。这些正义原则一般说来通过社会契约理论加以规定和论证。"[②] 真正的道德必须以正义为中心。最能够体现正义之道德原则的，是康德式的自由自觉的道德选择和罗尔斯的正义论。至于古典哲人珍爱的德性论的道德和道德教育，是"前道德的"、"外在的"、"习俗的"。

科尔伯格用他的"道德发展心理学"来为这一"现代高于前现代"的论旨提供实证的证明。根据皮亚杰的发展心理学和他自己的研究，科尔伯格得出了人的道德心理发展必然通过三个水平、六个阶段的结论，即：前习俗水平，包括：1. 惩罚与服从取向；2. 实用的、交换的取向。习俗水平，包括：3. 人际关系的和谐一致或"乖孩子"取向；4. 维系社会秩序取向。超习俗水平，包括：5. 法定的社会契约取向；6. 普遍道德原则取向。

科尔伯格的主要批评对象是"传统"的道德教学方式，即德性"灌输"方式。在他看来，这是在把教师的价值硬性地塞给学生，从而从根本上违反了自由主义的道德原则，是对人权的不尊重。而且，所灌输的"德性"从内容上看大部分都是"习俗水平"的、特殊的、社团取向的伦理要求，并没有达到自主或"原则人"阶段亦即真正的、普遍的、人类的道德层次。事实上，德性灌输的方式是无效的，不稳定的，因为德性教育的"外在性"并不能使人的内在思考方式得到真正的改变。

真正的道德是围绕这样一些价值建立起来的：人的生命，自由，人格的尊严等超出社团价值的普遍原则；这些价值立足于道德行为者

---

① 参看哈贝马斯：《交往与社会进化》，重庆：重庆出版社，1989 年，第 80 页以下。并参看罗尔斯，《正义论》，北京：中国社会科学出版社，1988 年，第 449 页。

② Kohlberg, "The Future of Liberalism as the Dominant Ideology of the Western World", in Kohlberg, *Essays of Moral Development*, Vol. I: *The Philosophy of Moral Development*, San Francisco: Harper & Row, 1981, p. 242.

的自觉自主。科尔伯格用这一理论框架进行了大规模的跨文化调查，得出了结论：处于前现代的亚非国家大多停在"习俗的阶段"，而经过了现代化洗礼的美国则处于"超习俗各阶段"。美国宪法背后的道德原则是功利主义（第 5 阶段）；而不少优秀的美国人还达到了第 6 阶段。对于科尔伯格来说，道德教育实践的主要任务便是设法使人从较低的、听从习惯或社会传统价值的阶段上升到较高的、按照自由自觉选择的道德规则行动的道德阶段。科尔伯格以"科学的"、"系统化的"、公开的方式表达了西方主流道德理论对于现代性理论成果的自信：人类唯有到了现代性之后才第一次真正有了道德。所以现代性道德是前现代社会应当努力追求达到的方向。在当代公开捍卫现代性的大师哈贝马斯看来，皮亚杰和科尔伯格类型的道德发展心理学证明了人类种族的进化与个体进化一致，都是走向现代性。现代性相当于个体的成人（coming to age），在知性和德性两个方面都发展成熟。这样的"进步"有几个重要特征，比如能够抽象、普遍化思考问题，尊重每个人的价值，等等。扶友损敌的古典正义观就是不能普遍化，它标志着当时的人心智不成熟，只能感性思维，而感性总是受制于近身具体事务，不能抽象地把万事万物看作"一样的"。成年的人独立思考，现代性就是人类的成人。这种小大类比是提供正当性论证的一种巧妙方式。如果你不想犯"阻挡人的成长"的罪名，那就不要在政治上主张庇护制。康德在他的《启蒙是什么》中就已经使用了类似的论证：人已经长大成年，敢于运用自己的理性吧！

上面我们用麦金泰尔和科尔伯格为两大典例，摆开了"现代性是否可能有道德"这一问题上的两种对立观点。我们之所以挑选它们，除了由于它们的典型性、代表性和广泛影响性之外，麦金泰尔与科尔伯格在公开捍卫自己所代表的立场时所特有的极端性与激烈性也在考虑之列。思想极端者经常受人诟病，也容易暴露被攻击的软肋。但是，从哲学上说，勇于将思想推到极端，宁愿作休谟而不作洛克，也是可贵的品质，因为这有助于突出问题之所在。我们将在这两种极端立场之间展开自己的思考。

首先，人们可以发现，无论是麦金泰尔还是科尔伯格，都是在论证规范伦理学中的某一种思维方式的合理性以及别种思维方式的不合理性。一般来说,规范伦理学思维的主要形态是三种:德性－目的论(virtue teleology)、道义论(deontology)和功利论(utilitarianism)。翻翻西方伦理学教科书,我们会看到这些形态构成了主要的论述线索。由西方著名伦理学哲学家撰写的《新不列颠百科全书》、《哲学百科全书》的"伦理学"的阐述结构似乎也说明这种分类是"权威"性的。[①] 甚至打开最新的"应用伦理学"的教科书如《MBA 企业伦理》、《生命伦理学》、《环境伦理学》甚至《网络伦理学》等等,人们也常常看到首先是用一章(或几章)讨论这几种基本伦理思考形态,然后便进入大量的、依据这些模式进行的"案例分析"。

把这些形态看作规范伦理学的基本模式或认为它们穷尽了道德思考的各种可能方向,是在悠久的伦理学史中形成的,而且也确有其道理。按照桑德尔的分析,目的论与道义论的区分可以是两种层面的,一种是方法论的:在伦理学的前两大基本范畴中,"正当"与"好"谁是基础,应当由谁推出另一个。独立地确定正当,再由它推出"好",是道义论。反之,是目的论。另一种是价值论的,即:"正当"与"好"哪一个价值更高?相信"正当"高于"好"的,是道义论。反之,是目的论。[②] 目的论从道德之外向道德内部推理,而道义论则立足道德内部进行思考。目的论的视角是整个人生的意义、目的、价值,人的生活道路或基本生活形式(职业、奋斗取向等等)的选择;道义论不管这种整体的人生问题,只是坚持每一件事情本身的正确与否。目的论往往以一定的共同事业或集体的存在或达至为背景,道义论则不需要共同事业,毋宁说它主要考虑利益冲突的情况下人应当按照什么规则正义地相处。功利论虽然与目的论一样,也是先讲价值或幸福,是道德服从于人的幸福的达至,不过它与德性－目的论不同,是典型的后果论,是外在好或利益的总

---

① 参看格沃斯 等:《伦理学要义》,北京:中国社会科学出版社,1991 年。该书汇集了 A.格沃斯、P. 辛格和 K. 尼尔森等为 1980 版和 1988 版的《新不列颠百科全书》及 1972 版的美国《哲学百科全书》分别所撰的文章。

② M. Sandel, *Liberalism and the Limits of Justice*, Cambridge University Press, 1982, p. 3. 罗尔斯在《正义论》开篇也提出了类似的伦理学分类方式。

量增加的思维。

一般来说，伦理学著作把这些思考形态不加区别地排列在一起，任人选用一种或多种来分析"个案"，并不认为哪一种是对的，哪一种是错的，更不讲它们与特定历史时期的内在关系。即使有人偶然从历史发展的角度考察它们，最终又会认为虽然道德的内容会随着历史发展而变化，但是道德思考的形式应当是可以"抽象继承"的。但是，我们从麦金泰尔与科尔伯格的提问方式中可以看到，他们两人的共同之处都是某种黑格尔式的历史主义，把这些抽象的、"永恒"的道德思考类型与时间和历史紧密关联起来。对于他们来说，目的论、道义论、功利论并非是可以和平共处的道德思考模式，而是分别与现代性或前现代内在相连的特定道德构造方式。对于赞成现代性的科尔伯格，道义论与功利论是高级的、进步的从而合理的。而德性论便无法成立；反过来，对于反对现代性的麦金泰尔来说，唯有德性－目的论才是真正的道德方式，道义论与功利论是徒劳无益的启蒙运动人为"构造"。① 由于对于"现代性是否拥有道德"的不同看法，他们对于规范伦理学的不同形态就有了不同的取舍。

进一步讲，他们两人实际上都同意这些道德思考模式的适用性的变化的根子在于现代性使得个人从集体中抽身。所不同者，麦金泰尔认为这一抽身必然导致人与人之间的基本关系变成操纵关系，从而使得道德失去基础；而科尔伯格却认为唯有在个人独立之后才能够实现"自主"，并且能够自由地选择非特殊（社团）价值的普遍原则，而这才第一次给道德的出现提供了机会。

我们在本书中，也将从历史的视角或现代性与前现代关系的角度考察伦理学的几种主要思考形态——目的论，道义论，功利论。虽然我们并不同意麦金泰尔或科尔伯格的结论，但是我们认为这种宏观的、历史的视角是有启发意义的。广而言之，与现象学和分析哲学不同的黑格尔与马克思式的历史－社会方法论的角度对于伦理学是重要的。尤其是，在今天讨论伦理学，已经无法忽视以神经科学和人工智

---

① 参看麦金泰尔：《德性之后》，第 6 章；《三种对立的道德探究观》，第 80-81、108 页。

能为领头羊的众多新科技突破即将带来的现代社会形态的巨变。

其次，我们在清理以上争论中，还可以发现，他们不仅把"中性的"道德思考诸模式与现代性及前现代的争论观念起来，而且把伦理学上的争执与政治学上或制度伦理学中的冲突关联起来。这些伦理学家们无不认为自己所坚持的道德观同时也是在捍卫某种政治立场，反对某种政治立场。科尔伯格明确说他是在论证自由主义的政治哲学。"正义"成为他的"道德发展心理学"的贯穿性核心，不是偶然的。科尔伯格在哲学上主要依靠的是罗尔斯，而罗尔斯正是在道义论反对功利论当中展开他的自由主义政治哲学的。麦金泰尔所讲的"德性论"决不是一般人可能会误以为的"个人修养"，而是秉承古典希腊传统的伦理学与政治学密不可分的德性论。面对怀疑国家过多干预的现代性自由主义的政治伦理原则，麦金泰尔毫不讳言地肯定国家的积极伦理意义。[①] 同样，在本书中，我们的注意力也主要放在公共制度伦理学方面。

三、牧羊人与隐身人

然而这不是问题的全部。以上的清理把我们带到这些争论背后潜伏着的一个更为根本的问题上来，这是一个对于伦理学本身的存亡更为严肃的问题：道德究竟有多大力量？德性论、功利论、道义论之间的争论虽然激动而严肃，互不相让，但毕竟还是规范道德学内部的争论。但是我们完全可以设想有一个色拉西马库斯出来对这些争论者断喝：不要那么天真、学究气了！社会上的"成功人士"有谁在意什么道德？应当说，他们几乎都是不顾道德、踩着别人才"上去的"。[②] 这种厚黑式挑战很容易使闻者流于愤世嫉俗式的感叹。我们希望的却是在这个问题的分析中识别出伦理学的一些重大问题。实际上，道德力

---

① 参看 MacIntyre, *Whose Justice? Which Rationality?* University of Notre Dame Press, p. 127；麦金泰尔：《三种对立的道德探究观》，第 197 页。

② 参看马基雅弗里对于如何成为"成功的"君王的建议；《君王论》，长沙：湖南人民出版社，1987 年，第 74-76 页。

量问题的提出与制度伦理学或政治伦理学紧密相连。日常人的道德无力量，充其量只被抱怨为国人"素质低下"，但是公权力的道德败坏，就会深刻影响到每个人的生活。让我们以柏拉图的《理想国》中的"牧羊人"和"隐身人"的故事为线索对其作些思考。领导人常常被比喻为"牧羊人"，这在儒家、基督教、希腊这三个在其他方面有巨大差异的传统中都可以看到。在《约翰福音》中，耶稣说："我是好牧人，好牧人为羊舍命。"[①] 在《理想国》中"苏格拉底"与智者的争论之一就是牧羊人的本质是否以羊为本位。苏格拉底认为是这样，并由此论证真正的政治领导人必然以人民的利益为旨归（道德的力量在此）。可想而见，智者对这一观点嗤之以鼻：牧羊人怎么是为了羊的利益而养羊？他所有的精心看护和资源投入最终还不是为了杀羊卖肉？双方于是展开了激烈论辩。最后，苏格拉底费了很大力气终于让智者色拉西马库斯"理屈词穷"。然而，听众中一个并不相信智者、但是却深为其论证所不安的贵族青年格罗康开口，向苏格拉底提出了更为困难的问题。他说他曾经听到一个牧羊人的故事。此人在"一场暴风雨和地震"之后找到了一个金戒指。戒指上有个宝石，只要向里一转，别人就看不见他了。也就是说，他可以随意成为"隐身人"。于是他立即放下羊鞭，径直走入首都，勾结王后，杀掉国王，夺取王位。格罗康的结论是："假定有两只这样的戒指，正义的人和不正义的人各戴一只，在这种情况下，可以想象，没有一个能够坚定不移，继续做正义的事……到这时候，两个人的行为就会一模一样。"这说明没有人把正义当成对自己的好事，心甘情愿地去实行。做正义的事是勉强的。[②] 任何读到"隐身人故事"的人都不能不佩服柏拉图的学术诚实。他把对手强大的论证力量毫不歪曲地陈述出来。"隐身人"的思想实验显然对于任何试图真诚地维护道德（自身）的力量的人都是一个巨大的挑战。

---

① 《约翰福音》10: 11。

② 参看柏拉图:《理想国》，北京：商务印书馆，1995 年，359d 以下。柏拉图为什么不满足于合作博弈演化论的最终最高成果（正义作为弱者的妥协），而是让格罗康将其作为一个"邪恶挑战"提出来？或许，哲学总是开始于常识终止之处。

　　道德的力量问题是一切伦理学的根本问题。当代著名伦理学家弗兰克纳在其《伦理学》中，对于伦理学的各种问题和主义进行了缜密的讨论。在全书的最后，他还是提出了一个问题："为什么应该做道德的人？"伦理学家讲了再多，论证得再合情合理，一个人（在内心）还是可以不以为然：做一个道德的人是要牺牲的。那我为什么一定要做？① 伦理学不能诉诸外在的法律和信仰，只能回答说道德是理性人的应有之义。但一个喜欢追根究底的人还是可以说：如果我不想做一个理性人，道德又能把我怎么办？更何况，什么是理性的要求？有理性的人当真尊重道德还是只要可能就在社会中做一个逃票乘客（free rider）？② 大体说来，道德的力量的问题又可以切分为几个问题。首先，道德有没有力量（使得人感到非按照它做不可）？其次，（反思性的）道德学有没有实践性力量，伦理学术对于生活有无帮助？最后，现代性伦理有无力量？下面我们分别加以讨论。

　　道德究竟能不能抗衡权力？这是公共伦理中的一个重要问题。对于道德的力量的公开怀疑可能在国际关系领域中表现得最为明显。这个领域中占主导地位的学说一直是"权力现实主义"。从希腊的修昔底德的国际争霸理论到中国春秋战国的法家的"势"理论，从马基雅弗里到亨廷顿，无不是在告诉世人：国际生活的本质是权力的冲突与争夺，最好的状态也就是权力的平衡。并且，权力意志的现实主义人生观很容易被从国家关系领域运用到国内关系之上来。历史显示，社会是为强者而设立的，强者之所以能够强，是依靠操纵他人为手段。如果这是历史的主流，为什么个人要逆历史潮流而动？"理想主义者"总是企图逆历史潮流而动，结果不都是以失败而告终？苏格拉底、柏拉图和亚里士多德的希腊理性主义是理想主义的。他们相信的是理智至上的心理学。只要认识到了什么是自己的"真正好"，人一定会追求之。然而基督教的罪性理论是悲观的。保罗与奥古斯丁确立的意志至上的心理学指出，人的原罪使得人基本上失去了选择道德

---

① 弗兰克纳：《伦理学》，北京：三联书店，1987年，第238页以下。
② 参看布兰特："伦理学的未来"，载于德马克等编：《现代伦理学新倾向》，北京：中国青年出版社，1990年，尤见第298页以下。

的能力。换句话说，道德在罪性世界中没有力量。[①]19 世纪后期基督教中的理想主义运动——社会福音运动——曾试图反对长期占据主导地位的人性悲观观点，但在今天一般也被公认失败了，"现实主义"的卡尔·巴特、尼布尔等人的巨大声望似乎无可置疑地宣布了这一判决。有深远意味的是，在中国，赵紫宸早年从理想主义出发诠释基督教，曾经把福音书中关于"权力"之争夺（《马太福音》中的一些材料）与强调末世论的材料删去不用，以为不符合耶稣的精神。[②]这么做，在一般道德观点看来应当是最自然不过的（杰弗逊也做过类似的事）：在福音书中如果还不能讲不借助权力与恐吓的纯粹"理想"，那么道德在哪儿还有它的家园？然而，赵紫宸晚年的立场又回到了"福音派"亦即强调耶稣的"权力"的福音书理解。除了别的原因，这是不是也意味着赵紫宸终于认识到生活的"权力性"之现实主义本质的不可更易？实际上，即使是理想主义者，也必须思考道德的力量的问题。因为理想主义者多明白道德理想只能为社会一小部分人所实行，那么大部分人的道德问题是怎么解决的？康德承认道德只是"应当"或规范要求，而非事实或必然；现实世界主要是因果世界，大部分人恐怕宁愿选择快乐而非尊重。科尔伯格也把高级的道德放在只有少数人能够达到的成熟心理人格（第 5、6 阶段）之中，大部分人永远处于不能堪当此大任的"依附人格"的习俗层次上。新儒家的心性之学虽然极为高妙，但是显然只能在少数人当中实行。那么，大部分人怎么办？

道德的力量的问题的第二个层面是道德学的力量问题。人类用理性的方式思考出来的、"人造的"、理想的（不同于现实并企图范导现实的）伦理学，究竟拥有多大力量？现代性－启蒙运动的伦理学是典型的理想主义伦理学，但保守主义者如伯克早就说过，这种人为思辨构造出来的道德不能与悠久的历史传统相比，它企图用简单的原则去框套复杂的现实生活，必然走样："这些形而上学的权力进入到日常

---

① 参看麦金泰尔：《三种对立的道德探究观》，第 155-157 页；*Whose Justice? Which Rationality?* pp. 156-158.

② 参看赵紫宸，《耶稣传》，上海：上海社会科学出版社，1991 年，导言。

生活中来，就像光线穿透到一种稠密的介质之中一样，它们由于自然的规律，是会脱离它们的直线而折射的。""当我听说有任何新的政治体制在寻求并且炫耀自己设计的简洁性的时候，我就毫不怀疑可以断定设计者们对于自己的行当是全然无知，或者根本就不懂得自己的责任。"① 哈耶克是当代坚持遵从并非出于设计的规则和惯例、反对启蒙理性主义自行构造新伦理学企图的一个典型代表。他把它们的区分看作是英法两种自由传统的区分的关键。理性主义传统（法国传统）假定人生来就具有智识的和道德的禀赋，这使得人能够彻底构造与现实伦理完全不同的道德。我们可以说，这也是柏拉图的信念。柏拉图的理想立法者的两个要素便是大公无私和拥有绝对真理。相反，英国式的"进化论者"既不相信人的大公无私，也不相信人的无所不知，所以信赖传统而非理性思辨所构造出的规范：

> 与所有其他价值相同，我们的道德规则也不是理性的产物，而是理性据以发展的一个先决条件，是我们发展人的智能所旨在服务的诸目的的一部分。在人类进化的任何一个阶段，我们生而便面对的那些价值体系，不断地向我们提供着种种我们的理性必须为之服务的目的。价值框架的这种给定性意味着，尽管我们必须不断努力去改进我们的制度，但是我们却绝不能从整体上对它们做彻底的重新建构。②

在中国，保守主义的梁漱溟曾指出，墨子之学与自然对立，企图超出自然人性的限度，结果，它远不如顺应自然人性的孔子之学："在墨子以理智计算，则非非命不能鼓天下之动；然如此之动不能长久不疲，有时而坠矣！孔家一任直觉，不待鼓而活动不息；其动原非

---

① 伯克:《法国革命论》，第 80-81 页。道德学（Logos）的力量的问题早在古希腊启蒙时代就是一个被关注的问题。苏格拉底相信"知行合一"，亚里士多德断然否认。参看《尼各马克伦理学》1179b1-35，1181a1。
② 哈耶克:《自由秩序原理》，北京：生活·读书·新知三联书店，1998 年，第 73 页。

诱于外，则不管得失成败利钝，而无时或倦。"[1] 威廉姆斯也有过类似的观察。他认为伦理哲学对于伦理生活的帮助是有其限度的。启蒙哲学不投入于生活之中而沉湎于抽象反思，更多的是摧毁了生活中的"浓郁"的、直接的伦理信念，却又提不出有力的替代者，结果只会导致人们对于伦理学的怀疑。"怀疑伦理学是怀疑伦理思虑的力量"，即怀疑伦理知识的力量。[2]

最后，对于道德的力量的怀疑集中在现代性道德有无力量上。麦金泰尔认为，现代性当中规范伦理学的发达与争论的异乎寻常的激烈恰恰反映出道德已经动摇。当习惯不受怀疑时，人们并不讨论规范伦理学。只有在它已经动摇时——面临着各种可能时，人们才会反思它。[3] 实际上，麦金泰尔把整个现代性看成为是"情感主义"的，亦即"谱系学"道德探究观占上风的时代。人们竞相以解构道德为荣，竞相指出道德的本质是权力意志的手段。权力意志的争斗与胜利成为关注的唯一焦点。道德彻底虚弱化。[4] 如果人们只是接受一般的流行看法，认为现代性的基础是基督教的罪性论和自由主义的人性恶理论，势必会得出系统的结论：现代性没有道德（虽然有妥协，有理性自利的让步之类的道德仿品）。

本书的目的正是企图回答以上这些问题。尤其是：现代性伦理学有无值得肯定的伦理价值上的收获？如果有，是一种还是几种？在新科技即将带来的历史终末时代中，哪一种可能兴盛，哪一种可能受到威胁？

回答这些问题是我们全书的任务．不过这里也可以先提出一些一般性的理论分析。从前面的讨论可以看出，"道德的力量"是一个很复杂的问题。为了对它作出回答，我们先要弄清：什么是道德？什么叫一个社会"有道德"或"没有道德"？这也是柏拉图在《理想国》

---

[1]　梁漱溟:《东西文化及其哲学》，北京：商务印书馆，1999 年，第 144 页。

[2]　Williams, *Ethics and the Limits of Philosophy*, Cambridge University Press, 1985, p. 22. See also pp. 167, 197.

[3]　MacIntyre, *Whose Justice? Which Rationality?* p. 54.

[4]　麦金泰尔:《德性之后》，第 143 页。

中的一个直觉：只有先弄清了什么是正义，才能够讨论正义是否有益或有力量。[①]"什么是道德"的问题，可以具体化为我们拥有何种道德的问题。"道德"至少可以分为两种：一种是作为实际的行动动力的道德动机，另一种是对于行动的合道德性论证。目的论型的伦理学一般把它们融为一体来谈。道义论的伦理学多则分开来谈，所以能够较为清楚地看到这两个方面的不同。比如罗尔斯与康德在自己的道德学体系中都划分了这两个层次的任务。他们首先从抽象的理论层面论证了何为道德合法性，然后又用专门的部分考察社会或人性中存在的力量，如个人完善追求、同情感、上帝的信仰、死后世界的信仰、习俗、自然法、舆论责备或赞美等等，看看哪些可以调用来作为道德的动机，哪些在今天已经没有力量。这是两种问题，所以可以分别地讨论；一方面如果没有力量，并不说明另一方面也没有力量。实际上，简单地说作为直接行动力的道德——在现代性中——没有力量，可能是一个过于匆忙的判断。不少学者仍然从不同的角度出发肯定这样的道德力量。当然，他们大多不是简单地诉诸人的崇高道德动机，而是从别的角度切入，如从整个人生观和世界观的转变的框架中看道德力量的增减。卢卡奇认为在异化状态中，道德只能是规范性的，而不是真正能动的、能创造对象的。它始终只具有规定和要求的性质。然而，当人汇入作为社会思想的主体的无产阶级之中，就能一下子打破无所作为的困境，即由纯规律的宿命论和纯意向的伦理学所造成的困境。[②]保罗也曾指出当信仰带来整个人的新生之后，原来的无力做到的道德也就变得容易做到了。[③]再如，资本家恐怕并没有促进人权和遵守道德的直接欲望，然而市场运行的规律会使资本家自愿给予工人以人身自由，并在契约关系中守信用。国家层次上也是这样。资本主义的国家本来有足够的动机充当统治阶级的工具而把维系"正义"的任务弃于一旁不顾。然而，国家自身的独立存在性的欲求使得它又不

[①]　柏拉图：《理想国》，354b。

[②]　卢卡奇：《历史与阶级意识》，北京：商务印书馆，1995年，第90—91页。

[③]　参看《新约圣经》，"加拉太书"5:22，6:7。

得不在一定程度上顾及各方利益的正义分配或道德的维系。①

进一步讲，制度伦理的力量十分之大，它已经解决了生活中的大半伦理问题。它可以使得道德的代价减少，从而易行。举例来说，为什么在国际关系领域中，道德少见而"现实主义"居多，甚至连遵守基本层次的道德也变成了"高级道德"行为？这其中的原因就在于没有有力的制度来减低道德行为的可能代价，遵守道德原则的国家没有把握自己按照正义原则行事，别的国家是否也会这么做。所以国际领域中的"博弈论"十分不稳定。而在个人行为的领域中，由于背景规制的确立，"博弈论"道德情景就容易出现。

另一方面，作为合法性的道德将是我们的主要关注对象：现代性究竟有没有值得追求或为之辩护的"好"？尽管现代性的批评者们对此非常失望，充其量只承认现代性是 low and solid 的方便工具，但是公平地说，现代性有其道德收获。道德合法性的力量即使在现代性中，也是不容忽视的强大力量。这对于制度伦理来说，尤其如此。随着历史的发展，人们日益看到社会制度的合法性受制于大众的利益。在今天，制度合法性一旦失去，则整个国家可以很快垮掉。所以也许应当承认，道德在今日仍然有力量，但是这多为间接性的、合法性评价的道德，而非直接作为动力出现。

第二节 伦理的取向，历史的分野

以上的讨论使我们感到，为了使关于现代性的道德学思考能够深入进行，还有必要先理解道德实践与伦理学理论中的复杂特征。其中，几个重要的区分不容忽视，它与上面讲到的个人伦理与制度伦理有内在关联，首先是两种道德向度的分野：内指与外指；其次是道德的直接性策略和间接性策略。

---

① 参看 Milton Fisk, *The State and Justice*, Cambridge University Press, 1989, pp. 144-165.

一、道德的两种向度：内指与外指

道德可以理解为一种解决问题的模式。那么，社会中哪些现象属于"道德问题"呢？一般说来，人们认为这主要指的是主体内部的非法欲望，从而，解决它们的方式就是抑制、批评自我。这样的道德可以称为"内指"型道德。伦理学史上所讲的道德从这个角度看，大都是内指道德。无论是哪一种伦理学派，都视利益冲突时主体需要克服的对象是自己（的一己私利，包括物质欲望和权力意志），从而努力"克己"。中国传统的"义利之辨"，康德的"绝对命令"，基督教的禁欲主义等等，总之，历史上的主流伦理学思考方向，无不是这种"律己"型的道德。以至于人们容易把道德等同于这一种向度的解题方式。

然而，这是偏狭的看法。内指型道德只不过是道德的一种类型，而决不能包括道德的所有可能的向度。当发生了道德冲突时，我们完全可以设想问题的根子并不在于"我"（们），而在于"他者"或外部，如果是这样，则以"内指"来解决问题就完全不得要领。此时的解决方式不应当是把批评的矛头指向"自己"，而应该指向外部；道德的首要任务将不是内心"修养"或自我牺牲，而是防御、攻击或改造外部的"敌人"。对于自我的要求，与其说是"克制"或压制，不如说是"自我解放"或"自由"。我们把这一向度的道德称为"外指"型道德；它与"内指"型道德的指向完全相反。由于主流伦理学通常把"道德问题"视为内在地引起的问题，所以，可以想象不少人会对于把专门以对付外在"敌人"为使命的解题方式归为"道德"感到犹豫。然而，我们认为它完全符合规范伦理学的要求：它确立了普遍化的价值，它反对对于这些价值的侵犯。哈佛大学的著名学者史克拉在其富于睿智的《日常之恶》中说到"怀疑人性"（"厌恨人类"，misanthropy）之品性时，指出孟德斯鸠的道德心理学是完全"怀疑人性"式的，但是，从此出发，不一定走向绝望或像霍布斯那样主张暴力统治，而是可以在政治上设计以避免人性中最可怕的恶如残暴和不正义为宗旨的、非人治的宪政体制。[①] 虽然外指型伦理因此所取的

---

① S. N. Shklar, *Ordinary Vices*, The Belknap of Harvard University Press, 1984, p. 197.

更多是合法性评价式的而非直接动机式的途径，但是，只要我们像上一节一样扩展对于道德的理解，既包括动机意义上的，又包括评价意义上的，就没有理由把它排斥在外。如果在现代性背景下看待道德的向度，还可以把内指型道德列为"高层次道德"，把外指型道德列为"基本道德"。前者是以牺牲自己为特征，依靠的是自觉，社会不会强制实行；后者则以"正义"为基本内容，是社会制度可以管到的。实际上，正是由于这种伦理取向与制度伦理的密切关系，在现代性中，它是发挥更为重要的作用的一种伦理向度。

伯林曾经提出了著名的"两种自由"的学说来维护自由主义的原则。为了深入理解我们这里所作出的伦理上的两个向度之区分，我们不妨类比两种自由与道德的"内指"与"外指"。因为两者显然有某种对应关系。主张传统的道德向度即"内指"型道德的人大多是"积极自由"的倡导者（看看柏拉图与康德），他们把利益冲突的原因归为"低级自我"的造反，把道德的目标定义为"真正的自我"战胜低级（从而外在）的自我，获得"自由"。而从启蒙运动中诞生的自由主义，便很难把自我的欲望贬斥为"外在的"、应当压制的。相反，自由主义的道德原则如正义和权利，显然是把"敌人"主要地不看成是内部的"私心一闪念"，而是外部的威胁。用麦金泰尔富于洞察力的观察说，即"抗议"成了现代性道德问题的时行话语。[①] 什么是"抗议"（protest）？就是认为道德问题的主症结是"他者"对于自我的侵犯。形象地说，"权利"的目的正是在这个人的四周建立一圈法律的屏障，以防范外来的侵犯。对于自由主义来说，也许最大的潜在道德敌人正是法律的维护者——国家。这个问题解决了，道德问题的大部分也就解决了。所以自由主义的道德学的主要精力放在设计各种规制来限制国家对个人的可能侵犯。环绕此，自由主义建立了许多道德学理论。如有些人从道义论入手，从自然法论证个人的神圣不可侵犯性：

---

① 参看麦金泰尔:《德性之后》，第 91 页。

早期的自由主义必须对付教会和国家的极权统治。它必须为人身自由、公民自由及经济自由辩护，在这样做的时候，它立足于人的权利，同时因为它必须是建设性的，又不得不适当立足于所谓的自然秩序的和谐。……自由主义的理论答称人的权利是以自然法则为基础的，而政府的权力是以人的建构为基础。[①]

另外有些人则从功利论入手，论证只有不干预个人的自由，社会整体才能够从个人的创造性发展中普遍受惠。很明显，这正是密尔的《论自由》的中心论证：

首创性乃是人类事物中一个有价值的因素。永远需要有些人不但发现新的真理，不但指出过去的真理在什么时候已不是真理，而且还在人类生活中开创一些新的做法……诚然，这种惠益并非每个人都能同样做出来……但是这些少数人好比是地上的盐，没有他们，人类生活就会变成一池死水。还不仅是靠他们来倡导前所未有的好事物，就是要保持已有事物中的生命，也要指靠他们。[②]

福柯注意到自由主义最为质疑的就是国家，它不遗余力地批判国家：国家的官僚作风的增长，国家包含的法西斯萌芽，国家的家长主义形式的暴力，国家的无边无际膨胀扩张的倾向，国家对市民社会的侵蚀和控制，等等，几乎可以称为是自由主义的"国家恐惧症"。[③]自由主义是一种典型的现代性外指型伦理，但是，它并不能穷尽所有这一向度上的道德理论与实践。我们还可以举出另外一组道德行为，作为外指型道德的例子。这些行为就是革命、造反、解放运动、正义战

---

① 霍尔豪斯：《自由主义》，北京：商务印书馆，1996年，第26页。
② 密尔：《论自由》，北京：商务印书馆，1982年，第68—69页。至于罗尔斯等伦理学家，又认为功利主义的论证还是不足以保护个人的权利，所以又用道义论伦理学来做这一工作。
③ 参看福柯：《生命政治的诞生》，上海：上海人民出版社，2011年，第166页以下。

争乃至于继续革命等。

有意思的是，在为这些激进实践进行道德"正名"的时候，我们遇到的反对恐怕首先不是"内指"型伦理学家，而恰恰是自由主义的伦理学家。因为，自由主义对于暴力革命深怀恐惧心理，认为革命往往意味着打着"平等"旗号的大众群体摧毁秩序与法制，使得基本的个人权利得不到保障。再者，革命常常是一个特殊的受惠集团（阶级）为自己的利益而战，但是道德的标志却是普遍的利益。实际上，革命或批判的话语往往是还原论式的，即以"揭露"（debunk）道德或正义本质上只是某个特定利益集团的工具为特点的。也就是说，在我们上一节所讲的"普遍还是单方"的"道德力量"的根本争论中，它站在后一立场上。

不过，自由主义自己作为一种典型的外指型伦理体系，贬低革命，恐怕并不妥当。仔细分析起来，革命具有道德或外指型道德的所有特征。首先，革命（而非暴乱）应当是出于普遍的、人道的、内在的价值如自由、反压迫、平等、人性的生活和创造性劳动，它认为违反这些价值的社会制度失去了合法性。从而，它的运用暴力推翻这样的社会制度也就不仅仅是诉诸暴力，而且是诉诸道德的权威。革命以及文化地革命的"批判理论"（critical science）与自由主义及其先驱启蒙运动一样，主张这样一些基本价值：幸福；自我认识；自主地掌握自己的命运。它们的出发点都是深深地感受到生活中的不幸。它们的诊断常常是：这些不幸主要地源于人民的"无知"或受蒙蔽。它们的解答办法因此通常是"启蒙"或唤起民众理性地认清自己的历史处境与任务，认清自己的"真正需要"和能力，从而扩大自由自主的范围，赢得幸福。[①]在为了张扬这些道德价值的正义斗争中，敌人不是"自我"，而是外部的压迫者，是压制人的自由的"异化"机制。在人对于人的压迫与贬损成为主要问题时，号召劳动者"克己"或放弃幸福，只能说是荒诞或文不对题。这就是为什么马克思说他不进行道德说教。

当然，革命有其作用，也有其限度。作为一种使用合法性暴力的

---

① 参看 B. Fay, *Critical Social Science*, Cornell University Press, 1987, pp. 68–81.

实践，它尤其应当注意道德特有的潜在危险。一般复仇，力度有限；道德复仇，是一种力度极大的两面刃。正是由于它的巨大力度和它的与理想主义内在相连的特点，它容易被人们轻易启用，从而形成在和平时期出现"继续革命"以强行实现道德理想（如"平等"）的景象。本来，外指型道德应当是现实主义的，是承认异化状态对于人类社会有积极意义，从而有相当大的不可超越性。但是，过分启用革命性道德的人有转到进攻性理想主义的可能，从而他们考虑的不是如何在异化下共存，而是如何一举消灭异化。正因为此，它常常使用内指型道德（或积极自由）的手段，企图以完全消灭敌人的方式来使社会处于"单色光明"之中。这属于道德的误用，而并不是"不道德"。①

　　无论自由主义还是革命，都在现代性中比前现代要得到更为突出的表现。今日如果有人谈个人道德修养，人们多不愿再听:空谈无用；充其量是发泄不满情绪，更多的甚至可能是自己并不去"做起"而奢谈"沦丧"的道德伪善，这徒然更使人忧虑道德的力量。然而，在谈到政治伦理以及一般制度伦理时，则人们多认为是重要的，值得关注的。外指型道德主要地是制度伦理。为什么"外指"型道德在现代性中的地位有压倒内指型的道德的倾向呢？因为外指型道德的前提是认为社会是冲突的而非和谐的。对于自由主义，人与人之间，即使不是敌对的，也是互不关心的。由于进化论或生存竞争的缘故，人与人的敌对也是相当可能的。"自由主义民主在本质上不强调共同利益问题……个人与集团完全可以而且应该追求个人或集团的利益。这样，众多的个人与集团都通过民主程序表达一己之私利，最后通过民主的程序，实现各种利益的妥协。"②历史唯物主义的一个重要洞见就是，人类文明史有史以来，人与人之间的"关系"通常构造成阶级冲突

---

① 自由主义或许能承认某种革命。阿伦特认为美国"革命"与法国革命不同，是为了自由而非为了生存。为了生存的法国大革命是被必然性所驱动的，最终自己也会被必然性所吞没，非常可怕。参看阿伦特《论革命》，南京:译林出版社，2007年，第48、98页。现代性文化影响下的自由主义政治和文化左派的精力聚焦在各种"受害者研究"上。参看罗蒂:《筑就我们的国家》，北京:生活·读书·新知三联书店，2014年，第56页以下。用我们这里的术语说，这种取向的正当性依据是标准的外指型道德。
② 参看李强:《自由主义》，北京:中国社会科学出版社，1998年，第222页。

型或"你死我活型"。尤其在国际领域，敌人亡我之心总是不死。

借用尼布尔的一本著作的书名做比喻，内指型道德属于"光明之子"，而外指型道德属于"黑暗之子"。光明之子是理想主义的，它也许也看到了普通人所看到的冲突和敌意，但它认为人类一体是更为根本的事实。对于大宗教来说，即使"敌人"，也是人。对于麦金泰尔这样的怀念前现代伦理的人来说，回到无冲突年代是值得向往的事。驯服破坏性冲动的工作应当从每个人自己做起。道德心理学上的"意志"修养或改变理论（如奥古斯丁）于是成为人们的主要关注点。黑暗之子是现实主义的，它认为人类社会中的异质性或分立性是更为基本的事实；道德问题得不到正义合理的解决，恰恰与许多人昧于这一人性的基本事实有很大关系。所以道德教育的主要任务是启蒙，是开启人们的知识。知识使人明白自己的"真正利益"之所在，甚至认识到自己的独特历史使命，从自在到自为。

最后，在这两种主要类型之外，还可以提到另一种外指型道德，它既不是主张对于敌人的暴力斗争，也不是一味制约"敌人"对于自己的权利的侵犯，而是提倡利益冲突者进行理性的对话。这就是哈贝马斯的"对话伦理学"。对于哈贝马斯来说，公共领域是"人性"的领域、道德的领域，以主体间性为标准。经济领域等则是操作－竞争式的、你死我活的。但是，"人的领域"可以渐渐地扩大，最终溢入其他领域中去（当然，现代历史的发展表明，相反方向的"殖民"趋势可能更为显著，更加不容忽视）。

二、幸福：追高还是避低，策略：直接抑或间接

目的论伦理学是比较常见的、合乎日常生活理性的伦理思考模式。它包括功利主义和德性论两大类，可以说在伦理学中三分天下有其二，与道义论对峙。道德如果不是为了服务于人类的终极目的——"幸福"，难道还有自己的独立目的不成？

但是，什么是幸福？功利主义与德性论的意见就不一致了，甚至可以说是南辕北辙。功利主义是后果论的，认为幸福一般而言就是效用，其内容不妨确定为是快乐的总量。与此相反，德性论（或完善

论）认为幸福是人的卓越发展。它们之间的争论几乎成为"古今之争"的核心之一。而且，这些争论从某种角度上看，涉及公共伦理的两种可能策略，即，制度建设究竟依靠直接性策略还是间接性策略？

首先，什么是人们希望达到的终极目的？大致可以分为积极的和消极的两大类。有些哲学或宗教认为幸福就是大充沛、大圆满、大自我实现，享受大快乐，是一种狂喜体验，是 free to。然而，我们也可以看到不少哲学或宗教描述的"终极目的"的格调与此大不一样：首先，对于世界与自己的不幸、残缺、罪恶感到深深的无力，感到甚至不配存活，然后，由于神圣的恩典而被赦免，被赐予免于一死。这样的"幸福"体现的是一种侥幸之感，一种宁静与平和，一种谦卑。从文化类型来看，前一种幸福的代表是希腊的如柏拉图主义的和东方（儒家）的。柏拉图和孔子都没有对于自己的"罪"的深重和无可挽回地必然遭受严惩的恐惧。比如新柏拉图主义大师普罗提诺就不认为灵魂发生过真正的堕落。他把"恶"定位于质料上。所以，他的"幸福"（即回归太一）的表征是灵魂的极大扩展与提升，是与神圣本体合一的出神之喜乐。但是希腊化罗马时代其他新哲学流派如怀疑论和伊壁鸠鲁派的"幸福"的内容就要低调得多：心灵的宁静与无扰。犹太－基督教由于对于人与神的深刻隔绝有强烈的意识，对于自己的内在本体的善性的极端无把握，认为恶的根源就在自己的灵魂－意志本身当中，自己随时会背叛自己（奥古斯丁），从而引来灭顶之灾的惩罚，所以时时充满了恐惧与焦虑（参看加尔文的命运先定说和齐克果的存在论焦虑），所以，一般来说，"成义"的谦卑而非"与神合一"的骄傲就成为基督教的终极目的——幸福。①

亚里士多德所描述的希腊德性体系的突出标志是"圆满自足"，

---

① 参看 Augustine, *The City of God*, part 5, Book 19, Chapter 27；并参看 *Classics of Moral and Political Theory*, ed. by M. Morgan, Hackett Publishing Company, 1992, p. 459。此处不讨论有的基督教派别特别是修道团体对成义之后的成圣的关注，如中世纪的托名狄奥尼修斯，近代的再洗礼派和贵格派等的新教极端派（"disenting"）传统，以及现代的"自由主义神学"。

而其标志是胸襟恢宏（great-soulness，也译作"自豪"，"骄傲"）德性，这是德性圆满的人对于自己的"内好"的充分确信和明白承认，并坦然接受最大的外好——荣耀。作为外好，"荣耀"甚至无法配得上德性的圆满之价值。"这样的人乐于做好事，但羞于接受好处；因为做好事是适宜于一个优越的人的，而接受好处则体现出低下的人的身份。他回报总是多于所得，这样使得原先的给予者受到报答，并欠下了他的情分，成了他的受惠者了。"[1] 神的援手于是成为不必要。德性圆满的人不会羞耻，不用忏悔，因为这些情感与行为都来自对于卑劣的行为的悔恨，而德性圆满的人根本就不会去做坏事。所以，虽然常人有时把做了坏事后感到羞耻的人也称为有德性的人，但是亚里士多德对此是不能同意的。[2] 波菲利在代表希腊文化对基督教进行责难时更是直接突出了两种传统在这方面的差异。在波菲利看来，"只有贫穷才能得救"的说法极端荒谬。这是让富贵之人、自由之人堕落为贫穷的、可怜的奴隶、沿街讨饭的乞丐。羞辱之致，舍此无他。[3] 所以德性修养式目的论与主张"因信称义"的基督教看起来格格不入。有意思的是，这似乎也是儒家的一种可能取向。中国古代的"功过格"式积累善德以积功的修行，便曾受到当时一些儒生的批评，认为这鼓励了道德上的骄傲与自负，从而忽视自己的真正的错误，回避真正严肃的自我修养。而且，这种"目的论"伦理是鼓励人为了一己之私而行善，道德成为求利的工具。[4]

现代性公共伦理基本上采取的策略是围绕"避免至恶"，而不是"追求至善"建构起来的。霍布斯、波普尔、罗尔斯、诺齐克等对其都有详细的论证。施特劳斯派对现代性的"low and solid"的总定性也反映了这一共识。不过，这样的策略又有两种相当不同的含义。第一种是：公共政治保住底线，正是为了在高级追求上开放多元空间。

---

① 亚里士多德:《尼各马可伦理学》，1124b10。

② 同上，1128b20-3。

③ 参看 *Porphyry's Against the Christians*, ed. R. J. Hoffmann, Oxford University Press, 1994, p. 45.

④ 包筠雅:《功过格:明清社会的道德秩序》，杭州：浙江人民出版社，1999 年，第 129 页以下。

这有些康德的"限制理性，正是为信仰留下空间"的意思。如此，则不追求至善不是不关心、贬低至善，而是太关心、太珍爱至善了，以至于反对由政府统一地、强制地规定下来。第二种则是：底线才是唯一重要的，值得政治关心和介入的。至善则是虚无缥缈的幻象（霍布斯），可有可无的饭后甜点（广大民众），甚至会干扰适存度"正事"的多余东西（进化论）。政治不必关心它，任其自生自灭——一般来说在单向度现代性中它会自灭。我们将看到，这两种含义在现代性中都存在。主张现代性才第一次带来生活的百花齐放的繁盛的人当然不少，像罗蒂那样说现代性必然带来平庸但是这代价绝对值得付出的"公道话"的，也不乏其人。[①]

其次，与终极目的的正负两种理解和公共伦理的两种组织方式密切有关的，还有伦理学的两种实施方法论。一个伦理目的，可以采取直接性的方法实施，也可以采取间接性的方法实施。所谓直接性的方法，就是实施行动本身就必须是道德的。所谓间接性的方法，就是实施行动可以是不道德的。这不难理解，因为伦理学中本来就有所谓动机论与后果论的争论。不过我们这里讲的，并不完全一样。所谓直接性方式，并非仅仅动机善良，而且恰恰需要实施出来。总体而言，现代性作为一种伦理方略，是间接性的。政治上，它采取代议制而非直接民主制；经济上，它采取庞大的货币游戏体系而非直接满足人类物质生活需要。间接性方法的好处之一是可以用理性的方式统一处理（这也是功利主义诉诸效用、快乐或者货币量计算的宗旨之一）。量化管理的效率来自不必考虑质的不同。痛感中国处于前现代社会而处处不如人（被明治维新之后的现代日本压着打）的黄仁宇在各种著作中大力宣扬"数目管理"、"油管制管理"的现代方法论。

古典人对间接性方法论不能理解而且提出道德谴责。卢梭对代议制民主的批评已经早已众所熟知了。新共和主义不断复兴挑战代议制民主。事实上这是个大众共识。现当代西方电影中代议制的政客几乎没有一个正面形象。但是为什么不改回到直接民主制呢？因为据说这

---

① 参看罗蒂:《后哲学文化》，上海：上海译文出版社，1992年，第45-46、166、185、191页。

种间接性的方式能够在分立式社会更好地达到道德的目的，或者更能避免至恶（丘吉尔论民主）。德性论过于推崇公共政治生活的直接内好。然而第一，人的生活是多样的。在一阶的、生活的好上，应当开放。卢梭与亚里士多德都竭力论证人应当不要怕把时间花在重要的"公共生活"即政治生活上，但是，公共生活的时间费用确实不容忽视。而且，把公共生活即政治生活看作最高的内好，有贬低生活的其他领域或微不足道的平常人物的幸福与烦恼的价值的危险。阿伦特更提醒人们：用暴力手段将人类从贫困中解放出来虽然似乎非常自然，但是这恐怕是徒劳无益而且危险的。法国大革命所释放出来的对苦难的同情当然是非常直接道德的、体现了卢梭式高贵激情。但是因此而无限称颂道德暴力会带来无法阻挡的可怕后果。[①] 何况，阿伦特、萨特、韦伯都指出，人所自由开启的行动在历史前行中最终会走到什么地方，受到许多其他的人和环境因素的复杂交互作用，无法预测。动机的善无法保障结果的善（韦伯为此而强调责任伦理，反对信念伦理）。一旦认真认识到人的行动的潜在罪性，或许会对间接性伦理策略抱有更多的同情。

市场经济的异化性，是从柏拉图、亚里士多德到今日西方大学文理学院大多数（除了经济系）学者经常抨击的对象。[②] 它所依托的功利主义原则渗入社会各个层面，腐蚀着正常人性，更是让人感到不道德。但是，在现代社会中要求为了他人的直接物质需要而自愿生产，不太可能。结果往往导致的是普遍供给不足之匮乏社会。人人为我，我为人人，这是直接性的内在之好。但是用它来组建公共社会却低估人生中的"辛苦（辛劳，ponos）"的因素。无论劳动、组织、管理、思考、学习等等，都是"辛苦"的，如果没有各种外好甚至人造价值等级系统（比如应试教育和名校压力、攀比）的间接推动或拉动，则

---

① 参看阿伦特：《论革命》，第 98 页。

② 柏拉图对社会上除了存在直接性技艺（他称为专门技艺、真正的技艺）之外还存在一种强大的间接性技艺即盈利技艺（他称为普遍性技艺，虚假技艺），早已进行了讨论并表达了质疑态度。参看《理想国》346a-347a。认为市场经济可以带来德性的学者也有，参看马赛多：《自由主义美德》，南京：译林出版社，2010 年，第 242–254 页。

现代性中的庞大生活机器很难运行。米塞斯虽然写了《人类行动》的大书推崇行动，但是也强调劳动是一种负价值。生活的很大部分发生在基本生活中。马斯洛认为，唯有四个心理台阶的基本需要被充分满足，人才会被"自我实现"的动机驱动。而伦理学，尤其公共伦理学的重要任务似乎应当是处理基本生活领域，而非自我实现者的事情。正面的二阶至善有相当大的诱惑，然而在公共制度中对其直接追求的结果容易导向对保护日常一阶生活价值却有意无意的加以忽略。生活价值虽然是"外好"，但是如果不能满足，人的起码尊严就容易失去。彭德怀曾在《自传》中回忆自己童年时，过年家中无米，祖母要他去讨饭，他不愿意去；后来老人拉扯上他的小弟弟冒着大风雪出门乞讨。报载 80 年代兰考仍然有许多人在春荒时去外地讨饭，并告诉来访的县干部："我在外面不说是兰考的。"现代性物质生产为中心的社会组织方式的积极意义正在于认真关注一阶价值。它的其他缺陷在伦理学上的可忍受性或合法性也在于此。一旦超出了基本尊严关注，则欲望满足为中心的现代性就需要受到各种调控。

三、现代性：顺服自然抑或征服自然

在我们进行具体分析之前，要澄清的第三个理论问题是现代性与传统性的关系的问题。前面说过，我们同意麦金泰尔和科尔伯格的思路：伦理学应当与社会历史和伦理思想史联系起来思考。弗兰肯那等"纯粹伦理学家"对于麦金泰尔的批判因此有些显得不着实处。[①] 马克思很早就指出必须把抽象的思想置于实际的社会生活形态的变化和思想类型的演变中考察。但是，也正是基于这样的视角，我们怀疑麦金泰尔和科尔伯格的结论。既然每个时代都应有自己的道德，而且对于道德的理解是变化的，那么，说"现代性不存在着道德"似乎是自相矛盾的断言。比较合理的思路应当是：考察现代性中的特定生活形态以及与其伴生的特定的道德，并且探讨它们与传统的各种观念。

首先需要解决的问题是："什么是现代性"？虽然这貌似显明，

---

① 参看麦金泰尔:《德性之后》的"序言"与"第二版跋"。

其实争议颇大，最难得到一致答案。其实，我们可以对照古典范式看。19 世纪尚处于前现代范式中的中国士大夫中，不少人在面对当时西风东渐时敏感地指出，这是一场人类史几千年未遇之巨大变迁。崭新的范式正在诞生，而且各个前现代国家还在加速向里面奔去，里面的国家则还看不到走出这一特定历史时期的前景。既然这是一个值得关注（巨大而且切身）的时代，它的特点是一个还是多个（一元论还是多元论）？用一个特征进行概括是人类思维的自然倾向。比较著名的有如：滕尼斯的"从共同社会进入利益社会"，涂尔干的"从有机团契进入机械团契"，西美尔的"从自然经济进入货币经济"，舍勒的"从休戚与共社会进入竞争社会"，韦伯的"从神魅化社会进入合理化、世俗化社会"。[1] 也有些论者感到一个特征无法概括现代性中几乎是对立的各种特点，于是干脆用多元论的立场看待之，如丹尼尔·贝尔的"资本主义文化矛盾"之说。哈贝马斯的科技、道德、艺术三个领域相互独立、各有其成就的论断体现出对现代性的肯定，[2] 而麦金泰尔用"现代性三角色理论"描述现代性的基本特色则不无贬义：今天社会上最有伦理代表性的三种人是消费者，心理治疗家，管理专家，他们生动地反映了现代性的根本特点是理性分裂：价值与手段的脱节。一端是为了追求的特殊目的的纯粹个体，另一端是自称能够为任何目的有效服务的、中性的知识能力。[3] 这种"分离"之基本特色反映到生活的各个方面，如哲学与社会学中规范地宣讲的从任何角色中脱身的"个体"，与个体相对的是只起保护作用，而不"统一好"的现代国家以及和与任何"好"或善的理解都可以无关的市场经济的利润意识。[4]

在本书当中，为了有助于分析的深入，我们也提出一种对现代性的概括，即，现代性的基本特点可以概括为看似相反的两种倾向：顺应自然与征服自然。所谓"顺应自然"，指的是近代以来本体下调至

---

[1] 参看刘小枫：《现代性社会理论绪论》，上海：上海三联书店，1998 年，第 88–89 页。

[2] 参看哈贝马斯：《现代性的哲学话语》，南京：译林出版社，2004 年，第 241 页。

[3] 参看麦金泰尔：《德性之后》，第 36 页以下。

[4] 参看 MacIntyre，*Whose Justice? Which Rationality?* p. 211.

感性、个体，从而下移至大众。"凡是自然的，都是应当满足的。"这显然是一种"自然主义"（摩尔意义上的），是对于民主化了的自然或天性的崇拜。其集中体现就是感性的神圣化。"控制自然"却与这一崇拜自然的态度正反相对，是对自然的"去魅"，是"主体性精神"：凡是自然的，就是有待改造的，只是质料、半成品。主体不接受任何现成之物，不崇拜自然，而是要"人化"自然。

从现代性特有的经济思维的角度讲，前一种倾向更与消费有关，后一种倾向更与生产有关。前一种是感性纵欲的，走到极端是娱乐至死；后一种是理性控制的，走到极端是将一切变为可控可造的算法。这两种倾向都是现代性的核心特征，但由于它们的对立，很难把它们统一在一个范畴中。也许"自由"是一个勉强能够概括它们的语词，顺应自然与个体自由或消极自由有关，控制自然与"消除异化"之自主性积极自由有关。[①] 这两种倾向的共存，将一直贯穿整个现代性，甚至指向未来：不断翻新的内需外需驱动下的现代大规模"造"做冲动。最新科技群中的两种领头羊科学——神经科学和人工智能学——也分别体现了顺从自然和征服自然这两种现代性特有的倾向。

一般说来，人们容易只强调这两种倾向中的一种，如韦伯的现代性学说几乎完全强调的是"控制自然"这一面。而讲自由主义或启蒙的人又往往只讲欲望与感性。实际上两者不可互相化约或还原，各有其重要性。比如，个体的独立可能会导致社会经济领域的独立，但这并不一定意味着经济就应当成为社会中异乎寻常的中心。而现代性的一个特点就是经济的特别突出，这种经济体现着一种无休止的进取的主体精神：不承认任何给定，把自然只是看成为有待加工的材料，要制造，要"作"。古典人孔子以"述而不作"为自己的特征，而现代大儒熊十力却去强调儒学中存在"裁成天地，曲成万物"、"制天而用

① 有关现代性对于通过"劳动"主动地塑造世界的重视，参看奥伊肯：《生活的意义与价值》，上海：上海译文出版社，1997 年，第 14-15、25-27 页。阿伦特：《人的条件》，上海：上海人民出版社，1999 年。

之"的传统。①阿伦特在讨论人的行动时，专门在一般的谋生劳动和政治实践之间划出一个巨大的行动空间——制造。我们造了我们的世界，我们造了我们自己。这个空间随着 20 世纪以来科技的爆发式增长，还会超常拓展。②韦伯认为现代以来主体"造"的冲动主要来自于主体与现实之间的张力。如果二者轻易认同或主体不认同现实但选择逃避现实，就不会有改造现实的压力或使命感。③在征服式自由观之下，经济由古代的"家政"变为家外的大分工合作体系——市场，政治则终于成为契约与科层制。这些都是人造物，是 *nomos* 而非 *physis*。也许，最能够反映这一现代性心向的是看似文人化的"后学"（后现代主义）：凌驾一切的主观性可以把"世界"玩于股掌之上。一切不过是语词，而语词并不"表现"或指涉意义，只是"相"，是优先于所指的能指，可以任意浮动和游戏④（比如巴尔特）。最新的"造"之现代性冲动，体现在新科技带来的改天换地之中。不用多久，我们将彻底生活在一个完全不自然的、完全是自己设计出来的智能化世界中。

这种主体性运用质料主动制造人化的世界的积极自由早已集中展开于极为现实的活动即经济活动中。前面说过，现代经济是间接性的公共生活形式，它并不是围绕"满足人们的物质寻求"的动机构造，而是围绕利润博弈构造起来的。半学术化地说，经济的重要内容是"竞争"（"国家竞争能力"）；更为通俗地说，这整个可以类比一个巨大的"赌场"。粮食、钢材、大豆、服装乃至期货单子、政府债券、货币等等，是"经济"常用的"筹码"。但是严格意义上说，筹码也可以是油画、电影、计算机软件、学术著作、IP 等等。筹码内容的转换，是"质料"层次上的事情，并不会影响"形式"——"经

---

① 参看郭齐勇:《熊十力新儒学论著辑要》,北京:中国广播电视出版社,1996 年,第 336 页。
② 参看阿伦特:《人的条件》。
③ 参看韦伯:《儒教与道教》,北京:商务印书馆,1995 年,第 290-300 页。
④ 对于主观性意识到自己高于世界,并主宰和玩弄世界的现代性精神,黑格尔已经做过深刻的分析。参看黑格尔:《法哲学原理》,北京:商务印书馆,1979 年,第 126、158-160 页。

济"——的运行。根据亚里士多德的"质料/形式"理论，形式确实不可能独立于质料而存在，但是它可以与多种质料结合，而且是结合体中决定本质的主导方。如果这一看法有道理，那么，现代经济迟早会发展到金融经济超过——并主导——"质料经济"的阶段。"经济"的核心并不在广袤的黑土地上或大型肉联加工厂中，而在芝加哥期货交易所、伦敦交易所、纽约交易所等等中。全球化即时金融市场的出现——借助卫星和计算机技术——更是把这个本来还犹抱琵琶半遮面的现代性经济的本性拉出海面。"新经济"的本质甚至不仅仅是知识经济，而是由金融业、保险业、房产业等构成的新基础工业。金融业"在很大程度上摆脱了对于生产的兴趣，它所关心的是以钱生钱。……财政市场在很大程度上是独立自主的，并且极其强大"。[①] "如果说在一个领域，资本主义完全摆脱了时间和空间的制约和负担，这个领域就是金融。"[②] "投资者把数十亿资本从一个交易所转向另一个交易所，从各种金融衍生物转向股票，从股票转向各种金融债券。在这个全球赌场上，国家边界长期以来已经不再起任何作用。"[③] 在全世界每天上万亿美元的货币交易中，只有 5% 属于贸易和其他实质性的经济交易，其余 95% 是由投机活动和套利交易构成的。在这些活动中，掌握着巨额资金的交易商瞄准汇率波动和利率差异，以牟取迅速增值的利润。[④] 当然，金融经济的主导游戏可以同时顺带驱动"实质经济"，满足人类物质需要。或者反过来看也一样，现代实质经济从属于这种以追求利润而非满足直接物质需求为主导的游戏。这一点，尤其是在具有足够大规模的经济活动中会更明白地展示出来。

由此可见，现代性征服自然、人造世界的积极自由在一定意义下，也可以称为不自由。换句话说，在现代性的条件下，它是异化的，它体现出对另一种"自然"的顺从。非人格的资本在客观地、"合理性地"自行运行，为自己开辟挺进的道路。它有自己的"周

① 张世鹏等编译：《全球化时代的资本主义》，北京：中央编译出版社，1998 年，第 73 页。
② 雅克·阿达：《经济全球化》，北京：中央编译出版社，2000 年，第 111 页。
③ 张世鹏等编译：《全球化时代的资本主义》，第 14 页。
④ 吉登斯：《第三条道路》，北京：北京大学出版社，2000 年，第 156 页。

期"，那是任何人所未能主导甚至预期的"长时段"涨落。相反，所有个人必须去适应、服从"它"的周期。[①] 试图"熨平"周期的宏观经济学家还常常被人指责违反自然规律，造成危机或危机的延续。如果说马克思在 19 世纪思考现代经济时就曾经敏锐而惊讶地发现经济呈现出"自然规律"的现象，发现人这一"主体"失去了自由，而被动地被一个非人格的，但是却似乎有自己生命的，而且有生命"周期"（经济危机周期）的"体系"牵着走，那么，今天人们对于全球金融体系具有"独立生命"并主宰所有人命运的"异化"状态恐怕可以看得更清楚了吧。在"它"行经之路上，它使用不同的人为手段，又在用完毕之后随手抛弃。人——即使是资本家——只不过是不由自主地卷入其中。金融危机不时在全球范围伤人至深，怨声载道，但是今日几乎没有一个国家甚至个人能停下来不"发展经济"，决然退出这场游戏。所以，严格意义上讲，"主体"现在是资本－市场体系（尤其是全球金融市场）。它带来人的身不由己的、无法停止的忙碌与追求，从而带来了对于效率和科技的空前重视等现代性特征。韦伯观察到这种现代命运的脚步："……这种经济秩序现在却深受机器生产的技术和经济条件的制约。今天这些条件正以不可抗拒的力量决定着降生于这一机制之中的每一个人的生活，而且不仅仅是那些直接参与经济获利的人的生活。也许这种决定性作用会一直持续到人类烧光最后一吨煤的时刻。"[②] 正如麦金泰尔所看到的，无止境进取在古典时代是一种首要的恶——*pleonexia*，现在却变成了一种公认之好。[③] 不仅经济生活，而且人的所有生活领域，甚至包括人本身，都被势不可挡地纳入目的－手段或投入－产出的系统的精确计算之中。

需要说明的是，征服自然与顺从自然又有密切关联。不仅桑巴特早就从社会学研究发现了奢侈也是资本主义产生时期的一个重要

---

① 参看华勒斯坦：《历史资本主义》，北京：社会科学文献出版社，1999 年，第 1 章："万物商品化"。华勒斯坦的分析显然受马克思影响。
② 韦伯：《新教伦理与资本主义精神》，第 142 页。
③ 麦金泰尔：《德性之后》，第 173 页。代表古典精神的钱穆在西方游历时对于所目睹的"无止境之忙"现象甚感茫然，并看到这将是世界的趋势。参看钱穆：《八十忆双亲，师友杂忆》，北京：生活·读书·新知三联书店，1998 年，第 342、338 页。

动因，而且当前社会几乎人人都知道消费、更多的消费原来是一种美德：如果缺乏足够的内需，则经济体系发展就会"乏力"，而一旦"它"乏力，许多人就要失业和陷入贫困之中。

既然现代性体现出这两种与前现代社会不同的特征，那么现代性应当建立自己特有的道德。这有两层含义。第一，一般说来，道德恐怕并不是自生的。在现代性土壤中，自生的与其说是道德，不如说是权力意志，是操纵式的人际关系。要制约现代性特有的道德问题，就要积极建立特有的、反权力意志型的现代性道德体系。第二，既然现代性具有这两种特征：顺应自然与控制自然，现代道德也就必须随之而变化。如顺应自然或本体下调意味着伦理学必须考虑个体价值和大众利益的维系；而控制自然或"人造社会"又表明不可能再简单地诉诸直接性"自然大序"（非货币市场经济，非冲突社会，非个体自我选择的习俗）建立道德。其实，从康德到罗尔斯和哈贝马斯，大多强调现代性伦理的核心特征是"自律"。获得自由的现代人并不会简单被动接受市场经济的自然博弈的自发结果，相反，他们相信道德理性可以在自然世界中造出崭新的理想世界。从历史角度看，这种制造理想社会的冲动体现为启蒙以来的"在人间实现天国"的冲动[①]。下面我们将看到，以罗尔斯、布凯南为代表的"社会契约论"之所以不同意哈耶克的"顺从传统"的保守主义，也是"征服自然"的积极有为精神不满意于在自然面前无所作为。当然，同为自由主义代表，哈耶克对现代性中"征服自然"冲动的痛恨却是一以贯之的：这标志着人类的狂妄。[②]

现代不同于传统，现代人只能建设现代人的道德，而不能再迷于社会上遗存的一些古典德性论词语。在这一点上，麦金泰尔的提醒是有道理的。我们在下面的讨论中，还会分析现代性中的道义论与目的论等等与古典时期的类似伦理思考方式在形式与内容上发生的变化。比如，在自然统一大序失去后，道义论会转为抗议型（权利论），功

①　参看卡尔·贝克：《十八世纪哲学家的天城》，北京：北京大学出版社，2013年。
②　参看哈耶克：《科学的反革命：理性滥用之研究》，南京：译林出版社，2012年，尤其第86页。

利论则会转为外在式，而德性论也可能变成"自我实现论"。与古典客观价值范式相比，这也许有许多缺憾，但却是新道德的应有之义。再比如，既然承认"统一"已然失去——或从未真正存在过，那么就应当尽量保护个人幸福的条件，这正是现代道义论和功利论的功绩所在；而且，权力制衡的重要性就应当受到突出的强调，以防止缺乏价值理性的权力意志和"社团"走极端。用我们上一节中建立的理论模式讲，这意味着，在冲突背景下，"内指型道德"应当适当地让位于"外指型道德"，个体伦理学的功能部分地为公共伦理学所接手。

在强调了现代性与前现代大序的质的不同的前提之下，我们便可以进一步考察与寻找它们的相关联之处。现代性本来具有极为强烈的自我意识，它是以"反传统"为口号而出现的。而反对现代性的人也往往指出这一点，以为这是双方重大区别之所在。如伯克就说过他是敬重传统的，因此与启蒙运动大为不同。[①] 也许是自托克维尔之后，人们才日益认识到现代性与传统的内在联系，才较多地讨论现代化的"传统资源"问题。现代性显然不能简单地看作是"自私的个人＋制衡"。在它的种种理性体制背后，不可缺少神圣信念与共同体感情。对于个人的尊严的道义论强调，在基督教、斯多亚哲学中有内在渊源。基层的乡镇民主，与基督教教会的新社团的理论与实践也是分不开的。当然，在追溯这些资源的同时，人们同时也需要注意现代性与前现代社会的不同的一面。

即便是与现代性对峙的典型传统性成分，对于我们理解现代性也是不可或缺的。比如西方的现代化始于"世俗化"，这使得它必然充满强烈的世俗人文主义精神，在人的自然、自律甚至纵欲等此世维度上极端地发展，作为对于"神圣的时代"的强烈反动。相比之下，中国的步入现代性并非起始于反神学世界观，那么它的特征也应当有所不同。

---

① 伯克：《法国革命论》，第 155–117 页。

第三节　前现代伦理传统

我们在考察现代性时，需要有一个参照范式，这就是前现代的伦理传统。它不仅是理论上的相反范式，而且在现实历史中与现代性有着种种勾连和纠缠。从它之中诞生了现代性。现代性在诞生时总是以批判古代传统来建立自己的自我意识。当现代性成熟发展之后，又寻求在前现代社会中找到自己的根源和纠偏资源。现代性在面对未来发展和突破的选择时，更是要参照包括古典范式在内的各种人类可能性生存形式。

一、西方古典主义

这里的"西方古典主义"指的是希腊－罗马－文艺复兴传统。西方古典传统的重要性，不仅在于它自身的独特性和对于今日的影响，而且正如麦金泰尔所指出的，在于它的代表性哲学家如亚里士多德从理论上经典地阐明了古典伦理学——目的论——的基本逻辑框架，成为我们研究其他前现代社会伦理的参考模式。

古典传统与现代性的一般性的不同是十分明显的：共同体而非冲突和冷漠，秩序中的角色而非"个体"，自然经济而非人造经济，有序而非量的无限进取（不是"欲求"而是"需要"①）。古典性的组织方式是直接性的，即组织社会力量服务于人的高级之好。实际上，在前现代，经济并非主要公共事务，而是家政。对于人的德性或内在优秀的重视高于对货币经济——效率——的重视。柏拉图的"共产主义"往往被人们误认为与现代性中的同名运动一致（如波普尔）。但是现代性中经济是头等大事，所以近代共产主义主要是出于经济的考虑：如果分工与合作不交给市场来"自发"操纵，那么势必应当由专门的领导人来负责这一主要的公共事务，安排衣服应当生产多少，食物应当生产多少，等等。但是经济在古代并非国家首要大事，所以柏

---

① 参看丹尼尔·贝尔：《资本主义文化矛盾》，北京：生活·读书·新知三联书店，1992年，第69页注。

拉图的"国家起源"论是从国防入手考虑的。他的公共领导人的共产主义方案针对的也不是"经济物利重要，如何平分财产"的问题，而是为了使政治家免受私财的牵累，全心全意地从事高级事务。

古代社会相信自然大序："好"人应当做领导人，"低"的人应当服从，应当守住自己的序位。恶不是"低"本身，而是低者企图反叛这一秩序，统治"高级的"。在这样的自然大序上，经济不可能排得很高。凡勃伦认为，在原始未开化文化的较高阶段，获得自决自主的最可敬方式是战斗，而用掠夺以外的方式获得财物，是一个有身份的男子不屑一顾的。上层阶级从事的是非产生性的事务，归纳起来是：政治、战争、宗教信仰与运动。[1]古代人为神圣文化严密地控制，神所判定与保护的不得违背。一旦违背，就会招致惩罚的恐怖。[2]在希腊悲剧中，人们仍然可以看到这种对于神圣正义的信念和正义被侵犯后神的惩罚的畏惧。然而，在神圣大序的范围中，古典目的论的生活在进行着。人们以卓越地实现自己的功能角色或出色地完成特定责任为自豪，以全面发展、多才多艺为骄傲。麦金泰尔对此已经有过十分赞美式的描述。然而不可忘记的是古代的重要生活形式之一是战争，是霸业与战胜所带来的"酬劳"（往往是掠夺来的妇女与男性奴隶）。换句话说，追求直接性好的古代范式的前提是将生活的代价转嫁出去——要么转给"外人"（其他部落的人是我们的蛋白质供给，每年秋风起马膘壮时可以去"取"），要么转给大序下层的人（奴隶或农奴或雇工）。

柏拉图与亚里士多德所代表的古典哲人不能接受这种早期英雄时代的至善。霸业或战争以及伴随而来的财富与名誉，不能不加反思就当成终极目的。他们提出与众不同的新哲学"幸福论"。而这不可避免要面对传统社会的不满和智者从"道德的力量"的角度所提出的挑

---

[1] 凡勃伦：《有闲阶级论》，北京：商务印书馆，1964年，第5页。有意思的是，人们或许可以在麦金泰尔对于"实践"的描述中看到与此一致的精神，甚至相同的举例。参看麦金泰尔：《德性之后》，第237-238页。

[2] 古人是十分"文化"的，并不生活在"赤裸裸"的物理世界中（参看列维-布留尔：《原始思维》，北京：商务印书馆，1987年，第350页以下），只是到了现代人们才"去魅"，脱离文化的"束缚"，争取成为纯粹的肉身。

战。哲人与城邦的冲突于是是古典传统中的恒常主题。苏格拉底公开号召对终极目标进行反思，不能只是遵循习俗盲目地生活。一直为人所疑惑的《普罗泰格拉》中的苏格拉底的"功利主义"，也应当从这个角度看，因为它主要是号召人们考虑自己个体的真正幸福之所在，理性地反思流行的道德品性的意义。由于这是从幸福或"自我"开始，它必然导向新的哲学目的论，即反思和论证正义的价值与自己的真正利益的一致。① 这些都是非反思的英雄时代所没有的。

柏拉图与亚里士多德都是在反思的基础上重建自然大序。他们的著作中反映出了古典与现代性之间的根本不同的价值取向：人的完满存在。古代人认为幸福的定义当然是"完满"，至于何种内容可以当得上完满，那是可以讨论的。但是，唯有完满才是幸福，则无人怀疑。古典哲学家充分地利用了这一直觉来解决"道德的力量"问题："你的一生圆满吗——尽管你拥有过许多权力与财物？"完满与自足、美好、本质实现、真实等观念紧密相关；与由上而下、各要素各得其所的等级体系的和谐整体意象常常联系在一起（相比之下，现代性一般不认为最高价值是幸福圆满，甚至不认为人应该追求"幸福"（尼采说人生并非旨在追求幸福的，除了英国人之外。萨特也批判人的成神欲望或圆满追求）。柏拉图与亚里士多德作为古典人，都相信"自然等级秩序"。② 但是他们的不同之处是：柏拉图的大序顶端（至善）是"相"（理念），于是其等级或相论格局是垂直型的，它展现出来的是同一种性质的"由浓到稀"的程度变化或等级阶梯，从而有实体（相）与虚像（现象世界）之对立。他最喜欢的例子之一就是：美的人——美的道德行为——美的体制——美本身。这反映了柏拉图的两个看法，一个是理念有力量；另一个是这种力量在"月下世界"中确实逐渐减弱。与此不同，亚里士多德的范畴论是平行地展开的：不同的性质，平面地置于不同的事物之中，有的事物多禀赋几个性质，有的少几个：结果是一系列拥有性质数目不等、但是都是"实物"

---

① 参看 Williams, *Ethics and the Limits of Philosophy*, pp. 33–34.

② 参看薛定谔:《自然与希腊人·科学与人文主义》，北京：商务印书馆，2015 年，第 35 页。

的等级体系。最为贴切的意象便是自然体系：无机物——植物——动物——人——神。作为唯名论先驱的亚里士多德不同意柏拉图的理念世界超越世界独立存在的观点，[1] 从而也就不会认为此世界是完全"堕落"的。拯救现象是他的任务。

亚里士多德伦理体系的另一个特点是"生命哲学"，即认为"高级阶段"与"低级阶段"可以体现为同一种性质的"潜在与现实"之分。也就是说，高级阶段除了多一些性质（如人比其他动物多一个"理性"属性）之外，而且是更为"现实"或更为自主活动的。相比之下，低级阶段的存在就更为呆滞、笨重、难以活动。当然亚里士多德讲的高级的活动或"现实"与常人理解的并不一样，甚至可以说是相反。高级的活动并非就是位移，毋宁说是无位移，是内在生命的自足蓬勃伸展。在此我们可以看到亚里士多德虽然在柏拉图学园中认真学习了二十多年，但是毕竟是蔚然成一家之言的思想家。柏拉图从反对赫拉克利特的流变学说出发得到他的永恒"相"学说，所以强调的是高妙的理想超出流变现象界，静止不变，是等级严格有序、不可逾越的道义论。亚里士多德的活动价值论则导向对于生活价值的肯定，导向幸福追求的目的论式日常伦理学的丰富（后来的新柏拉图主义者普罗提诺的太一漫溢说中的生命意味明显综合了柏拉图与亚里士多德）。亚里士多德德性目的论的特点是把价值重心从活动的结果－目的放到人本身上，把幸福视为将人作为一种"艺术品"来塑造。不过，值得注意的是，亚里士多德注重的不是德性的拥有，而是德性的发挥或活动。不是雕塑，而是戏剧。重视活动的内在一阶价值就必然不仅注意其"正当"，而是"生活……得优秀"。德性论是过程式的，而不是后果论的。

由此可以看出两点：第一，亚里士多德的"道德"之好不必做狭义的理解，不是与生活截然有别的另一个领域。对于柏拉图和康德来说，情理是不合一的，是冲突的，道德只能是理性战胜情感；但是对于亚里士多德来说，情理必须是交融的，道德是习惯或品性，是

---

[1] 参看汪子嵩、范明生、陈村富、姚介厚：《希腊哲学史》，北京：人民出版社，1993年，第 2 卷，第 1026 页。

人（的习惯造成的）自然倾向。目的论讲的是"我要优秀"，而道义论却认为人往往不"要"道德——然而无论要不要道德，道德自身价值不减。第二，目的论意味着选择，从而产生自由和责任。目的论又可以分为规则目的论和行为目的论两种，行为目的论考虑的是比如此时做这件事是否是"中道"或对我最好？规则目的论则问：选择哪种生活形式对我的一生最好？更能让我获得优秀？亚里士多德的目的论常被人疑问，因为它貌似对于目的本身没有选择。实际上，亚里士多德已经是反思的哲学家，他在《尼各马可伦理学》开宗明义所问的在各种生活形式中，"幸福"所在何处的问题，就是对于目的的基本选择。而且这是在开始生活之前的对于一生将投身何种生活形式（亚里士多德举出了乐、名、利、思等几种社会流行主要价值）的最根本的选择。对于这种强烈的反思意识，有的学者提出了异议。如威廉姆斯就认为德性的标志并不是在生活中做出选择时要反思地、时时地想到自己的"终极幸福"，而是想到行为的"中道"，亦即不是以自己的利益（即使是德性优秀）为动机，而是以他人的利益为动机。[①]

柏拉图还是亚里士多德更贴近现代性？这是个有意思的问题。一般来说，柏拉图也许更代表了与现代性格格不如的前现代传统。实际上，他的共产主义道德理想国的设计即使在当时，也是相当惊世骇俗的、反潮流的。相比之下，亚里士多德对于雅典民主有更多的认同和赞赏，在他的政治学中总结并肯定了它。不少人把西方的现代性追溯到希腊的民主和亚里士多德。不过，正像贡斯当与伯林指出的，我们也不能忘掉在现代性与希腊民主之间的表面相似之外，有巨大的差异。[②]代议制民主中有许多对古典直接民主不相信和制衡的制度。设计这些制度的近代早期革命家和思想家大多读的是柏拉图（和圣经）。

最后，应当提一下，作为对古典文化的回归的"文艺复兴"运动虽然被不少人视为现代性的开端，如它的世俗化及个人化倾向。但是

---

① Williams, *Ethics and the Limits of Philosophy*, p. 51.
② 参看贡斯当："古代人的自由与现代人的自由之比较"，见《公共论丛》，1997年，Vol. 4，第 306 页以下。

它基本上是古典目的论式的。文艺复兴的世俗化并没有当真把人性还原到"原生态"水准。它的"个人"性也并没有强大到使它失去统一的价值目标即人的优秀。布克哈特在《意大利文艺复兴时期的文化》中讲到,"一个目光敏锐和有观察经验的人可能看到 15 世纪期间完美的人在数目上逐步地在增加"。"这种对于最高的个人发展的推动力量和一种坚强有力、丰富多彩并已掌握当时一切文化要素的特性结合起来时,于是就产生了意大利所独有的'多才多艺的人'(全才)……他们在每一个领域里都创造了新的完美的作品,并且他们作为人,也给人们留下最深刻的影响。"[1] 这种对于人的优秀的推崇成为社会风气。商人兼政治家常常同时是古典研究的专家。诗人与学者的声誉超过了过去的英雄圣贤,几乎成了社会上神圣崇拜的对象。[2] 与中国的古典时代不同的是,意大利文艺复兴对于人的创造力量崇拜——人的手的优秀或"大师"或主体性的崇拜(并非"述而不作")。如果在中国在"文革"之后曾有过与文艺复兴十分相似的对"人的优秀"的推崇的时期,那么,又一个不同便是,西方的文艺复兴导向了此后几百年的传统之一个重要组成部分,并未因为此后出现的现代性经济大潮被全然消灭(按照丹尼尔·贝尔的观察,甚至有反过来主导、压倒现代性的可能[3]),而中国的"文艺复兴"则似乎很快烟消云散。

二、儒家的伦理世界

儒家创立者的经历及思想与柏拉图和亚里士多德的经历与思想在表面上看,有许多类似之处。他们都属于"轴心时代"的"古典"思想家,都是曾经历过伟大文明的兴盛并目睹其消逝,面对神圣大序受到公开不讲道理的力量——政治上与哲学上的"现代性"——权力意志(成者为王)与还原论(反自然大序)的挑战;但是他们倡导回到古典。所以,他们都不再可能是文明初起时的天真的、乐观的、幼稚

---

① 布克哈特,《意大利文艺复兴时期的文化》,北京:商务印书馆,1981 年,第 134 页。
② 参看同上,第 137 页。
③ 参看丹尼尔·贝尔:《资本主义文化矛盾》,第 99 页。

的思想家。兴亡的痛心又使他们与尼采、赫拉克利特或熊十力那样主张"变新"的新时代思想家区分开来。在他们的身上有轴心时代思想家特有的两面性：一方面是在一个私化的时代号召回到古典的实体伦理，另一方面却又已经有了一定的主体觉醒。他们在为古典道德寻找新的、启蒙式的基础。

不同之处是，儒家成功地完成了自然大序的创造性转化，"开出"了几千年中国伦理秩序（以春秋大义、礼义廉耻、衣冠文物等为标志的家族－国家伦理及士大夫精英科层制伦理）。柏拉图与亚里士多德却更多地是"哲学家的伦理"。如果不从它们对于奥古斯丁和托马斯·阿奎那以及近代政治思想中的某些"新共和主义"倾向等的影响看，它们并没有发挥过那么大的现实教化力量。

从伦理学上说，儒家的主要伦理思考模式是道义论和德性目的论。这可以以它的主要范畴——礼与仁——为主线加以阐述。礼代表孔子思想中比较老的、继承来的东西，而仁是他的独创。这一点，很多论者都已经公认。礼作为道义论，更显得是普遍的、绝对的、"外压的"。它是"天道"，是内指型道德。所以它主要并不是从讨好人的方面入手的，而更多地是没有商量的遵从的问题。所以一般来说，它并不与人的"自然天性"（inclination）正好吻合，毋宁说主要是冲突的，是一方压倒一方的问题（义利之辨）。当时礼乐已经崩坏，权力意志横行。纵横策士四处出售不讲目的的理性，强调可以为"争霸"服务的工具效率性。"汝有霸术否？"是诸侯确定每个游士的价值的标准问题。在这样的局面下，儒家四处宣讲"礼"就是在以垂直的、本质主义的、等级主义道德抗衡平面的、反本质主义的、私化的道德或反道德。

孔子的"礼"毋庸讳言是等级主义的（反对"犯上作乱"）。[①] 当然，与柏拉图和亚里士多德一样，孔子已经不是一个简单的、没有反思的、盲目的传统主义者：他从"义"与"道"等入手来论证道义论的基础。所谓春秋大义是"礼"当中的经过反思认为有道德价值的东

---

① 参看《论语》1.2 所讲的孝即不违父志。

西，如伦理相互性：君使臣以礼，臣事君以忠。从而，认为等级大序之所应当遵守，并非真的只是出于"外在"的、没有道理的压力，而是有其内在的美好之处的。礼的意义是"文"，是人性，是把人提升到自然主义、还原主义、丑陋主义之上。在智者－纵横策士眼中，社会的一切领域，即使是被认为最为公共性的国家，也不过是权力意志的平衡。但是孔子却认为政治统治等级有超出工具效率——平面感性人"生活"——的更为真实、美好的内容。对于这种"和谐等级"中所体现的"文化"、"美"、"精神性"的赞美可以是十分感性与具体的。比如，在"等级主义者"那里，人们可以看到对于国王或王后的作为文化典范的意义的维护，对于把君主还原为自然"人"的做法的"错误"和危险的震惊与愤慨。① 实际上，人还原为自然人之后，"人"确乎并没有多少价值。

礼的内在价值性的最为明显的标志是与仁的关系："人而不仁如礼何？""仁"是德性论的范畴，它的主要意义之一便是"真正的人"。仁的取向与礼的外压取向正好相反，主要是诉诸人的"为己"考虑，诉诸人的幸福或圆满、人格的生成或在"成为真正人"上面的成就意识。这是目的论的导向：荣誉与评价的导向，也是情感的导向。孔子希望达到目的论的境界：人人都能"从心所欲不逾矩"。这是儒家中的以人为本的一种"艺术品"或自身具有大价值者来追求与塑造的新倾向。它来自古代贵族的自爱，但是渗入了新时代平常人——君子——的自我意识的觉醒。儒学一个基本意象是人与动物的区别，这便是一种价值意识。而从孔子不轻易以仁许人的态度来看，也可见他把仁看作是重要的价值评判词："不知其人也"；"仁乎？"曰："未知；——焉得仁？"；"若圣与仁，则吾岂敢"；"可谓仁乎"？② 可以说，这里已经有了"人的觉醒"：人对于自己的优秀的关注已经可以用来作为伦理学的重要力量了。也正是因为此，仁－人意识主要是"浓厚"型的、深度的、本质主义的人观。许多学者认为"君子学"

---

① 参看伯克：《法国革命论》，第102页；并参看辜鸿铭：《中国人的精神》，海口：海南出版社，1996年，第228页。
② 《论语》5.8，5.19，7.34，6.30。

是儒学中可以长存到现代性中的一种伦理思考系统。

《论语》中充满了对于人性的、美的生活（好学，文，乐，礼，友情）的沉浸、认同和张扬。① 这是直接性伦理方法论的特点。这里的"人"与社会角色内在关联、无法分开。与"礼"一致，其目的是反还原论的、反原子个人主义的。与"角色-为人"德性论内在相关的，便是荣誉的重要。"名"和"名教"在儒学伦理学中一直占据着显著的地位。礼义廉耻或耻感文化是儒教的特征。荣辱如果要影响一个人，必须本体论上认为，人的本质中已经渗入了与他人的关系（关系内在说）。像道家那样的纯粹个人本体论便会"定乎荣辱之变"，不受社会评价的影响。完全的"个人觉醒"可能主要是由道家以及佛教主观性所开拓深发的。也正是因为此，孔子虽然不轻易许人以"仁"，但是这并不意味着仁的内容是"高级道德"（自愿付出大代价，牺牲一己以利天下，康德-墨子的道德）。它的主要内容是基本层面的伦理（能近取譬。什么是"仁"？非礼勿视等等而已）。② 只不过，由于大序已然失去，私的、霸业的潮流横行，它才变成了难以实行的"高级道德"："吾未见好仁如好色者也。"自然目的论既然已经难达，就只有同时强调规则——义。仁与义并称，仁是目的论的，义是道义论的。所以，仁强调的是中庸和灵活机动、宽厚之象。义作为道义论，则是严厉的，往往在与"利"的冲突中显现，强调的是即使对自己"有害"也不可"违背"。"己所不欲，勿施于人"，这是一种普遍化意识，是对人格的尊重。③

从儒教伦理学与现代性的观念看，首先，"礼"与"义"的道义论应当是现代正义道义论的资源。但是，现代的道义论是相当"阳"

---

① 参看《论语》5.28，5.15，5.9。
② 梁漱溟对墨子的批评就是墨子企图实现"大同"，但是孔子的理想是小康。见梁漱溟：《东西文化及其哲学》第 140 页以下论"礼运大同之可疑"。黄宗羲《明夷待访录》中提到古代贤者不欲完全牺牲自己的利益从政为民。这让现代儒者感到有些尴尬。其实有其道理。
③ 张承志强调"人要有义"，他追寻古中国汉文化及宗教文化，也是看中其中的个人或民族以死为任的道义论精神。参看张承志：《无援的思想》，北京：华艺出版社，1995 年，第 25 页以下。

的，主体意识的，"外指型"道德的。儒家的"义"却更加是"阴"的，实体意识的，"内指型"道德的（相比之下，在儒家体系中，"仁"却代表着阳）。周敦颐在《太极图说》中说："立天之道，曰阴曰阳。立地之道，曰柔曰刚。立人之道，曰仁曰义。""天以阳生外物，以阴成万物。生，仁也；成，义也。故圣人在上，以仁育万物，以义正万民。""天以春生外物，止之以秋。物之生也，既成矣，不止则过焉，故得秋以成。圣人之法天，以政养万民，肃之以刑。民之盛也，欲动情胜，利害相攻，不止则贼灭无伦焉，故得刑以治。"最后这段话使人可以发现，从与道义论伦理学最为接近的法哲学看，有一个有意思的对比。在西方，正义或法律是个体对于"权利"的争或宣称（claim），而中国古代的"上法庭"是到青天大人–父母官处喊冤。本来和谐社会的标志应该是"无讼"，实在是有冤屈难忍，恭请"实体"即父母（官）为民主持，治平，把希望放在实体之善上（类似观点还可以参见董仲舒《春秋繁露》体现的儒学与阴阳五行学说结合论说的思想）。而统治者也认为法律的意义是把一切犯罪视为是对于"大序"的挑战，应严加惩罚。[①] 这背后的原因可能是儒家思想维系的是家族与自然等级。家族式政治体制在东西方都曾面临挑战。在西方，城邦（希腊）和教会（基督教）都以"冲破家庭"和另建非家族中心的共同体–新家园为特征。而孔子在见到古中国的家族模式陷入危机（周天子的封建制秩序的崩坏）后，却设法重建了准家族中心式社会等级结构。"自然"而非"人为"成为准则。这种精神延伸到社会各个层面。比如，在17、18世纪的糅合了儒家思想和通俗道、佛家思想的种种"功过格"善书中，便用对于"善行"和"过犯"的详细记录以及计算它们与"报应"的一一对应关系来显明：忠实地遵守天定的社会地位的人及其子孙终将获得提高地位的奖励。"安常便是福，守分过一生。"[②]

　　与礼相比，"仁"，尤其是它的对于士的特别的责任——担当——的要求，更具有主体性意识。这一点，在后来加入了佛学后变成的新

① 参看莫里斯：《中华帝国的法律》，南京：江苏人民出版社，1998年，第1章。
② 参看包筠雅：《功过格：明清社会的道德秩序》，第166页以下。

儒家"心学"发展方向，更为明显。它展现出较为典型的"主观性"或"否定性"，它对于个性或源创性十分强调，它代表着独立的、不驯的、张狂的、对抗的、平等和普遍的（反等级的）精神。我们知道，一旦强烈的"内"与"外"不等同，就很有可能发展出"外指型"道德，即建立神圣权利以防止"外部"力量的侵犯的制度伦理学。我们尚无法说在中国出现了这样的局面，因为在中国思想史中常常可以发现的反而是把"批判型"伦理学转化为内指－自抑式伦理学的倾向（王阳明："心"的内容即是忠孝）。不过，从孟子到宋明心学，直到康有为，都有强烈的二元论色彩，与更多地讲一元和谐、情理交融、天人合一的儒学不同，不想简单地与自然社会完全认同，相反蕴藏着破坏现有秩序的倾向。因为心性学突出的不是服从外在秩序，而是一切秩序"由我而出"。所以这种学术虽然主要地是非政治的，但是它在政治上也可以企求提出激进主义或者理想主义的主张。许多论者注意到它的这一倾向。我们这里援引早期蒋庆的一段话当作见证：

> ……心性儒学所追求的是形而上学的道德理想，这种形而上学的道德理性是超越历史的普遍永恒的人类希望，不受特定的历史条件限制而永存普在，如心性儒学追求的天地万物一体之仁、凡有血气莫不尊亲、天下一家中国一人、民吾同胞物吾与的思想……这种理想虽尚未在人类历史中实现，但一直是人类历史活动与政治行动关怀参照的终极目标，是防止政治儒学异化的最后的价值原点。[1]

三、基督教：西方的另一种古典传统

谈论基督教与现代性的关系，会牵涉到许多问题。首先，它属于一般性的宗教与道德的关系。其次，现代性伦理的特征与基督教有种种复杂的关联。一方面，现代性在西方的起源，就是打着"世俗化"

---

[1] 《公共论丛》，1997年第3期，第316页。

的启蒙旗号，亦即自觉地以反对基督教来规定自己的品性。所谓"脱魅"的现代性的总体社会学描述，讲的就是彼岸真理的消逝。现代性的拥护者罗蒂便提醒人们，真正的现代性政治是不需要任何超越的宗教－哲学真理为基础的民主制度。基督教内部，认为自己在现代社会中的使命是孤独地反潮流，是抵抗整个世俗世界的，也大有人在。但是另一方面，从托克维尔开始，日益多的人认识到并努力揭示基督教与现代性的正面的、积极的关系。

这里只需要先从一般意义上考察一下宗教与道德的关系。虽然人们多认为宗教与道德有内在关系——甚至宗教只不过是道德的保护，但是严格说来，首先要澄清的是：这毕竟是两回事。从基督教宗教来说，宗教是宗教，并非完全可以还原为道德（保护或说教）。实际上，宗教的维度完全是自足的，可以构成一个信徒的全部或主要生活。这一点在宗教不再负有民族或国家的保护神的使命（如古代犹太教）而成为"纯粹的"个人灵性生活宗教之后，尤其应当如此。而在一个科学世界观使得神话的世界观要花费太多的时间与精力来为甚至上帝的"存在"论证的现代世界中，更是不得不如此。宗教之为宗教，其基本内容应当是人与神或神与人的关系，是个人对于创造主与救赎的神的背叛（这才是最大的"罪"），悔改，被赎，回归神，信仰，得救或重生或永生。它的命令是"爱（信仰）你的上帝"。信仰了以后，再做什么呢，该轮到保护道德了吧？也并非必定如此，接下来的主要使命仍然可以是巩固信仰和帮助别的人进入信仰状态。这里的逻辑是清楚的。在实际生活中，侧重走这样的路线的基督教派别也是存在的。

另一种理解，则可以认为信仰的主要内容是道德。耶稣的"登山训众"是摩西十诫的进一步发展。摩西十诫体现了宗教与群体生活或道德有紧密关联时的状态（宗教是以色列民族生活的保障）。登山训众的内容虽然超出了摩西十诫的境界，但是可以理解为主要是道德的——是人与人的——关系。所以有些特别注重福音书中耶稣的教导的信仰者就把它视为"新的律法"。它之所以新，就在于着重超越旧约中的"外指"型道德。以"公义"为标志的外指型道德很容易导向两个方面的仇恨。一个是对于团体之外的敌人的复仇、不宽容。犹太经典对于社会不公的批判——出埃及记、先知书、启示录——十分突出。旧约中的犹太选民意识和对于外敌的仇恨甚至使虔信的基督教思想家感到震惊。[①]另一个方面的怒火源于依靠自身努力达到强"内指"型道德，以及由此生发出来的"外指型道德"：对于团体内部那些背离内指型道德的要求的人鄙视乃至仇恨与审判。法利赛人对于做不到律法要求的"罪人"的苛责，是新约视为人生当中更为具有杀伤力的道德弊病。登山训众的道德要求人们接受超出此之上的、从内心涌出的爱的新道德。

那么，道德就是道德，为什么牵扯上宗教呢？最为直接的回答自然是：道德本身没有力量。这就回到了我们在前面讨论的古老的"道德的力量"问题。以学识渊博广为受人尊重的钱锺书曾在《管锥篇》中旁征博引地讲到古今中外各种"神道设教"的情况，说明这是普遍现象。[②]这似乎是显而易见的事实。然而，我们还可以进一步追问：宗教有力量吗？尤其是与现实政治－经济力量（历史的力量）相比，它不是太无力了吗？基督教福音派或许会告诉人们：看看《圣经》中写的，基督的复活与最终胜利，天国的来临和地狱之火为不道德的人（或主要是不信仰的人）备好。只要相信这些，心理上就会受到极大的压力——去恶从善。这似乎也是显而易见的。然而，人们还是不能忽略新约中大量地、毫不避讳地记载的基督事业的失败：出身的低下，事业中的不被理解和不受欢迎（神圣之光来到自己人当中，人却不接受它），最终被孤独地钉死在十字架上。几乎无法想象其他的宗教会把自己的上帝描写成这样的形象。这里面难道有什么新的、与众不同的启示吗？福音书过于快地跳过它们而强调"胜利"和主宰，是否会实际上退到现实人性（所为是物利，靠的也是物力），用代表了一般价值视野的一般宗教取消了基督教的新约之新？是否仍然在加入永恒轮回？当然，基督教在历史中的许多实际形态都与古老的或一般的"宗教"的精神几乎没有什么两样，有时还更低些。这确实应当让怀疑主义者或现实主义者感到自信和高兴：有谁能够脱出现实力量的

---

① 参看 C. S. Lewis, *Reflections on the Psalms*, especially chapter 1–6.
② 钱锺书:《管锥编》，北京：中华书局，1996 年，第 1 册，第 18 页以下。

手？也应当让福音派有理由说：这是没有办法的事。人性如此，只有以恶攻恶。人们似乎还是应当给予《卡拉玛佐夫兄弟》中的"宗教大法官"详细陈述的理由一定的同情性理解。

　　现实将永远在同一个维度进行下去，或用希腊人和佛教的话说，永远的轮回？上帝没有可能让历史出现质变？有，但是那在彼岸。此岸永远是此岸？永远是罪（或"苦"）？这岂不是有些近于诺斯替主义或佛教式的绝望？有人指出耶稣多次讲到天国已经出现在人间。天国像种子，初看虽然弱小无力，但是它进入人的心中后，难道完全无力，不会一点点（即使在历史中）长大？为什么在美国，如此现实有力的考虑（南方白人的经济利益与社会秩序）最终让位于对奴隶的人权的道德信念——虽然它来的那么艰难和迟缓？包尔生曾总结过基督教对西方的感情内省与人生观所铭刻的三个信念（从而使西方精神不完全是希腊式的）。第一个是：受苦是人生的一个基本方面；第二个是：罪恶也是人生的一个基本方面；第三个是：这个世界是靠正义者和纯洁者的死为代价而生存的。人类的历史是殉难的历史。虽然民族的生存要归功于那些最善良的、最无私、最强有力的和最纯洁的人的自愿牺牲，但人民对于他们的报答总是误解、轻蔑、流放、死刑。这三个信念结合在一起形成第四个信念：对超越的渴望。古代人满足于此世（希腊），现代人却无法完全认可既定现实。这是基督教引进西方的心情：一种觉得灵魂的真正故乡不是在尘世上的心情即使在世俗化的现代人当中仍然根深蒂固。[①]

　　总结一下，人们在讲到"道德的力量"问题时，往往以辨析出三种力量。一种是现实的、物质的经济政治力量（历史的力量），一种是宗教的天国地狱的力量，还有一种是纯粹的爱的力量。不少人认为，第一种力量最大，历史毕竟是"强者"的历史。但它不一定是，或常常不是道德的（如某些 cult）。第二种也有相当的力量，尤其是它和某种意义上与它处于同一价值水平上的第一种力量结合时。它可以为道德服务；也可以无关（出世）；也可能反对道德。第三种力量

---

① 　参看包尔生:《伦理学体系》，北京：中国社会科学出版社，1997 年，第 135–139 页。

最弱，它的象征标志就是"挂"在十字架上低垂着头颅的耶稣。它所能够依赖的既非物质力量，也非准物质力量，而是有人愿意牺牲现实价值珍视的一切（包括生命）来为它作见证——见证现实的力量（甚至生与死）并非唯一的、甚至最大的力量。对于一般人性，这显然是太高的要求，是不可能（保罗与路德都讲到过自己做不到律法的要求的苦恼）。欲求不可能中的可能，只有靠超出现实－人性的领域，靠神圣领域自上而下介入我们这一领域。神圣者介入这一领域后虽然处处受挫，直至被"挂"，但是，挂在十字架上的人（神）可能从此对于历史长河中的人心构成了一个不能完全安心释然的问题或召唤：真实之在，也许并不仅仅只限于我们这个价值系和它所框住的生活层面。

这种三种力量的区分是从伦理学角度做的。在基督教神学界，会有人说它们并不能截然分开，而是相互渗透与支持，从而物力升华而精神也有力量。当然也会有人说它们的渗透反而会带来问题，会模糊和败坏真正的信息，使得真正的张力失去。

在讨论了一般的宗教与道德的问题之后，我们可以稍微提及基督教与现代性伦理各种路向的可能关系。首先，基督教与目的论的关系。目的论一般来说与前现代联系得更为紧密一些，那么，基督教的目的论也应当不例外？实际上，不少基督教界人士很高兴见到现代性的代表性伦理学——自由主义——受到以麦金泰尔为代表的20世纪下半叶的社群主义复兴的批判，哈沃罗斯更是紧跟麦金泰尔发展德性论－社群主义的神学，在美国神学界也独树一帜，影响很大。天主教神学的伦理学有很强的亚里士多德目的论色彩。即使是较为现代性的目的论如莫尔特曼的希望神学也是讲末世论即超出现存价值体系的"新"东西。目的论讲的是人的终极的"好"，而自由主义则忌讳在伦理学中统一地探讨人的"好"。但是，基督教目的论仍然可以与现代性伦理学发生间接的关系，值得分别研究。首先，必须确定基督教的目的论或一般来讲宗教的目的论不会与普通的伦理学目的论完全一样。它所展现的终极目的必然超出现实可能性，远远高于日常生活所能指望的"幸福"。其次，这体现在目的论的两个方面：结果论或神的应许，德性论或人当如何做（才配受这样的应许）。"消极的"终极目的与"积极的"终极目的如果直接地看，都不是赞成、毋宁是反对现代性的。但是，间接地讲，也可以认为它们对于塑造西方现代性有一定的关系。从第一种目的论可以导向对于人的罪性的清醒认识，从第二种目的论则可以导向对于每个人的尊严的价值认定。这些，又都是西方现代性伦理尤其制度伦理的基本信念了。

用麦金泰尔的话说，"启蒙工程"的伦理学的本意就是试图用新的、理性的、"人性的"道德理论替代传统欧洲的基督教神学伦理学。所以，现代性与基督教之间的对立，原是最为显著的。然而，正如我们前面讲到的，许多人，包括基督教内部的神学家，逐渐在正面地认识基督教与现代性的内在关联。从伦理学上说，也就是阐明现代性伦理学的道义论与功利论与基督教传统资源的关系。这种努力又可以分为两种可能的方向。一是描述地指出，在历史上道义论和功利论无意识地来自基督教。比如政教分离和信仰者的服从上帝而非世俗权威对于近代民主的自然影响，新教伦理对于近代资本主义精神或功利论伦理学的同构加强，等等。虽然基督教的这些教义与事件并不是有意地——也不应该是有意地——要发展现代性伦理学，但是确实是现代性伦理学的真实起源。另一方向则是规范地、有意识地、明确地指明现代伦理必须以基督教伦理学为基础。这对于许多人来说至少看上去有相当的难度。我们在第四章中将展开考察希腊罗马古典传统与基督教古典精神是否、如何"开出"现代性（伦理精神）的有关争论及成果。

第二章 现代性中的目的论

第一节 从功利主义谈起

现代性伦理与现代性的特征必然有内在关联。那么，什么是现代性的最主要特点呢？我们在上一章中把它们概括为"顺从自然"和"征服自然"两个对立的心向。这样的张力显然会影响现代性伦理的质素。无可置疑，这些心向都可以与现代日益重要的社会生存形式关联起来，简而言之，就是环绕着人类史中的新主导生活形式——现代经济，会出现几个方面的人类新旨趣，带来几种规范伦理学的新聚焦点。比如，消费与生产会是现代性目的论伦理学的重点，利益的正义分配将构成现代道义论的重要内容。本章将讨论前一类型的伦理学；下一章将讨论现代性道义论。

一、时代伦理精神

我们对于现代性目的论－幸福论的讨论将在"功利主义"的名字之下进行。对此，不难想象有可能会引起人们的困惑："功利主义"作为一种伦理哲学，严格说来标识着 19 世纪葛德文、边沁、密尔、西季威克等人的思想体系。怎么可以拿它来指称几个世纪中如此纷繁驳杂的各种现代性目的论伦理学说？我们下面的讨论将会逐渐展现出这么做的意义。这种代喻在某种意义上类似于麦金泰尔用一个特别的伦理学派——情感主义——概括地指称所有各种现代性伦理学甚至哲学、社会学流派的做法。 事实上，不少人相信功利主义是现代性中占据统治地位的伦理学。当然，这并不意味着人们在生活中看到关于功利主义的专门哲学讨论盛行，或是人人言必称边沁、密尔。但是，功利主义的原则或思维方式在现代生活的各个领域中无声地支配着人们的视野。仔细分析起来，功利主义似乎确实代表着最为典型的现代伦理——如果现代性有伦理的话。相形之下，无论是讲价值一元论即统一终极目的和客观价值等级的德性目的论还是严苛地、"外在强制地"、"不考虑个人幸福"的道义论都显得更为是"前现代"的。实际上，作为反对这两种不够"现代"的规范伦理思考类型的"不近人情"而奋起开辟伦理学上的新路径的功利主义，处处着重的就是必须"与人之常情吻合"。以人的幸福或人的一阶的、生活的好作为价值的锚着点，环绕它构造整个伦理学。这样的好必须简单易懂，它就是快乐感受。道德就是促进快乐或消除痛苦：直指人性，逻辑清晰。由于它太近乎"人性"或"自然"，功利主义几乎可以称为一门"描述性"的学问（关于"是"或欲望的学问），而非一门规范伦理学（"应是"或劝说、逼迫）。可想而知，功利主义在某些"严肃"的人的道德直觉中会一再引起疑惑甚至反感：怎么能从事实推出应当？如果这样建立伦理学，岂不是仅仅把浅薄与自私神圣化而已？事实上，在日常语言中，"功利主义"与其说享有盛誉，不如说是一个负价值的词：急功近利，欲望的当下短路式满足。与之相反，是升华的、美的、艺术的追求（一般说来，"功利"、"快乐"和"美"是三个经常对立的词）。密尔也曾一度由于感到"功利主义"一词的过于狭窄而放弃使用它。后来，他又觉得这一术语能够表达他想要突出强调的某种精神，所以又重新加以采纳。在我们看来，他最终的考虑是不无道理的，虽然这一术语由于各种贬义而使用不便，但是在它的背后还是涵括了现代性伦理尤其是其"幸福"观的一些重要的（然而不完全统一的、甚至分歧深刻的）维度，所以仍然不失为我们探讨的出发点。

---

① 参看麦金泰尔:《德性之后》，第 3 章。

哲学功利主义希望传达两层意思：一个是后果式工具思维，即"后果、效用、收获、事实"（"功利主义"也可以翻译为"效用主义"）；另一个是快乐目的论，亦即"好处、利益、幸福"等。所谓后果论思维是指道德或正当性的好不应当从它本身中来寻找，而应当从它所服务的好来寻找。也就是说，道德等于非道德目标的手段或效用。亚里士多德的《尼各马可伦理学》开始时也提出了一个手段－目的链条模式。但是他接下来实际上推翻了这一貌似结果论的思路，而把手段本身（德性）确立为终极价值，把"功能"的完满发挥（而不看功能所服务的目的）就视为"最好"。这是由于亚里士多德证出了"目的性手段"的存在。但是，功利主义彻底贯彻了这一手段－目的链的论证思路：手段或道德或（德性）没有自身价值，完全是二阶的，其价值唯有在它所服务的结果的一阶性价值中得到。这样一来，德性目的论和道义论所担忧的事就发生了：道德自身的价值剧烈降低。不少功利论者确实承认，从功利主义可以推出"反常识"的结论：德性只要外表就可以了，不必有真实的内心品格（富兰克林的"实践智慧"）。因为从伦理功能主义可以逻辑地推导出：不管行为出于何种意图，只要结果是好的，就是道德的。从正面的角度讲，任何评价都取决于能够（尽量多地）产出某些结果，以及付出尽量少代价的"效率"思维。任何无为而为或"满足于过程本身"的观念，都会被看作耽于生命浪费之中的前现代贵族习气而受到严厉的批评。由此似乎还应当说：不管任何目的而只讲效率的结果论应当是功利主义的唯一主张。不过，人们可以看到，功利主义其实还是讲确定的"目的"的。而且，它的"终极目的"——快乐——常常是更为人所注意到的特征。

功利主义在寻找终极目的时一般可以进行两步还原：把正当或道德还原为"好"或一阶价值；再把好还原为快乐。"古典功利主义"多赞成两步还原。其他一些"功利主义"者或目的论者则止于第一步，不同意第二步。对于古典功利主义者来说，什么是与手段严格分离的目的，或手段－目的链条的最终一环？这只能是"快乐"。功利主义讲的快乐到底是什么，功利主义可不可以、应不应当讲快乐，已经有许多人做过讨论、争论和批评。[1] 我们以为，这里的关键是：功利主义属于一种还原论思维，即把一切可能的目的还原为一种：感性快乐。代表德性论目的论的泰勒就曾在批评现代性伦理学时指出，这种一元论目的没有看到生活的深度方面。生活中有许多质的不同的层次，不能还原为一种，尤其不能还原为最简单的那种。一个"强评价者"与"简单估价者"不同，能够区分高贵的与低贱的，有价值的与无价值的欲望，能够反思行为者的生活或存在的不同的可能模式。而一个彻底的功利主义者是一个不可救药的浅薄人，因为他总是活在生活的表层上。[2]

密尔已经困于人们的这种批评，在《功利主义》一书中，他试图改进边沁功利主义的简单化倾向的定义，而区分"不同类型的快乐"，说精神的快乐高于肉体快乐："做一个不满足的人要比做一头满足的猪要好，做一个不满足的苏格拉底要比做一个满足的傻瓜要好"。[3] 但是，这么一来，密尔也就丧失了功利主义的直觉中的一些重要东西，因为首先，功利主义提出还原论的目的是为了获得一元论，亦即在伦理学中找到统一评判的标准（在交易中找到一般等价物），在人们面临生活选择和道德两难时帮助人们做出理性的决定。其次，还原为快乐的做法可以使得在终极目的的内容上不定下实质性的同一标准。人们对功利主义的"快乐"的批评焦点之一是，这个词虽然是其他生活行为和努力的价值的最终依托点，但本身却宽泛无当，可以容纳许许多多不同的东西，从而无助于人们在不同的选择项中作出决断。[4] 这些批评没有错。不过，我们认为，这可能正是有意为之的。快乐之被选中为"终极价值"，表达了现代性的一个诉求：在价值上不可做出任何统一规定或限定，以达到开放，多元，自由。每个人都有自己的

---

① 参看麦金泰尔:《德性之后》，第 242 页。

② C. Taylor, "Responsibility for Self", in A. O. Rorty, *The Identities of Persons*, University of California Press, 1976, p. 288。马克思、摩尔、舍勒等都对功利主义的"好"之抽象片面表面还原论特征提出过批评。

③ J. S. Mill, *Essential Works of John Stuart Mill*, Benthm Books, 1965, pp. 195-6，参看密尔:《论自由》，第 67 页。

④ 参看麦金泰尔:《德性之后》，第 82，202 页。

终极价值，设其为 X。"快乐"只不过是获得任一 X 之后的效应或之前的手段（"福利"之为一些基本的物质生活条件的满足）。现代性伦理所唯一可以统一谈论的，是各人为了实现自己的独特的 X 所不可或缺的前提条件。至于终极价值本身，是每个人视为自己的内在之好，那是因人各异的。我所欲者，别人可能不欲，不能统一地规定。但是条件性外好，那是共同的，是人人都会同意应当争取的；这一点，功利主义与权利论道义论者如罗尔斯之间没有异议。

这种灵活性在功利主义的发展中得到充分的体现。一般说来，到了 20 世纪，功利主义从规则功利主义走向行为功利主义（从 R.M.Hare 走向 J.J.C.Smart）。这种大趋势除了具有别的意义之外，重要的一点就是更为强调了不"盲目"信守任何既定道德规则。一切由个人自己决定。

二、功利的多义与现代性的多义

从思想史的角度看功利主义，把它与现代性的发展和多义性联系起来考虑，是我们要进一步做的工作。这种关联并不是简单地指功利主义的流行意味着现代人关注自己的幸福。因为"现代人的幸福"是什么？即使它们都可以用"功利"一词来表达，是一种东西吗？如果是，为什么现代性中有那么多的对"虚假幸福"、"意识形态的蒙蔽"的相互攻击？也许，现代人的幸福（或"功利"）当中包括了十分对立甚至正相反对的东西，而它们的区别具有实质重要性。在这个意义上，边沁与密尔所说的（一切幸福）"无非都是快乐"，有模糊问题的要害的危险。首先，现代性的重要标志是出现了"现代式日常生活"或消费社会，这是一种新的生活形式，其特点是平面的、感性的总量积累，而且重要的是这种感性满足的总量追求往往并非出于真正的"感性需求"的满足，而是出于规范型消费或人际的攀比（体面）。攀比或竞争在任何时代都存在。[①] 在现代性中，攀比主要发生在平面物利层次上，这正是由于价值的转移，奥古斯丁与舍勒在讨论爱的秩序

---

① 参看亚当·斯密：《道德情操论》，北京：商务印书馆，1997 年，第 60-69 页。

的根本性变化时都涉及到这一现象。其次，大家也都同意，现代性的更为重要的特点与其说是享受与消费，不如说是生产——是经济人或现代性生产者的出现。同为"现代人"，消费者的幸福与生产者的幸福全然不同，这让人想到柏拉图在《理想国》第八卷中对寡头制心性和民主制心性的差异及演变的细致分析。消费取向者体现的是纵欲的或放任的、反宗教的、随波逐流的倾向；生产取向者则更多的是禁欲的、专业化的、虔信的、自我安全的，是投入－产出（增值）考虑。对于生产者来说，欲望若"纵"而无产出，则会被视为荒谬。韦伯用富兰克林为代表的功利主义概括了这种与快乐论相反的生产取向的精神面貌。[①] 这两种幸福感的差异与对立也侧面反映了我们在前面所讲的现代性具有顺从自然和征服自然两个方面。此外，还有对这两种启蒙式幸福都不屑一顾甚至严加批评的"现代人"，他们提出另一种偏激的幸福对其加以抗衡，这就是文化－艺术中的浪漫派和现代主义。有意思的是，密尔作为功利主义的创立者，却也主张这种"出格－偏激"式幸福。这种"幸福"大约是生产者－清教式功利主义最为反对的"追求"。密尔在自己的著作中与清教伦理展开直接论战。在"出格式幸福"当中，又可以发现进一步的区别：文艺复兴及其继承者反对功利生产的外在好的追求，是因为他们认为真正的目的或幸福存在于顶峰体验或个人自我实现当中。但是到了"后现代主义"，出格者所反对的恰恰是文艺复兴的"古典价值等级"式思维，反对统一的"美学"；不惜表现丑陋、纵欲和直接冲动，但同时又不与已经完全非古典化了的现代社会认同。

这几种幸福的错综复杂还可以由于相互间形成不同的勾连而进一步加深。如"生产者"可以赞成古典价值中的理性主义、等级、自我约束等等。实际上，体面的中产阶级是相当尊崇传统的，而韦伯则更论证了现代资本主义与古典性的基督教新教伦理有正相关的关系。文化艺术中的现代主义虽然一般而言反对"庸俗"的消费主义，但是，他们双方在反对理性的压抑、主张感性和欲望的自主性上却可以十分

---

① 韦伯：《新教伦理与资本主义精神》，第 141 页。

一致。而且，偏激狂热的感性渐渐地也以各种方式渗入日常的中产阶级消费方式中，改造着本质上应当是模式化攀比型的日常感性生活态度。[①] 重金属摇滚和嘻哈抨击也许不久就会成为中产阶级的标配。我们在下面各节当中将分别探讨现代性的这些主要人生目的或"幸福"：消费者的，生产者的，艺术家的。此外，我们还要讨论"大多数人的最大幸福"，因为按照功利主义伦理学家的解释，这才是功利主义的道德标准。然而这种道德原则并不能从前面讲到的这三种幸福"分析地"推衍出来，它对于功利主义作为启蒙伦理建构的成功，是一个重大的"综合"式难题，所以必须另设专节考察解决这一难题上的诸多尝试。

第二节　作为规范的自然欲求

从各位代表性的功利主义哲学家对于"幸福"或快乐的诠释看，功利主义的这个终极目的或最高价值的首要含义显然属于"自然天性"，也就是个人的、感性的率性。正如我们在前面说的，这反映着现代性的"顺从自然"之维度。然而，人们会问：这本来是不学就会的天性人欲，有什么必要作为伦理学中的"应当"、"正当"或普遍"规范"（"规范"一词总是令人想到的康德的"自主立法"、nomothesis、"绝对命令"等抗衡自然倾向的理想化努力）来提出呢？然而另一方面，人们又看到有些功利主义哲学家如西季威克和斯马特说功利主义是一种规范的理论，亦即不是对日常信念的说明，[②]有些启蒙思想家在阐释自己观点时更是慷慨激昂、大义凛然，像是在捍卫某种极难实现的神圣理想而非仅仅日常人欲。我们下面的讨论将抓住这一"背谬"展开，以探讨现代性伦理学的基本意图。

---

① 参看丹尼尔·贝尔：《资本主义文化矛盾》，第119页以下；并参看保罗·福塞尔：《格调：社会等级与生活品味》，北京：中国社会科学出版社，1998年，第265页以下。
② "如果某种理论在某种意义上不与流行的常识伦理信念相冲突，那么提出这种理论就几乎没有实践价值。"斯马特："功利主义及其应用"，见《现代世界伦理学新趋势》，第28页。

一、启蒙与治疗型智慧

一般规范伦理学总要或明或暗地提出唯我论（egoism）作为主要批判对象。所以，功利主义的以个人欲望为"规范"的做法显得异乎寻常。这首先要从它所归属的启蒙传统的角度看才能够理解。启蒙通常代表着典型的"外指"型伦理。外指型伦理认为道德的敌人并非自我，而是外在者（对于自我的压迫或掠夺）。"启蒙"可以有各种意义。这里我们主要是指思想史上的这样一种倾向：把道德问题视为主要根源于整体对个人的压迫。可想而知，这样的启蒙新道德与其说是道德，不如更恰当地被称作是一种"哲学治疗型"智慧，即认为社会道德本身就是导致道德问题产生的最重要的原因。麦金泰尔曾断言说启蒙工程虽然在形式上有变，在内容上却与传统道德没有两样。[①] 我们认为这一看法是不够全面的。启蒙运动所识别出的传统道德的主要缺点确实包括形式上的，即缺乏理性的内在根据而借助外在他律。但是，启蒙运动的另一个批判就集中在内容上了：传统道德贬低感性，鼓吹"牺牲"，伤害个人幸福。这种以道德、理性的名义带来的邪恶是更有诱惑力的邪恶。

我们首先看启蒙在形式上的要求。启蒙的显著特点是"理性的权利"。理性要求自主的地位，不再非反思地接受道德诫命——从传统道德讲，这些诫命多是神的命令。神已经动摇，即使还没有完全"死"去。立足之处再也不能放在神身上，只能放在人身上。早在柏拉图的《游叙弗伦》中，就可以看到当时的希腊已经有类似的"启蒙思想"：奥林匹斯诸神已经动摇。如果在道德争论中仅仅诉诸"神的命令"，已显得不讲道理。应当从后果——对于人的后果——中找道理。神的命令是否合理，必须、也可以从人的幸福中找到合情合理的、"人道的"根据。[②] 神的命令并非一定会是反人道的，但是其人道的即合理的成分应当从人道的即合理的基础上重新奠基，而不必再去迷信中绕一个大弯。密尔重述了这个道理，指出神总是希望自己的

---

① 麦金泰尔：《德性之后》，第 58 页。
② 柏拉图，《游叙弗伦》，7a–9b。

创造物能够幸福，因为这正是他进行创造的目的。[1] 边沁也以一种启蒙精神说，神学伦理的内核，必然是功利主义或人的幸福。"什么是上帝的喜悦呢？上帝又不跟我们说话，也不给我们写信。那么，我们怎么知道他喜悦什么呢？"只能是：人自己喜欢什么，就说上帝喜悦什么。[2] 后来的"行为功利主义"更是充分地反映出这种"启蒙精神"：一切道德原则都必须通过我的理性再思的随时审视。如果有"不合理"之处，即使再有悠久的历史或外在的威望的道德律令，也将不被采纳。说到底，结果是真正重要的，道德只是手段，是随时可以弃换的。[3]

其次，作为启蒙的这种形式上的"理性自足"的内容的标志，作为审视原则时所依据的"合理性"或"不合理性"的标准，恰恰是感性反对理性，是从基督教的高道义论和高德性目的论主动"下调"本体层次，把二重化了的世界重新化约为一层。E.卡西勒在他的《启蒙哲学》中指出，爱尔维修在伦理学领域中发挥了启蒙还原论的思想习性，消除形态和重要性上的一切差别，把"高"与"低"的区分归为心理错觉。"一切都在同一层面上"。所谓大公无私、宽宏大量和自我牺牲等品德，都来自人性的基本冲突，源于"低下的"欲望和激情。高于这一平面的道德伟大是不存在的。[4] 我们认为，这种还原是一种减法式哲学治疗。在受到马克思和弗洛伊德影响的 20 世纪的批判理论那里，启蒙的治疗意向性仍然十分明显：把社会的主要问题辨识为人民受虚假意识的欺骗和自欺，以不幸为幸福。启蒙治疗的目的是保护一阶的、生活的价值亦即"真实的幸福"。

传统道义论和目的论所坚持的是"道德自足"性，亦即把本来是二阶的、非自足的道德之好推崇为最后的、最高的、甚至唯一的好。从亚里士多德到斯多亚学派，可以看到一种日益增强的倾向："德性"

---

[1] J. M. Mill, *Essential Works of John Stuart Mill*, p. 208.

[2] 参看周辅成编：《西方伦理学名著选辑》，北京：商务印书馆，1987 年，第 221 页注。并参看西季威克：《伦理学方法》，第 467 页。

[3] 参看约瑟夫·弗莱彻：《境遇伦理学》，北京：中国社会科学出版社，1994 年，第 99 页。

[4] 卡西勒：《启蒙哲学》，济南：山东人民出版社，1988 年，第 24 页。

如慷慨助人德性自身成了目的，优秀人的优秀行为本身成了光彩夺目的"至善"（极好），至于所行事的目的如被助者的苦乐却隐入不重要的背景之中。这种遮蔽与换位会带来理性对于感性、整体对于个体的压制与损害。如果启蒙伦理工程的内容当真如麦金泰尔所说的那样仍然是传统的（亦即理性控制感性的），那么必然会有"真正的"启蒙者起来反对"启蒙工程"。启蒙的实质性意义就在于颠倒被颠倒了的价值秩序，重新澄清或区分手段与目的，为"结果论"正名。道德只是手段，是二阶的。日常生活的幸福是一阶的，是目的，是最终结果－目的。道德自满的错误正是在于它从根本上颠倒了自然大序。

对于功利主义者来说，道德、法与制度本身并不足以让人尊荣，只是方便而已。道德要证明自己，就要走出自身。被助者（的非道德的、生活的价值）重要，而非仅仅助人者（之道德价值）重要。人的本性或自然不可压抑，[①] 它是一切价值的最终落脚点。这就是基督教的己所欲而施与人的原则的精髓之所在。[②] 高尚的道德并不是自身目的地。"牺牲"确实有大价值，但是追根寻源，它的价值来自何处？只能来自它能使得其他许多人不必牺牲。"为牺牲而牺牲"是虚妄，对它的反对是功利主义之所以被提出来的重要理由之一。[③] 其次，二阶价值自足自反的更大危险是暗藏有私利的动机。鼓吹牺牲者实际上是要别人牺牲，而牺牲－献祭出来的生活之利好却被积聚到鼓吹者手中。边沁指出了这一危险。实际上，这是火气很大的 18 世纪法国启蒙运动对当时法国天主教批判的一个主题。[④] 这第二点更为充分地体现出启蒙功利主义的"疗法智慧"或"外指型"道德的特征。哲学治疗的基本方法是理性的认识和自我认识。也正是因为此，貌似"粗

---

① 密尔:《自由论》，第 66 页。

② J. S. Mill, *Essential Works of John Stuart Mill*, p. 204.

③ Ibid., pp. 203-4. 有关阿伦特将现代性的特征之一规定为劳动生物的胜利，参看莱斯诺夫:《二十世纪的政治哲学家》，北京：商务印书馆，2002 年，第 121 页。熊彼特指出，资本主义文明是理性主义的和"反英雄主义的"。工商业本质上不是骑士心目中的英雄主义，不会赞美为打仗而打仗、为胜利而胜利的意识形态。参看熊彼特:《资本主义、社会主义与民主》，北京：商务印书馆，1999 年，第 205 页。

④ 参看霍尔巴赫:《自然的体系》，北京：商务印书馆，1999 年，下卷，第 211 页。

俗"的功利主义在近代思想史上首先却是作为"激进的启蒙主义"被提出来和被先驱们和后学们殉道般呐喊捍卫的。在这一方面，对照一下中国传统文化不无启发。历史上中国的启蒙思想家也曾一再批判过传统儒学道德，如某些心性学者之批判理学。但是中国的传统儒学目的论中已经蕴含了某种功利主义成分，要求的只是士大夫牺牲，对于民众的"百姓日常之大利"却还是相当重视的。孟子努力为之奋斗的理想包括："五亩之宅，树之以桑，五十者可以衣帛矣。鸡豚狗彘之畜，无失其时，七十者可以食肉矣。百亩之田，勿夺其时，数口之家可以无饥矣……"①

启蒙达到的结果因此就是使"自然"、个体、一阶生活价值成为"规范"、神圣目的。天性必须"率性"。凡是自然的，就是"应当"立即满足的。可想而知，这样的思路导向的一定是"外指型"伦理，亦即抗议"压迫"的解放伦理或启蒙道德。这一主导道德取向或逻辑，在20世纪的各种"解放运动"如性解放与同性恋解放与动物解放运动的正当性论证中，将会日益得到充分的体现。

应当补充说明的是，当我们说启蒙是人道主义时，注重点并不完全是它对感性、消费本身的推崇。在感性解放的背后，更为"现代性"或人道主义的价值是：每个人可以有自己自由选择的一生——生活。这种生活不一定必须在经济生活中，或是对肉体欲望的满足，而可以实现于其他各种生活领域中。至少在现代性的早期，经济并没有占据工业革命之后那种霸权地位。洛克显然是近代启蒙运动经验主义的灵感来源。他的权利理论也雄辩地捍卫了个人自决权利的神圣不可侵犯性。但是，我们即使从洛克的"权利"学说中，也仍然看到对于"自行运行"的货币－金融经济的中世纪式或古典式陌生与不理解。②甚至到了美国革命的领袖们那里，现代性的基本精神即个人选择自己生活方式的权利的意识已经达到高峰，但仍然不能说这与真正意义上的现代性经济（异化的巨大金融体系）有直接关系。这些"领袖"在

---

① 孟子:《梁惠王章句上》1.3.
② 参看洛克:《政府论》，北京：商务印书馆，1997年，下篇，第33页。洛克的困惑体现了亚里士多德式古典人不懂得所谓现代经济的货币游戏主导性本质。

革命前和革命后都是以小农型生活形式为"经济基础"的。最后，需要指出的是："自己的生活"作为各种现代性伦理学共享的最后价值依托，不仅是功利主义的直觉，而且也是权利式道义论的直觉。我们在第三章还会进一步论及这一观点。

二、本体下移的方式

终极目的或"幸福"被普遍锚定在大众感性之上，这是人类历史上的新现象，是现代性伦理出现的特征。所以，它的合法性需要论证。论证的方式可以有几种。第一种可以称之为感性的崇拜或圣化。也就是认为理性本位既然已经被解构，感性作为新的本体正好浮出水面。它不再应当像在古典伦理学中那样被视为"假我"，它恰恰是"真我"。[①] 所以，一种以感性为重心的新的形而上学或偶像崇拜或"自然法"被建立起来。"必然"或"自然"是不可抗拒的。斯宾诺莎，狄德罗，费尔巴哈，尼采，福柯……无不如此认为。正如麦金泰尔所说的，"大本质目的"失去之后，所余下的唯有"原性"成了必须加以满足的价值。这种本体下移体现在社会生活中，就是主导生活形式不再驻足于政治生活形式以及观照型生活形式之中。古典伦理学家如亚里士多德认为政治生活具有本质上的重要性。人如果不选择生活于其中，那就会完全失去实现人作为人的"本质"亦即"幸福"（well-being）的机会。[②] 继承了古典思想的卢梭也持这样的看法。相比之下，洛克虽然强调政治的重要，值得关注；但并不认为人的重要价值的实现或幸福的达致必须在政治生活之中。[③]

另一种肯定感性幸福的论证却并非去建立新的、感性的形而上

---

① 有关假我和真我之争，参看柏拉图：《理想国》589e，亦可参看 A. O. Rorty, ed., *The Identities of Persons*.

② 参看包利民：《生命与逻各斯：希腊伦理思想史论》，第 226 页。有关政治生活是本质还是非本质的争论，参看 Ian Shapiro, "Components of the Democratic ideal", in Albert Breton et al eds., *Understanding Democracy: Economic and Political Perspective*, Cambridge University Press, 1997, p. 211 ff.

③ 有关两种生活态度的变化，参看贡斯当："古代人的自由与现代人的自由之比较"，载于《公共论丛》1997 年第 4 卷，尤见第 321-314 页。

学。感性也许是、也许不是宇宙唯一本体。然而人所能够拥有的，唯有感性。而且，对于感性的压抑，会深深地伤害人性。希腊怀疑论便反对建立任何形而上学，无论是理性的，还是感性的。但是人实际上必然只能生活于感性的、具体的世界维度中。一切文化的添加物对于人的幸福或心灵的平静无扰都构成威胁。从伯林所强调的自由主义的"消极自由"原则，也可以推出类似的结论。消极自由的概念主要是想表明，从政治上讲，即使感性是"假我"，如果用强制力量来调教它，其结果也必然是残暴。① 反过来说也一样，如果反对理性霸权的人把感性设为"真我"，并以强制手法保证它的实现，同样也会威胁到消极自由。这样的思路与西方的宗教战争以及此后的宽容理念有着内在关联。在这种思路中，功利－结果式论证方式被贯彻到逻辑极端。人们只讨论手段或中间结果，但是不强求终极结果的一致。

　　进一步说，在现代性中，感性的地位虽然被启蒙合法化了，但是人们所讲的感性，并不一定是同一种。比如日常生活中的感性与现代主义文化人的感性就很不一样。日常生活中的感性并非简单的"纵欲"和"率性"。不少现代性论者看到，现代人虽然信奉自我中心的哲学，但是实际上总是消失在"众人"之中。即使是感性或肉身这样的本己化的生活层面，也往往纳入在社会模式中。如何消费，是预先定好的，也许是时尚，也许是生产水平，也许是"有效需求"，也许是观念（应当）。人们真实追求的与其说是"自我"的率性，不如说是权力感（优越或居高意识）或他人眼睛的承认（体面或成功）。从而，衣服不是可有可无的、自我不与其认同的角色符号，人所见者并非唯有身体② ；而是持久的，重要的。此外，住房、汽车等等也应当如此看。史克拉在《日常之恶》中在讨论"势利"之恶时曾经说，势利就是把人排成各种高低不同的"价值等级"，这本来出现在封建

① I.Berlin, "Two Concepts of Liberty", in R. M. Stewart, ed., *Reading in Social and Political Philosophy*, Oxford University Press, pp.92 ff.
② 有关衣服与身体在现代性中的意义的另一种讨论，参看刘小枫的《现代性社会理论绪论》，第332页以下。此外，鲍德里亚对于现代性作为"景观社会"，人只有符号化才能生存进行过详细阐述。

时代向民主时代过渡的历史阶段中。一般认为，到了现代民主之中，一切平等，势利也就无立足之地。但是事实并非如此。新的势利依然存在而且强大。美国人在公开意识中往往都是"成就统治论"者（effortocracy），也就是相信人人平等，只要努力工作就能成功；成就而非"位置"才是真正重要的。最受敬佩的人是自己打拼出来的。但是，美国人在日常生活中的态度又常常是另一个样子，他们在社交与社会选择中进行各种微妙的"分级"。消费风格、休闲活动、邻里、宗教、种族等等，在决定一个家庭的社会圈子时，起着极为重大的作用。也许，有人会说，率性式感性幸福观念也在进入日常感性生活之中，人们日益以敢于打破世俗观念为荣。但是，这还需要进一步分析。日常的"敢于率性"中，有多少是出于真性情，又有多少是把它体验为新的模式化压力而自觉不自觉地去做？

　　超出日常感性的感性确实是现代性的一个特征。现代主义的、艺术的"深层次感性幸福"与日常感性幸福可能正好针锋相对。现代主义也是一种"外指"型伦理，但是它的"外敌"与其说主要地是国家，不如说是大众。密尔鼓吹的"出格"①，尼采的酒神精神，福柯的"极限体验"，巴赫金的"狂欢"②，毋宁说都是反理性的，但是又不立足于日常感性。日常幸福与个体，在这样的视野之下，显得极为微不足道，可以牺牲。这里延续的毋宁说是古典－文艺复兴的以人本身的优秀为目的而反对为外在好而伤害人的价值取向。

　　此外，还有其他的超快乐的快乐。尼采的"快乐的科学"告诉人们，他推重快乐。但是，他的快乐却是反对现代性的快乐的。现代性平等趣味最好不要靠近他，以免弄脏了纯洁的泉水。他完全超出了日常生活－道德的尺度之外。日常生活体现出的是凝固、完成、秩序（甚至道德报复也体现出维系秩序的强烈冲动）。只有在确定的、自足

---

① 密尔:《论自由》，第 65、72 页。有关密尔在功利主义者当中的"浪漫派"异端倾向，参看 I.Berlin, *Liberty*, ed., H.Hardy, Oxford University Press, 2002, p.221.

② 参看巴赫金:《巴赫金文论选》，北京: 中国社会科学出版社，1996 年，第 105 页以下。甚至，激烈批判资本主义的异端冲动也可能恰恰是具有永不满足的破坏和创造的资本主义生存方式所需要的。参看伯曼:《一切坚固的东西都烟消云散了》，北京: 商务印书馆，2015 年，第 152 页。

的结构中关心、繁忙、谋划未来，才不至于失去意义而陷入荒谬。尼采讲的却是冲破循规蹈矩、冲破守成硬化，冲破小心翼翼地保守秩序，作为冲决一切的大生命力的一页充沛淋漓地生活过。资本主义仍然是自我规训的，是"内指"型伦理。规训过度，成为家畜，是尼采所最为惧怕者。所以尼采以特殊的外指型伦理四处冲杀，闯新路。对他来说，伦理学不加区分地要求禁欲或保护一切人（的幸福）的要求是非反思的，没想清道理的。应当以独特的人种幸福论－结果论看道德，追问其目的－结果何在。只有优秀的、创新的、利于种族生命力积极发展的幸福，才应当保护。否则，一味讲道德只会导致种族的衰弱。这种终极价值至上、手段－目的的估算和重估的思路表明，尼采虽然以反对现代性功利主义心向著称，他自己的思想方式却也可以算作是一种"功利主义"。

尼采本人不是国家主义者。但是从超个体的幸福的新路可以导向超个体的、民族或国家的幸福。国家作为一个超级个体，也有自己的目的或利益。然而这已经与平等主义的——自由主义的——人道主义的功利主义的初衷相去甚远。不过，它却是现代性所无法完全反驳的逻辑结果，而且得到不少现代化者的衷心推崇。

最后，甚至神学家莫尔特曼后来也对"征服世界"、"规范化消费"等现代性特征提出了疑虑，并赞成尼采对于超出日常快乐的狂喜的推崇，只是他不认为基督教必然会像尼采所说的那样属于毁坏生命的这种宗教的狂喜。尼采正确地看到了在宗教喜庆节日里，时间的流逝被中断，被重新产生。每个喜庆时间都回到时间的源头，因而也回到源头的时间中，与神同在，与神同时。人类从生命源头获得再生。"在喜庆节日里，永恒性以永恒现在的形式被经验：'没有目标的时间'（尼采语）和没有尽头的欢乐。节日的本质是狂欢的。"然而，尼采没有看到：基督教的节日本质上是复活的节日，所以，这种末世论的世界的重新创造的节日在面向弥赛亚希望的框架中吸收了其他宗教的狂欢成分。上帝之国的永恒生命犹如永远不散的宴席。①

---

① 参看莫尔特曼：《创造中的上帝》，香港：汉语基督教文化研究所，1999 年，第 406 页以下。

三、叔本华的忧郁

古典功利主义以感性幸福的总量增加为终极目的，认为一切行动都应指向一种"状态"：世界中出现日益多的"好"或快乐、日益少的"痛苦"；然而，自古以来，就不断有哲人与宗教大师提出质疑：这种终极目的能够达到吗，这种人生是否值得追求？在存在主义看来，人的此在本身是问题性的。但是功利主义似乎乐观地认为此在之中不存在着什么问题。在没有终极神圣维度的宇宙大时间流中求"幸福"，本来很容易失去意义。古典智慧的一个重要任务就是跳出时间流。因为总量积累式幸福无法摆脱时间的束缚，并非真正的幸福和圆满。亚里士多德在《尼各马可伦理学》中反映了希腊人苦苦思考的持久问题：什么时候才能说一个人是幸福的——死前，死时，死后？亚里士多德试图用德性论冲破时间流，解答这个问题。[①] 边沁认为自己的功利主义与希腊的伊壁鸠鲁主义一致。这并不完全准确。伊壁鸠鲁的"快乐主义"实际上正是在对于恶无限式地在时间中无穷追逐快乐的人类疾患进行治疗。法国启蒙主义的感性主义倒是多少继承了这种伊壁鸠鲁的疗法精神，告诫人们感性快乐的放纵无法获得幸福。密尔在自传中提到，实际上，密尔的父亲虽然教育他功利主义，但是他自己并不认为生活快乐在深处有什么意义。[②]

叔本华在西方学术史上以对于生活的幸福持悲观主义态度闻名。人生由于缺陷、困乏、保存生命的操心焦虑，本质上为痛苦的愿望所充满。然而，如果消除了各种痛苦，满足了愿望（这本身很难），立刻又有千百种其他形态的痛苦接踵而来，按年龄和情况而交替变换，如性欲、狂热的爱情、忌妒、情敌、仇恨、恐惧、好名、爱财、疾病等等。如果这些当真都能满足，无名烦恼与空虚无聊又会侵入。如果想赶走无聊，痛苦就会再次回来。所以，人生就是在痛苦与无聊之间的不断摆动。最后，当然还有死亡的威胁。虽然人在与死亡斗争，但

---

① 参看亚里士多德：《尼各马可伦理学》，1100a—1101b。
② J. S. Mill, *Essential Works of John Stuart Mill*, pp. 37, 90. 支持现代经济发展的重要先驱亚当·斯密也在其《道德情操论》中明白指出物质享受其实没有什么价值。

谁都知道最后的胜利者还是死亡。[①]

叔本华的思想部分地继承的是东方－佛教传统。佛教虽然起源于前现代，但是最适合的背景可能是现代性。佛教所反对的两种心向，一个是个人欲望的即刻满足，另一个是"模式化生存"或"烦"，即个人消失于现象界中。《红楼梦》中的"风月宝鉴"与"好了歌"代表了这两个指向。个人式的自由物欲追求与攀比争夺的模式化积累，得到的只能是简单的欲望重复、空幻或轮回，并不能真正达到幸福。现代性的特点是所有人都强制性地追赶一个不断增长的需求－欲望，而且永远追不上它的在先的"增长"。不仅日常生活服从于这种强制，而且甚至以异类自居和自豪的文学艺术的现代主义者也不能幸免。他们争相追求新奇翻花样，唯恐被新的时尚淘汰。福柯说，文人艺术家普遍感到"没有空间"，"非他即我"，"该轮到我了"，产生焦虑。[②]另一个原因也与此相关：现代性社会是按照个人对于外好的竞争构造起来的。所以虽然幸福不一定时时是阶级斗争理论中说的"你死我活"型的，但是"占据优势"从而利益冲突和不能分享却是社会的无法去除的基本结构。所以，舍勒曾得出结论说，现代人并不比古典时代更幸福。[③]

幸福的难以获得还有一个重要原因，即大量带来深度幸福的"事后幸福"依靠的是在当下生活中与苦难的抗争以及事后的升华，美感或神圣感的观照能力。这两方面的因素在现代性中都在减少。现代性的许诺就是消灭不幸——物质不方便。然而这会使得生活渐渐失去辩证力度。而现代性对于美和神圣性的解构，又容易使人失去升华和关照苦难的经验的愿望和能力。今日日益逼近的人工智能为人类"代

---

① 参看叔本华:《作为意志和表象的世界》，北京：商务印书馆，1982年，第246-438页。《生存空虚说》，北京：作家出版社，1987年，第89、94页。《伦理学的两个基本问题》，北京：商务印书馆，1996年，第221-222页。

② 参看福柯:《福柯访谈录：权力的眼睛》，上海：上海人民出版社，1997年，第106-107页。

③ 参看舍勒:《价值的颠覆》，北京：生活·读书·新知三联书店，1997年，第141页。更早在启蒙时代，卢梭就指出，现代人其实不如古人幸福。参看福山:《历史的终结》，第94页。相关看法也可参看弗罗姆论弗洛伊德的纵欲－消费幸福的无法达到，《爱的艺术》，北京：华夏出版社，1987年，第81-82页。

劳"一切生产、实践、活动的前景，迫使人们认真思考这种现代性许诺的全面实现意味着什么。

这显然是失去宗教信念的现代人的最终命运。由于失去神圣宇宙观，无意义的时间洪流世界图景成为唯一的选择。在这一点上，启蒙哲学家十分真诚地接受这样的命运，并诉诸同样宇宙观的晚期希腊－罗马哲学的直觉。怀疑论、伊壁鸠鲁、斯多亚学派几乎同时达到类似的宇宙观，并且以哲学的孤傲告诉人们如何在没有神的帮助下优雅地与命运抗衡。人是必然会死的，死后也不会灵魂不灭，但是人仍然可以不必害怕死亡。因为人只要不过高地看重自己，认清自己不过是永恒轮回的自然大化中的一个片段，不去与自然－必然性对抗，就仍然能够快快乐乐地度过弥足珍贵的一生。[①] 我们在第五章讨论哲学自杀时还会再回到这个问题上。

第三节　生产者的幸福

上面的讨论不能穷尽与现代性有关的终极目的追求。现代性目的论并非只有一种。同样，相应地，现代性的德性系统也不可能只是一类。当功利主义不加区分地说道德的终极目的是促进功利或幸福时，它很可能导向荒谬：促进何种幸福？如果有几种，它们相容吗？它们可以同时促进吗？会不会冲突？

比如，"功利"有另一种重要含义，它与前面讲的感性满足，无论是日常型的，还是"出格"的，正好是对立的。但是，它们恰恰又同样适用"功利主义"这一术语。这种功利主义就是富兰克林式的"功利主义"。我们在第一章就说到，现代性有两个主要方面：顺从自然与征服自然。就人的欲望而言，即率性和自律这两种对立的态度。

[①]　参看汪子嵩，陈村富，包利民，章雪富：《希腊哲学史》第四卷，北京：人民出版社，2010 年。另外参看霍尔巴赫：《自然的体系》，第 209–217 页。霍尔巴赫反复引证晚期希腊各家哲学的"死亡智慧"说明自己的死亡态度，参看第 237 页。亦参看拉美特利：《人是机器》，北京：商务印书馆，2010 年，第 72 页。读者还可以想到道家的思想、佛家的智慧。

休谟曾经区分过两种快乐或幸福：美的与有用的。所谓"有用的"即带来未来利益的。[①] 富兰克林式功利主义体现的是这个方面。与其说他主张感性的即时当下满足，"自然"（快乐）的神圣化，美的自身欣赏，不如说是相反，主张欲望的延迟满足。不是当下享受，而是"结果"的产出。不是做自然的奴隶，而是做自己的主人，用理性驯服自然，用自我约束和抑制率性。

所以，在现代社会中，至少可以区分出消费者的和生产者的两种目的论。虽然从常识上讲，生产与消费是同一个过程的不可或缺的组成部分，但是人们可以看到它们相互之间激烈攻击。按照韦伯的观察，富兰克林式功利主义是清教精神的代表。所以富兰克林对于艺术与消费的批评是十分严苛的。反过来，同为功利主义的大师的密尔却对清教精神严厉批判，并提倡清教所决不会赞许的"出格"式感性幸福。[②]

生产者的追求是对于感性或生活幸福的压抑，所以它体现出现代性的"荒谬"性一面。对此疑惑与批判的人几乎伴随现代性的出现就一直不断。实际上，早在亚里士多德的《政治学》中，就对这种"违反自然"的终极目的的追求感到大惑不解和批判。[③] 类似的批判延续到洛克以及 20 世纪的在现代性中仍然继承古典精神的、以人的优秀为目的的思想家身上。[④]

对于我们来说，这些疑惑与批判意味着伦理哲学应当追问：现代性的主要生活方式或现代经济生产活动中是否出现了什么更吸引人的好（价值），使得人肯付出生命－生活（美的生活）的代价去孜孜追求？

一 现代经济的动因

追问"现代经济动因"的学者的动机可以分为两类。一类即认为

---

① 休谟：《道德原理探究》，第 12、60–64、80 页。

② 密尔：《论自由》，第 66、94 页。

③ 亚里士多德：《政治学》，1257b–1258b。

④ 可以参看马克思的断言："功利主义把一切归为功利是'愚蠢'"，《马克思恩格斯全集》，第 3 卷，第 479 页。

现代经济功利主义的异乎寻常的"结果积聚"取向是人类的病态、强迫症，所以，应当考证"自然"的人类发展史是如何、在何时落入这一"病态"阶段的陷阱之中的，[①] 这也可以称为现代性病理学的研究。另一类人的动机则相反，认为生产取向取代政治取向是"现代化"，是人类发展的理想归宿，所以急迫寻求进入这一状态的机缘。在已有的寻因学说中，韦伯的新教与资本主义精神的解释理论一直是方法论上的典范。韦伯的解释的深刻性是，如此看上去没有道理的、无止境追求的、把基层生活当成一切（似乎违反心理学上的需求等级递增规律）的功利主义，却起源于崇高的动因。具体说来，我们可以把韦伯的寻因思路分为几个方面：动力，动力方向，动力方式；并依次进行讨论。

　　首先是动力。如此异乎寻常的经营欲望的能量是由什么提供的？韦伯并不是解释现在生产者的动机，因为那是众所周知的竞争与出局的压力。问题是在开初之际，在另一个价值范式中被视为全然不合理的行为（"反常本能"）是借助于什么力量冲破那一范式的严密禁锢的？贪欲与享受说明不了什么问题，人性自古即贪，但是现代性仅仅是近几百年发轫与西方的事。实际上，到了被公认为现代性思想开创者和经济中心论倡导者的洛克那里，现代性特有的无限追逐式经济仍然尚未出现。洛克仍然像托马斯·阿奎那一样不能理解"不为消费，为积累而积累"地聚集财富的现代经济特征。[②] 韦伯注意到用一般的理性的、目的论的伦理学解释不了这种几乎是"无理性"的冲动：生产不为消费，而完全当作任务、义务来承担。韦伯的解释是现在已经为人耳熟能详的"新教伦理精神"：这种精神确立了世俗职业是上帝所指派给人的天职的观念。[③] 用我们的术语来说，也就是在现代性经济领域中，普遍的"功利主义"伦理却具有道义论的源头。韦伯还从新教与世界的巨大张力与改造取向出现，得出了现代性征服自然一面的巨大的动力源头。相应地，他认为东方思想容易与世界取得和解或

---

①　参看华勒斯坦：《历史资本主义》，第1章。
②　参看洛克：《政府论》下篇，第33页。
③　参看韦伯：《新教伦理与资本主义精神》，第38、52、59、82页。

逸出，张力就被提前瓦解了。沿着同样思路，东西方有些学者在东亚经济起飞后，又从东方文化中找到了耻感文化、成功立业、社会角色之"立"，光宗耀祖乃至救国负担的巨大现代化的动力源。[①]

其次，有动力之后还要考察动力的方向或进入什么渠道。成就意识也可以在科举、从政甚至思想学术中实现，为什么会集中地进入到经济中？用历史唯物主义的术语表达，就是经济－功利关系为什么上升为主导型关系？亚里士多德区分政治与经济，指出政治是自足的，经济则是手段性的，是为政治即公民的共同德性提供必要的条件。[②]但是近代政治的基本自我定位却由"自身目的"转向"为经济服务的手段"。经济则上升为自足的、主要的生活形式。为什么会发生如此巨大的价值转向？或者说，这种会危及既得利益者的转向怎么能够通过古典社会的价值（政治、文教）暨权力拥有者的关口的？如果仍然从清教的例子讲，是否是因为清教反对人的优秀，反对裴拉鸠主义，从而将能量置放于个人的、世俗的追求中？或是因为新教主张政教分离，把一切都视为个人的事情，而经济最接近于私人自己的事情？但是，宗教并非唯一的解释，宗教的力量甚至不应当夸大。我们以为，很可能现代性最初起源于政治而非经济，由于政治的现代化而进一步导向了经济的现代化的出现。政治的现代化即民主化，它带来了平等与自由。舍勒认为，近代发生了精神向物质转化的巨大变化。物质与精神本来都是各有相当重量的价值。物质价值固然更为基础，但也更为简单，应当被超越，而不应当独霸人的生活的所有注意力。为什么物质在现代性中突出地沉重起来？"我们第一次在边沁的学说里看到：一切现存的关系都完全从属于功利关系，而这种功利关系被无条件地推崇为其他一切关系的唯一内容；边沁认为，在法国大革命和大工业发展以后，资产阶级已经不是一个特殊的阶级，而成为这样的一

---

① 寻找韦伯所说的新教精神的东方"功能对应物"的努力早在贝拉对于日本宗教与现代化的关系的研究中就已经系统地提出。参看贝拉：《德川宗教：现代日本的文化渊源》，北京：生活·读书·新知三联书店，1998年，尤见前言及第5章。

② 参看亚里士多德：《政治学》，1258a5。

个阶级，即它的生存条件就是整个社会的生存条件。"[1]

这一切是如何发生的呢？可能是因为社会其他阶层如文人阶层的物质性基本需求在古典时代可以通过政治等级制或公共目的的调配而得到满足。但是，现代性政治的平等使得等级制和共同体消失，举目望去，人人平等，没有谁天生就该为他人生产。失去了基本需求满足来源的非生产阶级必须自己去生产出来。这使得基本层面上的价值的分量陡然沉重。[2] 其次，平等与还原论密切相关。启蒙哲学不承认"高层的存在"，认为只存在着实用的－功利的此世界。高层次的价值如艺术很难获致，需要天才与勤奋。而物质的价值（物品与服务）则可以批量生产出来或用货币购得。政治与艺术的价值有很强的公共性、普遍性从而非个人性。这不免会对个人的生活构成某种压制。物质的追求，由于人人可以达到，更是为己的，便成为民主自由的个人自主自由地设计自己的个人规划、家庭发展的首选。这种计划，不完全只是作为封闭的、满足生活需求的一己追求。平等消除了等级制，但是也带来了新的等级观念。功利主义讲究手段的有效。手段若要有效，就不能平等，等级－攀比就必须成为社会的常规。古典等级制之下，高低皆有其位。人心止于大序而且心安，很少有人想到极其有限的、确定了的高级机会（国王只有一个）是可以冲击的（很少有人想"彼可取而代之"）。现在既然平等了，则人人都可以"成功"也应当成功。那么，没有成功的、甚至并非最大成功的人就容易被视为失败者。[3] 而现代性经济并不以充分就业为目标，也就是说失败者的存在是现代性必然伴生的现象。无独有偶，加尔文主义中的得救者与失败者也是永生与死亡系于其上的两大"等级"。所以一方面确实可以说，现代人可以选择自由生活，当"异类"，不必纳入社会价值体系。相比之下，古代一旦不在社会价值体系的尺度上成功，则立即出局；[4]

---

① 《马克思恩格斯全集》，第 3 卷，第 483 页。
② 如此才能理解恩格斯的历史唯物主义的简明解释：人首先要吃饭和穿衣……
③ 参看亚当·斯密：《道德情操论》，第 60 页以下，论"野心的起源"，兼论社会阶层的区别。
④ 麦金泰尔：《德性之后》，第 161 页。

但是另一方面，古典时代对于精神价值的实在性具有相当认可，而非只有单向度的存在，所以一种价值体系中的失败不等于人生的完全失败。但是现代性中的价值体系相当单一化、平面化，而社会主流阶级即中产阶级十分注意该价值体系之目光对于自己的注视，竞赛"成功"的压力也就更为沉重。不成功则死亡，动力来自被动的压力，拥有更多的物质力量等于是掌握了生存之命脉。

以上我们用了较多的篇幅讨论了现代性社会中的能量为什么主要进入经济生产领域之中。在此之后，还要考虑动力能量的发挥方式：即使一个社会以物质财富的获取为基本价值或终极目的，也还是可以有各种方式来达到它。可以选择理性化的、抑制欲望的、服从冷静的投入－产出的计算赢利，也可以选择粗放生产或暴力豪夺。韦伯学说的一个主要洞见是强调现代性的基本特征之一是理性化方式取代了非理性化方式作为动力的主要发挥方式，从而合理化的生产方式是现代性不可或缺的一面。这就导向了下一个问题：

二、功利主义者的德性

功利－成就感被现代人普遍视为是最终目的或幸福。作为目的论，还有一个问题：如何达到这些目的？从人的实践的角度说，就是与这些目的相对应的德性是什么？从关心现代化的人角度讲，这也是"如何塑造现代人"的实用问题，因为据说唯有先有现代人，才能有现代化。现代性生产者的"德性"或独特品格有几个方面，一是对己的，又可以分为两种，一是想象力与大志，另一是勤俭效率、精明强干等。二者显然不可通约，有此不一定就会有彼。[①] 现代经济的发展，既依赖于有人敢于大胆想象和投身，有冒险之野心（德性），同时有人安于稳定，维系效率，谨慎守成（也是德性）。另外一个方面的德性是对人的。其中有的可以当作社会承认和欢迎的道德品质宣扬，如

①　诺齐克也强调了企业家的套利识见与节省品格的价值（见下一章的讨论）。韦伯将现代人的德性之区别归为企业家与科层官僚的区别，参看冯刚：《马克斯·韦伯：文明与精神》，杭州：杭州大学出版社，1999年，第164页。

守信、公平、和平、服务，等等；另一些却是些取胜秘方，如精明、谋略。人称商场如战场，那么是否也可以推出军事德性也都可以用于工商事业中？（想想《三国》在商界的走红）

对于这些德性，人们历来褒贬不一。批评者如麦金泰尔认为其中的"社会承认的德性"是假的，因为功利主义自己就把它们看作手段，不必认真。那些以操纵他人为自己的取胜服务的精明与谋略，才表现了现代性"德性"的真实本质。公关的微笑是一种艺术，正如马基雅弗里说的"治国"是艺术一样。韦伯的看法比较复杂。一方面，他指出富兰克林是典型的功利主义者，他那套著名的结果论美德只是因为对于个人有实际的用处，才得以成其为美德；假如能同样达到预期目的，仅仅有个外表也就够了。[1] 但是另一方面，即使富兰克林也不是一个极端利己主义者。生产者的社会德性有很大的认真成分。正因为如此，现代性工商活动与前现代的诈骗型"商业"有了本质的区分。这些德性来自于极为虔敬认真的宗教——清教。清教伦理虽然不期而然地为现代性准备好了良好的企业家与劳动者，"严肃刻板，坚韧耐劳，严于律己"等等，但是究其原意，并非是为挣钱赢利而设计的，而是起源于非常严肃的宗教追求。[2] 意识形态有独立的起源。即使它后来可能被某种经济关系选中来作为上层建筑，那只是功能主义的效应，并非初衷。所以，对于关心现代化的人来说，后发现代化国家的一个严重问题，正是是否能在本土找到类似的独立的、自生的（而非经济基础能够产生的）正面促进市场经济的道德背景。

这个问题用规范伦理学的语言说，也就是是否功利主义只是外在结果论，而毫不考虑人作为人的自身价值。人本身只是满足欲望的一个"器"，还是被看重、被追求的一个终极目的。从清教-资本主义造成的市民社会看，"德性"往往指的是人们自我塑造（discipline）[3]、自我控制、以便使自我能够最终成为超出自然的人，

① 韦伯：《新教伦理与资本主义精神》，第37页。
② 韦伯：《新教伦理与资本主义精神》，第4-5章。
③参看福柯：《规训与惩罚》，北京：生活·读书·新知三联书店，1999年，第156–175页。

成为一个文明人，一个体面的人。只有先战胜了自我中的自然而不是做它的奴隶，才能够进一步征服外部自然。超越毕竟是人类古老的冲动，不亚于物质享受。尼布尔与福山都对此曾专门讨论。所以自我的生成或德性的看重，在某种意义上，也构成了功利主义的认真的目的。它对于现代性伦理中具有道德秩序而不是一些思想家想象的那样"道德无序"，有一定的解释力。否定性自由本来可以导向混乱。外在的、道义论的束缚被移去之后，各种欲望都会喷薄而出。这是希腊人最为担忧的无序混乱（chaos），是非理性的大锅沸腾。柏拉图在《理想国》中做过生动的描写。[1] 现代性的出现与否定性自由（消极自由）的倡导密不可分。但是在这段历史当中，正好同时出现的是新教意识形态与现代性经济。它们所塑造的现代人——企业主与劳动者——自行封杀了许多自然"原欲"。韦伯说：

> 清教徒就像所有理性类型的禁欲主义一样，力求使人能够坚持并按照他的经常性动机行事……而不依赖感情冲动。就"清教"这个词的形式上的心理学含义而言，它是试图使人具有一种人格。……使人可能过一种机敏、明智的生活：最迫切的任务是摧毁自发的冲动性享乐，最终的方法是使教徒的行为有秩序。[2]

再者，现代经济特别需要法律与秩序的"外部环境"，使得私己之欲（赢利、成功、超越和权能感）能够有游戏规则地进行。社会并没有完全失序混乱。最后，福柯还有一个观察也应当提到。福柯认为，一般人都以为近代以来社会走向人道主义，而专断集权已经退入历史。但是，实际上，更为文明的、与知识－技术结为一体的、更加无孔不入的融入社会肌体的权力方式却及时登上历史舞台，把整个身体作为机器加以驯服、控制、管理。"这种生物权力毫无疑问是资本主义发展中一个不可缺少的因素，如果不把肉体有控制地投入生产机

---

① 柏拉图：《理想国》，374d-375a。
② 韦伯：《新教伦理与资本主义精神》，第91页。

器，如果不对人口进行有利于经济进程的调节，那么资本主义的发展就不可能"。[1]

功利主义"现代人"还有一类德性，即进取或效率。进取的特点是急迫性与合理性。这些都与现代经济体系的无止境不断前行的要求有关，也与现代性的"人化自然"一面有关。急迫性则体现在不断产出，不得浪费时间，不要"慢慢走"沉浸在美的欣赏中。这种精神已经普遍地渗透在社会其他领域之中，成名要早，恐时我与。前面我们提到贝尔时曾指出，即使在文学艺术的现代主义"超然"之士的创作中，动机也不免是惧怕不成名或成名之后被新人的成名湮没。不断的"新奇"叫喊于是成了现代主义中一个永恒景象。为什么如此地患人不已知？是否在一个输入－产出的生活世界当中，唯有从"结果"和不断的结果产出中才能证明人的存在的价值？用韦伯的话说，现代性之中科层体制普遍渗透到生活的所有领域之中。而科层体制是只讲效率不管价值的。

熊彼特和丹尼尔·贝尔都指出现代性当中的新强者不是军人，而是企业家。经济的地位取代了战争。而经济本质上是理性的。甚至可以说逻辑思维起源于经济的日复一日的简单重复活动。当这种理性成为社会习惯时，就会征服人类的所有领域。[2] 进取带来的效率或合理化要求也是重要的德性，它指的是量上的最少投入，最大产出；以及质上的有限资源，用于最佳方向。自然科学与技术在中外历史上都曾出现过萌芽或存在着出现的契机，但是唯有在现代性中才真正受到重用。这是因为科学与技术反映的正是主体对于自然的征服。舍勒、海德格尔等人早已指出，科学与技术不把世界看成有机的家园或自身存在的真实实体，而是计算、工作、进取、重组的质料。它们的任务就是在重组与创造"人化自然"（人造的产品满足人造的需求）之中，做的愈益有效。科学与技术因此是"效率"的典型

---

[1] 福柯:《性史》，西宁：青海人民出版社，1999年，第120页以下。并参看福柯:《规训与惩罚》，第153页以下。
[2] 参看丹尼尔·贝尔:《后工业社会的来临》，北京：商务印书馆，1984年，第373页；熊彼特:《资本主义、社会主义与民主》，第205页。

代表。在这样的压力下，连人文学科和社会科学也在争取获得这样的德性：不断地高效产出，分工与专业化，成本核算等等。效率思维甚至不放过看似无关的生活方面，员工的幸福也被视为提高生产效率的一个元素，受到管理专家和企业家的全面系统的科学测量、评估和控制。[①]

在以上两节中，我们讨论了功利主义的两个方面的意义：两种终极目的或幸福，两类德性或人的品格。可以看出它们之间并不统一，甚至不乏对立。在中国的当代启蒙中，这两种倾向的倡导者也都不乏其人。有小说家解构高尚，有文论家论证感性个体崇拜，也有伦理学家大声疾呼以"进取伦理"取代和谐伦理。在西方的现代性论说者中，往往把注意力放在一个方向上。如韦伯讲的功利主义只是生产者的。贝尔注意到多倾向并着意强调其中对立。实际上，它们也许是互补的。比如仅仅勤俭与积累并不能支撑现代性经济。不断的生产如果没有巨大的消费市场是不可能存在下去的。而且经济人的强烈自我约束或修行意识，如果没有一定的泄放机制，会形成太大的压力，令人不堪重负，造成病态。这也证明了"现代主义"可以具有的社会功能性意义。

第四节　整体幸福如何论证

功利主义的规范要求是促进幸福或快乐之终极目的的实现。上面已经分析了功利主义之中的两种不同的"幸福"，也讨论了"后现代"范式对于这些幸福目的的达至的质疑。但是问题的复杂性还不止于此。完整的或标准的功利主义的表述是："最大多数人的最大总量的幸福。"那么，这种"大多数人的幸福"与前面两种个人化的幸福又是什么关系？

[①]　参看戴维斯：《幸福乌托邦——科学如何测量和控制人们的快乐》，北京：新华出版社，2016年，第90、95页。

一、难题：道德的力量

"功利主义"一词在日常语言中含义不佳，似乎标识某种极为个人化的、甚至是"自私的"心性，很少有人愿意被冠以这个名称。以上关于消费者和生产者的幸福的两种表述，也似乎进一步确证了这一"偏见"。然而，功利主义伦理学的原则其实有道德的一面，甚至可以说有十分道德的一面，亦即它对于促进"整体幸福"的坚定要求。这体现的是人道主义或博爱精神：让尽量多的人的幸福能够实现。D.D.拉斐尔说，理想功利主义者集中于个人和美学的价值;但是，古典功利主义者（边沁、密尔等）总是将他们的伦理学理论作为法律和社会改革的基础，为所有人的快乐，甚至动物的快乐考虑。[①] 这种仁慈精神与传统伦理学完全一致——而且属于主流伦理中的高层次伦理，是内指型伦理。在一定意义上，甚至可以说它比传统道义论和德性目的论更具普爱精神，它讲的是对所有人乃至所有生物的不加区分的普遍同情。[②] 密尔在为功利主义申辩时突出了这一点，他说：

> 我必须再次声明：攻击功利主义的人很少能够正义地承认，作为功利主义正当行为标准的幸福并非行为者自己的幸福，而是所有有关者的幸福。在推导幸福与其他人幸福之间，功利主义要求他严格地不偏不倚，作一个超脱的，仁慈的审视者。在拿撒勒的耶稣的金律之中，我们可以看到功利主义伦理学的全部精神实质。你愿意别人怎么对你做，你也就应当怎么对别人做。爱你的邻居就像爱你自己一样，这些构成了功利主义伦理的理想圆满状态。[③]

因为这一伦理规范对于道德行为者的过强要求，功利主义还受到现代性伦理学尤其是自由主义道义论伦理学的疑惑和批判，被指责为

---

① D.D.拉斐尔:《道德哲学》，沈阳：辽宁教育出版社，1998年，第47页。
② 西季威克:《伦理学方法》，北京：中国社会科学出版社，2003年，第466页及注。
③ J. S. Mill, *Essential Works of John Stuart Mill*, p. 204.

为了大多数他人的利益而伤害道德行为者本人的利益。这引发了许多争议。

我们在此只追问一个根本性问题：这样的牺牲个体的功利主义伦理学似乎很难从前面讲的作为现代性伦理的感性－个人中心的启蒙主义精神中推导出来。这一困难可以分为两个层面。首先是从本体论上讲，现代性是个人本位的，功利主义在倡导这种本位上也表现得不遗余力。但是从个人怎么能"自然地"推出反个体，怎么能得出他人或整体也重要，甚至更重要？这岂不会放弃个人原子主义心理学取向而进入有机体－社会学取向的本体论？以总量幸福为唯一旨归的功利主义道德行为者显然要求高于仅仅追求一己私利之幸福的人。也就是说，功利论的人性论甚至高于现代性道义论的"漠然于他人的利益，合理地追求自己利益"的人性论，认可的是深切关心社会大多数人苦乐的大本体。这与功利主义的总体的自由主义背景并不吻合（罗尔斯对功利主义的批评之一就是认为功利主义错误地预设了社会大生物式的本体论）。功利主义作为启蒙之学，主要动机应当是用一阶生活价值治疗强共同体道德牺牲个人利益的。麦金泰尔指出这一矛盾在古典功利主义的最后一位著名伦理学家西季威克的思想中公开化了：

> 西季威克以为，人类所合理追求的唯一终极目的就是幸福，即个体性个人的快乐状态。然而，我们每一个人所遇到的却是由两种终极性目的而非一种终极目的强加给我们的要求：一种终极性目的是普遍的幸福，功利主义指示我们，要通过这种普遍的幸福来理解我们的义务和职责；另一种终极目的则是利己主义的幸福，我们任何人都不能完全撇开这一终极性目的的律令。以西季威克所见，我们可以按照这两种要求中的任何一种来给予我们的判断和行动提供有力的合理证明。但若按照这两种互相冲突的要求，就不存在任何在两者之间作出决定的合理方式。[①]

---

① 麦金泰尔:《三种对立的道德探究观》，第 191 页。

其次，从方法论上讲，从个人到社会的跨越也有困难。功利主义多采取心理主义，从快乐的心理事实寻找道德的自然的、合乎人情的基础。但是，个人自己的快乐与"大多数人的幸福"从近代心理学上讲，与其说一致，不如说恰恰是矛盾的，否则用不着社会伦理规范乃至伦理哲学的诸多努力。为了大多数人的快乐工作常常要牺牲一己的快乐。在"总量幸福"中，并没有区分个人与整体。"总量"思维并没有确立分配正义的自身重要性。如果自私害人给许多人带来更多的快乐（如果人性如此，天生同情心薄弱），那么是否能规范地推出人"应当"自私而不管正义分配？实际上西季威克承认，平等分配并不是功利主义学说本身所要求的，需要另外引进。[①] 相应地，笼统的总量思维使得功利主义对于伦理冲突或者伦理悲剧的事实也未能给予足够的注意。如果一个人的牺牲与另一个人的牺牲所换来的快乐总量齐平，此时是否应当牺牲自己，或是牺牲他人？理由何在？最后，功利主义作为启蒙工程，把个人的理性和选择放在伦理学的基础位置上。然而与理性选择伦理学相关的特有问题是，我为什么要行道德之事？理性尽管可以把道德设计得尽善尽美，合情合理，人总是还可以不选择它。宗教由于神的命令和应许解决了这个问题，但是启蒙已经无神可依。历史上确实可以看到各种"人造宗教"的企图（如费尔巴哈，孔德，雅各宾派等），但是结果往往苍白无力。"道德的力量"的问题在此突出照面。密尔在他的《功利主义》这本功利主义护道书中专门讨论了道德的"sanction"问题。他的结论是，可以承认功利主义的道德规范说到底确实没有很大的力量，但是这个困难并非功利主义所独有的，而是所有分析道德观念、追溯原则的理论努力都会遇上的。[②]

那么，现代性社会只能承认自己在道德上必然失败？不一定。我们可以看到，功利主义试图用过各种方式来从个人推导到整体。我们

---

① 西季威克：《伦理学方法》，第 430 页。

② J. S. Mill, *Essential Works of John Stuart Mill*, p. 213 . 麦金泰尔当然不会同意这一普遍判断。在他看来，这正好说明了现代性的、分析式的道德失去了古典道德所特有的强大社会力量。

先看看从个人伦理学入手的解法，然后考察从制度伦理学入手的解法，最后考察一下纯粹结果论——完全结果论的路径。

二、解法一：坚持自然

功利主义对于普遍幸福论的最早证法仍然企图不超出"个人"与"自然"这些启蒙运动的基本预设。从个人的自然需求或快乐追求中推导这看似不"自然"的、超感性的强道德要求。这个方向的努力常常是从人的内心之中寻找自然的"普遍同情"之快乐。伦理学中被称为"感情直觉论者"的沙甫慈伯利、哈奇森和休谟以及一般而言苏格兰启蒙运动思想家都持这种看法，如休谟认为：

> 由于人心都如现在这样由相同的要素构成，因此，它绝不会对社会公益漠不关心，也不会完全不受各种品质和行为倾向的影响。尽管这种仁慈情感困难不会像虚荣心或野心那样强烈地受到人们的普遍重视，但是，由于它是人类普遍共有的，故此，唯有它能够充当道德或任何有关谴责或赞扬的一般理论体系的基础。人各有志，同一件事情或同一件东西不会同时使两个人都感到满意，但是，人人都有仁慈之心，因而，同一对象总是触动全人类的这种感情。[①]

密尔则对此提出过多重论证。第一，普遍同情是自然的。当然，许多人很少有或根本没有这种情感。但是，在拥有这样的情感的人身上，这些情感具有自然情感的一切特征，而不是外在的、人为的东西。如果道德在人的天性中没有自然基础的话，那么它是立足不稳的。然而，关怀别人苦乐的人类良知情感的存在，是人类自然天性中的事实，是经验可以证明的。"强有力的自然情感的基础确实存在着，当普遍幸福被承认为伦理标准时，这种情感就构成了功利主义道德的力量。这一坚固的基础就是人的社会情感或同类合一的欲望，它早已

---

① 休谟:《道德原理探究》，北京：中国法制出版社，2011 年，第 92 页。

是人性中的强有力原则。"① 其次，密尔十分乐观：即使这种普遍仁慈在许多人那里还不清晰自觉，法律、社会制度以及教育的力量也可以将不明白的变为明白的，将萌芽培养壮大与坚固。他相信"教育对于人的品格具有如此巨大的力量，应当用来在每个人的心中建立起他自己的幸福与整体的好的不可瓦解的联系……，使得每个人心中的促进普遍之好的直接冲动成为行动的习惯性动机之一"。② 最后，在文明社会当中，公益心会日益加强，因为利益冲突的源头正在被逐步消灭："政治改进的每一步，都会排除人与人之间、阶级与阶级之间利益冲突的原因。……在人心的进步中，在每个人的心中产生与所有其他人合为一体感的影响也就不断增长。这种情感臻于完善之后，就会使人再也不会想到或欲求只有利于自己而不同时利于别人的福利。"③

对于普遍同情心的强调在西方文化中显然是后起的。希腊罗马世界对此颇为陌生。基督教的影响不可忽视。而据阿伦特的观察，对穷人的悲苦遭遇感同身受的深刻同情是法国大革命才出现的新事物，代表人民的革命领袖们认为自己的正当性仅仅在于"同情的热情"，在于"吸引我们走向弱者的强烈冲动"，在于跟"广大穷人阶级"一起受苦的能力。激情是受苦之能力，同情乃是与他人共患难之能力。激情与同情终结之处，便是丑恶开端之地。不过，美国革命并不强调卢梭所引入政治中的这种"不受苦的人对不幸的人，上层对下层的同情"。④

当然，并非所有人都看好这一解法。比如，麦金泰尔就认为现代性或个人主义社会制度的出现，会使得利益的不可调解的冲突不断出现和加深。

三、解法二：制度的力量

功利主义不仅是一种个人道德，而且也可以作为制度伦理的基

---

① J. S. Mill, *Essential Works of John Stuart Mill*, p. 217.
② Ibid, p. 204.
③ Ibid, p. 218-9.
④ 参看阿伦特:《论革命》，第 62-71 页。

础，为社会结构提供合法性根据。在个人本位的现代性社会中，靠个人牺牲自己为大多数人谋利益，显得是没有依据的、过强的内指型道德。然而现代性的另一个特点是"普遍权利"观念的确立或大众地位的上升。所以，如果把功利主义当作制度伦理的支持原则，就比较容易受到广泛认可。

功利主义属于结果论，因此，通过什么途径或行为主体来实现总量快乐的增加，并不重要。如果说个人的道德价值不宜用"服务大众"的效果来衡量，那么国家的道德合法性却适用于功利主义的这一标准。近现代西方国家的道德基础多为功利主义。马克思曾敏锐地观察到，功利主义分为两种，当它出现于近代开端之时，它是个人主义的、抗议式的。但是当资本主义立足已稳之后，当任务是为自己的合法性或正义性论证时，它就必须转而讲"大多数人的幸福"了。[1] 当然，马克思认为在资本主义条件下，"正义"或正面意义的"政治"（公共事务）是虚假的。政治制度是阶级斗争的工具，是一个阶级压迫另一个阶级的工具。现代西方马克思主义者在这方面往往有些让步。如费斯克认为国家除了"统治阶级工具性"的，即非独立的一面，还有独立性的，从而希望自我存在的一面。这样，它就不能不保持一定的正义，否则无法长期维系自己的统治。[2] 密尔也从自己的观察指出过类似的现象，他说如果不是国家（的干预），富人会更为狠毒地压迫穷人：

> 人们感到必须论证说国家为富人做的比为穷人做的更多……。实际上这并不对，因为如果没有法律或政府，富人将会比穷人更好地保护自己，而且几乎肯定能成功地把穷人都变为自己的奴隶。[3]

对于制度正义的关注也使功利主义从外指转向内指。边沁首先

---

[1] 参看《马克思恩格斯全集》第 3 卷，第 482 页。

[2] M. Fisk, *The State and Justice*, p. 175.

[3] Mill, *The Essential Works of J. S. Mill*, p. 243.

是一位社会改革者。自由主义的英国在 19 世纪当中，国家干预已经日益增多。本世纪的西方国家更是以福利国家名义大举干预本来是私己领域的经济世界。[①] 西方现代性的另一种倾向——彻底的个人主义——对此一直心怀戒意，批评这是社会主义或激进主义。这导致的问题是：究竟福利（国家）政策是功利主义的，还是反福利政策更是功利主义的？

对于功利主义的制度伦理的批评因此常常是：功利主义导向"仁慈的专制"，只要福利能够增长，制度采取什么形式并不重要，国家的强干预是可以接受的，甚至一般说来是在预期之中的。但是密尔对于制度如何促进"功利"提出了与一般思路不同的观点。专制，尽管是仁慈的专制，表面上可以、甚至最能够促进人民的繁荣，然而实际上并非如此，因为它造成的是被动消极的性格。在密尔看来，一般人所思考的"好政府"的观念中，漏掉了其最主要的成分，即人民性格本身的改进（这听上去似乎非常柏拉图？但是现代扶贫实践屡屡证明了这一点）。唯有自由的、调动人民参政的制度才能不仅只改善事物，而且着眼于改善人。密尔的论证依据于两个原则：第一，每个人或任何一个人的权利和利益，只有当有关的人本人能够并习惯于捍卫它们时，才可免于被忽视。第二，从事于促进普遍繁荣的个人能力愈大，愈是富于多样性，普遍繁荣就愈达到高度，愈是广泛普及。[②] 第一个原则是现实主义的：尽管许多人对它作为政治学说感到极大厌恶，并且经常把它直接称为普遍自私学说，但是密尔指出，人总是爱自己胜于爱别人。只要人性还是这样，就要依据此而考虑制度的构造。比如不能期望雇主为工人的利益奋斗。第二个原则切合现代性的一般潮流。密尔相信在积极的性格与消极的性格中，前者对于人类的普遍利益更好。虽然从道学家与人类的一般好恶说来，多赞美消极的性格类型。人们喜欢别人默从的和恭顺的性格，因为这样对于自己的威胁就小。但是，密尔认为，积极自助的性格才是最好的："改进人类生活的性格是同自然力和自然倾向做斗争的性格，而不是屈从于自然力和

---

①　Milton Fisk, *The State and Justice*, p. 182.
②　密尔:《代议制政府》，北京：商务印书馆，1982 年，第 44 页。

自然倾向的性格。一切为自己谋利益的性格也都属于积极的和有力的性格，因为促进社会每个成员的利益的习惯和行为无疑到头来是最有助于整个社会进步的习惯和行为的一部分。"[1] 专制才喜欢被动默从的性格。而且仁慈的专制由于起劲地、事无巨细地"为人民做好事"，更倾向于取消一切自由。反而倒是坏的专制君主，当他的个人纵欲得到满足的时候，有时可能愿意让人民自行其是。[2]

所以，要促进社会的福利，只有从根本上改进民族性格；而为了改进人民的性格，必须采纳自由的、民主的、仍然得以有机会为自己和集体的事情做贡献的制度。

四、严格结果论：看不见的手

运用"社会选择"直接造成道德的结果，一直受到怀疑。除了革命的暴力性之外，还有各个个人的偏好是否能汇聚出理性的"社会偏好"的难题（所谓阿罗不可能性定律）。许多人认为功利主义支持社会主义方案。[3] 但是，功利主义伦理学原则上不必与任何具体的社会体制挂钩，它只关心结果。

严格地讲，上面所说的功利主义制度伦理还不是典型的结果论，因为它还诉诸国家的好动机。然而功利主义作为结果论，应当是只确定评价性的道德，而非动机性的道德。密尔认为，只要结果是好的，动机善良或邪恶并不影响行为的道德价值。他在回应对于功利主义是否对于人的动机要求太高的批评时说：

> 这是弄错了道德标准的本意，把行为的准则与行为的动机混为一谈。伦理学的任务是告诉我们什么是我们的责任，或是我们能够通过何种检验标准找到它们；但是不会有伦理学体系要求

---

[1] 密尔:《代议制政府》，第 48 页。
[2] 同上，第 52 页。
[3] 参看塞缪尔·弗莱施哈克尔:《分配正义简史》，南京：译林出版社，2010 年，第 142 页。

我们所做的一切的唯一动机是义务感；相反，我们行为的百分之九十九是出于其他动机而做的……功利主义伦理学家比所有其他人更为肯定动机与行为的道德无关，虽然与行为者自己的价值有很大关系。[①]

这段话正好说明我们在第一章讲"道德的力量"时提到的并非作为直接道德动机要求的"道德"的例子。现代性的许多成果被从评价上视为道德的而加以肯定，如繁荣与自由。然而它靠的是资本主义的发展，即贪欲而非道德。这导致了历史哲学中"恶是善的动力"的格言。但是，这句格言不能理解为是规范地要求"恶"，而只能是后果评价地肯定恶的效应。实际上，即使资本主义有道德上的功效，它甚至也无法通过规范地要求而得出。当韦伯说新教伦理与资本主义出现有某种关联时，不少企求现代化的人以为这可以推导出若要发展资本主义，就应当发展新教。然而，韦伯的论断只是描述性的：在西方资本主义发展的某个阶段上，新教伦理曾发挥过一定的积极作用。但是，新教伦理本身并不是为了发展资本主义而创立的，毋宁说新教伦理本身的取向是相当灵性化的，或者说是反资本主义的；而且，即使在西方，资本主义在后来的持续发展靠的也是其他的动因如贪婪与竞争。[②] 不同时代、不同文化、不同因素的结合有可能会使得新教伦理在其他地方发展出完全无法预料的东西。

从这里可以推出，甚至制度伦理也不必出于良好动机或为了"最大多数人的幸福"而安排设计。某种制度的安排，只要结果恰好达到了功利主义的这一道德理想，那么它起初出于何种动机，都是无关宏旨的。实际上，人为地按照道德的标准去安排为大多数人争取幸福的制度，常常会带来相反的结果。强乌托邦主义的制度构想和实践固然不用说，即使政府的较弱的、援用经济手段的调控如凯恩斯主义的扩大内需、充分就业、升降利率等政策，也被不少人看成会干扰经济的

---

① Mill, *The Essential Works of J. S. Mill*, p. 205.

② 韦伯：《新教伦理与资本主义精神》，桂林：广西师范大学出版社，2005 年，第172 页。

自然运行，导致意想不到的结果，如物价的上涨。

亚当·斯密认为，唯有自然的制度运行，才会出现看不见的手的效应，从个人为自己的幸福追求当中，得到整体的幸福。确实，个人通常既不打算促进公共的利益，也不知道他自己是在什么程度上促进那种利益。但是似乎有一只看不见的手却会指导个人尽力达到一个并非他本意想要达到的目的。"他追求自己的利益，往往使他能比在真正出于本意的情况下更为有效地促进社会的利益。"①

波兰尼指出，19世纪在人类文明史上第一次选择了"牟利原则"。而且，追求利润的资本家在早期工业革命中并不关心大众的利益，整个社会状态其实是非常悲惨的。②但是现代性的发展会惠及大众。个人私己的追求中有恶的成分，所以个人—群体历史的活动结果最终导向相反的、善的结果，便会给人以"辩证法"或悖谬的感觉，它吸引了不少哲学家的注意。黑格尔曾说普遍理念在世界史中并不冒着危险直接出场，而是听任个别性的欲望为私利相互冲突和争夺。但是，最终结果却实现了普遍理念自己的理想目的。这就是"理性的狡计"。③恩格斯对此十分赞赏，认为它说明了自从阶级对立以来，正是人的恶劣情欲——贪婪和权势欲成了历史发展的杠杆。④具体说来，在经济当中，"恶导致善"可以有两重含义，一是个人的恶导向他人的好。个人为自己的发财不择手段，伤害别人，但是最终却有利于社会从而惠泽于他人。另一重意义是说，经济体系是恶的，即异化的，非人性的，制造压迫与对立的，但是其运行的结果却利于这一体系的受害者。经济学讲个人和市场两个层次的事情。实际上，更为广义的而非那么过于价值化的、经济中的"看不见的手"可以指几层意思：第一，个人进入市场完全有自己的行为动机，主要受价格的引动，不会也不用考察价格背后"反映了"什么。个人是自我选择者，不负有关心或

---

① 亚当·斯密：《国民财富的性质和原因的研究》，北京：商务印书馆，1996年，第27页。

② 参看波兰尼：《大转型：我们时代的政治经济起源》，杭州：浙江人民出版社，2007年，第104—108页。

③ 黑格尔：《历史哲学》，上海：上海书店出版社，1999年，第34页。

④ 《马克思恩格斯选集》，北京：人民出版社，1995年，第237页。

实现宏观经济学之"充分就业、价格稳定、何种产业优先"之类价值目标。功利主义的经济伦理合法性论证本不用考虑个人（选择）的层面。对于古代伦理学家如亚里士多德，经济是"家政学"，是个人的"理财术"，不是政治－伦理研究的范围。今日经济伦理之所以研究这个层面，很大的原因是亚里士多德等没有看到的、个人的、私己的、经济的行为有可能聚合成对于公共伦理不可忽视的重大效应力。许多个人的"理性计划"的互动实现为"市场"，市场自己却能在诸多只顾实现自己的目标的个人的行为当中，实现最佳资源配置，满足所有人的基本需要，克服稀缺等价值目标。结果使得市场看上去像一个"理性的"个体行为者一样，最会"节省"，最懂得"最小投入—最大产出"原则。当然，与个体行为者不同，这些"合理性"行为，初看应当服务于少数经济强者；但是，它最终造福的并不仅仅是哪个个人，而是大多数人。于是，从个人幸福到整体幸福——或者说从非道德到道德——的推导就得到了实现。

其次，从分配上讲，"恶"导致"善"的学说在经济哲学中常指的是"更大蛋糕"效应。这是直觉上比较容易理解的。哈耶克曾作过一些角度不同的讨论，值得一提。一般说来，人们对于把资产继续投入扩大再生产者，尚能从结果论上容忍，以为至少可以生产出更大蛋糕。对于拥有继承而来的资本而又不再投入生产中的人，就觉得完全是"恶"，是无用的寄生虫。然而，哈耶克指出，拥有独立的资产而不去追求物质利益的人，在自由社会中可能具有更为重要的作用。这些人与新兴暴发户不同，对于物质财富太过熟悉，视为当然之物而不再将其看作令他们深感愉快的主要渊源，从而会支持文化事业和思考。唯有财富带来的"闲暇"和独立，才能使人不必完全受制于谋生的考虑，才能创造和传播新思想，唤起民众改进社会弊病。"如果在一个社会里，大多数知识界领袖、道德捍卫者及艺术先锋人士都属于被雇佣者阶层，尤其是为政府所雇佣，那么这个社会的缺陷就太严重了。"[①] 不可否认，这样的有闲阶级必将产生惊人的浪费，从而使公众

---

① 哈耶克：《自由秩序原理》，第 156 页。

感到震惊。但是，这种浪费在任何地方都属于自由的价格（代价）。大众唯有不听任自己的嫉妒去剥夺这些财富，才不会扼杀我们无法预料的物质的和精神的有益结果。相反，"在人类世界上，如果多数人可以阻止一切为他们所不喜欢的新生事物的出现，那么这个世界就会沦为一个停滞的世界，甚至有可能变成一个日趋衰败的世界。"①

最后，经济还有一个始料不及的"善果"，就是可以帮助支持一个政治民主的社会。现代民主的"经济解释"目前是许多学者的研究重点。究其伦理学意义，仍然是功利主义－结果论的，即，经济中的个人或个别群体的自利理性行为选择或代价盘算（如，"这次不侵犯宪法权利，则将来仍然有竞选成功的机会；若侵犯，则有被公民造反赶下台的极大风险。"），将有可能汇聚为社会总体的合道德体制结果（如自我执行的民主契约）。②

总体而言，现代性解题策略不诉诸直接方式，而倾向于诉诸间接方式，或者说，现代社会是一个巨大的间接性游戏。这尤其体现在现代性经济上。对于渴望直接性生活的诗人如卢梭而言，这是一个深刻的缺憾。但是上面我们看到了对此的伦理合法性的各种可能论证。这些论证似乎只有依靠功利主义—结果论的逻辑。因为市场有这样的结果，"恶"有如此之"善果"，仅仅只是经验上的事实或巧合，并没有什么先验必然性。换句话说，另外时代的经验完全可能证明市场（在某些时间与某些地点）不导出这样的结果。那时，它在功利主义的"最大多数人的幸福"意义上的伦理合法性便会失去，而直接诉诸动机式的伦理思考就有可能又会占上风。既然现在的经验事实呈现的是"恶导向善"的因果链，那么，也就应当导出相应的功利主义规范要求。沿着这一逻辑，还可以对一些公共伦理方案提出一些建议。比如，"扶贫"是伦理活动，而且常常是制度伦理义不容辞的活动。但是，怎么扶才是有效的、不产生相反效果的？"历史的经验一再证

---

① 哈耶克：《自由秩序原理》，第 160 页。
② 参看 Barry R . Weingast, "Democratic Stability as a Self-enforcing equilibrium", in Albert Breton, et al eds., *Understanding Democracy: Economic and Political Perspectives*, Cambridge University Press, 1997, p. 11 ff.

明"：不是道德地、直接地满足大众的物质需要，甚至不是给予新生产力，而是引入自由——逐利型生产关系。没有这样的生产关系，援助会迅速消逝于非生产性消费中，贫苦依旧。有了这样的生产关系，没有新技术和资源人们自己也会"创造条件"上，最终带来脱贫致富的"幸福"。在国际政治中，市场和平论和民主和平论也都可以被视为是功利主义的全球间接伦理效应的证明。

第三章　现代道义论：正义

第一节　道义论与现代性

一、功利与道义之争

功利主义是启蒙一元论的伦理学，它企图用人的功利（幸福，目的，结果）来解释一切道德现象。应当说它的解释符合人们的许多道德直觉，特别是符合现代性的、预设了大众的平等幸福有头等重要性的直觉。但是，功利主义理论模式也有自己特有的弱区，有那么一类现象显得特别难以处理。这类现象就是 justice——"正义"、"公正"或"正当"。按照功利主义的理论，一切行为的终极合法性在于能够带来幸福或总量幸福，道德的价值也只能从这一终极目的中得到，本身并没有独立的价值，遑论"自足"的价值。因此，道德规范可以随着追求幸福的要求而随时改变，是"方便手段"，而没有任何永恒"神圣性"。但是，日常道德直觉却感到作为"正义"的道德，其特点恰恰应当是神圣不可更易性，是不能为其他目的包括"幸福"所牺牲的严肃性，比如诚实与不得伤害无辜的人。这一类道德现象的难以还原又进一步影响了人们对于功利主义的整个道德还原工程的怀疑。这种直觉总会使得某些伦理学家认为功利主义的伦理学解释是走入歧途，与把握道德的本质相去甚远。他们提出对其进行抗衡的伦理视角是"道义论"：道德本身具有自足的价值——而且具有最大的、超过日常幸福的价值。它的存在不必依赖对于人的欲望满足的贡献，它决不应当根据人的幸福而轻易变更。相形之下，功利主义的还原论之结果论把道德还原为方便工具，不符合人们对于正义的自身尊严性的直觉。根据结果论，道德只是手段，是随时可以变动的、方便的措施。但是，道义论认为道德原则不能随意变动。确实，在有的场景中，如果不调整道德规则便显得太僵硬、太不"人道"。但是，如果"方便"太多，则人品的深处受损，终于会成为无原则之辈。基本道义神圣不可改动。如果没有道义神圣性的据守，则什么都可能。伯克之所以不满意法国大革命，一个重要的原因是他感到这样的革命目的论伦理学（"目的证明手段"）最终会使道德的底线彻底垮台：

> 这些革命的政治主张中最糟糕的就是：他们锻炼情感并使之变得冷酷，为的是准备在极端的情况下有时候要采用那些不顾生死的出击。但是由于这类情况可能永远也不会出现，所以心灵就受到了一种无偿的玷污：阴谋、屠杀、行刺，对某些人来说这些乃是赢得一场革命的微不足道的代价。……罪恶的手段一旦得到宽容，很快就为人们所乐意采用。比起通过伦理道德的这条大路来，它们提供了一条更短的捷径。①
>
> 由于论证了叛卖和谋杀对公共利益是正当的，于是公共利益很快就变成了借口，而叛卖和谋杀则变成了目的；终于巧取豪夺、心怀恶意，报复以及比报复更可怕的恐怖，就能满足他们那些永不满足的嗜欲。在人权的这些胜利的光辉之中，丧失了一切天然的是非感的后果就必定会如此。②

　　功利主义的主要思想家们也大都意识到对于"道义"类伦理现象（正义、权利等）的解释在自己的体系中是最困难的吃紧之处。如果通过了这一关口，就可以在一望无际的平原上驰骋了。所以，他们的著作中往往会辟出专门的章节来讨论"正义"（公正）问题。不过，

---

① 伯克：《法国革命论》，第85页。
② 同上，第109页。

他们并不打算让步。前面讲过，桑德尔认为道义论与目的论的区分可以是价值论的，也可以是方法论的。许多行为功利主义径直从价值论上否认正当或"权利"有高于"好"或功利的价值。一切都可以通融，惟以人的幸福为转移。规则功利主义则往往先承认在价值论上，正义、正当或权利确实高于一般功利。但从方法论上，它们并非独立的、自足的、"尊贵"的，而是仍然可以而且必须还原到经验或幸福。休谟在他的《道德原理探究》中有专门的"正义"一章，指出"正义感"来自于效用，即源自防止匮乏，保护人与人被财产权分开之后的功利："平等或正义的规则完全依赖于人们所处的特殊状态和条件，它们的起源和存在的基础在于对于它们的严格而一致的遵守对于公众所产生的效用。……正义对于公众产生了效用，而且仅由于这一点，正义才具有价值，并构成对于人类的约束。"否则，人们就不会知道它们，或是会停止过去信守它们的实践。进一步，休谟认为正义的主要功利目的是保护普遍的和平和秩序。这当然是最为重要的功利，正因为此，正义有时甚至有权利牺牲其他的、具体的功利。[①]

密尔的《功利主义》一书的基本写作动机正是从"正义"的难题入手为功利主义进行辩护，所以它在"正义"问题上的论战性十分明显。密尔的思路沿袭了休谟，他说，不少人认为"正义"类现象难以还原为功利，这是功利主义的最大问题。维护"正义"的不可还原性的人，总是认为有那么一个独立的、自成一体的"正义"。但是，实际上这是假象。那么，正义特有的神圣感或不可侵犯感又是从何而来的呢？社会为什么特别不能容许对于它的破坏，而要加以干预？密尔认为，这并非来自什么超功利的东西，它仍然是功利，只不过"正义"所保护的是最重要的功利——安全感。[②]密尔用历史发生学的方法追溯了正义的功利主义起源。人在受到伤害时产生自我保护——报复惩罚的欲望，是十分古老的，它正是"正义感"的源头。旧约中的正义——"以牙还牙，以眼还眼"心态——至今也并未完全消失。[③]至于并非直接受害

---

① 休谟:《道德原理探究》，第 17、120 页。

② J. S. Mill, *Essential Works of John Stuart Mill*, p.239.

③ Ibid, p.241.

的旁观者心中也会产生正义感，那是因为同情之心理效应使然。

我们曾经提出过一个"多维度道德"的理论体系，把道德按照一系列指标的有规律变化分成"基本的"与"高层的"两大类，四个维度，以提醒人们"道德"的复杂性。[①] 基层的道德由于是维系社会生活和存在的基本规范，往往是社会用强制手段要求每个人做到的。部分地因为这种普遍强制的存在，这一层的道德要求行为者付出的代价是不大的。所以，做到其要求的，往往不被视为"道德"；做不到的，会被谴责为"不道德"。高层的道德相反，并非社会的存在所必需的，虽然它有助于社会的更好存在。社会一般不使用强制力量来贯彻它，只是由舆论和良心促成它。部分地由于缺乏外力支持这个原因，它要求行为者付出的代价就很高。在这一层面上，没有按照规范行事，一般不会被谴责为"不道德"；但做到了规范的要求，则会被誉为"道德"的。从这个多维度道德模式看，密尔是把正义归为基本层次的道德，从而必须强制实现，成为制度伦理。而基本层次以上的道德，则与此相反，不可强制，否则，就会侵犯基本的权利。[②] 换句话说，基本层面的道德，不强制实现，就会导向不正义；相反，高层的道德，强制地实现，会构成不正义。

功利主义的这些解释看上去有一定的说服力，也与当代科学如神经科学和一般生物学暗中符合。但是，道义论并不同意功利主义对于正义或正义的经验论的还原。首先，这种还原并不完全，只是外指型道德、权利式道德，并没有解释义务式道德。其次，正义不能解释为服务于功利的工具——即使是最基本的功利。如果是非之感可以为了功利而"方便"掉，那么人间的许多价值——尊严，道德，正义，好恶区分——都可以牺牲。人穷怕了，往往会为了多得一点福利而牺牲尊严来交换。而"革命"的目的论伦理学的恐怖之潜能，伯克等人已经讲到。道义论正是鉴于此，断然否定道德的基础在于对快乐或功利的考虑，即便这是大多数人的快乐。

---

① 参看包利民：《生命与逻各斯：希腊伦理思想史论》，上海：东方出版社，1996 年，1.2 节。

② 参看密尔：《论自由》，第 10—11 页。

二、道义论：古典与现代

道义论否认道德的价值在于服务于人的感性幸福，否认可以在"人性"中找到道德的基础，否认对于道德的还原论态度，这些都使得它显得十分"古典"。确实，道义论与德性目的论一起，起源于古老的传统伦理生活。早在赫西阿德的诗歌《工作与时日》和希伯来圣经的先知书中，便有对于正义的诉诸。希腊悲剧的主题之一，就是对于正义作为宇宙神圣大序的信念，以及当这一大序受到破坏时神的惩罚的恐惧。麦金泰尔在这方面作过详尽的研究，多次指出道义论的古典意义是神圣自然大序。在中国，儒家的"义"也与"利"一直处于抗衡态势之中。

在第二章我们指出，这种作为神命而虔诚地接受的、这种不以讨好自我而毋宁是约束自我的、内指型的道德，即，在现代性启蒙思想家那里被视为前现代的、悖理的、压制主体的伦理学。这些"神学迷信"的不讲道理、僵硬顽固、理想自为而不顾"人道"和常识等等，受到激烈批判或"治疗"。各家新伦理学多以攻击道义论为自己学术之开端（"境遇伦理"，尼采，弗洛伊德等等）。康德也被看作是启蒙运动伦理学的一个代表。但是他的"启蒙"伦理学与其他人的显然不一样。他不但不解构道义论，相反在他的伦理学体系中首先着意突出道义论的这一"前现代"特征。康德的道德原则（"纯粹实践理性的基本法则"）是要求：每个理性的存在者的行动准则必须同时能够成为普遍法则。这一原则又可以分成三种等值的表述：

1. "要只按照你同时能够愿意它成为一个普遍法则的那个准则去行动。"

2. "你要如此行动，即无论是你的人格中的人性，还是其他任何一个人的人格中的人性，你在任何时候都同时当作目的，绝不仅仅当作手段来使用。"

3. "每一个理性存在者都必须如此行动，就好像它通过它自己的准则在任何时候都是普遍的目的王国中的一个立法的成员似的"。[①]

---

① 康德：《道德形而上学的奠基》，北京：中国人民大学出版社，2013 年，第 40、60、61 页。

康德伦理学的"前现代"特征似乎集中体现在他的道德"绝对命令"的第一种表述中。首先，"法律"或"律法"或"绝对命令"等等，无不取自司法隐喻。"正义"与"权利"更是如此。其次，康德的"道德律"第一表述所意欲概括的，是我们道德直觉中的"义务感"，即道德是绝对命令而非假言判断，是非条件句式的，它显出是"外压"，而不是"自然"地发自人性内部。它的特征是普遍性与必然性，亦即客观性："根据客观原则我们应当被命令去行动，尽管我们的全部癖好、爱好和自然性情都反对它。事实上，义务的命令的崇高和内在尊严越是明显，主观冲动越是少赞成它、越加反对它，虽然丝毫不能削弱规律的强制力或消除其有效性。"人们对于它的态度决不是功利主义式地利用它，操纵它，像对待一个工具那样（自上而下地）看轻它，而是把它看成宇宙间最有价值者而自下而上地敬畏它。前面讲到，启蒙运动有很强的"治疗"取向，设法让人们恢复对于人的感性肉体欲望快乐的"自然的"、肯定的、享受的态度（文艺复兴式格言："人所有的我都有"）。道德也必须服务于快乐。然而康德思想中有明显的"反治疗"态势，至少是反对这种启蒙式治疗的现代性伦理的主流。他尖锐地指出，人们的自然天性确乎是追求"快乐"的，从而他们企图用种种借口逃避道德的"压抑"。道德并不像现代经验主义伦理学如某些"同情学派"想象的那样提供最大满足和快乐，毋宁提供的是痛苦。这集中反映在康德所理解的道德情感"敬重"上：

> 敬重远非一种快乐的情感，……我们总是试图找出某种能够减轻敬重的负担的东西。……人们情愿将道德法则贬低为亲昵的禀好，这可以归咎于其他的原因吗？我们劳神费力地将道德法则弄成我们熟知的利益的箴言，如果不是为了摆脱那严厉责备我们微不足道的令人战栗的敬重，还会出于别的什么原因吗？ [①]

[①]　康德:《实践理性批判》，北京：商务印书馆，2000 年，第 84 页。

所以"普遍化原则",仍然可以在一定的意义上属于前现代伦理的道义原则。前现代伦理固然不以绝对平等对待所有人,而是以各种等级体系(大序)为特征,但是等级之间的"正义"也取决于交互性意义上的可普遍性。孝虽然不对应于孝,但是对应于慈。忠虽然不期待换来忠,但可以合理地期待换来礼:"君使臣以礼,臣事君以忠。"

不仅绝对命令的第一表述,而且其第三表述,都可以在前现代找到其资源。第一表述(普遍性)已经说过;第三表述与第一表述在形式上似乎正好对立,讲的是主体的自律或自我承担意识。绝对命令第一表述的"外在性"在第三表述中被显明为只是幻相,因为道德律是道德主体自己为自己所立之法。这在西方,可以追溯到希腊的苏格拉底和斯多亚哲学。苏格拉底在被审判时所进行的自我辩护和被定罪后对朋友阐述不能背叛城邦逃走的理由,都强烈地体现出个人承担整个人类的道德水准的主体意识。斯多亚学派继承了这一精神。人的价值不在于社会角色的实现,不在于"喜欢"道德律,而在于不顾个人喜好,自觉承担宇宙神圣大序的使命。因此,个人在任何压力下都不动摇。基督教的上帝诫命意识显然对于道义论的"绝对命令"之形式有重大影响。西方社会中的强正义意识或是非对错之分,与基督教有内在关系。C.S.鲁意斯的神正论就是依靠这一意识。许多人怀疑上帝的存在的论证理由是整个世界充满恶。但是,C.S.鲁意斯提醒人们说,这种论证的前提是强烈的正义感或正当意识,这预先设定了绝对正义价值的存在。然而,如果没有上帝,这种价值的绝对性又由何而来呢?对于高于日常功利水平的价值的认同,是启蒙中卢梭不同于伏尔泰、霍尔巴赫等经验论者的关键所在。卢梭身上有加尔文新教和天主教的影响,而卢梭又影响了康德。

所以,绝对命令第三表述突出的是主体性的自觉承担。对于道德行为者的倚重转换了第一表述中的重心,他律变为自律,道德律的"客观性"面相于是化解于主体性的本质之中。人的自我又成为道德的立足之处,而且比功利主义等现代性伦理受到了更大的张扬。只有这样的自律性理性存在才值得绝对命令第二表述所强调的对"人"的平等尊重。一些代表古典伦理的现代思想家敏锐感受到了康德道义论中的现代性成分如自律和平等，对它提出了各种责难。① 这构成所谓"古今之争"的哲学伦理学实质性内涵。

三、由摩尔的"自然主义谬误"想到

道义论可以成为现代性伦理学之一。那么，它与功利主义是什么关系？前面说过，功利主义是典型的、系统化的现代性伦理学，那么，两种现代性伦理学各自的侧重点在何处？已经有了功利主义或幸福论之后，现代性所珍重的价值还没有被全部穷尽和代表，还漏掉了什么？

道义论所要捍卫的，是人的自由。或者说，是人格意义上的人性。

功利主义不捍卫人的自由？密尔岂不是以《论自由》的雄辩论证著称？然而，现代性幸福论严格地说来，并不关注人格价值。我们在第一章中讲到，现代性可以用两个相反的倾向来概括，一个是反对理性的霸权，回归自然人性，主张多元。另一个则相信理性的优越，主张主体征服自然（包括人性本身之"自然"），改变现实。这两种对立倾向也反映在"两种启蒙"的说法之中：英国经验论与18世纪法国唯物主义是启蒙，卢梭与康德也是"启蒙"。但是两者之间的对立却深刻难解。前者倾向于必然之本体论，后者倾向于自由主体性。直到20世纪，仍然可以看到它们之间的冲突，如弘扬主体性还是消解主体性。

在此，我们想到了摩尔。摩尔以"反对自然主义错误"著称。功利主义是其主要的批评对象；康德也曾被他举出来作为"自然主义错误"的一个例子。实际上，如果我们放大视野，就会发现，摩尔企图用"反对自然主义错误"的口号所要表达的，是一种准二元论或者双故事直觉：人类历史存在中有两个故事在并行发展，并非只有一个故事。自然并没有穷尽一切。心智的故事、道义的故事构成了一定的独立性，可以在一定程度上对"自然"说不，按照自己的故事逻辑行

---

① 舍勒认为康德破坏了客观价值大序，参看刘小枫：《现代性社会理论绪论》，第377、286页。

动——自由。这也正是康德努力维护的直觉：伦理学的必要是因为人的自由。"自由"究竟有没有，没有又如何？这个哲学史长期争论的老话题在今天由于神经科学和人工智能的技术的种种重大突破变得突然尖锐起来。神经科学家认为 Libet 实验已经从科学上彻底证明自由意志是一个幻象，而人工智能学家向我们保证建造出没有自由但是更有效率的智能（取代人类的超人？）。这将从根本上威胁康德一线的现代道义论者。因为我们将看到，尽管现代道义论各派相互对立，势同水火，比如罗尔斯和诺齐克，但是都不约而同地以康德自由人性论为根本依据。康德关心的不是启蒙所强调的大众幸福，他关心的是人是否"配得上"幸福。这就与法国启蒙主义，包括现代科学还原论的价值观尖锐冲突了。

现代性道义论以"自由"为本，它又可以分为两大类型，一种是义务论，另一种是权利论。前者以康德为代表，并延伸入当代元伦理学的"命令句分析"一线之中；后者以洛克为代表，而且在 20 世纪的罗尔斯、诺齐克等人的正义理论中展开。义务论是内指型的伦理学，专门讲自我约束甚至牺牲，推崇理性对于破坏性欲望的压制，视道德的最大敌人为人性内部的私心。所以麦金泰尔感到康德这样的启蒙伦理学家所倡导的东西的实质内容仍然是"保守的"、传统的。权利论的道义论就明显属于新出现的外指型伦理了。它认为外部的"敌人"对于我或我们的权利的侵犯是道德学需要首先加以考虑的大事。建立"神圣不可侵犯"的道义屏障，是用来防止外侵的。不是个人的自觉的、内心的修养，而是制度的、强制的权利安排，是正义伦理学的主要目标。[①]

我们在下面将对这两种取向的道义论分别探讨。主要考察现代道义论与功利主义分别保护的是现代性的何种价值。总体来说，道义论与捍卫作为"人格"基础的自由紧密相连。这不仅是高扬主体自由的康德义务论的特点，而且也是貌似关注人的自然的权利论的实质所在。最后，我们还要讨论一下看似与道义论无关甚至相反的存在主义

---

① 当然，这一区分是相对的。有学者对康德从其道德形而上学推演出法权学说进行过探讨。参看马尔霍兰：《康德的权利体系》，北京：商务印书馆，2011 年，第 5 章以下。

伦理学，因为在我们看来，它是以更为突出、夸张的方式反映了道义论的"自由第一"的原则。

第二节　义务论

一、义务不能讲好

现代道义论中的义务论一派的代表人物当然非康德莫属。康德作为哲学大家，对于真问题的把握十分准确。上面我们已经讨论了他的道德绝对命令中所蕴含的古今之争，并揭示了他的关切主要是论证自由的存在。下面我们将环绕"自由"展开阐释。康德在伦理学中把问题定位于理性本身是否能够起动机作用上。这也就是伦理学中的道德力量的问题。希腊伦理学的实践理性理论曾经主张"知等于行"的乐观主义，但是基督教伦理学开始走出这一理智乐观主义。奥古斯丁便像保罗那样深切地感到知不等于行。行在于意志，而意志并不是知。到了启蒙之后，人们更是认为唯有欲望才有激发行动的力量。休谟从经验论的立场出发，对此加以严密的推论。他说，实践理性与思辨理性的相同之处，在于它也是一种理性推理过程，从而也会有最后的大前提，以作为整个论证的出发点或不可再加以证明而只是坚信的终极信念。但是，实践理性与思辨理性不同的地方，在于它的大前提的形式不可能是"X 是真的"或"X 是事实"，而必须是"我欲 X"或"我喜欢 X"。[①]也就是说，必须从"好"开始推出应当做什么。好是第一位的。正如我们在前一章讲的，功利主义或现代性幸福论是"认真"的目的论者，对于道德行为所服务的目的——一阶的生活价值——看得很重。

众所周知，康德哲学从许多方面看，都是企图对休谟哲学所提出的富于挑战性的难题作出回应。他佩服休谟的眼光尖锐与逻辑严密，

---

① 休谟:《道德原理探究》，第 108、110 页。

但是他不能同意休谟。他也承认意志是行为的出发点，但是他认为决定意志的不能只是欲望，理性也必须有决定意志的力量。用他有时令人困惑的表述说，即理性也必须就是意志，或实践理性也是动机。

前面说过，现代性以来，整个道德都在渐渐失去古典时代的威望。在西方，不能再依靠神和宇宙大序的人，一般都到人本身当中寻找另外的权威依托。功利主义目的论成为最为"自然"的思路：既然每个人都珍视自己了，那么，为了自己的长远利益或生活幸福，也应当做一个有德性的人。实际上，这种从神学到功利主义的转换，在希腊传统道德威望动摇时，就已经呈现。苏格拉底的"功利主义"，便可以视为古代的"启蒙"努力之一。伊壁鸠鲁对这种建立道德的功利式思路更是在现代的高蒂耶那里被郑重复兴。近代英国经验论以及受其影响的法国启蒙伦理学，甚至批评功利主义的摩尔，都感到目的论或从道德之外的"好"入手谈道德，是"合乎情理"的自然程序。唯有康德不惜站在整个现代性的主潮的对立面，坚定地主张道德学体系不能从"好"开始。理性和道德的独立性不可还原为人性或人的幸福。经验的、必然的世界是强大的，强大到逼使每个人不敢忽视它的规律或命令：考虑自己的利益。但是，如果完全屈服于经验界，则理性的自主或自由会彻底丧失。道德也就会最终消解于空无之中。[1]

有鉴于此，康德的伦理学处处着重强调与经验论或幸福论的对立。道德的意义不仅不在于追求什么快乐结果，而且常常必须在与快乐结果的冲突中才出现；不在于做经验快乐的工具，而在于意志能够守住一些非经验性的原则。理性的功用不在于帮助感性达到其目标，而在于服从自身的命令；不在于对于后果收益的计划盘算，而在于良心自问：这么做本身，是否正当？

康德用了一个在他的整个体系中占据十分重要地位的哲学术语——"客观性"——来表征他在伦理学中的追求。康德对于"客观性"有自己的理解，客观性就是普遍性与必然性。普遍性在伦理学中

---

[1] 参看康德：《实践理性批判》，第 96 页。

反对的是个人主义：好或幸福的理解说到底是因人而异的，也无法客观评判，无法作出统一的要求。但是道德决不能成为因人而异，被各人玩于股掌之中的东西。爱尔维修曾说，关于"正直"，伦理学家有两种不同的观点。一派如柏拉图主义者认为我们对于美德的观念是绝对的，不以时代和政府为转移，永远同一。另一种人如蒙田列举许多事实指出道德是任意的，变化不定，随着不同的时代和地点而转变。晚期希腊怀疑论伦理学与近代伦理学尤其法国唯物主义伦理学中可以看到一种近乎偏狂的爱好：津津乐道地大量列举不同的民族、国家和时代中道德的差异、"离奇"和变化的"例子"。爱尔维修虽然说他不同意蒙田的极端怀疑主义，但也指出"美德这个名词只能够理解为追求共同幸福的欲望"，所以道德会由于不同时代和国家的利益的差异而不同：

> 国家的利益也和一切属于人的事情一样，是千变万化的。同样的法律和同样的习俗相继地变得对同一个民族有利或有害；因此我得出结论说，这些法律应当被轮番地采用和废弃，同样的行为应当相继地被称为美德或过恶。①

然而康德却不惧怕"守旧"之名，不怕与柏拉图站在一条战线上，坚持认为道德必须是统一的，对一切人都一样。必然性指的是普适于一切人的道德要求是无条件的命令，而非劝导；是理性独立发出的规范，而不是每个人可以从自己的爱好中推导出来的"自然延续"。在关于人和生活的哲学解释中可以走几种路线，不少人（尤其是近代科学出现以来）认为人应当与经验界或决定论的世界认同。他们的信念是，人说到底是动物（如拉美特利的《人是动物》、《人是植物》、《人是机器》以及斯金纳的"刺激－反应论"），当代神经科学和新演化论将这个思路发扬光大，用各种最新科学发现来支持"人是动物"（人与动物的连续性）。这样，便乐观地宣称已经奠立了人的科学

---

① 爱尔维修:《论精神》，见《十八世纪法国哲学》，北京: 商务印书馆，1979 年，第 464-467 页。

（"硬科学"）。另一条思路是认为欲望源于动物，但是后来已经升华或人化，从而可以在一定的意义上冲破决定论的束缚。亚里士多德的潜在/现实学说是这种思路的古典代表。荀子也应该是。但是康德的立场最为极端。他认为从动物性或欲望入手的整个思路是错的，是无法真正地维护人的自由的。即使在起源上，也不能让自然的因素渗入进来。从而，伦理学应当从全然不同的方向寻找依据。纯义务感与人的动物性方面毫不相干。人与动物的区分并不是"几希"，而是极远。前面我们讲到，幸福论用"同情的快乐"来"自然地'解释从个人走向他人，是现代性伦理学的一条主要思路。亚当·斯密和叔本华都赞同这是伦理学的应有之路。但是康德认为依赖感情，即使是人类普遍同情感这么"高尚"的情感，仍然无法达到真正的道德。情感是脆弱的。如果有人天性对于他人冷漠甚至反感，那么他就有了伤害他人的正当理由？斯多亚派与康德都主张要纯粹从尊重义务出发行动，甚至冷酷地或反感地助人。[①] 后人多视此种说法为荒谬可笑。但是实际上，它有深刻的意义。并非人人都能在感性上认同人类一体。义务的意义就在于不跟着感性走；美国争取民权的漫长历程中，不乏从感情上不能跨越种族好恶感的白人从道德义务的立场出发坚定地为争取有色人种的人权而奋斗甚至牺牲。

康德伦理学就是按照这一思路，完全不涉及"好"而独立地构造起来。康德的伦理学重要著作排成了一个从经验开始，向深处探索的阶梯：《道德形而上学基本原则》——《道德形而上学》——《实践理性批判》。康德的伦理学体系是从日常直觉即人人都有的义务感开始。即使一个人从来也没有学过哲学，他也具有"理性自足"、"唯有责任感才是道德"、"道德不等于幸福"等等信念。哲学要上升到这些直觉的背后，探讨这些直觉的本质。这就是伦理哲学或"形而上学"的工作。功利主义的道德哲学也从"义务感"入手深挖，但是它深挖出的正义感的依据，仍然是功利，只不过是隐藏在背后的功利而已。所以功利主义是还原论。康德的道德哲学则相反，从行为道义论出

---

① 康德：《道德形而上学基本原则》，见郑保华主编：《康德文集》，北京：改革出版社，1997年，第65页。

发，走向的是规则道义论，不仅没有向幸福论靠拢，而且越发加大了二者的对立。他用"道德律令"的学说揭示义务感的先验本质，论证道德的合法性的依据唯在于形而上的绝对命令，而非生活上的或实质性的幸福。最后，在《实践理性批判》中，康德上升到纯粹理性的本体论，明白指出道德——唯有道德——才见证人的本体自由。当然，我们从康德自己的阐述中可以看到：真正能够按照如此强要求（纯粹本于义务行事）生活的人很少。但是，是这些少数按照纯粹理性行事的人，在艰难地为整个人类的非动物性、非决定论性、自由性一面做见证。否则，确实可以说人是动物。

二、另一种好

康德在他的伦理学中严格排斥以"好"为核心的伦理学，结果只能从道德判断的形式入手寻求理论根据。他的阐述给人以这样的感觉：严格符合纯粹道义论的绝对命令第一表述，依靠的是逻辑一致。这样的说法当然使得许多人感到不满意：道德是人生的事，怎么能从逻辑形式当中找依据？舍勒便批判康德伦理学是不讲实质性价值的"形式主义伦理学"。

我们认为，一种伦理学完全不讲好或价值确实是不自然的。也许康德的伦理学并不是不讲价值，而是讲了另一种价值。从《道德形而上学基本原则》一开始就说的"世界上最好的是好的意志"（善良意志），到《实践理性批判》后来对道德情感的分析都说明价值在康德伦理学体系构建中占有相当之位置，虽然他讲的"好"与日常的、一阶的"好"可能全然不同。别忘了康德最推崇的伦理学派是斯多亚伦理学。斯多亚伦理学并不讳言"好"，但是他们对于何者为好，何者为坏，何者为非好非坏的"中性者"，有着与众不同的定义。康德的道德情感"敬重"论是十分出名的。敬重从现象学上说，必然意味着有极大之好出现。实际上，康德伦理学并没有忘掉西方伦理学的原初典范《尼各马可伦理学》第一卷的思路与问题：什么是终极价值——不再作手段，而是作为唯一的、目的本身的、最高的好？亚里士多德的结论是：这是人本身的优秀（德性）。现代性目的论则把终极价值重新定位于德性所服务的对象——一阶的、生活的好。从经验主义的一般立场讲，这就是感性的快乐。道德作为二阶的价值，是从服务于一阶价值当中求得某种手段性的价值。康德在现代性下，重新扭转被现代性目的论扭转了的终极价值锚着点，又把它从结果移至主体自身之中：按照义务感行事的意志具有宇宙中最高的价值，而不待行动的结果。宇宙中最高的价值怎么能够再去充当手段？"理性存在物本身从来不仅仅被用做手段，而被当作限制全部手段应用的最高条件，在每种情况下都同样被当作目的。"[①] 这种价值是什么呢？可以概括为：人格尊严。非道义论的伦理学中或许也会适当认可这一价值，但是通常总会把某种"幸福"之价值定位为唯一的、终极的好，而把尊严视为它的手段、条件、助益者（现代性伦理中的"媚俗"取向）。康德要强调的，却恰恰是区分出一种独立的、自足的好——尊严，它并不需要通过"服务于"其他好来证实自己存在的合法性，相反，它才具有最高价值：

> 目的王国中的一切或者有价值，或者有尊严。有价值的总是能被同等的其他东西代替；而相反，在全部价值之上的、因而没有什么等价物的，具有尊严……。和人类的一般爱好和愿望有关的东西具有市场价值；不包含愿望、符合某种趣味即满足我们能力的纯无意展示的东西具有欣赏价值；然而构成了任何事物都能成为自身目的的全部条件的东西不仅具有相对价值即价格，而且具有内在价值，也就是尊严。[②]

接下来，我们要看看这尊严的具体含义：这是谁的尊严？一般认为康德在讲道德主体的尊严。这虽然不错，但是并不全面。实际上，可以看出康德讲的尊严有两种。首先的、最重要的尊严并不是道德主体的，而是道德律本身的。那么，道德律本身为何有尊严？因为在康德的思路中，首先要确立的是行为的正确与否并不依赖于主观性，它

---

① 康德：《道德形而上学基本原则》，见《康德文集》，第 101 页。
② 同上，第 97 页。

必然有客观的、完全独立的"正当性"。道德律的三个表述中体现了对于普通的、平等的、人之为人本身（而非角色等级或亚里士多德的"优秀"）的普遍价值的承认：亦即"人是目的"。所以道德律的尊严的实质正是启蒙带来的新价值——"一个人能够是我喜爱、畏惧或景仰的对象，甚至惊异的对象，却仍然并不因此就说我敬重的对象。他的性情诙谐，他的勇敢和强壮，他的位高权重，都能引起我这同样的感觉，但我内心始终缺乏对他的敬重。丰特奈尔曾经说，我对贵人鞠躬，但我心灵并不鞠躬。我可以补充说，对于一个我亲见其品节端正而使我自觉不如的素微平民，我心灵鞠躬，不论我愿意与否"。[①] 其次，尊严是道德主体的尊严，是个人能够为了道德律的尊严而自觉地牺牲自己的感性幸福，超越现象界，达到自主自由，从动物层面上升至理性本体的层面。

这两种尊严又有紧密的相通关联。康德似乎认为人之所以是目的，值得道德律的呵护，恰恰是因为他（潜在地）是能够实现道德律要求的道德主体。反过来说，没有人格的人不是真正意义上的人，不值得放在终极目的的位置上被捍卫。不过，我们依然认为应当区分两种尊严，并且承认第一种尊严之好高于第二种尊严之好。因为唯有如此，才能在逻辑上说明为什么道德主体会牺牲自己以实现道德律的要求；也唯有如此，才不至于使道德主体的好陷入德性目的论特有的二阶道德价值自反运用，成为关注的焦点，反而忽视道德行为的指向。古典德性目的论如亚里士多德的人的优秀的骄傲，斯多亚派的极端化的主体自圣意识，基督教中沿着这条路线走的狂热圣洁派别，都有把自己放在道德原则之上（以道宏人）的自负危险，这是康德反复批评的。[②] 有一个原则必须明确：道德律不必与行道德的人（的代价）挂钩，就可以拥有自己的伟大性。

这样的好——世上有被正义地对待的人格和正义地待人的人格——是自足的好，不必与是否能够助于快乐的获得相关。康德绝对命令第二表述——以人为目的——的意义就在于：唯一绝对的、最高

---

① 康德:《实践理性批判》，第 83 页。
② 同上，第 122 页。

的好是人格的价值，所以，如果牺牲人格去换其他的次等价值，这从价值逻辑上讲，岂不荒谬？然而，现代性目的论或功利主义确实认为"状态"高于"人格"（快乐是状态）。道义论思维与目的论思维不同的地方即：在道义论看来，道德从基本类型上讲就不属于"服务型"活动的范畴，而是一种提升式事业。它关注的不是活着，而是人性地、理性地活着。[①] 正因为此，即使是看上去是"目的论"式的"以人为目的"的道德命令，指的也不是人的生物层面的发展或满足，而是人的人格、人性、合乎尊严的生活。

三、道德的力量再论证

现代性伦理学总的说来，是一种"人学"，或人本主义。一切（包括道德）必须围绕人展开。这种新本体论走到极端，就是近于"媚俗"的以人的感性欲望为一切价值的出发点。然而，为什么要以人为本？怎么能够论证宇宙中某类现象具有内在价值，其他事物没有内在价值，而必须靠服务于此获得自己的价值？现代性伦理学多没有考虑这个问题，要么就是诉诸自然主义。基督教神学靠"人是按照上帝的形象所造"的信仰，来确定所有人的位格价值。对于启蒙时代，这是"他律"，不可接受。不少启蒙伦理学家只是不加证明地说人原来（自然状态）是自由的、平等的；或是从心理学上说人追求快乐是事实。康德与其他现代性伦理学不同之处，在于他对于现代性的基本价值本身——人之为人的至高价值——试图追问和加以证明，而不以为它们是"不证自明"的。其证明要点是：唯有人才是能够自律的、超出自然大化流行的主体，是同时能够属于"两个世界"的存在者。所以，只有人类，或一切有理性的被造物，才是一种自在的目的，才具有内在的价值，才可以驾驭其他一切为手段，[②] 而不可以被当作手段。这些思考是否只是纯哲学的、形而上学的？是否真有这样的完全独立于幸福价值的"人格"价值？目的论伦理学尤其功利主义对此深

---

① 康德:《实践理性批判》，第94页。
② 参看同上，第95页。

表怀疑，因为在他们看来，如果分析足够地深入，则总能把这种价值还原到快乐或为快乐服务上——只要人们对"快乐幸福"的理解与定义不要那么粗俗和狭隘。但是，我们或许可以用几个形象的例子来试着为康德的"极端区分"的直觉辩护。

假设火星人占领了地球，又假设他们对于地球人的"道德思考类型"很有兴趣，而他们自己的道德类型正好允许他们为了科学的好奇而使用任何手段。于是他们对地球人下了一道指令：你们可以留下一半人口，但是条件是这些人要亲手杀死地球上的另一半人。否则立即全部处死。从功利主义的推理说，似乎应当接受这样的条件。因为道德的终极目的是快乐或幸福，快乐的载体是人，而人死光了，感受快乐的前提就会被摧毁。有快乐或有相当之总量快乐的前景，应当压倒完全无快乐的那种选择。正如威廉姆斯所说的，功利主义思路只关注"状态"而不管"行为者"。如果"快乐态"总量增加或不减少，则一件行为都是道德上合法的。事实上，历史常常是在必须付出沉痛的代价的无奈中前进的。如果为了一时意气，使整个人类消灭，那么一切都结束了。这岂不是让道德损害了生活？但是，如果从康德的道义论伦理学的逻辑看，则人在互相射杀之后，固然还可以活下去，还可以繁衍后代，照人类目前的繁殖速度，他们很快就能繁衍出再次布满地球的后代，从而满足最大多数的人享受最大多数的"快乐"的功利道德原则，但是人这一族类的人格价值已经丧失，生命质量陡然下降，实在不配再活下去。

也许，这个例子的想象成分过多，而且比较极端，所以构造得比较利于道义论直觉的发挥。真实生活中是否能遇到道义论立场的类似案例？在此，不妨举一个报纸上的例子，说明道义论与生活的相关性。某县在抗美援朝战争中曾有一批青年入伍。在战斗中，有的被俘。战后双方释放俘虏时，有的顶住压力选择回大陆，有的去了台湾。回来的人返乡为农至今，多坎坷并贫苦。去台湾的有的发财了，改革开放后不忘故土，返乡投资。县领导设宴款待，并请当年一同参军被俘的同乡熟人作陪。酒酣，领导不禁环视笑云：你们当年怎么不也去台湾？这里的潜台词是：那今日不也像人家一样风光？而且还可以投资造福家乡（功利主义理路）。听到此话，两拨人都表情不自然。

在这个例子中，功利论与道义论在如何看待当年选择的态度上，应当是判然有别的了。而且任何人如果不带情感化的、说教式的眼光，都可以看出两种态度都有自己的伦理合理性，只不过各自在维护不同的道德价值。这样的价值冲突凸显了康德在伦理学上的立场的特点：第一，他的强大的分析精神使他时时寻找不同事物的独特之处。他不是一个狭隘盲目的唯道德主义者。他先于黑格尔系统地提出了历史的规律往往是恶才导向善。对于这样的善，他并没有理学家式的嫌恶，相反是赞许的、肯定的。[①] 但是，他在伦理学中想要说的是，那是历史。道德并不是历史。如果道德是历史——是结果论，那么也就没有道德（的独立存在的可能与必要）。我们在上一章讨论功利主义如何从个人幸福过渡到整体幸福时，曾指出这正是不少人的看法（"看不见的手"：道德的真正实现靠的恐怕恰恰是不道德）。但是，这就是康德不同于功利主义结果论的第二点了：他坚信动机论意义上的道德是确实存在的，而且有自身高价值。康德的简单依据就是要人们反省一下，自己是否有义务感或者良知——即使我们大部分时间中都不会听从它？功利主义或"历史的力量"信奉者会说：姑且承认有这样的动机式道德，但它的力量与结果式道德比起来，实在是微不足道。这第三个问题是"道德的力量"的问题，在现代性的语境中，它显得尤为沉重。

这个初看平凡的，甚至有些方巾气的问题实际上可以帮助人们理解康德道义论的现代性。首先，古典社会的特点是天人合一、情理合一、是与应是合一等一系列的"合一"。其社会背景是个人与社会的合一或尚无真正意义上的个人出现。所以，也不易提出异质的即异于现存体制的理想而要求社会或现有人性改变自己去适应这理想。现代性（启蒙的、批判的）的特点之一是主体不接受"现实"，理性要自己立法——却要现实-社会接受，主体性要范导现实，要战胜自然，而非屈从于自然。从而，二元论或异质冲突出现。"为什么我要做道德的人？"或道德有无力量的问题才成为重大伦理学问

---

① 参看康德:《历史理性批判》，见《康德文集》，第4-9页。

题。麦金泰尔正确地指出，"利他主义"唯有在现代性中才第一次出现。自动放弃现实－社会－习俗压力的帮助的道义论道德似乎只能成为少数人的孤独的牺牲式选择，染上了一层此前伦理生活中不曾有过的悲壮气氛。然而康德不仅不退让、妥协，反而不惜一切地突出强调道德的这一特点，论证道德不等于生活、偏好、宗教。

黑格尔等主张部分地或全部地恢复古典伦理的力量的人对于康德的高调理想道义论提出了批评。这样的道义论是否"有力量"还是只是乌托邦式的幻想，还需要进一步联系现代性加以考察。第一，康德可能确实认为人大多数是达不到道德律的要求的。正因为道德往往是不喜欢而行之，所以就保留了二元论，既承认了肉身（现象－因果界），又承认道德（人的另一层面）。承认二者的张力与冲突永在。相比之下，德性目的论是企图根本逆转因果界，以达到一元论，这体现了人的骄傲：我自己可以如此伟大。亚里士多德就说过，有德性的人的标志必须是"行之"出于"好之"，感性必须完全由理性所渗透，不再体会到任何冲突。否则，就不是充分地实现了德性。舍勒也赞成这种修行到"喜欢"为德的境界，充沛地爱人，而不要处处显露苦苦为善的窘相。当然，舍勒依靠基督教的恩典达到这一高度；而没有神的助援的康德义务论可以说体现着一种谦卑：我自己仍然在因果界中为奴隶，这是人性的必然，也是现代性即非一体性社会的特点——但是，另有一个更伟大者（道德律）的力量，击败了我。第二，康德认为，纯粹义务论的道德并非看上去的那样在理论上美好而在实践中无力，或在实践中要补充以其他的不那么纯粹的价值（各种好处）的诱惑。也许所谓"常识"整个只是人们未加深思的一个错觉，也许恰恰是纯粹的义务最为有力量。

在这里，德行仍然仅仅因为它付出多大而有多大的价值，而不是因为它带来某种东西而有价值。整个景仰，乃至仿效这种品格的努力在这里完全取决于德性原理的纯粹性，而我们只有从行为的动力之中排除人们只可以算入幸福的东西，这种纯粹性才能真正地呈现出来。于是，德性表现得越纯粹，它必定对人心越有力量。由此得出如下结论：倘若道德的法则、神圣性和德行的对象要对我们的心灵处处施行某种影响的话，那么它们只有在作为纯粹而不混杂任何福乐意图的动力被安置在心灵上时，才能够施行这种影响，因为正是在苦难之中它们才显出自身的庄严崇高来。①

第三，这种不依赖功利的价值确实是现代性的真实价值之一，而非什么未来国度的理想。这样看来，现代性在伦理上达到的成果或收获，现代性的价值支柱或基础，并非只是一种，而是两类。功利主义强调去除痛苦的人道精神，但是不认为——或不懂得——人本身（人格本身）有"价值"。人的唯一价值就是充当快乐的工具或承受者、享受者、实现者。而道义论者认为人有"价值"，甚至唯有人格有价值，其他一切都只有价格。在价值本体论上，位格高于状态。于是，在康德式启蒙主义者看来，现代性不仅可能有道德，而且可能第一次有最高的道德。它可以真正建立古典人引以为自豪的高于动物的人性，甚至是高于古典标准的人性（在更有普遍性意义上）。人生活于两重世界之中。作为感性的、动物的自然大化流行中的一员，人并没有什么价值。重重无尽的世界景观，会很容易把人的良好自我感觉摧毁。在这一点上，康德、晚期希腊哲学以及佛教具有共识。但是，"……我的人格无限地提升我作为理智存在者的价值，在这个人格里面道德法则向我展现了一种独立于动物性，甚至独立于整个感性世界的生命。"②《实践理性批判》接近终点的这段话清楚地表现出康德道义论中的古典性与现代性并存的特色。古典性的特点是客观价值大序。宇宙中有自身好的事物，它们有自然高低之分。每个人、每个共同体都应当积极追求自身中神性的、超越的价值而非自甘于停留在本层次甚至下降到更低层次之中，这是汇集了古典价值精粹的普罗提诺会深以为然，而讲"否定式自由"的以赛亚·伯林或罗蒂会深感不安的一幕景象。但是，这种"客观的、内在的神圣价值"在于人格的平等、道德的自律而非在于知识思辨或其他才华能力上

---

① 康德:《实践理性批判》，第170页。
② 同上，第177页。

的优秀，这，又是启蒙的、现代性的成就，这是古典哲人所不能理解的新东西。

第三节　权利论

一、主体性与罪性

现代性发展到了"晚期"，康德道义论依然有信奉者，这首先就是占据了英美大学政治伦理主流地位的罗尔斯们。不过他们的道义论已经不是义务论取向的，而是权利论取向的。权利论是西方20世纪规范伦理学复兴之后的主流思潮。20世纪西方伦理学曾一度回避规范伦理学讨论而沉陷于元伦理学的语言分析当中。罗尔斯的"正义论"明确打出了"道义论反对功利主义"的制度伦理学口号，恢复了人们对规范伦理学的重视和规范伦理合法性的研究。以罗尔斯为先导，其他如诺齐克、德沃金等政治伦理学家们也纷纷登场，一时间，西方伦理学界充满了"正义"、"权利"等讨论。他们虽然往往相互批评与指责，但是他们的共性是都可以归为"权利道义论"的范畴。他们在批判功利主义的"长久统治"上是没有异议的，在主张道义论伦理学上也是一致的。他们都或是公开说自己是"康德主义的"（罗尔斯），或是在自己的体系中援用康德的"人是目的"的基本原则（诺齐克）。但是，这里有一个重要的区别：他们的核心关键词几乎毫无例外地都是"权利"，而非传统道义论中受到尊崇的"义务"。

权利论与义务论虽然同属于道义论，同样有着命令式（prescriptive）的形式，同样是讲不以目的或幸福为转移的绝对正当性，但是它们之间有很大的差异。首先，用我们在导论中提出的模式看，这是从内指型伦理转向外指型伦理；是从个人的信守转向制度的规则。康德强调义务的神圣性、非自利考虑性。自我为了遵守它，不惜克制自己的感性幸福，付出高代价。权利论则是个体本位的，是博弈论式的，每个人考虑的是自己的利益，而非牺牲自己或甘付代价。在此当中，最警诫的就是"外敌"威胁——外人、外部机构或者外在"道德原则"对于个人的权利的侵犯。有的学者也意识到这种区别，比如德沃金在讨论义务论与权利论的异同时曾指出：

> 以权利和义务为基础的理论都把个人放在中心地位，并且把个人的决定或行为看作具有根本重要性的东西。但是，这两种类型将个人置于不同的角度。以义务为基础的理论关心个人行为的道德质量，因为这样的理论认为，个人如果未能使自己的行为符合某种行为标准，那就是错误的，如果不是说更严重的话。……相反，以权利为基础的理论关心个人的独立，而不是关心个人行为的服从性。它们预先假设并且保护个人思想与选择的价值。……（权利论）把行为准则看作是工具性的，可能它们对于保护他人的权利是重要的，但是它们自身并不具有基本价值。在权利理论的中心的个人，是从他人的服从行为中受益的个人，而不是通过自己的服从而过道德生活的个人。[①]

无论是罗尔斯还是诺齐克，虽然相互冲突、截然对立，但是在反对功利主义"搞错"了本体之所在上，却使用了几乎是同样的论证思路。功利主义主张道德就在于促进"最大多数人的最大幸福"。罗尔斯认为，它的论证必然依据个人与社会之间的类比，或者说，认为可以把个人的合理生活原则推广到作为一个"大个体"的社会上。个人在生活中，可以为长远的较大利益牺牲眼前的较小利益，于是功利主义就认为社会也可以这样。但罗尔斯认为这种类比反映了本体论上的混乱，因为事实上并不存在这样的"大本体"。社会并不能像一个人有权处置自己的利益一样有权处置所有不同个人的利益。用比喻说就是：一个人有权通过截肢来保存自己的生命，但是一个社会就不能通过牺牲一部分人的生命来保全另一部分人的生命。[②] 有意思的是，罗尔斯的"对手"诺齐克在论证个人的神圣不可侵犯性时，用的也是同样的本体论和逻辑。他说，个人可以为了更大的利益而承担较小的痛

---

① 德沃金:《认真对待权利》，北京：中国大百科全书出版社，1998年，第228-229页。
② 罗尔斯:《正义论》，第21页。

苦和代价，但是在社会范围内就不能这样做，不能按照功利主义的原则牺牲某些人的利益而促进整体或大多数人的利益，因为社会并非一种生物体，社会不是一个放大的个人。个人有自己独特的生命，社会并没有这样的生命。真实存在的只是个别的、分立的人。[①] 奇怪的是，功利主义的开创人边沁曾用一句格言式的话表达了这种个体本体论："每个人都只算一个人"（并因此还受到了持不同本体论立场的马克思和恩格斯的批判）。罗尔斯已经注意到了这种反常现象："人们习惯上认为功利主义是个人主义的，这种看法有一些道理。功利主义者是思想自由和公民自由的坚强捍卫者，他们主张社会的善是由个人享受的利益构成的。但是，功利主义却不是个人主义的，至少通过一种自然的思考我们可以达到这一结论。通过合并（conflation）所有欲望体系，功利主义把适合于个人的选择原则应用于社会。……使正义所保障的权利受制于社会利益的计算。"[②]

权利论道义论在现代性中成为主流的道义论伦理学，是一种巨大的转化。这样的巨大变化反映出现代性的伦理大背景从宇宙大序转向社会契约，[③] 古典伦理的主流是把道德编织在生活的脉体内部，伦理就是生活的优秀，就是成己或自为：现代权利论的"社会契约"却更体现出了道德与生活的分离，使道德成为一种与人的优秀无关的、独立的、秩序的"社会共处"的最低容忍边界。由自利考虑出发的现代契约理论，强调的是规则，这种社会观古已有之，典型地体现在伊壁鸠鲁式的互不侵犯的社会契约上。[④] 但是用孔子的话说，这就是从"有耻且格"转向"免而无耻"。[⑤] 儒家社会有很强的义务论道义论而没有权利论道义论。原因之一可能是不认可个体之"我"。[⑥] 所以义务

①　诺齐克：《无政府、国家和乌托邦》，北京：中国社会科学出版社，1991年，第179页。
②　罗尔斯：《正义论》，第26—27页。
③　参看伯克：《法国大革命论》，第129页。
④　McIntyre, *Whose Justice? Which Rationality?* pp.63-65. 参看伊壁鸠鲁等：《自然与快乐》，北京：中国社会科学出版社，2004年，第41页。
⑤　《论语》2.3.
⑥　有关西方私法与后来的宪政政治的关系以及中国文化在这一方面的不同，可参看张中秋：《中西法律文化比较研究》，南京：南京大学出版社，1999年，第115页。

论（或更准确地讲，"责任论"）伦理学是儒学主流。解决道德问题的重要方式不是严密外防，而是各为对方想，如子孝父慈。

社会等级共同体转向平等的个体，意味着普通人的价值的提高。权利正义一般被定义为是"保护弱者"，然而这并不是一个富于启发的定义。也许，"民本"思想才是典型的"保护弱者"的伦理，因为它里面的背景仍然是等级式的，隐含一种自上而下的态势。与此不同，权利论的论证依据于我们这一节的标题中的两个关键概念：主体性与罪性。

主体性哲学曾是"走出中世纪"后中国哲学的主要话题之一。什么是"主体性"？我们以为可以套用伯林的"两种自由"观进行分析。"主体"（subject）首先是征服"客体"（object）者，体现的是自由扩张的权力感。现代民主社会认为每个人都是主体，agent，因为每个人都拥有生产劳动能力和理性自主能力。这种理性能力往往又分为两种，即工具理性和交往理性（rationality 与 reasonableness）。主张所有人拥有这两种似乎无甚高明之处的能力，看上去似乎是常识。但是其实非常不容易。现代性好不容易从柏拉图对此的怀疑（柏拉图认为大众普遍缺乏理性）中挣脱出来，又要面临新科技的迎头痛击，比如神经科学将振振有词地论证人只有本能，没有什么理性，没有自由意志，无力自主；而人工智能学似乎很快造出取代人的主体地位的机器人，用更强的能力"代劳"。在现代性中，主体意味着"权利"的主体（subject of rights）。这种权利主体意识是现代性中才出现的，它体现在法律上就是公法以私法为基础：财产权利神圣不可侵犯是订立社会契约建立法律国家的初衷（洛克）。古代人一直没有这种意识。

有意思的是，权利主体意识的觉醒与对于"权力主体"意识的警诫分不开。弘扬主体性，也不要忘了人的罪性。尼布尔的洞见之一便是：罪性并不在别的地方，就在人的弥足珍贵的超越本性或主体性之中。对于人的"罪性"的深刻不安导致了现代政治哲学对于权利维系的异乎寻常的强调。不过，否定式自由的宝贵仍然建立在人——普通人——有价值之上，这可以溯源到基督教的上帝之子和中世纪的贵族与共和城邦的公民地位，也可以追溯到现代科学技术与生产创造的无所不能感上。两者在现代性的发达，又都与现代经济有内在关联。前者更是生产关系的：自由市场需要可以自由支配自己的人；后者则更是生产力的：人具有征服自然的伟大能力。所以，经济的发展帮助了人——个人——的价值的提高。各种资源的汇合，在伦理学上居然得出了权利的普遍化，居然可以要求用神圣的、命令式的、法律性的伦理保护仅仅作为人的人。若无这种伦理，则个人的自由等等固然宝贵，但主权者可以统统压掉。

近代权利论并非全然一致，据夏皮罗的研究，它可以区分为四个重要形态：过渡期的，古典期的，新古典的，凯恩斯式的；它们分别以霍布斯、洛克、诺齐克和罗尔斯为代表。不过，它们相互间在对于什么是权利的主体、权利的实质、权利的基础以及权利的目的上存在着基本的共识，都是认为国家的目的是保护多元个人的不可侵犯的"道德空间"（moral space）[1]。我们下面将选取罗尔斯与诺齐克这两位当代著名的权利论者，对他们的理论中所体现出来的现代性道义论价值及其复杂性进行深入的探讨。

二、罗尔斯：新社会契约与正义

罗尔斯的诠释者、批评者已经不可胜数，这表明他的正义理论的意义影响深远，不会止于 20 世纪。每一个人都可以读出他自己的罗尔斯。我们在这里专注于从现代性价值以及道德的力量等论旨出发阐释罗尔斯的意义。罗尔斯明确把自己的使命规定为用道义论伦理学来取代占据伦理学主流甚久的功利主义。他说：伦理学的两个主要概念是正当和好，"一种伦理学的结构大致是由它怎样定义和联系这两个基本概念来决定的。"[2] 目的论（包括功利主义）的做法是先确定好，然后据以规定正当——正当即有助于"好"的最大化。目的论认为这样的思路比较合乎人们的理性逻辑。但是，道义论认为，正当可以、也必须独立于好而首先确定下来，然后才能够谈论好。何者为好，何

---

① Ian Shapiro, *The Evolution of Rights in Liberal Theory*, Cambridge University Press, 1986, pp. 274ff.
② 罗尔斯：《正义论》，第 21 页。

者为"更好"，必须首先通过正义的检验，必须不越出正义的界限（边界）。^①如果通不过正义的"边界检验"，则自然欲望再强烈也没有道德价值，也不能算"好"，更无权利要求社会制度加以维护或促进。

罗尔斯说，许多年以来，由于道义论方面没有能够出现像功利主义哲学家如边沁、密尔、西季维克那样的大师级的人物，所以一直无法与功利主义抗衡。他要做的工作就是复兴洛克、卢梭、康德等人的社会契约理论，建立一个有说服力的关于正义的道义论体系。下面我们主要问三个问题：第一，罗尔斯的努力是否成功？他是否捍卫了道义论，制止了功利主义目的论的势头，还是像诺齐克等人所认为的那样与功利主义福利政策没有什么实质性区别？第二，他有没有提供和论证现代性的独特价值？具体来说，罗尔斯主张的"平等"正义是传统型的还是现代性的？第三，与这些问题有关，还有我们的老问题：罗尔斯是怎么回答"道德的力量"的问题的？罗尔斯的著名方法是自由主义的弱社会契约论。但是，弱社会契约论（对促进他人利益冷漠无兴趣的众多个人所定之合作契约）从本质上讲岂非柏拉图所担忧的"恶的妥协"？广而言之，自由主义制度伦理的宗旨岂不是就是"正义是恶的妥协——以避免更大之恶"？

要回答这些问题，我们必须首先概述一下罗尔斯的"公平正义论"（justice as fairness）的基本思路。罗尔斯的道义论主要主题是制度伦理学中的"正义"。阅读罗尔斯的《正义论》，使人总是不禁要想到柏拉图的《理想国》。这两部书虽然一部代表的是古典伦理，一部代表的是典型的现代性伦理，但在目的、结构、立场等各个方面有惊人的暗合之处。柏拉图在《理想国》第1卷的结尾总结说，他的主要问题是：什么是正义，正义有没有内在的价值。这是两个不同的问题。一个的解决或无法解决不代表着另一个的解决或不能解决。所以应当分开来讨论。^②《理想国》的第一部分正是系统地回答什么是正义的问题。只是到了第二部分（主要从第9卷开始），才进入到正义是否有内在价值的问题。罗尔斯的《正义论》的三编，显然也可以这么划

---

① 罗尔斯：《正义论》，第280页。
② 柏拉图：《理想国》，354b。

分。前面的第一编（"原则"）和第二编（"制度"）讨论什么是正义，此时，正义是不是与"好"一致，或道德有没有力量，并不在考虑之列。到了正义的本质的问题解决之后，他才在第三编（"目的"）中讨论正义与好是否一致的问题（罗尔斯喜欢用的术语是正义的"稳定性"的问题）。罗尔斯后来写的《政治自由主义》的基本框架也与此对应，只不过第二部分与第三部分的次序颠倒了过来：第一部分："政治自由主义：基本原理"，对应的是"原则编"；第二部分："政治自由主义：三个主要理念"，对应的是"目的编"；第三部分："制度框架"，对应的是"制度编"。可以看出，虽然在如何理解"正义"上，柏拉图与罗尔斯几乎完全相反，但他们的共同之处都是希望构建完整全面的公共伦理体系，论证范围包括从"什么是正义"到"为什么正义有利"（从而有力量）。他们都相信自己可以证明正义的自身独立性，其本身就有价值，就会被人喜好。

与柏拉图一样，罗尔斯首先考察什么是正义。他指出"正义"是社会制度的首要价值。法律与制度不管如何有效率和有条理，只要它们不正义，就必须加以改造或废除。社会制度之所以是正义的主要问题，是因为它决定着权利和义务的分配，确定了社会合作的利益和负担的适当分配。所以，制度的正义与否对于每个人的生活前景极为重要：

> 社会基本结构之所以是正义的主要问题，是因为它的影响十分深刻并且自始至终。在此的直觉是：这种基本结构包含着不同的社会地位，生于不同地位的人们有着不同的生活前景，这些前景部分是由政治体制和经济、社会条件决定的。这样，社会制度就使得人们的某些出发点比另一些出发点更为有利。这类不平等是一种特别深刻的不平等。它们不仅涉及面广，而且影响到人们在生活当中的最初机会。[①]

如果社会制度是不正义的，许多人会真正输在起跑线上，任何个

---

① 罗尔斯：《正义论》，第5页。

人道德努力都无力改变命运了。要求个人用内指型伦理克制自己的欲望，却不考虑制度是否正当，是缘木求鱼。制度伦理学问题的解决可以说已经解决了一般伦理学问题中的大半。反过来说，公共伦理并不诉诸对于个体的行为的直接性要求，而是诉诸规则。规则和制度可以调节人的行为。罗尔斯尽管反对功利主义，但是在发挥人的主观能动性启用各种方式包括社会基本制度的改造（往往包括福利国家政策）以改善社会、为弱势群体谋利益上，都体现了"进步主义"式的现代性"征服自然"、积极建造的乐观倾向（在此，布坎南站在罗尔斯一边，反对哈耶克对"自然传统"的绝对尊重和顺从）。罗尔斯与功利主义的不同在于怎么理解正义的本质和作用。什么样的社会制度是正义的，这往往是各种人群、各种政治哲学激烈争论的焦点。那么，如何向大家证明你所提出的"社会正义"观是正确的（而别人相信的是不对的）？社会正义的证明方式问题是无法回避的首要问题。罗尔斯概括说，伦理学上的常见证明方式无非是两种：直觉主义与自然主义。自然主义当然是道义论反对的主要思路，但是通常反对自然主义的人所诉诸的直觉主义（"问问自己的良心！"）在罗尔斯看来也是模糊无力的，应当尽量少用。罗尔斯建议在论证最基本的正义原则的选择与得出时，重新考虑西方近代的"社会契约论"方法，这种方法在"历史故事"的外表之后，表达的其实是一般选择理论，即，依靠严密的理性推理的论证，得出几条清晰的原则，所以可以让观点不同的人都被真正说服和接受。

罗尔斯讲的社会契约论论证法果然有点像演绎推理那样展开：将社会制度的正义性向前追溯到基本原则的正义性，而基本原则的正义性又取决于选择基本原则时的环境的公平性，对这种公平性的保障则再进一步落实到"共识"上：尽量挑出并遵守可以为各种人所公认的一些条件，作为订立社会契约时的背景状态——环境条件。罗尔斯认为，在选择基本的社会正义原则时，这样的条件是两个："正义的环境"和"无知之幕"。

所谓"正义的环境"，指想要选择正义原则的人相互平等，既需要通过合作而促进各自的利益、同时又由于都希望在合作的产品中获得更多的份额而存在着利益冲突，他们相互之间对于促进对方的利益没有兴趣（互相冷淡）。在罗尔斯的后期，他更强调"正义的环境"是"理性多元论"这一必然而且应当存在的事实。

所谓"无知之幕"，指为了使选择是公正的，这些人必须在"原初状态"中进行选择。这种原初状态的特点是所有的人都对于自己将进入的社会角色一无所知，对自己的能力、禀赋、爱好、气质也毫无信息。在这样的"公平"处境中，面对各种"正义"选项（菜单），所有的人必然不会选择其他的选项（如功利主义的"快乐最大化"正义观），而一定会选择罗尔斯提出的"平等正义原则"作为指导他们将来的社会基本制度的原则。具体说来是两条原则：

> 第一条原则（平等）：
> 每个人对与所有人所拥有的最广泛平等的基本自由体系相容的类似自由体系都应有一种平等的权利。
> 第二条原则（差异）：
> 社会和经济的不平等应当这样安排，使它们：
> （1）在与正义的储存原则一致的情况下，适合于最少受惠者的最大利益；并且，
> （2）在机会公平平等的条件下，职务和地位向所有人开放。

罗尔斯进一步指出，这两条原则实际上表明了一条更为基本的原则——正义就是"平等"分配，或者尽可能地平等分配各种基本善。罗尔斯公开说自己的正义观属于民主正义观。这一平等主义的正义观的完整表述如下：

> 所有的社会基本善——自由和机会、收入和财富及自尊的基础——都应当被平等地分配，除非对一些或所有社会基本善的一种不平等分配有利于社会上处境最不利者。[①]

---

① 罗尔斯：《正义论》，第 292 页。"基本善"也就是"条件好"。

罗尔斯的正义论的核心究竟是平等还是自由，这是有争议的。他虽然自称他的正义的基本原则是平等，但是他的正义二原则的排序却毫不犹豫地将自由排在前面。这似乎可以帮助他回避许多人比如诺齐克对于他的正义观会"侵犯自由"的指责。然而，他如何解决自己的矛盾呢？"自由的价值"可能是一个出路。罗尔斯认为，自由是第一位的，但是有的自由因为缺乏（平等的）物品的支持，并没有什么价值。所以，为了获得实质性的自由，为了使所有人的自由具有真正的价值，应当支持在条件好上进行适当的平等分配。[①]

如何论证这一实质信念，主要取决于如何理解罗尔斯式的"新社会契约论"。下面我们将集中讨论。我们的基本看法是：罗尔斯的社会契约正义论的实质是一种确证真正道德的制度伦理，而不仅仅只是主张"恶之妥协"；进一步，罗尔斯提出并捍卫了现代性独特价值，而非仅仅是古老平均主义思想之延续。

一般来说，自从罗尔斯的正义论复兴"社会契约论"方法论以来，学术界不少人对社会契约模式又重新关注起来，许多学者还从罗马民法、市场经济乃至基督教"圣约"传统中寻找这类政治建构模式的历史源头。近现代以来，实际上政治理论中的主流思想的看法一直是认为"从身份到契约"是社会进步与现代性出现的主要标志，不仅充分肯定其具体实践，而且积极把它推广到对于整个社会以及政府国家的理解（如"公共选择理论"等），后发现代化国家在体制改革中也有许多人看好社会契约论模式。然而问题是，罗尔斯的"新"社会契约模式与广泛流行的"契约"、"合同"思想，以及各种借助契约模式思考社会问题的（比如布凯南和高蒂耶的）社会契约论，是同一类吗？社会契约论是一种还是几种？如果是几种，不同的社会契约之间的关系是怎样的？[②]

我们在导论中提到，批评现代性的学者比如麦金泰尔彻底否认现代性公共伦理的可能性：由于客观自然法信念的丧失，由于社会的强

① 参看石元康：《罗尔斯》，桂林：广西师范大学出版社，2004年，第47页。
② 有关新社会契约论的各种类型，参看包利民编：《当代社会契约论》，南京：江苏人民出版社，2007年。

烈主观化和多元化，使得各个人群的价值观的通约成为不可能。情感主义的自顾自的利益主张和呐喊成为利益冲突时的唯一真实行动。罗尔斯和其他社会契约论者同意"客观大序"已经丧失，但是认为公共道德依然可以在道德实在论缺席的情况下建立起来，因为我们可以找到"客观共识"。所有社会契约论者有一些基本共识，这反映了现代人的共识：正当性的"基础"不是天地人神，不是自然法，而是主体的意志的决断。这种"建构主义"不仅反对古典哲学的自然法，也反对科学主义的顺从自然。契约的基本要素是自律，具体又可以分为几个方面，第一，这是个人本位的。它预设人是分立的，分立的个体建构他们的共同体，而且，这一共同体并没有当真形成一个实在论式的"大有机体"，从而，作为公平的正义而不是作为宇宙正当性的正义是人际关系的基准；第二，这是理性的。个人的理性而不是团体性的激情与信仰是人们长期合作的具有稳定性的保证。"理性限度内的社会"，是启蒙所憧憬的理想。第三，这是意志主义的。契约所强调的是"我的同意"具有最后的正当性力量。斯多亚哲学所突出强调的自由内心的价值在现代终于从心性哲学突入政治哲学中，开花结果。第四，这是主体间意志主义的。"我的同意"必须与其他人的"我的同意"互动，达到"平衡"，其结果才具有公共正当性的力量。与这样的社会观相匹配的个人观是：独立、平等、自由、理性的个人——能够自行形成什么是对于自己的"好"并最大化之。个人之所以接受约束（交出一定权利，承担一定义务），可以有多种方式，唯有各方自愿的方式才是合法的、兼顾的。[①]

社会契约论的这些特点很容易令人想到现代个人主义式的自由主义，它不相信道德，不相信任何公共性的东西，只承认恶与恶之间的妥协或"契约"。罗尔斯的主要理论方法既然是"社会契约"，所以被人们误认也是为此，是十分自然的。罗尔斯注意到了这一点，[②] 而且

---

① 有关罗尔斯的"建构主义"方法论，参看 O.O' neill, "Constructivism in Rawls and Kant," in S. Freeman, ed., *The Cambridge Companion to Philosophy: Rawls*，北京：三联书店，2006 年，第 348 页。并参看包利民编：《当代社会契约论》，第 70 页。
② 参看罗尔斯：《正义论》，第 508 页以下。

也注意到了类似的误解早已有之：叔本华对康德道德律令的得出方式是"利己主义"的非议，便是一个明证。[①] 但是，罗尔斯的自由主义与一般自由主义并非一样，从而其社会契约论也有本质上的差异。比如，一般自由主义所忧虑的是国家权力的异化，所以在订立社会契约时，几乎把所有重心都放在制约国家权力和为私域开拓与保障更大的自由空间之上，但是这些话题几乎不在罗尔斯这样的"自由主义"的政治哲学的著作中出现。罗尔斯所感到忧患的毋宁正好相反，是私域重要性上升之后公共性如何能够重建。罗尔斯多次批评一般自由主义所喜好的建立公共性的"不见的手"的思维方式，认为这无法确保公共性。国家或社会制度、法律必须介入。只要社会制度是正义的，"强制"就不用躲躲闪闪不敢谈，而完全应当承认和运用："很明显，某些主要利益的不可分性、公共性以及所产生的外部影响，使得有必要由国家来组织和执行集体协议。认为政治统治仅仅是因为人们的自私倾向和非正义倾向而设立的，是一种肤浅的看法。"[②]

现代性虽然确乎以"契约"成为主导人际社会关系模式为特征，但是使用"社会契约论"模式的人指称的可能是相当不同的事情。至少，社会契约可以分为"幕前之约"与"幕后之约"：前者是"自发进行的"，后者是（公共理性及其机构）"代为计算的"；幕前之人是不平等的，而且按照这种不平等去讨价还价和缔约，幕后之人则由于不知道自己的不平等状态，所以按照平等的心态缔约。换个角度，也可以说前者是现实的契约，后者是理想的契约。现实与理想，都是现代性的收获。在罗尔斯看来，幕前之约是具体之约，而幕后之约所订立的，并不是具体的合约或交易制度，而是能够审查、"更正"人们在幕前订立的、虽然是"自愿"订立的具体之约的标准，是"元约"，它不能以具体之约为模本。布坎南在 20 世纪 50、60 年代以"公共选择"理论名震一时，也就是把经济领域中的规律用到政治领域中。到了 80 年代，他渐渐悟到了区分两种契约的意义，也提出了与罗尔斯

① 参看罗尔斯：《政治自由主义》，南京：译林出版社，2000 年，第 111 页。
② 参看罗尔斯：《正义论》，第 259 页。

思想基本一致的"立宪经济学"。①

我们先考察一下"现实主义的社会契约"。现实生活中，比较普遍的契约现象是国家之间的条约以及经济合约。它们是"幕前之约"：双方对于自己的优势与劣势、双方的力量对比一清二楚。在这样的背景之下，通过谈判，达成某种妥协，让渡双方权益，避免两败俱伤。这类契约中虽然或明或暗地存在着强力逼迫，但是学术界对于它的意义还是相当肯定的：利益冲突是人类社会的基本事实，学会妥协、宽容与合作而不是企图用暴力消灭"异端"或鲁莽牺牲自己，缓减冲突，走向秩序，代表着人类的进步和文明社会的出现。虽然古代国际关系和经济来往中就不乏条约合同，但是一般认为现代性中这样的契约日益增多和广为大家接受。现代经济学、公共选择理论等在解释制度的起源和发展时，从"效率"如成本节约、"双赢"等角度肯定了达成妥协类协议的意义。

古代智者和现代国际政治现实主义早已启用具体社会契约论，其主旨是要表达政治正义只不过是"恶（或私）之讨价还价及妥协"，其基本预设是：人类生活的本质是各为自己——个人或利益集团——的占据上风而斗争。如果还能够出现"正义"或兼顾，那并非尊重"自然法"，而是由于谁也没有能力完全吃掉其他方，不得不做出让步。这在国际政治中表现得最为淋漓尽致，在日常生活中也不少见。现代学者中，这一路向的代表有哈曼的"习俗"论的社会契约论，而它继承的是某种休谟的思考方向。严格地讲，它甚至不属于"社会契约论"，因为它本质上反对"集体共识"和"理性建构"的思路。但是从古代智术师到阶级斗争论到施密特到福柯，这一政治哲学思路从来没有断过，服膺者其实并不少。许多人认为社会就是在这种现实利益力量抗衡中自发形成的。现实生活是冷酷的，哪有什么理性共识的温情脉脉。

不过，对于"实力博弈"和"妥协"类社会契约也可以不采取那

---

① 参见唐寿宁：《布坎南立宪经济学述评》，载《公共论丛》第 6 卷，2000 年，尤第 381 页。不过布坎南强调的不是初始社会选择时的"无知之幕"，而是不确定性。并参看布坎南：《宪政经济学》，北京：中国社会科学出版社，2004 年，第 73 页。

么道德犬儒主义心态，而是给予充分道德肯定。在当代社会契约论者当中，高蒂耶也许是一个典型的代表。高蒂耶像霍布斯一样，公开承认自己继承的是伊壁鸠鲁的社会契约论。他也看到了来势汹汹的现代道德危机大有把道德作为古代化石扫入历史垃圾堆之势。但是另一方面他又看到，道德中的"正当的约束"现象似乎依然存在，即从行为者的角度来看，道德的考虑以独立于他的欲望、目的和利益的方式约束着他的选择和行为。这种情况尤其出现在冲突的道德困难的处境中。那么，怎么解释这种现象呢？约束的根据是什么？有什么理由能让一个人识别出并接受那独立于其欲望和利益的约束呢？那种命令性的规范力量（prescriptive grip），那种甚至能够抵抗我们的爱好和情感的理性要求由何而来？怎么解释它，怎么为之论证？

高蒂耶认为，老的道德的论证已经失效，而且犯有预设需要证明的东西的错误。基础主义的道德论证已经不可能成立。他提出了一个非道德的证明模式——审慎（明智理性）的证明。这种证明将是与我们对自我的看法联系在一起的。古代的道德证明依靠承认存在着独立于人的实际欲望和目标的客观价值，并且人们独立于其实际目的而构成了客观目的大序的一部分，但是现代物理学和生物学解释在取消目的论的同时，也取消了这种可能性，恰如它关闭了宗教解释的可能性一样。[①] 新的证明方式必须是社会契约论的。这是一种建立在功利主义思路上的社会契约论。高蒂耶设人人都有自己的效用要追求，理性就是对自己的效用最大化：所谓"实践合理性就是效用的最大化，所以也就是当下偏好之满足的最大化"。[②] 这种理性作为（自己利益的）最大化的观点，高蒂耶接受的是现代经济学的基本预设。他明确地说自己赞同"经济学家和其他人的看法，即实践理性只有可能是此，而完全不会是其他的东西"。[③] 不过，最大化理性可以分为两种，一种是

---

① 高蒂耶："为什么要诉诸契约主义？"，载于包利民编：《当代社会契约论》，第 47，50 页。

② David Gauthier, *Morals by Agreement*, Clarendon Press, Oxford, 1986, p.343.

③ David Gauthier, "Morality, Rational Choice, and Semantic Representation," *Social Philosophy and Policy* [1988]: 174.

直接的，一种是间接的。后者要求对直接最大化提出约束。但是因为这样就能得到更大的利益，所以是符合审慎理性的，会得到理性人的一致赞同，这就是道德的基础：

> 关键的理念是：在很多情况中，在其他人的选择确定之后，如果每个人都选择将自己的预期效用最大化，那么与某种替代方案——在这种方案中每个人能进一步获益——相比照，结果将是互相不利的。……鉴于这样的情形的普遍存在，每个人都能看到大家一起对最大化自身效用的直接努力予以节制对自己是有好处的，此时这种彼此节制是互利的。当然，没有人能有理由接受对其最大化行为的单方面约束；每个人都从且仅从她同伴所接受的约束中获益。但是，如果某人从对他人的约束中所获益处多于自我约束所遭损失，那么她或许有理由接受这样的实践，即要求包括她自己在内的每个人都展现这种约束的实践。我们可以想象这样一种实践能够在选择彼此交往所应当遵循的条款的理性人群中获得一致赞同。而且这种一致赞同（协议）就是道德之基础。[1]

既然合作，就要有一个公平游戏的规则来分配共同产品。这样的谈判和立约尽管借助了经济模式，但是它依然不是简单的谈判博弈。因为正义一旦谈成，就有独立于现实中各方实力的约束力，正义具有正当性之美好神圣的意思。在这一点上，高蒂耶与其他一些更为现实的契约论思想家不同。这些人有的甚至否认有一个"社会契约时刻"，认为这种理性建构既是虚幻的也是有害的，社会（或强制政权）完全可以产生于一系列的私人契约。但是，高蒂耶还是坚持诉诸一个集体协议来处理市场失灵和外部性问题。他把契约描述为一种理想化的经济谈判，在此谈判中拥有财产的效用最大化者就纠正市场无效的一个原则达成一致。弗里曼是这么概括高蒂耶的思路的："在任何合作性

---

[1]　高蒂耶："为什么要诉诸契约主义？"，第50页。

互动中，合理的联合策略是由一个合作者之间的谈判决定的，在这一谈判中每个人提出他的最大化的要求，然后提出一个在相对量值上不比最小最大让步更大的让步"，这就是高蒂耶的所谓"最小最大化相对让步"的原则（MRC）。[1] 实际上，这一原则认为，各个人都会以自己对"合作盈余"的贡献比例，来享有合作的利益，并且分担责任。[2] MRC 是贯彻蕴含于高蒂耶的正义和社会合作概念中的"正义分配之边际生产力理论"这一基本思想的尝试：在假设了生产手段的私有化之后，每个人都根据他对最终产出的贡献——这可以用他的边际产品的价值来衡量——而得到回报。[3]

所以，高蒂耶所说的依然是假想的协议，而不是实际的协议。

由此可见，高蒂耶的思想并非彻底的现实主义，而是蕴含了一定的理想性。当统治者不是简单灭掉对方或是征服他人，而是同意合作，就已经表明自己也是弱者，是相互需要的。市场经济预设每一方都有积极贡献。高蒂耶认为自己描述的是现代西方市场经济高于古代战争式残酷竞争的理想收获一面。[4] 这一点，还体现在订立社会契约之后的守约问题上。能够订约和守约的人，已经不是过去封建社会中的奴才，而是自由和负起责任的人。

在摆出了"现实主义社会契约"的各种代表之后，我们可以考察罗尔斯的新社会契约论的特点了。

罗尔斯强调指出，社会契约不能使用具体契约为模本，前此社会契约论者的错误就在于把具体契约直接套用到社会契约上。黑格尔曾批评近代社会契约论是把市民社会中的而且仅仅限于市民社会的观念不合法地、未经批判地扩张到公共领域中，没有认识到人的真正社会本性。罗尔斯觉得霍布斯、洛克、诺齐克（也可以加上时兴的公共选

---

[1] David Gauthier, *Morals by Agreement*, p.145。

[2] Ibid., p.224。

[3] Ibid., pp.91ff, 110-112. 以上讨论见塞缪尔·弗里曼："社会契约理论中的理论和协议"，包利民编：《当代社会契约论》，第 106 页。

[4] David Gauthier, *Morals by Agreement*. 哈贝马斯认为霍布斯式的现实主义的社会契约也已经具有一定的道德性：已经要求从对方的视角看问题。参看哈贝马斯：《在事实与规范之间》，北京：生活·读书·新知三联书店，2003 年，第 114 页以下。

择论）等确实有这种混淆问题，但他的社会契约论却与此完全不同，因为他明确指出："任何契约论都必须认识到，有必要在维护背景正义时基本结构的具体操作与直接运用于个体和联合体、并支配其特殊交易之法规系统的规定和强化之间进行一种劳动分工"。

罗尔斯反复强调必须把自己的"契约"或"达成共识"的学说与现实社会中的经济交易"契约"以及以此为模本的社会契约论区分开来，因为前者是出于真正的公共性考虑，后者则是出于自我利益的考虑；一个是把他人当成目的，一个是把社会关系看成本质上是操纵性的。[①] 罗尔斯更重视蕴含在社会契约论中的"平等多元各方的认可"的正义观含义。这种认可是认识到契约确实顾到了各方的利益，从而是公平的（fairness）或公共的。反过来说，一个只顾到社会中某一方的社会制度安排，就不能被接受。罗尔斯指出，处于"无知之幕"式的自然状态中的人，由于不知道自己将属于社会中的哪种利益集团，所以根本就不可能从某个特殊的利益集团（＝私）出发争利，所以不会出现通常意义上的讨价还价。[②] 确实，每个人都在选择，但每个人都不得不为所有的人选择，必须按照"最大最小值"原则使得各方都被兼顾，尤其是，最差的一方也能被兼顾。这样的视角正是"正义"或公平（兼顾）的视角，换句话说，这是一种真正的道德视角。如果我们考虑到"原初状态"并非描述自然历史上发生过的事件，而是一种理论状态，是任何人随时可以在思考中进入（与退出）的状态，我们就更能认识到罗尔斯讲的这种视角的道德性。因为在真实世界中，人们确实从来就处于"有知状态"中，每个人都知道自己在社会结构中的位置。从而，一个（或许多）处于强势地位的人自愿进入"无知之幕"之后，选择会伤害自己既得利益的社会安排，显然是与自己的自然欲望冲突的，也就是说，只是本于道德才这么思考和做的。罗尔斯反复地讲他的原初状态的设计为的是排除自然和社会秉赋的差异对于人的命运的决定，因为这些东西都是"偶然"的、自然的。道德之为道德，就是反对自然主义，就是不听任自然的任性专横

---

① 参看罗尔斯:《政治自由主义》，第155页以下，第182页。
② 参看罗尔斯:《正义论》，第134页。

摆布，就是与自然抗衡而肯定人的平等。[1]在《政治自由主义》中，罗尔斯更进一步论证，每个人的平等的政治自由不能仅仅是纯形式的，必须用制度的方式保证其实质性的实现，以使得自由的"平等价值"也不受后天偶然因素所左右。[2]

罗尔斯是这样阐释自己区分公共契约与具体契约的主要理由的：首先，公共契约不是国际政治谈判条约中大多数的那种强力逼迫下或无可奈何的妥协或临时协定。他说："临时协定"这一术语的典型用法是刻画两个发生民族目的和利益之冲突的国家之间的一种条约。在谈判这一条约时，每一个国家都会明智而审慎地弄清楚，它们所提出的这一契约代表着一种平衡点，使得违反条约对于任何一方都没有益处。但是一般来说，两国都想以牺牲对方的利益来达到自己的目的。而且如果条件一旦发生改变，两国也确实会这么做。如果把社会共识看成只是建立在自我利益或群体利益之上，或只是建立在政治谈判的结果上，社会统一必然也就会是像这样不稳定而依赖于使双方利益能够集中的外部条件的偶然配置。罗尔斯认为，对于社会契约的交叉共识与此完全不同，因为共识的目标—政治正义本身是一个道德观念；而且也是在道德的基础上被人们所认肯的。所以，有些共识如宗教宽容开始可能是仅仅出于力量均衡和妥协而提出的临时协定（长期宗教战争导向各方的毁灭），但是这不能成为立宪民主政治的基础，此后一定要发展到具有更深基础的宪法共识和理性的交叉共识。[3]其次，具有更深基础的公共契约不能是出于私心，而必须是出于公心，必须公平。为了保持公平，在《政治自由主义》中，罗尔斯甚至强调不能用任何一方的"合理整全论学说"，而必须使用"公共理性"，来参加推理和争论。公平是由"无知之幕"所显示的，即要求缔约者都不得知道自己在社会中将要处于的位置，不知道自己是处于自然和社会的秉赋的优势地位还是劣势地位，不知道自己所信仰的整全论学说。

---

[1]　参看罗尔斯：《正义论》，第68–71页，第97页。
[2]　参看罗尔斯：《政治自由主义》，第382页．
[3]　参见同上，第155–157、169–171、179–180页。

问题的关键在于：与市场谈判和国际谈判订立和约的情景相比，人们为什么愿意"进入幕后"？而且，即使同样进入"幕后"、同样服从程序正义，为什么可以得出不同的实质正义：为什么洛克与诺齐克的幕后定约人订立的是财产权利神圣、市场自愿合约神圣等正义规则，而罗尔斯的幕后定约人却订立出"尽量平等"的分配正义观。要解释这些差别，就必须进一步追溯双方的基本预设或罗尔斯所谓"建构的基础"的不同。① 弗里曼是这样描述罗尔斯和高蒂耶这两种类型的社会契约的区别的核心的：高蒂耶假设了许多东西，比如财产权利。但是罗尔斯的契约正是要对这些基本制度进行审查。所以他的契约比高蒂耶的要早得多：

> 他们（订约人）将不得不决定诸多标准，这些标准关于财产权应该如何定义；财产权能有多宽泛；诸多财产要求最初是如何获得的，以及又如何转化；交换、赠与和继承的条件；还有许多其他事情。如果他们达成了这样一个协议，这个协议所产生的最终的财产形式、市场形式等等会是高蒂耶观点中的那些合作制度吗？在任何情况下，似乎协议各方会承认的定义财产与分配的原则都将十分不同于高蒂耶在非合作立场上所论证的那些原则；至少这是一个开放的问题。一个更早期协议的可能性表明了一种特殊方式，高蒂耶之协议的目的和结果以这种方式依赖于诸多历史条件，也就是说，依赖于在自然状态中协议是**何时**达成的。此外，它还表明高蒂耶的社会合作观念是多么依赖这些偶然性。②

在高蒂耶看来属于必须接受的"自然状态"的东西，在罗尔斯看来都是制度的产物。这些制度是否正当，恰恰需要具有社会协议式的正当性证明。它们并不是给予的、不可改变的。恰恰相反，它们都是些可以通过多种不同的方式来设计的社会制度。

---

① 参见同上，第 109、114 页。
② 参看仓利民编：《当代社会契约论》，南京：江苏人民出版社，2007 年，第 107 页。

"契约论"强调自愿选择。然而首先，人们会自愿进入"幕后"吗？罗尔斯认为对于具有一定的社会观和个人观的人，回答是肯定的。罗尔斯的基本出发点是"作为理性和合理的自由而平等的公民之间公平合作体系的秩序良好的社会"这一根本观念。罗尔斯不把社会理解为"博弈场"，而理解为"合作的体系"。"社会"可以有各种模式。前面提到，博弈场模式或现实之约模式比起"敌我斗争"模式是进步，它不是用斗争或战争野蛮地打倒他人。它是"公平竞争"，是公平地打倒（"淘汰"）他人。然而，罗尔斯不仅不同意后者，也不赞成前者。蕴含在民主社会的公共文化之中的观念并不是博弈场，而是公平的合作的体系，其特点是合作的条款必须是每一个参与者都可以理性地予以接受的，所有参与者都将以适当的方式受益于合作。而且，合作不是赌博。所以，同在"幕后"，罗尔斯认为人们不会选择竞争失败就被"淘汰"的市场契约之"博弈规则"。在涉及人生前景这样如此重大的事情上，人们如果不采取谨慎的最大最小值策略，却甘冒无法承受的极大风险，是不合理性的、不正当的。[①]

罗尔斯之所以有这样的社会观，又是与他的个人观分不开的。他对于"个人"的预设是：自由、平等、理性，能够形成自己的理性的"好"之概念和具有正义感。一般契约的订约人的出发点仅仅是为了个人自己，只是由于不得已而约束自己，"恶（私）之间的讨价还价与妥协"，从而把契约或与他人的社会关系看成本质上是操纵性的。而具有正义感的人从动机中就认可正义——就把正义感视为是其"利益"的不可或缺的一部分，认为自由、平等的生活是合乎人性本质的、有重大价值的。[②] 理想主义契约论者把自律贯彻到底，甚至认为我们可以通过自己的立法行动改变我们的自我。我们知道，对于大部分自由主义者来说，"改变自我"似乎是最为犯忌的公共伦理建议，是"专制主义"或至少乌托邦政治才敢提出的。但是，属于自由主义传统中的社会契约论的理想主义者们认为，既然我们是自律的，既然我们选择了正义原则，我们就是在设计基本社会制度。然

①　参见罗尔斯：《正义论》，第148页。
②　参见同上，第491页；《政治自由主义》，第19页。

后，我们自愿接受自己设计立法的宪法、经济、财产等构成的一个社会方案整体。再后，这些基本制度又反过来根本性地影响着我们的最终目的、我们的基本情感、我们的性格，以及我们的道德情感的方向：

> 所以，在合作性地制定和支持法律以及自愿地遵守这些制度的现存规则时，我们正是在决定我们是何种人以及我们会成为何种人。在这样做的时候，我们深刻地影响着那些我们视为好的理由的各种思考。在合作性地设计和维持基本社会制度时，我们正在间接地塑造自我并且规定实践理性。……从而为我们的性格和最终目的承担责任；或者我们是否打算维持那些产生我们的欲望和性格状态的制度，这些欲望和性格状态使我们处于一种他治（他律）的状态，或者服从于超出我们直接控制的力量，尽管我们（总是无意地）创造了这些力量。①

正是由于两种契约在内容、基本预设上有如此重大的差别，才使得罗尔斯的契约论显得是"理想的"，并总是能够批评、制约现实中的具体之约。罗尔斯的伦理学是"正义论"。所谓正义论，从道德上讲是道义论的：确定什么是"正当"；从法律上讲是强制性的，确定什么样的社会制度可以由国家出面强制性保护。罗尔斯对于国家功能、重新分配和正当标准的原则看法因而就是：国家可以而且必须干预社会中合约的订立。现实之约可以靠市场自发地得到执行，罗尔斯的社会契约却不能靠市场执行，而必须靠国家，也就是靠强制执行。

三、诺齐克的道义视角

罗尔斯以捍卫权利论、反对功利论开学术界新风气。他的《正义

---

① 塞缪尔·弗里曼："社会契约理论中的理论和协议"，包利民编：《当代社会契约论》，第118页。

论》发表之后，自由主义阵营一时人心鼓舞，注释阐发推广应用之著蜂起，形成了所谓庞大的"罗尔斯产业"。然而有人不以为然，诺齐克便"逆历史潮流而动"，立即撰写了一部著作，系统地反驳罗尔斯，主张一种不同的、更为极端的权利论，认为唯有这样的权利论才是对功利主义目的论的真正批驳。这就是《无政府、国家与乌托邦》。此书篇幅虽然不大，写作时间也不长，但是立即引起广泛关注，并成为诺齐克的"the book"，光芒一直压住他一生中出版的其他厚厚的哲学专著。作为一部政治伦理哲学著作，此书的主导线索是国家功能的限度：国家的可以合法地证明的最大（多）功能是什么？诺齐克的论证结论一言以蔽之是：最弱功能。与无政府状态比，最弱功能国家还是能够得到"可取"的辩护的。但是，在此之上的任何国家功能都无法得到论证。

随着时间的推移，尽管西方人文学术界主流依然不喜欢诺齐克对资本主义道德的公然捍卫，对广大人民群众的诉求公然贬低的尖锐观点，但是越来越多的人渐渐公认他所表达的一些"有悖常理"的观点并不是极端或偏见，而是代表了自由主义政治理论中的一个重要方向。但是，人们诟病诺齐克的，恰恰是认为这个方向特有的"反伦理"或强者伦理学的取向。所以，诺齐克的独特思路和尖锐举证法对于我们理解现代性伦理是否是伦理的，以及究竟提出了什么特有的伦理价值，提供了相当的启发。对于这么一本自由主义国家理论的政治学著作的解读，将同时有助于我们对现代性伦理学的类型，以及现代性生活中出现的特有的、道义论的"好"的本质进行深入审视与辨识。

《无政府、国家与乌托邦》这个文本可以有各种读法。我们这里从它的最后一章即"乌托邦"入手。诺齐克不回避问题，不怕正视自己所代表的立场中的"弱项"，他在这一章中直接提到了一个现代自由主义伦理学者常常会面临的典型质疑：最弱国家的采纳是由于人性恶之类的现实的、谨慎的考虑，只不过是不得已的妥协，而绝非人性的理想意义上的"好"，所以并没有内在价值。"它不是缺少吸引力吗？它能激动心灵或鼓舞人们为之奋斗或作出牺牲吗？人们愿意聚集在它的旗帜之下吗？它与另一极端、与乌托邦理论家的希望与梦想比较起来不是显得苍白无力和黯淡无光吗？"[1] 这一结论似乎几近于常识。从政治伦理思想史上看，理想主义与现实主义之所以还能够双峰对峙、长久并立，其基本理论预设便是两者各自有其独特的价值：理想主义不现实，但是把握了崇高的、美好的、人类永远心仪的价值；现实主义冷酷无味，但是由于具有"可行性"而被"现实"的政治家所采纳。施特劳斯将现代性政治概括为一个公式：低俗而稳靠（low and solid）。霍布斯和高蒂耶为古代智术师的政治伦理平反：现实主义者眼中的"正义"并非高妙的道德，它不过是恶之间的妥协，这是符合普遍人性的事实。柏拉图用伦理国家积极从事提升人性的、实现一元道德价值的热情洋溢的乌托邦理想抗衡这样的现实主义。然而这一"理想国"从他的学生亚里士多德起就被视为是不现实的。到了近现代，这一对立仍然被人们当作无可置疑的真理接受下来，以至于诺齐克忍不住要问：为什么不想想这一预设本身是否具有真理性？[2]

　　诺齐克在这一问题上的反思与众不同，然而却是他整本书的自然结果——他确信：自由主义的"最弱国家理想"并非"可行而不可爱"的无内在价值的无奈妥协；相反，它恰恰就是乌托邦，就是"理想社会"，亦即所有可能的世界中最好的世界；用古典伦理学的话说，就是"至善"。这样的价值重估，显然是"发现"现代性的特有伦理架构提供了极大价值，从而不仅是在可行性上吸引人的，而且也是道德上正当和高尚的，值得人类大力追求。现代性当真出现了这样的"至善"？这样的价值是什么呢？

　　让我们从头分析诺齐克全书的逻辑链。

　　诺齐克的主要论点是反对常常被人认为国家在"最弱功能"（守夜人）之上可以而且应当多出的一个功能：强制地按照某个统一的模式进行财富再分配。这敏锐地抓住了暴得大名的罗尔斯"分配正义"中的关键词。人民大多拥护"再分配"。然而这在诺齐克看来存在几个严重的问题。首先，罗尔斯的权利论说得斩钉截铁：正义两原则是按词典顺序排列的，第二原则不能侵犯第一原则，平等不能侵犯

---

[1]　诺齐克：《无政府、国家与乌托邦》，第297页。
[2]　诺齐克：《无政府、国家与乌托邦》，第297页注。

自由。但是，诺齐克指出，罗尔斯在实际的叙述中，显然又主张福利国家或由国家出面进行再分配，这么做必然会侵犯自由——财产自由。其次，再分配的主张者只考虑到"接受者"的权利，却没有考虑到持有者的权利，然而这怎么能不考虑？天下哪有无主的东西等着你来"分配"？所有用来"分配"的东西都并非天上掉下来的，而是现在的持有者生产出来，或合法地通过转让得到的，是他们的正当财产：

> 认为一种分配正义理论的任务就是要在"按照每个人的（　）给予每个人"的公式中填空的人，将注定会去寻找一种模式；另一种陈述：按照每个人的（　）从每个人那里给出"；则是把生产和分配看作两个分离和独立的问题。而按照一种权利的观点，这些问题不是两个分离的问题。无论谁生产出了什么东西，只要他是通过购买或与所有其他资源用于这一过程的人签约而生产出这一东西的，他就对这一东西拥有权利。……物品是带着人们对它们的权利进入世界的。按照持有正义的历史权利的观点，那些试图再去为"按照每个人的（　）给予每个人"的公式填空的人，就仿佛是把物品当作来自乌有之乡、当作是从虚无中产生的东西。[1]

因此，按照统一模式搞再分配的人是在侵犯他人的合法权利，而且侵犯了持有者支配自己的物品的自由权利即想以什么方式给予什么人就给予什么人的权利。诺齐克十分彻底地贯彻这一基本思路，不畏与许多人视为神圣不可侵犯的正义直觉对撞，直接批评"平等主义"。"平等"作为人类的"正义"直觉，在心理学与社会学上都有悠久的尊荣地位，在现代东西方主流政治学和伦理学中都是"政治正确"。罗尔斯的正义论正是基于对它的阐释。人们认为，即使不搞结果平等，机会平等是起码的正义要求（参看罗尔斯的正义第二原则

---

[1]　诺齐克:《无政府、国家与乌托邦》，第 165 页。

的第一部分）。美国实行了几十年的"平权法案"的伦理背景即在于此。罗尔斯的作为公平的正义的基本理念就是所有人在人生竞赛的开始时应当拥有平等的机会。这话谁会反对呢？然而，诺齐克认为这是把"竞赛"比喻不恰当地推广了。社会生活并不是体育竞赛："并没有任何集中的过程来裁判人们对其机会的使用，竞赛也不是社会合作的目的。"而且，拉平机会必然会从机会好的人手里取走属于他们的东西。按照罗尔斯的观点，拥有更佳机会的人拥有这些东西并没有道德上的合法性，因为机会（自然的与社会的禀赋）完全是命运的偶然性任意分配的。道德不应当做自然偶然性的奴隶，而应当积极主动地去重新安排它们。诺齐克却不同意这一看法，他不反对机会好的人自愿帮助机会差的人。但是，如果由国家强制地拉平各人的机会，结果就会十分不正义，甚至恐怖。盲人能对明眼人说谁盲谁不盲是没有道德合法性的随机遭遇，你们明眼人既然已经用了几十年眼睛了，从道德公平来说，是否应当将眼睛移植给我用了？[①] 再比如，许多人会认为，"按需分配"是符合我们的正义直觉的。即使不能在所有的物品上进行按需分配，至少在食品、医药卫生等关涉到人的基本需求的物品上应当按需分配；或再退一步，"人们应当至少对于影响自己的最重要的事有发言权"，对其实行监督，或不能让有关企业机构完全听任市场的支配（这是许多西方当代马克思主义者退向的最后底线）。然而，诺齐克指出甚至这样的"正义"直觉也并非它看上去的那样无可置疑。他举了许多例子表明，在生活中人们往往同意自己确乎不该对于与自己休戚相关的事情"有发言权"。如一位优秀的乐队指挥的退休当然会严重影响所有乐队成员的生活，但是怎么能说后者就可以对前者退休与否的决定有发言权呢？[②]

　　诺齐克的伦理合法性的主要依据是"生产者的权利"这一直觉。他认为其他的正义观或权利观的错误都是由于忽视了这一本来十分清

---

① 参看诺齐克：《无政府、国家与乌托邦》，第 238—241 页。
② 同上，第 269 页。但是罗尔斯的正义原则中，自由对于平等具有词典优先性，这或许可以避免诺齐克这里讲的绝对平等主义对个体自由的侵害逻辑。参看博格：《罗尔斯：生平与正义理论》，北京：中国人民大学出版社，2010 年，第 188 页以下。

楚的事实。社会的不平等正是因为有的人生产，有的人不生产。可是，等到生产者把物品生产出来后，不生产或在生产中贡献甚少的人却以"正义"的名义来进行"再分配"。可想而知，诺齐克的这种论证如果不是讲整个生产者群体与少许流浪汉的对比，而是描述生产体系本身内部的各种"要素"的贡献，是会面临许多其他理论的异议与反驳的。比如，马克思的剥削理论就是指出，资本家实际上是不劳而获，无偿占取了劳动者的剩余价值，怎么反而会是"生产者"？而较为温和的罗尔斯也认为，在社会合作中，之所以要实行向弱者倾斜的再分配，其伦理合法性是由于强者从合作中获取了不通过合作就得不到的利益，所以应当作出补偿。对于前一类指责，诺齐克的回答是：资本家（企业主）看上去是"不劳而获"，没有弄脏手，但是他们的贡献，如特殊的才识、风险投入、节约以投资再生产、套利的机敏与寻求新机会的能力等等，难道就真的对于生产是不重要的吗？工人如果觉得被剥削了，为什么不离开老板自己去集体开厂呢？[①] 对于后一类论证，诺齐克则指出罗尔斯恐怕是搞错了社会合作中的受益布局了。与其说是才智较高的人在社会合作中获得了好处，所以应当"吐出"一些以补偿贡献颇大的才智较低者，不如说是才智较低的人通过社会合作（从才智较高的人的新发明、有关生产和制造的新观念和新工艺、经济方面的娴熟技巧等）当中已经获得了更多的好处，怎么有理由去再要求此外的另一份？[②] 这里的争论涉及福利国家的基本伦理预设：福利政策的立足点是矫正型正义还是施舍（或慈善）。对于罗尔斯这样的自由主义者，是前者；对于诺齐克，是后者；而在诺齐克看来，施舍或慈善不应由国家强制地进行，它只能是个体自愿的选择。[③]

　　诺齐克的整个这一套思路的深层基础是个人拥有天赋权利，并带

---

① 诺齐克：《无政府、国家与乌托邦》，第 254-262 页。韦伯担忧现代性科层体制的普遍强势的发展会导致自由的减少。企业家也许是现代性中唯一代表自由的现实力量。参看丹尼尔·贝尔：《后工业社会的来临》，北京：新华出版社，1997 年，第 73 页以下。
② 同上，第 198-199 页。
③ 同上，第 265 页。

着这些权利加入社会合作。如果有人感到诺齐克的论证虽然有力量，但是结论与我们的一般信念过于相背，则可以从根本上追问：也许这样的权利式社会结构本身就不好，才会造成对于广大人民如此不利的伦理态势。难道没有其他的可能性世界，难道不应当彻底改换为另一种社会结构？对于这一问题的回答就进入到更为根本的基本价值取向的层面了，它是对于现代性是否具有值得真正令人向往的价值收获的追问。

诺齐克在这一层面上的基本立场是：这样的社会之所以符合我们的正义直觉，不仅仅只是因为它是既定事实（status quo），为人们熟悉而无法超越。它确实在伦理上是好的，是有内在价值的，它所维系的正是人类所应当珍视的、通常由庄严的道义论所维护的神圣价值。诺齐克对此的论证可以整理为几个方面。第一，权利式社会保护了人的尊严。对于"权利"的道义论理解而非功利论理解，也就是作为边界约束而非需要"促进"的目标，实现的正是康德的道德绝对命令："个人是目的而不仅仅是手段；他们若非自愿，不能够被牺牲或被使用来达到其他的目的。个人神圣不可侵犯。"[①] 道德边界约束的本体论根据是："存在着不同的个人，他们分别享有不同的生命，因此没有任何人可以因为他人而被牺牲。""边界约束"概念强调的是，这是一种"道义论"。它的宗旨是抵制一般道德思考中的目的论－功利论的强大倾向："一种追求最大值的目的论的观点愈是强有力，能够抵制它的作为道德边界约束基础的这一根本观念也就必须愈是强有力。"[②] 目的论的思维定势非常强大，有时甚至会把权利论也化为"总量增加"的考虑，从而去证明为了更多人的权利的扩张，可以牺牲某些人的权利。但是作为"边界约束"的权利甚至严禁这种以人为手段的情况出现。诺齐克的这一立场体现出一种很强的"外指型"道德思路。对于暴力、尤其合法垄断暴力对个人生活的任意的、残忍的侵害的畏惧，是近代自由主义权利论之所以产生的重

---

① 诺齐克：《无政府、国家与乌托邦》，第 39 页。
② 同上，第 42 页。

要原因。①

进一步讲，这种外指型道德不仅强调的是个人的静态界限，而且是个人的"自己的生活"。前面提到，诺齐克的权利论在保护个人权利时使用得最多的论证是"持有正义"：只要物品在获得方式上是正义的，就完全属于持有者，可以任其支配。但是，其论证如果仅仅止于此，品味并不高，并不能使人完全心悦诚服。然而，诺齐克在论证中时时显示出他的权利论的更为根本的支柱是每个人"自己的生活"，这是现代性的最高价值，或现代性所相信的人作为人的最大的好。

何谓"生活"？生活的本质乃是能够自己去生活，亦即可以自己选择、自己经历、自己承受它的失败与成功。想统一生活方式的人，出发点也许是好的，但是他们没有意识到这么一来，就把人生当中最为基本的东西取消掉了。至此，诺齐克这本政治学著作触及似乎与政治学科并非直接相关的哲学价值论。比如"素食主义"的问题。为什么人可以吃动物，而不可以吃人？其伦理合法性何在？换句话说，人与动物相比，有什么重大的不同，使得人"尊贵"一些？这无法从生物自然主义上得到论证。在"生物学与人文"的通识课上，生物科学家最多能说的是人是一种极为复杂构造起来的大蛋白质系统，故而自杀或他杀岂不可惜？但是这似乎无法真正证明人的"尊严"。实际上，所有生物学都倾向于主张人与动物的"连续性"。神经科学家斯瓦伯坦诚地面对这个问题，逻辑一致地论证，在极端情况（如食物极度匮乏时）下，人吃人也是可以的。② 但是，道义论者认为极端情况恰恰可以凸显我们的一个道德信念：人不可以吃人。实际上，有许多动物都不吃同类。真所谓树犹如此。至于人为什么有高于动物的尊严或价

---

① 参看 J.N.Shklar, *Ordinary Vices*, pp.236ff. 关于孟德斯鸠在自由主义历史中的意义。诺齐克认为罗尔斯虽然批判功利主义对个体自由的忽视，但是其实也走向同样的方向。参看 S. Scheffler, "Rawls and Utilitarianism", in S. Freeman, ed., *The Cambridge Companion to Philosophy:Rawls*, p.440.

② 参看斯瓦伯等:《自杀和生命的意义——来自脑科学研究的解读》，载于《浙江大学学报》2015 年第 4 期。诺齐克对现代伦理学"动物权利"的质疑，参看其《苏格拉底的困惑》，北京：新星出版社，2006 年，第 370 页以下。

值，不可以互吃，其哲学理据不可能在于任何其他的东西，而只能在于：唯有人才过一个自己的、自觉的生活，只有人才能按照自己所愿意过的某种全面的人生观行动。唯有如此，他才能赋予他的生活某种意义。

还有一个例子是"体验机"：如果有一种高科技产品能供给人的大脑以各种刺激，使得人睡此一生，但也能够感受到一切他愿意感受的东西，包括功利主义者讲的所有快乐。有没有人愿意进入这样的机器中去？似乎没有人愿意。按照功利主义的理论，人间最大的好就是快乐体验。如果没有人愿意去追求这样的"最大好"，是什么其他的"好"更强有力地吸引住了他？答案只能是：个人自己的生活，真实地生活。"这些机器最使人烦恼的一点，就是它们在为我们度过我们的生命，……也许我们所欲望的就是要度过（一个主动词）我们自己的生命，与实在保持接触。"①

还有一个生动的例子容易使人想到"割资本主义尾巴"的实践。诺齐克说，假如有一位球星业余时间想做点自己的事情，表演挣钱，又有许多人自愿去付钱观看他们喜欢的球星，这样的"金钱交易"的结果势必造成他们各自所拥有的财产的"不平等"。如果按照"分配正义"的原则，就应该不断地按照一个统一的模式去拿走球星"多出来"的钱分配给"穷下去"的众人，制造新的平等。我称这个例子为"割资本主义尾巴"，是因为它让人们想到类似的大规模实践所常常援用的列宁式担忧："小生产每日每时都会自发地产生资本主义"。然而，割尾巴的实践在现实中已经普遍失败，而且也违反了人们（包括球赛观众们自己）的正义直觉。原因何在？注释诺齐克的人多注意到了诺齐克用这个例子表明，再分配之所以违反我们的"正义"直觉，是因为我们认为持有者的权利当然应当包括自由支配、处理持有物的权利。不过，我再强调一遍：仅仅这么论证是不够的。因为诺齐克在反对"再分配"时，他所面对或对撞的价值是他人的温饱；而在一般道德直觉中，物的所有权不足以与人的温饱抗衡。一个重物甚于重人

① 诺齐克:《无政府、国家与乌托邦》，第52页。

的社会（即便弱者视自己的失败为"个人悲伤"），充其量只会被视为有法律而无人性的病态结构的社会。所以，诺齐克必须提出更为深层的价值。在"割尾巴"例子中，诺齐克的有关论述虽然没有明确地说到，但是蕴含了这样的意思："再分配思维"所伤害的不仅是物权，而且是生活本身。生活或生命就像一棵由小长大的树苗，它的自发生长、展开，不受阻扰地从潜在走向现实的生命里程，就是宇宙中可以想象的最大之好。制度伦理学应当设法保证这样的至善的达至。如果不断地从外面对生活进程横加砍伐和干预，时不时地阻断生活流的自由流动，便会从根本上取消人之为人。①

诺齐克不是一个人在战斗。他所代表的是西方现代以来的一种重要伦理倾向。休谟早就说过，坚执"平等"理想是幻想狂热，根本不可能实行。要想使每一种不平等现象一萌芽就能被注意到，便需要最严谨的调查：要对每一种不平等进行惩罚和矫正则需要最严厉的司法制度。然而，如此强大的权威必将很快堕落为暴政，并会被不正义地实施。② 当代自由主义经济学家弗里德曼也以通俗的方式表达了诺齐克的哲学论证中的相同思想：如果人们的所得是靠"公平"而不是靠他们所生产的东西来决定，"奖品"又从哪里来呢？更为重要的是："公平分配"或其前身"按需分配"的理想与人身自由的理想之间有着根本的冲突。按照前者去做，不但导致恐怖国家的出现，而且仍然会导致不平等状态。再者，生活本来就是不公平的，有输有赢。人们（美国人？）通常接受、甚至欢迎这一生活的本质，愿意自己做抉择并承担其大部分后果。况且，大多数人从自由竞争生活中最终获益匪浅。③

对终极好的这种信念使诺齐克能够得出我们在开始时讲到的他与众不同的观点：一个维护自由权利的、没有统一好的、政府不干预的

---

① 参看诺齐克:《无政府、国家与乌托邦》，第 168 页。

② 休谟:《道德原理探究》，第 23 页。

③ 参看米尔顿·弗里德曼:《自由选择: 个人声明》，北京: 商务印书馆，1998 年，第 138–142 页。布凯南也认为财产权首先保护的是自由而非效率。功利主义所支持的福利国家推崇怜悯同情重税再分配等等正在导致社会道德走向崩溃。参看魏琳、姚昆:《布凯南》，北京: 中国财政经济出版社，第 129–130 页。

社会正是理想的乌托邦。乌托邦在传统观念中被认为是设计出某种"真正的"生活，然后——由于它的"真理性"——要求每个人都进入这个美好的新世界。但是，诺齐克提醒人们，这是"理想"吗？这样的乌托邦理念忽视了一个最基本的人性事实，那就是：人实际上是非常不同的。诺齐克用他擅长的鲜明例证法举出了许多名字，他们背后代表的不同生活理念确乎让人感到把他们"统"到一个价值体系中，几近于荒诞与惨不忍睹。想想这些名字：维特根斯坦、伊丽莎白·泰勒、伯特兰·罗素、阿伦·金斯伯格、梭罗、犹太教教士、毕加索、摩西、爱因斯坦、苏格拉底、亨利·福特、甘地、佛陀、哥伦布、弗洛伊德、爱迪生、托马斯·杰弗逊、彼得·克鲁泡特金。你，你的父母。"对所有这些人，实际上只有一种最好的生活吗？"[1]

　　值得注意的是，诺齐克这里诉诸的是现代性价值。对于古典一元论价值体系来说，诺齐克的论证法并没有那么大的力量。一元价值是更为基本的，人们之间并没有实质性差异，以至于值得从伦理上保护这些差异。但是对于诺齐克来说，"如果一个人最近重读了例如莎士比亚、托尔斯泰、奥斯汀、拉伯雷、陀思妥也夫斯基的作品"，便会明白人们是多么迥然不同。明白了这一点，就会明白，真正的乌托邦正是能够让每种人过上自己的生活，而不把自己的模式强加给别的人的社会。

　　总结起来，可以看到，道义论主张"好"（善）的独立性。自由、尊严、生活这一系列上的价值是道义论的，它们与幸福、快乐等是完全不同类型的好，不可通约。所以，不能为了后者的总量增加而牺牲前者。前者在幸福上的"缺乏"（如生活的不够完满，不尽人意）并不能证明如果存在着"大量的"后者（如极多的快乐），就可以由后一种制度取而代之了。现代性所达至的这一基本价值信念是独特的，不过追其根源，也可以在古典第二类价值中找到类似者。那是纳斯鲍姆的《善的脆弱性》系统地讨论了古典两种价值系统的共生与冲突的

---

[1]　参看诺齐克：《无政府、国家与乌托邦》，第 309 页。类似的对价值多元性的珍视，还可以参看斯特劳森："社会道德与个人理想"，载于应奇编：《自由主义中立性及其批评者》，南京：江苏人民出版社，2007 年，第 15 页。

问题。在希腊悲剧与哲学中，可以看到对于"自足"、稳靠的追求。但是，也可以看到不愿放弃生活之好，不愿"成神"的取向——即使生活之美的本质是脆弱的；或者说，唯有脆弱、风险、需要、处于偶然性摆布之下、与"易逝的"的世上之物和他人关联等，才会有生活之美或人之美。[①]

第四节　自由选择作为责任

　　熟悉现代哲学的读者或许会从诺齐克的思想中嗅出了某种存在主义的气息。我们以为，事实正是如此——虽然诺齐克并没有明说。没有明说的原因可能是存在主义在诺齐克写他的《无政府、国家与乌托邦》时就已经"退潮"，也可能是在英美分析哲学传统中讲政治哲学，提及欧陆的一种已不时行的"非政治哲学"或"诗化哲学"并不能加强自己的学术分量。然而，现代西方哲学的这两种取向——英美分析哲学和欧陆人文哲学——之间在初看上去无关或对立的背后其实存在着千丝万缕的关联。这一点已经日益为人们所认识。深刻地理解这一联系，对于理解现代性的价值体系具有重要意义。

　　存在主义确实已经不再是哲学中的最新时尚，但是，作为一种凸显了现代性某个方面的精神的学说，它仍然值得学者认真地对待。甚至在诺齐克和威廉姆斯等分析哲学家身上，都有存在主义影响。下面我们主要试图论证的是与本书相关的一个题旨，即，在我们看来，存在主义是一种现代性道义论伦理学。

一、良知的呼唤

　　这一题旨有可能引起争议，而且它可能不会小于人们对于麦金泰尔把萨特与韦伯都归入"情感主义"伦理学而引起的非议。如果有人对我们的立场表示疑惑，确实不无道理：首先，存在主义是公开以打

---

① 参看 M.C.Nussbaum, *The Fragility of Goodness*, Cambridge University Press, 1986. pp.1-8.

击规范伦理学为自己的使命的；而且，他们特别反对的是规范伦理学中的道义论一线（拒斥"严肃精神"）。对于许多人来说，说存在主义是一种"伦理学"，这本身可能就已经是范畴的混乱，如果不是说对于真正的存在主义者的恶意反讽的话；更无法想象把这样完全站在规范伦理学外面的一种思路置入"道义论"规范伦理之中。其次，人们通常会认为，即使承认存在主义讲的那些意思可以算作一种广义的伦理学，那也应当是一种幸福论－目的论式的伦理学，因为存在主义以及它所反映或倡导的现代主义的主要精神是"率性"，这是许多论者都看到的。

我以为，深入的反思将说明，这些质疑并不能推翻我们的看法。我们的看法是：存在主义无论是从内容上还是形式上讲，都是一种道义论伦理学。从否定的方面说，存在主义实际上并不讲"率性"。对于真正的存在主义者来说，并没有"性"可率。任何类似于摩尔所说的"自然主义谬误"的有"性"（nature）而且应当"率"（follow）之的理论和实践，在存在主义看来，都是自欺。

率性论者讲的东西，一言以蔽之，是感性的情与欲的快乐。这些被率性论者说成是人的本性，不可压抑，所以应当率之。然而萨特认为，把价值的依据推到感情、本能等等上面，是不可能的。感情经常是多种多样而且相互冲突的。人们必须做出选择。一个人到底看重哪一种感情，这本身无法再由感情来决定。率性说在 20 世纪的最重要的、"科学的"、理论的基础可能就是弗洛伊德的心理分析学。因为弗洛伊德的"科学"心理学有很强的价值目的：快乐是人的本能，是一切活动——基本的和升华的——的动因，压抑与逃避自己的本能是徒劳，是病态，是不理解人性的科学结构，总会被心理发展的必然规律以这种或那种方式捕捉住。作为一种高扬自由的哲学，存在主义反对一切决定论，尤其反对内在决定论。萨特虽然对于心理分析学说给予了很高的评价，认为这是一种很有帮助的入学方法论（每种行为现象都具有"揭示"意义；童年的影响等等），但是仍然对于它进行批判，因为心理分析学说的基本预设是：一切都是由外在的原因（"情结"、性欲、本能、权力意志等等，也是"外"，是心理学－生理学的残余）所必然地决定了的，所以人自己对于自己的所做所思可以不负责任，可以心安。但是存在主义认为这种决定论是在逃避自由。[1] 实际上，每个人都可以从而也应当为自己的一切负责。也正因为此，承受了自己的过去重负的人不必沮丧——你下一步就可以打开全新的另一种可能世界，只要你真正地自由选择。"存在主义者在为一个懦夫画像时，他写的这人是对于自己的懦弱行为负责的。他并不是因为有一个懦弱的心，或者懦弱的肺，或者懦弱的大脑，而变得懦弱的；他并不是通过自己的生理机体而变成这样的；他所以如此，是因为他通过自己的行为成为一个懦夫的。———是懦夫把自己变成懦夫，是英雄把自己变成英雄"。[2]

常人容易轻佻地看自由与选择，以为这些正是为人所喜欢、给人带来快乐的东西。谁会不愿意选择下一时刻就变为英雄？但是存在主义认为选择是道义，它具有一切道义的特点：人的"自然天性"其实并不喜欢或偏好（inclination）自由－选择，毋宁是像躲避其他的道义义务一样躲避令人焦虑痛苦的自由－选择的道义。萨特曾说，人一旦认识到自己的"过于自由"之本体论特征，就会发现我们生存的每一个瞬间都是一次"从无中创造"（ex nihilo）。人总是在永恒不停地从自身逸出，这种创造无限可能性的自发性使意识害怕，此即"可能性之眩晕"。[3] 所以，常见的现实是，人们普遍地躲避在各种"人性"的活动中，乐不思返。用海德格尔的语言说，自由－选择或"成为本真的自己"的要求，是作为道义－良知在呼唤着迷失者："呼声由远及远，唯欲回归者闻之。"这种具有强烈的诺斯替主义情愫的语句在《存在与时间》中显得十分引人注目。"良知的呼唤"是海德格尔用于取代传统"本体论"范畴的、直接从生活的原始现象中提炼出的用以展开、显明此在真理的新"概念"之一。当然，良知并非传统意义上的一种现成物，也不是律法的内化或"裁判"。良知是从自己存在的

---

[1] 萨特：《存在与虚无》，北京：生活·读书·新知三联书店，1987 年，第 731 页。也许萨特和海德格尔自己在政治实践中都未必能坚持自己的哲学。这更加令人深思。对萨特思想的矛盾、思想与行动的脱节的探讨，参看梅洛·庞蒂：《辩证法的历险》，上海：上海译文出版社，2009 年，第 157 页以下。

[2] 萨特：《存在主义是一种人道主义》，上海：上海译文出版社，1987 年，第 20 页。

[3] Sartre, *The Transcendence of the Ego*, Farrar, Straus and Giroux, 1991, pp.99-100.

深处发出的，它并没有什么可资谈论的内容——倒不如说是静寂无声。"呼声作为朝向最本己的'能自身存在'，倒是一种唤上前来——把此在呼唤上前来而到它最本己的可能性中。"[1] 但是，它绝非一般意义上的"与自己同一"。良知毕竟是良知。它召唤人离开他非常不愿意离开的（"沉沦"）有家可归的乐融融状态，离开一般人所深深认同的现成"自我"，由它自己出发，从它自己那里，把它最本己的存在承担起来。道义与良心无法诉诸幸福或快乐，无法劝诱，它只能是命令。它不能保证"结果"一定会促进幸福总量的增长（相反，存在主义有意无意地论证事实恰恰不会如此），它只能从动机上要求人做一个本真的人。

所以，与上面我们讲的现代性的其他道义论伦理学一样，存在主义是在揭示与论证另一种好。这种好是本身好，它并不靠带来什么后果好证明自己的好。进一步讲，无论从理论上还是从实践上讲，存在主义的价值都是在与幸福论价值的对峙中才显出其意义的。现代幸福论的率性论或兴奋论伦理学虽然强调个人偏好上的"自由"，从根本上讲仍然是顺从自然型的，无法真正地超越自然。然而伦理学如果失去了与自然的距离，则失去了批判的可能空间。如果无法建立与自然的要求不同的、另外源头的道德原则，则自然给出什么命令我们都必须顺从。如果"人性"是追求邪恶如弱肉强食之乐的，那么也说明这是"道德"？"自然"的压力已经足够大，似乎不用伦理学再为它提供一而再的合法性论证。存在主义相反，是确立另一种好与之抗衡。这种好就是现代性的道义论所关注的价值：人的真实生活。陀思妥也夫斯基在《地下室手记》中描述了一个存在主义者对于价值的思考。何谓价值？何为"好"？伦理学尤其是今日伦理学告诉人们这就是由理性所认识和计算的人的"正常利益"（繁荣、荣誉、自由、财富、和平等，总之，各种 advantages："这可是为了你好"）。然而，存在主义者抗议说：这些"利益"的得出，靠的是把人看成统计数字的平均值和科学经济学的公式，把人看成琴键之类的东西。但是，这样一

---

① 海德格尔：《存在与时间》，北京：生活·读书·新知三联书店，1987 年，第 327 页。

来，人的"最大利益"即真正独立自由的选择就会被抹煞。人为了这一最大的好，也许可以而且应当付出所有其他"好"的代价。人不仅有理性，人也有意志。意志体现了人的生命。当然，体现在意志中的我们的生命常常是没有什么价值的，"但它毕竟是生命，而不只是开平方根。"这是所有现代经济学理性所能懂得的好之外的另一种好："对于我们来说：最为珍贵的、最为重要的是我们的人格，我们的个体性。"①

活着，当真地活着，自己地活着。这是现代性伦理学所凸出的一种新价值。萨特用"现实主义"概括它的内涵。在萨特看来，齐克果所揭示的人的存在的不透明性、悲剧性、悖论、含糊不清无法被言语－概念体系穷尽性、人的痛苦、需要、激情和辛劳等等，都标识着不能被知识超越和改变的原始实在；人应当去实际地过自己的生活，这是真正的现实主义。黑格尔的那一套理念体系是把概念玩于股掌之上的沾沾自喜的唯心主义，实际上丧失了真实的生活②（可否说今日玩弄"能指"的"后学"虽然以批判黑格尔自居，并以为超越了存在主义，但在某种意义上退到黑格尔式唯心主义？）。对于现代性道义论来说，它所独尊的这种"真实的生活"的价值分量一点也不逊于其他的、功利主义的价值。由此也可以解答我们在第一章提到的"道德的力量"的问题。我们提到的是柏拉图在《理想国》中讲的著名的"隐身人"故事。智者认为人一旦有能力隐身就必然纵欲而不守道德。"隐身人"的信念与行为象征着"人性"的"自然倾向"以及现实中强权者的价值与实践。那么，隐身人是否幸福？或者说，他是否占全了所有的好包括"最好之好"？从存在主义的角度看：不尽然。隐身人固然可以任意妄为、满足自己的所有自然欲望而从不被发现，名利双收。但是，未曾做一个本真的、自由选择的人去生活一生，岂不是最大的恶（坏）或亏损。你骗谁？骗自己——由于胆小，由于缺少存在的勇气。

---

① *Existenialism*, ed., by R. C. Solomon, Random House, Inc., 1974, pp.39-40.
② 参看萨特:《辩证理性批判》（上），合肥：安徽文艺出版社，1998 年，第 13-14 页。

二、无意义当中的意义

道义与幸福的不同在存在主义的领悟中受到了突出的、甚至戏剧化的强调。这体现为存在主义常常被人诟病的"悲观主义"。作为道义，自由选择并不许诺幸福，毋宁提供痛苦。没有体会过痛苦与孤独、没有处于陌生与无家可归状态中、没有感受到做一个本真的人意味着终身荒诞与焦虑的人，便还没有理解作为现代性道义论伦理学之一种的存在主义想讲什么。存在主义并不是说：自己选择，自己承担责任，则世界会变好，幸福就会来到。如果快乐－幸福是人的天性，那么自由选择其实并无法满足这样的天性，只会挫折之。

幸福与意义是古典目的论的特别承诺。古典目的论相信价值是客观的，在上帝或天理中有依据。不仅城邦生活按照一定的剧本（script）一年年有序有意义地上演（performance），而且整个宇宙也是合乎理性地组织起来的，存在着客观的价值等级次序，每个人都可以在其中找到自己的适当位置。甚至连恶也能在这一广大体系中得到合适的解释（神义论）。每个人通过理性都能够知道终极目的，知道自己在里面的一份天命，都可以努力奋斗以倾向完善或成神。[①] 麦金泰尔也强调价值在于实践、人生叙事与共同体传统叙事之中，而"实践"的特点即其中的价值是客观的、由过去所定好的。每个实践、每个人生叙事，乃至整个共同体叙事都构成了生活的客观之序。叙事中的个人知道自己的角色从而"优秀"的公认标准。一旦这种宇宙景观失去，意义也就会逝去。赤裸裸的"质料"或"自在"就会来照面。人就会感到焦虑和"恶心"。历史上，冲击宇宙大序意义体系、揭示世界荒谬性的暗潮一直汹涌，它们不难在现实生活中找到种种动能。人类社会中恶的普遍存在使神义论疲于应付，当代的专制与巨大灾祸更向人一再提示宇宙中非意义的或"质料性"的力量的强大。

萨特认为，把价值看作是客观的态度体现的是"严肃精神"。"严肃的人是'世界的'，并且在自我中不再有任何救助，他甚至不再考

---

① "是人，就是想成为上帝，或者可以说，人从根本上说，就是要成为上帝的欲望。"萨特：《存在与虚无》，第725页。

虑摆脱世界的可能性，因为他把一类没于世界的存在的坚硬、厚实、惰性、不透明的存在给了他本身。不言而喻，严肃的人把对他的自由的意识藏在他自身的最深处，他是自欺的。"萨特在《存在与虚无》的结尾，从他的本体论中导出的伦理学的前景是："放弃严肃精神"，放弃"成神"（成为"自在自为"亦即既自由又"实在"的存在）的谋划，认识到自己就是各种价值赖以存在的那个存在。[1] 然而，这里的萨特没有任何轻松。萨特非常强调如果没有上帝，完全依靠人自己创造价值的沉重与荒谬感。这使得某些美国存在主义者大为不解。他们不明白萨特为什么过于"美化"古典价值框架中的意义和"贬低"自我依靠状态中的悲苦。巴恩斯说："在中世纪以人为宇宙中心的神学立论框架中，人只有孩子般的尊严，他必须以大人们所制定的规则来约束他的生活。人类的历险变成了一种有向导的游览。正是在这个意义上，我认真质问萨特，当他陈述如果天父上帝存在，情况会更好一些时，他是否真诚和明智。人类离开他的父母，根据他自己的判断，依靠他自己而生活的时候到了。"[2] 每个存在主义者都有自己理解的存在主义。每种文化的存在主义也都有自己的特别质素。阿伦·布鲁姆就曾指出，欧洲的虚无主义来自对于启蒙的失望。美国本来对于启蒙十分满意，但也跟着欧洲大谈虚无主义，结果产生的是一种"乐观"而且荒诞的虚无主义。[3] 也许，美国的存在主义在尼采的"上帝已死"的欢呼遍告中感到更多的共鸣。对于萨特式的或"古典"的存在主义来说，"上帝已死"标识着意义感的丧失。不错，存在主义确实讲"自我创造价值"，在此当中，由主观性赋予行为与世界以意义。但是，"自我创造"并非万灵药，毋宁说它无法建立美国式存在主义所期待的取代古典目的论并提供巨大意义支托。

　　首先，个体"自主选择"之后的活动必然陷入事实性的无法控制

---

① 萨特:《存在与虚无》，第 741 页，第 796 页以下。

② 参看巴恩斯:《冷却的太阳: 一种存在主义伦理学》，北京: 中央编译出版社，1999 年，第 116 页。

③ Allan Bloom, *The Closing of American Mind*, Simon and Schuster, 1987, p.163. 罗蒂就赞赏美国的惠特曼和青年黑格尔的斗争创造之乐观精神。参看罗蒂:《筑就我们的国家》，第 114 页（书评）。

的巨大网络中，选择的结果往往是异化的、荒谬的，是成了犯罪的同谋。萨特的哲学文学著作喜欢描述这种荒谬感：被捕的游击队员在严刑拷打之下顽强不屈，欺骗敌人，向其指出一个没有革命者躲藏的村庄。未曾想到，革命者此时却正好从别的地方转移至此处，结果被赶来的敌人所消灭。即使到了受马克思主义影响而写《辩证理性批判》之时，萨特的思想也没有变。整个革命事业是从个体的自由选择开始的，但这并不能保证从此世界大同。自由的团体活动（融合集团）几乎无可避免地会最终走向严密组织集团化、非个人自由自觉化的"实践－惰性"（誓愿集团——组织集团——制度集团——官僚国家）。甚至到了比较乐观的老年时期，萨特仍然在说，革命事业的将来走向何方，会不会异化，这并不在革命的发起者的掌握之中。"我们应当不怀着希望行动"。人总体是失败的，当然可以有些小的希望和成就。[①]其次，随着自由而来的巨大责任，令个体几乎无勇气承担。如在上面的这个例子中，一般认为，被捕的游击队员不知情，所以不必为这一悲剧性事件负责（参看亚里士多德《尼各马可伦理学》第 2 卷对于"不自愿"的分析），否则未免太不公平。但是，萨特却坚持说一个存在主义者应当为此负一定责任。无神论的存在主义如萨特和加缪要求人自己去担起这沉重得无法承受的重担（参看萨特的《苍蝇》一剧的结尾）。尼采虽然认为人生是悲剧，但他仍然能够挺住甚至快乐，因为他相信宇宙冲创意志之生命流大本体依然滚滚向前。但是没有这样的本体论信念的后来的存在主义者就无法在毁灭与失败中快乐。他们的挺住是"为道义而道义"，悲怆而不免有些不近人情。最后，我们当然不会忘记存在主义常常提醒人的"向死存在"。死作为人的最后的可能性，会使个体的一切努力终归失败。

存在主义的"悲观主义"或"存在是一种丑事"[②]的论断因此并非像一般所认为的那样来自"性恶论"。性无善恶，否则仍然是在想逃避自由。[③]悲观是因为清醒地认识到人的好（或价值）的不一致性，

①　萨特：《存在主义是一种人道主义》，第 17–18、36–37 页。
②　萨特：《辩证理性批判》，第 20 页。
③　萨特：《存在主义是一种人道主义》，第 5、20 页。

认识到生活的难以把握性（用希腊式术语：命运性或悲剧性），认识到在现代性意识到了"成为本真自我"这一道义之后，又给幸福的达至增添了天真时代所没有的障碍。"本真"并非一种可以实现的"状态"，它并不能一劳永逸地"解决"一切问题，它只是让人清醒地看到现实问题，看到每天要自我选择和创造的痛苦道义。所以，我们可以再一次指出，"存在主义"并非仅仅只是 20 世纪潮起潮落的文艺性思想或诗化哲学诸多流派之一，它反映着现代性道义论伦理的基本精神。桑德尔敏锐地看到，"与古典希腊和中世纪基督教观念不同，道义论伦理的宇宙是一个缺失了内在意义的宇宙，是一个用韦伯的话说'去魅'了的世界，是没有客观道德秩序的世界"。道义论与存在主义都强调"选择"优先，优先于好（道义论），优先于"本质"（存在主义）。然而只有当"自然或宇宙都无法提供可被掌握或把握的富有意义的秩序时，才会由人之主体自己来建构他们的意义。"[1]

三、自我负责的人：人道主义

这一切貌似极端、夸张的本真性主张能具有传统伦理意义上的善与美吗？直白地说，它会不会流于选择违反人道价值的个人狂放之中，甚至自由地选择"邪恶"（萨特的生活所引发的质疑可以与李贽所引发的同时代人质疑对观）？人们心目中的存在主义与"人道主义"正好是对立的两回事。萨特显然知道这样的一般看法，这就是他写《存在主义是一种人道主义》一文以针锋相对地为存在主义辩护的原因。这样的命题是不是一种不顾事实或故作惊人之语的强辩？从我们的分析角度看，不是。如果把存在主义理解为一种现代性道义论伦理学，那么就可以看到存在主义确实在真诚地贯彻他们所理解的人道主义道义论。

这种道义论的人道价值是什么？是人的尊严。

我们前面的论述已经指出，从康德开始，现代性道义论就在寻求确立与一般理解的好不同的另一种好：尊严。尊严的基础如何论证？

---

[1] Sandel, *Liberalism and the Limits of Justice*, p.175.

人为什么高贵于其他事物？萨特在这篇辩护文字中通俗地说出了存在主义的主要考虑：人高于石头，仅仅在于他能够自我选择，自负责任。①

可以看出，这是康德绝对命令所表达的第二种尊严——道德行为者的尊严：主体的自由。存在主义一般来说避免认同"绝对命令"的内容本身的尊严，也许这是由于害怕一旦定下了具体内容的道德律令，则又会使"自由选择"成为不可能。所以，存在主义强调不存在什么普遍的道德律令可以援引，在每一件事上都必须做出自己的选择。这是典型的"行为道义论"。它的唯一义务是对自己真诚，对自己负责。这给予每次选择增加的沉重性是难以置信的。现代性伦理中的许多分支都贯彻着这样的精神，如神学中的辩证神学、境遇伦理学，伦理教育学中的"价值澄清运动"等等。

人们仍然可以问：无论如何，存在主义的不限定道德律内容的做法，总是可能使人选择反人道主义价值的可能。萨特在这篇辩护性文章中加了一个形式限定来排除这种令人不安的可能性：自我选择必须同时也是在为所有的人立法。如果所选的价值不是人人都会同意的，那么就不能选。这显然属于康德的绝对命令的"普遍性"要求。这么一来，每次选择的沉重性又更为加大，不仅要为自己负责，而且必须为全人类负责。

人由于命定是自由的，把整个世界的重量担在肩上：他对作为存在方式的世界和他本身是有责任的。我们是在"（对）是一个事件或者一个对象的无可争辩的作者（的）意识"这个平常的意义上使用"责任"这个词的。从这种意义上说，自为的责任是难以承受的，因为他是让自己使世界存在的人。②

也许正是在这种主动承担难以承担的重负之中，体现出了存在主义作为现代性伦理的骄傲性一面。我们在第一章谈到：体现现代性精神的启蒙主体性意识不接受任何给定，反对自然主义谬误；要为自然立法，而不让自然为我立法。当然，进入了20世纪后的"启蒙"，已

① 萨特：《存在主义是一种人道主义》，第23页。
② 萨特：《存在与虚无》，第708页。

经远远失去了早期启蒙的那种乐观、天真和豪迈。他们知道而且着意去突出历史大潮并不在稳步向前地必然实现人道理想。但是，在孤傲地推开一切自然或历史的帮手之后，仅仅为坚持立场而坚持立场，可能更纯粹、更清楚地显明了现代性道义论的本意：自然、社会、历史无论有何等大的压力（亦即诱惑力），都不能在一个道义论者或一个真正相信有"道德"这回事的人那里构成决定性（"席卷性"）的力量。它们固然构成了漫天铺地的限制，但是限制的意义到底是什么，仍然取决于主观性——主体自由——的赋予选择（比较康德：义务的意义唯有在与欲望冲突中才显出，否则隐而不现）。所以，存在主义貌似"先锋"，实际上属于十分"正统"的启蒙路线，正统到了令人想起唐·吉诃德。也无怪乎存在主义之后的福柯要以消解这种启蒙主体意识为己任。

孤独的主体性（即使在《辩证理性批判》中也是"特殊性"的主体性）与快乐无缘。这种人道主义所能够允诺的，并非"幸福人生"，而是人的生活。物和动物有存在，没有生存。它们是本质先于存在，而人是生存创造本质。唯有生活，才是人的尊严所在。[1]人不是逻辑范畴，不是物，而是艺术，是创造，是发明，是一个艺术品。与古典德性目的论相反，存在主义不把最终价值置于"圆满"或"不朽"之中，生活没有终止于圆满自足（causa sui）。[2]古典目的论追求完满，等级制是其典型：各得其所。现代性打破了等级，自由流动，至死方休。于是，"活过一场"上升为最高价值。"不朽"的不可能，使"活过"的重要性凸显。这正是权利论道义论的基本立场。我们在前面讨论诺齐克的论证时，就指出了这一点。在此，我们还可以举出诺齐克与罗尔斯对于如何看待"自然禀赋不平等"的不同伦理立场，以对此进一步说明。罗尔斯提出"无知之幕"的"原初立场"的一个重要原因，是认为人的自然禀赋的不平等是没有伦理依据的，不能按照这种纯粹偶然的因素来分配，应当用道德加以缓和和补偿。这是道义论对于"自然"的霸权的抵制：

---

① 萨特：《存在主义是一种人道主义》，第7-8页，第19页以下。
② 同上，第38页。

我们可以直觉到，自然的自由体系最明显的不正义之处就是它允许分配的份额受到这些从道德观点看是非常任性专横的因素的不恰当影响。[①]

从一种道德的观点看，自然天赋的最初资质和早期生活中发展和教养的偶然性是任意的。……一个人愿意作出的努力是受到他的天赋才能和技艺以及他可以选择的对象影响的……。[②]

但是诺齐克并不认为罗尔斯的这一立论恰当地遵循了"反对自然"的道义论立场。相反，他认为罗尔斯这么做，恰恰是忽视了人的选择自由可以超越自然的约束的一面，是取消了人的自由亦即自我负责。诺齐克尖锐地质问：

罗尔斯完全没有提到人们怎样选择发展他们自己的自然资源。为什么把这一点忽略了呢？……罗尔斯的这一论证可以通过把人的一切有价值的东西完全归因于某种"外在"的因素而继续下去，直到成功地否认一个人的自主选择和行为（及其结果）。如此贬低一个人的自主性和对他行为的首要责任，对一个本来希望支持自主存在的尊严和自重的理论来说是一件冒险的事情，特别是对于一个其原则（包括一种善论）如此依赖于人们的选择来建立的理论就更是如此。人们会怀疑：这种作为罗尔斯理论前提和依据的相当成功的人类形象，是否能与它试图达到和体现的人类尊严的观念相适应。[③]

论证至此，已经很清楚：虽然权利论道义论应当是典型的"外指型"伦理学，虽然存在主义也可以说是典型的外指型伦理学（萨特的批判早年关注"他人的眼睛"对于自我的自由的挤压，晚年专注于社

---

① 罗尔斯：《正义论》，第 68 页。
② 同上，第 301 页。
③ 诺齐克：《无政府、国家与乌托邦》，第 217 页。

会惰性系统对于自由的异化），但是在其理论深处，却是"内指型"的：不要总是抱怨别人，"企图抱怨是荒谬的……我所遇到的事情只有通过我才能遇到，我既不能因此感到痛苦，也不能反抗或屈服于它。所有我遇到的东西都是我的；因此应当认识到：首先作为人，我作为人总是与我遭遇到的事情相称的"[1] 每个人都应当要为自己负责。威胁人的自由或人之为人的尊严的，固然有"政府"的侵权，甚至也可加上"大众"的暴政；但是，最为根本的，还是人自己的"逃避自由"之本性。

总之，"自我负责的人"是存在主义为西方现代性伦理学作出的"正面性"贡献。所以，选择的自由或"个人主义"并不意味着从此可以"乱来"。鲁迅喜欢尼采，可能与此有关。看多了依附型人格、老小孩型人格的危害，他衷心希望人能够成熟，长大，自己决定，自己负起责任。

---

① 萨特：《存在与虚无》，第 708 页。

第四章　不同的声音

第一节　对现代性的质疑

综上所述，现代性伦理在两个主要方面发展出了独特的、相互平行的、有时甚至对立的目的论和道义论的价值。一个是顺应自然，满足人性；另一个是主体自由与人格尊严。功利论与权利论长期以来一直是现代公共伦理和伦理学的主流。伦理思考中的古典形态则节节后退，自惭形秽，似乎不合时宜，终将退场或掩入边缘。人类貌似将生活于统一的现代化生活之中。然而，伦理及伦理思想发展的辩证性是：现代性伦理学的图景并不是那么"统一划一，清晰合理"。自从现代性启蒙以来，西方批判反对这一历史上千年未遇之大变化的伦理思潮就络绎不绝。即使在现代性规范伦理发展最强劲的 20 世纪，仍然可以看到各种持异议的立场以这种或那种样式抬头，形成现代性伦理学中的各种"不同的声音"。我们将在几个社会思想领域中选取具有超出其学科范围的广泛影响的个案加以讨论，以期对于整个非主流伦理的风貌有一个概要的把握。这些个案相互间又有相当大的差异，一种是施特劳斯的保守派对罗尔斯的质疑，一种是"后现代"哲学对现代伦理的治疗；一种是政治伦理哲学中的社群主义复兴及其对现代性的批判；一种是社会契约论中"内在契约"对现代"外在契约"的平衡。

一、"罗尔斯篇"：施特劳斯派对现代性的批评

现代性及其学术范式自从诞生以来，就一直受到古典性范式的批评。现代性的学者大多以"落伍的保守主义"和"邪恶的民主敌人"之类标签和论证加以强硬回击。然而，古典性范式从来没有因此噤声。各种古典"复兴"在文艺复兴之后源源不断。施特劳斯和阿伦特也许代表了古典希腊政治哲学对现代性的批评。他们之间的区别也是明显的。阿伦特在《人的境况》和《论革命》中主张参与式民主的内在价值，"将公共领域作为人类自由的优先领地，一种实实在在的自由在各式各样平等之人的政治演说、辩论和行动中得到展现。而施特劳斯则转向了柏拉图和亚里士多德的古典政治理性主义传统，以便于与他认为的由韦伯式社会科学和由尼采与海德格尔的哲学历史主义所引发的相对主义做斗争。……如此一来，阿伦特与源自民主雅典的意见政治结盟，而施特劳斯则与希腊哲人对大众统治的批判结盟。如果（少许）漫画化地描述他们的立场的话，则阿伦特可以说扮演了卡利克勒的角色（当然，要除去卡利克勒对于不义的超人的赞赏），而施特劳斯则扮演了**柏拉图的**苏格拉底的角色。一个将公民的生活作为最为有价值的生活来进行辩护，而另一个则将对理智的追求作为人类尊严的真正源泉"。[①]

以"施特劳斯派"为旗帜的"古典政治哲学"的兴起无论是从广度和深度上看，都超过历次保守主义，而且正在从自由主义的阵营中勾走越来越多的优秀青年的灵魂。当然，需要在此澄清的一个事实是，"古典学界"并非都是施特劳斯派的天下。恰恰相反，西方古典学界目前依然是分析哲学的路子占据主流，相当排斥施特劳斯学派的进路。分析学派的古典学者虽然自称没有任何价值立场，搞的是纯粹的朴学，但是骨子里主要同情的当然是自由主义。这一点，看看其主要代表人物如康福德、维尔南（早期）、弗拉斯托和纳斯鲍姆等人以及欧美著名大学的古典系、哲学系的背景政治立场，就可以明白。然而施特劳斯派对于现代性尤其是其主要范式——自由主义明显持批评

---

① 参看维拉:《苏格拉底式公民身份》，北京：华夏出版社，2016 年，第 260–261 页。

态度。通常而言，施特劳斯派的基本态度是与搞"现代学说"的道不同不相为谋，心底里无视轻看之际，敬鬼神而远之，并不号召公开对撞。然而，在 20 世纪的下半叶，这一隐忍局面被打破。施特劳斯放任不羁的大弟子布鲁姆在沉默中爆发，他那本《美国心灵之封闭》使古老的柏拉图直接踏入当代美国社会，抨击美国高等教育的失败，对现代性范式发起公然挑战，从而引起社会轰动和巨大争议。他还撰写檄文点名痛斥现代性伦理的符号性代表人物罗尔斯，以戏剧化的激烈方式再次点燃"古今之争"的硝烟，让我们有幸看到两种当代西方"政治哲学"的直接对撞。

（一）布鲁姆的挑战

罗尔斯的"作为公平的正义"的"正义论"在 20 世纪中叶横空出世，在学术界掀起了所谓"政治哲学的复兴"的声势。这让施特劳斯阵营中一直在默默耕耘政治哲学田园却鲜为人知的学者们感到极不公平。其中最具有血性的布鲁姆立即发布一篇犀利长文，告诉人们真相：真正的政治哲学何曾有一刻死去，哪里用得着"复活"？相反，这本暴得大名的《正义论》连基本水准都不够，集中体现了现代性知识界的种种弊病和浅薄，没文化。布鲁姆的学术专攻包括《理想国》的翻译和解读。众所周知，柏拉图经常拿他的对手智术师们作为自己的对话录的主要对话者和书名；故而我们好奇：如果柏拉图在当代复活，是否也会与布鲁姆一样看待罗尔斯？会不会把罗尔斯看作与当年雅典最负盛名的普罗泰戈拉或者高尔吉亚一样的当代最大智术师？如果会，那么在《普罗泰戈拉篇》和《高尔吉亚篇》等关于智术师的著名柏拉图对话录之外，会不会又多出一部《罗尔斯篇》？它会与布鲁姆写的檄文一样吗？下面让我们姑且先把"当代柏拉图"布鲁姆的檄文当作《罗尔斯篇》来读，再设想柏拉图本人会怎么写。

应当说，布鲁姆这篇檄文可没有柏拉图对话录或是老师施特劳斯的注经著作那么温文尔雅，委婉转转，与人为善。文章直截了当地断言，罗尔斯根本未能为自由主义政治提供深刻的哲学基础。如果说自由主义的敌人马克思主义和尼采主义阵营中都有坚定深刻的思想家为之忠诚辩护的话，那么自由民主这一方却没有同样分量的思想家出头把"自然权利"教义当作真理来辩护。事实上，近代科学实证论把自然状态和自然权利"当作神话或者是统治者的意识形态扫进了历史的墓地，与国王的神圣权利比邻而居"。丧失了哲学论证的民主制处于深刻的威胁之中。肤浅的东西总是容易随风摆动；根基不稳就会带来深重的危机。人们本来指望声响那么大的"自由主义政治哲学家"罗尔斯出来纠偏，拿出令人信服的硬货。可惜，盛名之下，其实难副：

> 令人失望的是，《正义论》甚至对此不动声色，更不用说回应。尽管这是一部激进的平等主义的著作，但却并不是一部彻底的书。其视域甚至没有超出日常生活经验的深度。罗尔斯甚至没有从希特勒式的恐怖中得出独特的抑或新颖的问题。他的著作毋宁是对功利主义的一个修正。他的意识是美国式的，至多是盎格鲁－撒克逊式的。他致力的问题是已经取得自由的民族的公民自由，是已经臻至繁荣的国家财富的再分配。他的讨论充满着对民主未来的希望与憧憬，带有 19 世纪末 20 世纪初的特性，但却忘记了先于它的种种行径，也没有预期促成它的野蛮。[①]

总之，罗尔斯提出的正义论内容上激进，证法上平庸。一个自由主义政治理论在面对强有力地攻击自由主义价值观的敌人（激进左派和尼采）的面前，如果不能强有力地进行反击，那么它就是软弱无用的，从而无助于压制像纳粹那样的道德虚无主义。值得注意的是，布鲁姆所提到的"基础"并不一定是形而上学的"本性"（自然）或者柏拉图的"理念"，也可以是冷酷的现实。前面提到，罗尔斯的论证"基础"是所谓"社会契约论"，他自诩为社会契约论的当代复兴者。但是布鲁姆指出，近代霍布斯、洛克和卢梭的社会契约论是建立在扎扎实实的人性和"自然"基础之上的。人的第一"自然"就是自保，人之所以要订立社会契约进入政治社会，是因为在自然状态中生命受到真实的威胁。"人怕失去生命。怕并不是抽象、假设、臆

---

① 布鲁姆："正义——罗尔斯与政治哲学传统"，载于布鲁姆：《巨人与侏儒》，北京：华夏出版社，2003 年，第 272 页。

想，而是毕生伴随着人的理由，使人忠诚于一个致力于保护他们的公民社会。"死亡是破坏契约的自然制裁。"实在法仅仅是从这种制裁中推演出来，并从自然中取得力量的。"布鲁姆的这些话让人想到施特劳斯关于霍布斯的政治哲学的经典研究。[1] 政治建立在现实生活的严酷之上，怕死才能逼得人服从利维坦。与此相比，罗尔斯的理论中与"自然状态"对应的概念"原初状态"却太抽象空洞，轻飘飘，完全不可与描述真实世界的"自然状态"同日而语，没有任何地方与真实的人生经验相对应，所以它不具有现实力量，很难解释政治之所以出现的原因："对死的畏惧消失，也使进入公民社会及接受其规则的动机消失了。罗尔斯对于进入公民社会的理由非常模糊。"个人与社会之间的冲突是永恒的、强有力的，如果没有足够强大的动机比如怕死，个人怎么会自愿严格地服从共同体和所有更为苛刻的自律德行？"罗尔斯是一个个人主义者，却不想接受个人主义严峻的实践和理论后果。"[2]

布鲁姆对于罗尔斯的第二个批评是针对其平等主义的。布鲁姆说罗尔斯对自由主义传统的贡献是在大家耳熟能详的自由原则之上，增加了平等原则（即第二原则）：尽可能地平等分配所有的东西。然而，平等同样无法牢固地建立在"原始状态"这种抽象东西之上。比较之下，近代社会契约论的"自然"之说比罗尔斯的理论就好得多，因为它点明了"强有力的自然激情（怕死的激情）的钳制制约着理性，不容分辩地将众人扯平"。霍布斯早已详细论证，人们是由于怕死才最终不敢沉溺于追求荣誉、优秀、出人头地的贵族虚妄之中。可是罗尔斯的平等学说对这种怕死本能一字不提，只是简单地肯定人自然而然地就会选择平等。"罗尔斯在此不想步这等学说之后尘，尽管他愿坐收其中之利。"[3] 更重要的是，罗尔斯的平等原则似乎会导向消灭优秀，走向平庸。"如果'生活计划'只是一种偏好，原则上是平等的，那么伟人和普通人的区别就消失了。如果自尊对每个人具有一种平等

---

[1] 参看施特劳斯：《霍布斯的政治哲学》，北京：译林出版社，2001 年。

[2] 布鲁姆："正义——罗尔斯与政治哲学传统"，第 277 页。

[3] 同上，第 278 页。

意义，就不存在优越性。"亚里士多德、托克维尔和密尔等大思想家都意识到这里面的问题的困难，都感到如果选择民主，至少要付出沉重的代价，所以我们必须做出的抉择是极为艰难的。可是罗尔斯似乎丝毫不感到民主和多数人暴政可能是一个重大威胁。布鲁姆讽刺说：看来庸人也有庸人的幸福，丧失了对伟大和美的认知能力的美国人毫无真正思想家的痛苦。如果没有问题，又何从谈起对问题解决的关心。

布鲁姆的这一批评与他的第三个批评紧密相关，也就是对罗尔斯的价值观的批评。罗尔斯的价值理论——关于"好"（good，善）的理论——分别是《正义论》开始部分的"基本好"理论和后面的"充分好"理论。所谓"基本好"主要是财富、健康、自由等实现幸福的条件好。布鲁姆说，罗尔斯所列举的"基本好"与霍布斯所说的"权力"（力量）大致一样。但是霍布斯的"权力"并非仅仅是中性的，它们依赖于目的，而非对于所有生活目的都是必不可少的好（益品）："对于某些目的或生活计划来说，罗尔斯的这些'基本好'全然都是'坏'。如果相信骆驼穿针比富人进入天堂更容易，那么什么是财富呢？如果与帕斯卡尔一样相信病态是基督徒的真正状态，那么什么是健康呢？自尊感而不是谦卑，又如何与那些相信自己有罪的人调和呢？"[①] 早期的社会契约论在采取与古典价值观大为不同的价值观时，大多感到问题严重，设法进行论证和辩解。比如霍布斯对在政治中反对提倡古典政治哲学的高目标、主张低俗目标就进行了认真论证：伟大高尚的目的只是没有实在性的意见，相反会引起争斗和死亡。我们不知道什么能给我们带来幸福即至善，但是我们却知道什么会带来最低的东西即死亡，所以，让我们追求简单欲望。"正是通过霍布斯和洛克的方法，经济学才进入政治学的核心，并在罗尔斯中保留下来"，但是罗尔斯却对如此重大的价值转换的理由避而不谈，只是简单地接

---

① 布鲁姆："正义——罗尔斯与政治哲学传统"，第280页。一个有趣的对比，阿玛蒂亚·森从他的能力－自由正义论出发，批评罗尔斯对基本好（基本益品）的看重为拜物教趋向。参看塞缪尔·弗莱施哈克尔：《分配正义简史》，第159页。

受现代性价值观，成了一个"霍布斯革命的不情愿的合作者"①。

至于说到罗尔斯的《正义论》第三部分的"目的篇"中所讨论的"充分好"或幸福，布鲁姆集中批评了罗尔斯在那儿所提到的价值过于低下，比如罗尔斯在讨论价值冲突时所举的例子居然是考虑"到哪里去度假"时的争论！"为什么不是理性与启示，爱与对邦国的义务，生命与献身真理"之间的矛盾冲突？行文至此，布鲁姆简直有些恨铁不成钢，他说：这不足奇怪，罗尔斯的"理性规则"既然指的是躲在原初状态背后畏惧风险的人的思考样式，那还能指望他们什么呢？②正是罗尔斯对平等的关注使他忘却对真正自由的重视，使他最后在讨论"社会联合体"的善时，居然把集体看成高于个体，个体只能隐没在集体之中：

> 罗尔斯从自然状态的原子中建成一个社会有机体，我们在其中同甘共苦。苏格拉底石破天惊而具讽刺意味的悖论，在这里成为一滩死水。没有社会之外的善，没有超越社会的善。我们整个儿就是社会的……社会建立在道德和智力的劳动分工基础之上，增加了人所共乐的产品的数量和种类，而不忌讳冒狭隘的专业化和劳动异化所造成的异化的风险。我们从社会中得其所有，而必以忠诚相报。如果人有自然，那必然是社会的。我们是局部，而社会尽善尽美，我们通过社会臻至完善。我们既然认识到每个人对集体成果平等地做出贡献，就不能试图变得自足，而必须承认我们的弱点，参加团队，公平游戏……对亚里士多德来说，不属于公民社会的人非兽即神，而对罗尔斯来说他只能是野兽。对卢梭来说，孤独的人是唯一的好人，而对罗尔斯来说他是唯一的坏人。社会生活的所有含混性一并取消。③

我们知道各位自由主义大师们总是以批评柏拉图的整体主义为主

要日常功课的，然而布鲁姆的这些话却令人感到，真正在为个性和非整体性辩护的是柏拉图，古典哲人——至少在内心深处——其实有强烈的孤独个体性一面；而自由主义者反而失去了对个人的珍视。最后，布鲁姆下了一个看似刻薄的结论：《正义论》的最大弱点不在于它所主张的原则或者倡导的社会乃至它所鼓励的政治趋向，而在于它所暴露的"缺欠教养"。罗尔斯理论的各部分都建立在对于过去的大思想家的误解之上。这种误解是由于对待古代著作的"六经注我"的态度，其背后隐藏的信念又是古代人不如现代人，所以不值得认真了解古代人到底是怎么思想的。但是，如果我们只有今人的视野，而再也没有其他可供认真选择的视野，那就会失去思想的开放性，从而最终失去思想的自由："作为人、作为自由民主论者，我们最根本的自由即心灵自由在于我们能意识到什么是根本抉择。对这种意识的保护与任何新社会方案一样重要。"[1]

（二）"《罗尔斯篇》"

以上是布鲁姆对现代政治哲学的公开挑战。其结论与其《美国心灵之封闭》的主旨完全一样，也展示了施特劳斯派对于现代性的基本立场。不过，用柏拉图对话录的标准来衡量这篇痛快淋漓的檄文，我们总觉得缺了什么。众所周知，柏拉图的对话录经常让对手充分阐明自己的立场，显示其强大的论证力量。事实上，在柏拉图笔下，无论是普罗泰戈拉还是色拉西马库斯的发言，以及格罗康转述的智术师政治哲学的观点，都是立论深刻，很难予以反驳的，决不会像布鲁姆笔下的罗尔斯那样显得是个欺世盗名的白痴（从而使"魅惑"了整个现代社会的现代学术显得都是白痴）。让我们设想一下，如果是柏拉图本人亲自写一篇《罗尔斯篇》，是否有可能内容更为丰富和全面，表述充满更多的隐喻和反讽，给对手更多的陈述机会。

一日，哈佛大学教授罗尔斯在康奈尔大学参加美国哲学年会。近千名哲学家一起开会，如 zoo（动物园）一般热闹混乱，头昏脑涨。会后他步出大厅透透空气。忽然身后停下一车，车上是下山办事的

_____

[1] 布鲁姆："正义——罗尔斯与政治哲学传统"，第 294 页。

康奈尔教师们，喊罗尔斯上车顺路下行（因为政治属于下行）去纽约（那地方与雅典的比埃雷夫港有许多类似之处，诸如靠海、大量工商、金融、移民、民主等）转车。都说一路正好可以畅谈正义理论消磨时光。几位熟悉诺齐克、布凯南和哈贝马斯思想的康奈尔教师们频频向罗尔斯发问请教。车行至风景秀丽的半山腰，坐在前排的布鲁姆终于怒气冲冲地忍不住，面红耳赤地插嘴喊道：你们在闲聊什么正义，空谈什么"好"（利益，益品，goods）！全是一派没文化的浅薄之说！听听我对《正义论》的看法吧。于是他向愕然的人群滔滔不绝地倾倒出三大批判（见前一小节）。最后总结说：我们之间的分歧不是政治立场上的，而是更深刻的层次上的。我们学派根本否认你们这些人的学术资格。直白地说吧，这种自相矛盾的市侩玩意儿也能算学问？"新"不等于就是"好"，相反可能恰恰意味着糟糕。符号逻辑和数学工具（比如理性选择学说等）与其说能帮助人们走出洞穴，不如说添加了锁住人手脚的枷锁。诺斯替派早就看穿了这套邪灵囚魂把戏。通读你的书，我只能怀疑你的学说身份（status）。你好好想想：《正义论》究竟是对政治事务的自然（本性）所作的永久宣言，还是愉人悦己的意见之集合？你是真理追求者，还是仅仅是某种历史意识的发言人，或者只不过是一个蛊惑人心的神话制造者？

众人皆劝布鲁姆不要失去学者的风度，让愤怒控制了自己①。布鲁姆分辩说：愤怒？你们自由主义者早就对柏拉图搞大批判。二战后波普尔恶毒攻击柏拉图，胡编乱造了些什么东西！

宛如被浇了一头水的罗尔斯从布鲁姆雄辩修辞三大浪头下钻出来，回过神来点头道：早就听说康奈尔来了思想家。血性看来不仅体现在战场上，而且也体现在敢于逆流而动，不畏大众的政治正确，公开主张自己的观点上。我很赞赏，我认为你的激烈言辞完全是真心为

---

① 参看柏拉图：《理想国》第1卷：色拉西马库斯的愤怒。有关古典哲学家对愤怒的详细批评，参看塞涅卡："论愤怒"，载于包利民主编：《强者的温柔——塞涅卡伦理文选》，北京：中国社会科学出版社，2005年，第10页。

我好。① 但是我并没有被说服。我并不介意伊萨卡的哲学家说波士顿的意见收集者"没文化"。你说得对，我搞的本来就不是哲学，而仅仅是政治。我就任美国哲学学会主席的讲演词的题目就是"公平正义：政治的而非形而上学的"。② 政治理论不能从至善开始，我也不专门研究幸福。怀疑论和奥古斯丁都列举了几十种至善，代表着几十种哲学或宗教在幸福观上的争执不下。但是政治等不得哲学家们吵出个确定结果再行动，当下就必须做出决策。事实上我以为价值多元正是现代政治思考者所需要坚持的基本品性。现代自由主义政治学说已经无法提供你所需要的那种本质主义的哲学根基。政治的任务不是追求至善，而是消除不幸。③ 而且，为了追求至善而发动进攻性理想主义战争带来的残酷结果在人类上还少吗？我本科时修习过神学；从那个时候起我就逐渐坚信，欧洲宗教战争的历史已经判定公共理性是政治当中唯一可以使用的理性。我回去后就写《政治自由主义》详细阐明这一点。

不过，另一方面，贯穿在你的三大批判中都是"霍布斯革命"，这似乎是你们施特劳斯派对于人间政治所承认的唯一路线——现实主义路线，从生活中的野蛮事实出发证出一种作为"不得已"的民主，对此我却不能苟同。我以为，这也仅仅是一种流行颇广的意见（doxa）而已。您在注释《理想国》中否认理想主义的政治哲学路线，断定柏拉图在《理想国》中提出的政治乌托邦仅仅是反讽开

---

① 参看《高尔吉亚篇》487a 以下，苏格拉底对卡里克勒斯的评价，亦参看曼斯菲尔德：《男性气概》，南京：译林出版社，2008 年。有关血性使人从动物中超脱而出，参看福山：《历史的终结》，第 97 页。作为对比：自由主义强调公共讨论中的 civility 的德性。参看克劳斯：《自由主义与荣誉》，南京：译林出版社，2015 年，第 18 页及注释。

② 参看 Rawls, "Justice as Fairness, Political not Metaphysical", in Freeman, ed., *Rawls: Collected Papers*, Harvard University Press, 1999, pp. 388ff.

③ 亦可参看波普尔的看法：社会工程的道德正当性不是最大限度地增加幸福，而是最大限度地排除痛苦。幸福是私人自己的事情。见波普尔：《猜想与反驳》，北京：中国美术学院出版社，2003 年，第 459 页。有关康德以来现代学术放弃古典客观大序走向建构主义，参看包利民编，《当代社会契约》，第 116 页以下。同样作为古典政治哲学家，阿伦特也反对施特劳斯派继续寻找自然基础的路径，参看维拉：《苏格拉底式公民身份》，第 300 页。

玩笑，[①] 是否过于悲观而轻易地被政治犬儒（cynic）们俘虏了？事实上，我在坚持理想主义上，比你更为接近柏拉图。况且，就你所攻击我的"理性选择"或现代逻辑方法论而言，我们现代学术更倾向于数学逻辑模式，你们施特劳斯派更倾向于文学评论模式；哪一种是刚性思维，哪一种是阴柔思维？别忘了你们学园门框上的诫言和图宾根学派的解读路径了。

你不要摇头。确实，初看上去我罗尔斯与柏拉图之间截然对立。我们在两千多年的西方政治思想史上的两端讲"正义"。柏拉图的正义论以"反对民主"著称，而我则明白自称属于"自由民主派"。然而你有没有察觉，《正义论》与《理想国》的基本框架其实是一样的，它们都在依次回答两个政治伦理上的重大问题：什么是正义？正义有没有益处？我们遇到的问题也是一样的，即传统神圣道义论动摇后，如何既从人出发，又不采取功利主义路线而走出新的公共伦理路线，即能否在不考虑正义对于个人和社会的"外在好"的情况下证出正义的"内在好"？正义有没有社会后果之外的价值？我希望从无知之幕后的理性选择向前论证，柏拉图希望从领导人的灵魂健康向前论证，都是从前道德走向道德，而反对"现实主义"的从非道德走向道德。雅典智术师的强者自然正义和弱者妥协正义在当代的代表分别是尼采和高蒂耶。柏拉图不能接受"正义是强者的利益"或者"弱者的妥协"的智术师信念，我也不能接受经济学模式的"社会契约论"。以高蒂耶为最新代表的大多数近现代社会契约论确实是一种政治现实主义，即认为人本质上或"自然地"是为一己利益奋斗的，社会契约是各方在讨价还价中的妥协和让步的结果。[②] 但是，我的社会契约论是与此截然不同的"契约论"。我用它展示的是我们道德理性的主导作用。所以，与哈贝马斯等人相比，我罗尔斯应当说甚至更接近柏拉

① 类似的说法在施特劳斯派和非施特劳斯派中屡见不鲜。比如伽达默尔就指出，柏拉图在《理想国》中未必在提出什么"理想国"的实际工程蓝图，而是为我们批评现实世界提供一种批评性角度。参看 G. E. McCarthy. *Romancing Antiquity*, Rowman & Littlefield, 1997, p. 214。

② 参看 David Gauthier, *Morals by Agreement*, Clarendon Press, Oxford, 1986.

图，或者说更相信国家中的理性部分（比如"最高法院"）而不是民主（立法机构）应当统治。理性所选择决定下来的正义观，不应该因为"大多数人的民意"的公共讨论而不时修改。不少人认为柏拉图的政治主张虽然不现实，但是可以作为乌托邦而启发人类历史。但是，我的目标也是建立乌托邦，建立现实的乌托邦，反对各种非理性的价值，不管它是情感主义还是权力主义。放弃基础主义，未必会陷入相对主义。现实政治，包括近现代的民主政治，未必只是恶与恶的妥协，也可以体现了真正道德的合作。[①]

此时其他教师加入战团，一位经济系出身的哲学家反驳罗尔斯对其他现代社会契约论者的批评，一位专门研究亚里士多德的古典系教授指出如果民主共和政治不讲至善，则有何内在价值。一位普林斯顿大学的访问教授则争辩说罗尔斯与哈贝马斯一样都属于公民共和主义，差别不大；一位斯坦福大学的政治哲学访问教授插话说在政治当中，"外好"（基本好，条件好）毫无疑问非常重要，施特劳斯派只讲德性内好，不讲物质益品外好，我们无法沟通云云。众声喧哗中布鲁姆却一声不响，漠然地朝着窗外。纽约渐近，高楼大厦和广告彩灯在苍茫暮色中影影绰绰连绵不断，如魔鬼之城。忽然，车子大转弯，哈德逊河上落日辉煌灿烂出现在眼前，宁静宏大壮观深远景象一下震慑了全车人，争吵声戛然而止。

布鲁姆缓缓开口喃喃：至善就如太阳。它永远超越这些五光十色的影子，以及影子的影子。这怎么是庸众所能理解的[②]！众人一时无语。唯有罗尔斯摇了摇头，指着从地铁口涌出的大堆疲惫不堪的蓝领白领无言无名人群道：我以为至善恐怕不能在太阳中找，而应当在这些众人的灰色脸庞中寻找。[③]

[①] 有关柏拉图政治哲学的乌托邦意义，参看肖菲尔德：《柏拉图：政治哲学》，北京：华夏出版社，2017年，第170页。有关罗尔斯的乌托邦意义，参看博格：《罗尔斯：生平与正义理论》，第27页。有关罗尔斯对合作的道德正当性的信念，参看包利民编：《当代社会契约》，第115、119页。

[②] 有关太阳比喻，参看《理想国》第6卷508a以下。

[③] 有关脸庞之说，参看列维纳斯的哲学，亦可参看庞兹的地铁车站诗："人群中这些脸庞的幻影；潮湿又黑的树枝上的花瓣。"

谈话无结果。众人已到转车地点，分手后各自东西。

（三）从强者 / 弱者政治学看

在用虚拟场景摆出了双方的观点后，下面我们可以对当代最新的政治哲学两大对立范式的争论进行一些评述。对此可以说很多话。我们只想说，古今之争往往被双方阵营激化为敌我之争。然而，好的政治未必是敌我斗争。如果不用谁对谁错或者谁好谁坏的口气来展开，而是用各自有其无法替代的成就的思路来进行，可能更有意思一些。毕竟柏拉图在《政治家》中也提醒人们好的政治学是善于将对立面编织在一起。古今政治哲学也许各自有其成就，而且这些成就也许正好位于不同的领域。我们尝试用一对范畴来为其初步定位：强者政治学和弱者政治学。

政治哲学可以分为两个领域。其中一个领域是"权力"（主权），另外一个是"权力的功能"（主权的行使）。权力政治学属于强者政治学，而权力任务政治学属于弱者政治学。从目标上说，强者政治学的核心概念是终极"幸福"，这是一阶的或个人自己的生活价值[①]；弱者政治学的核心概念是正义，这是二阶的或人际道德价值。两种政治学的背后显然有两种本体论的支撑：强者政治学的本体论是"自足实体"，而弱者政治学的本体论是"关系内在性"。现代政治哲学由于"民主"、"平等"、"去政治化"等启蒙观念的深刻影响和压力，把主权者仅仅规定为服务者，感到讨论"强者的幸福"有违"政治正确"，所以大多回避此种问题；同时底气十足地讨论权力任务领域中的种种目标——"正义"或者"福利"。然而，权力拥有者作为强势存在者，很自然会追求更为积极性的、舒张开展型的、美好高尚的目标即终极幸福（其内涵又与古代型政治"自由"有关）。回避这一事实只会更加使它扭曲性地展现。关键是如何正面解释和重新引导它。[②]

---

① 需要注意的是，这里的"幸福"不是现代福利国家的幸福指数，而是希腊的 *eudaimonia*，即完满存在（well being）或者繁盛顶峰（flourishing）；用亚里士多德的话说就是"至善"（the Good）。参看亚里士多德：《尼各马可伦理学》第 1 卷的讨论。

② 有关强者政治学和弱者政治学模式的一个详细讨论，参看包利民：《古典政治哲学史论》，北京：人民出版社，2010 年，导论。

从这个视角出发，我们将能看到，罗尔斯关心的是弱者政治学，用罗尔斯自己的话说就是，正义的环境是物资中度匮乏和对促进他人利益不感兴趣的一般人。[1] 所以他讲的正义是真正的"正义"。而他的成就也在这里。相反，柏拉图关心的是强者政治学，他希望教导的是好人或希望成为美好优秀人的青年。不过，另一方面，换个角度看，也可以说罗尔斯所追求的是强者政治学。弱者追求活着和富裕，强者（此外还）追求尊严与成人。现代性的内在价值尤其体现在每个公民的尊严而不是富裕上。这正是罗尔斯的正义论希望维系的。于是，罗尔斯就用双故事的历史哲学反对单一故事的历史哲学。[2] 以罗尔斯的正义论为代表的现代政治哲学有真正收获，就是因为这种正义论蕴含的价值立场是对他人的人格的真正尊重。罗尔斯所依据的理性其实是"合情理性"（reasonableness）。广义地说，这也是现代性及其学术（包括此前的基督教）中的有意义部分。斯坎伦和弗里曼也在继续推进这一方向的"理性"及其证明方式的模式。或许有人认为罗尔斯的正义论只是在谈简单的物质利益分配，而没有提升到高级的东西上，但是高级的东西比如人格的尊严其实离不开物质利益的一定的分配模式。作为犹太人同性恋者的布鲁姆，能够在康奈尔大学自由讨论学术而不必遭受种族和性取向的歧视与侮辱，实在是因为沐浴在罗尔斯正义二原则之第一原则的日光之下。而且，康奈尔大学尊重人格自由，并非一定是出于霍布斯所谓的"怕死"而采取的不得已（modus vivandi）措施。[3]

不过，罗尔斯正义论也有欠缺之处，而这又正是柏拉图所擅长的，即：对最终目的的政治关心。[4] 这属于强者政治学，是不能轻易

---

① 参看罗尔斯：《正义论》第 121 页以下。

② 黑格尔和霍布斯不同，认为历史并非仅仅追求唯物主义的目标比如存活，而且追求精神的目标比如人格尊严。参看福山：《历史的终结》，第 228 页。

③ 参看罗尔斯：《政治自由主义》中对从 modus vivandi 到正义感的过渡的讨论。

④ 当然，罗尔斯有自己的考虑。如果说罗尔斯早年讲对"好"要宽容，只是就其多样性不应当受到压制而论的话，那么晚年讲对"高级价值"的系统理论体系要宽容，则更多的是讲不同的"好"对于人生的重要。政治自由主义对信仰问题不研究，"悬搁"，并不等于就是主张怀疑论，否定信仰，贬低它的重要性，反而是表明信仰问题十分重要，以至于不能由政治来强行解决。

放弃的一个政治学维度，因为每个人身上都有强者性一面，在古典政治哲学家看来，这也是人生中唯一重要的东西，怎么能隐匿消失丢弃。被压抑的"强者"必然会恶性反弹，德国学者在反思二战的起源时已经察觉到了这一点。[1]

在《理想国》第 2 ~ 4 卷中，"苏格拉底"提出了"各自干好自己的事情"的所谓"内在正义"。柏拉图说这是比日常所理解的正义更为深刻、更为正确的正义。在这样的"正义新解"的背景下，柏拉图就很自然地推论出正义的人最幸福，因为正义就是自己的灵魂的有序、和谐与健康。而不正义就是不幸福——灵魂的无序、不和谐与疾病是对自己的最大伤害。一旦明白了这个道理，人们就会积极追求正义——追求自己的真正幸福。一切邪恶之人都是因为不知道这一道理。没有人会自愿犯罪，因为谁会自愿使自己的灵魂遭受最大的伤害呢？我们对于专制领导人的自然反应不应该是愤怒和复仇（当然，更不应该是艳羡不已），而应该是怜悯与治疗，因为他受到的伤害远远高于我们一般人。将其绳之以法正是治疗他。所以司法正义的本质不是惩罚报复，而是治疗教育。可见，柏拉图使用的理性属于 rationality，是一阶生活理性（明智）；他的正义观的收获是强者政治学上的，是内向的，是一个人对自己的人格的真正尊重，是对终极性（ends）的关注。当领导人在锁定历史路径的关键时刻思考如何决策时，这样的强者政治学也许对他们更具有说服力。

然而，柏拉图路线的阿基里斯之踵可能恰恰也在于此：这一路线其实并不关心弱者，不关心他人，不关心一般意义上的正义，从而在其极端可以不关心政治。柏拉图所关心的那个"正义"最多可以称为正义之"原因"。可是，从逻辑上说，正义的原因并不就是正义；内在正义也不就是外在正义。外在正义才是本来意义上的正义，它指的是人与人之间的一种事态、关系。道义论伦理学强调的正义感所反映的正是人性中对这一关系和事态的重视：侵犯破坏这一关系和事态的不义行为是犯罪、是不能容忍的；它激起的反应是愤怒和报仇。而

---

① 参看梅尼克:《德国的浩劫》，北京: 生活·读书·新知三联书店，1991 年。

"正义因"或"内义"虽然被柏拉图说成"真正的正义",实际上却并不是我们日常生活中所理解的正义,因为它更加是一种德行,是单个的个人的内部品性。关注这样的内在正义的哲学属于幸福论,它聚焦于前道德的个人健康问题而不是他人的实际被伤害。

正因为各有所得和所失,可以预见,古典性政治哲学与现代性政治哲学的争论还会继续下去。有人或许认为施特劳斯派毕竟过于精英化,只能吸引小众,不可能真正与主流范式抗衡。但是,随着现代性范式释放出来的弊病以反常的加速度迅猛放纵展开,随着人工智能、神经科学等等领头的新科技群对人性的急剧解构和贬低,柏拉图式强者政治学的意义日益重要,毕竟,"强者"其实代表着"人",或人性的可能高度。

二、福柯:对治疗再治疗

说到人性的高度,就不能不提到"主体性"等现代性伦理信念。现代性伦理本来应该是我们时代的主流,然而,它的基本信念却在20世纪受到"后现代主义"思潮的激烈挑战和批评。批评不仅涉及现代性,而且被追溯到启蒙,甚至追溯到西方古代大传统的柏拉图主义。挑战的核心是抨击现代性对人的高度的推崇。"主体死了"成了"上帝死了"之后的第二次学术时尚。如果说科耶夫-福山肯定现代性达成了普遍承认之自由,消灭了人与人之间的权力关系或主奴关系,那么福柯就对此彻底否认:其实,一切现代公共伦理学貌似的普遍性背后,都依然还是权力,只不过更为隐微狡猾而已。这必须由系谱学分析才能揭发出来。如此一来,现代性公共伦理工程彻底失败,现代人只能接受尼采的权力斗争-妥协景观。这种观点的影响十分深远。在罗蒂看来,福柯代表着新左派或文化左派将整个学院左派由罗尔斯等人对经济改革的认真现实的关注完全转向了"文化批判"的路向上去,彻底贬低西方现代性范式的自信与自豪。[①]

我们选取福柯展示这种挑战的主要精神,因为福柯是所谓"后现

---

① 参看罗蒂:《筑就我们的国家》,第77页。

代"中对现代性伦理进行集中批评的一种代表型学术。福柯的学术生涯正如众所周知的，环绕着"治疗"。这首先指的是在福柯的学术训练中，心理分析与医学占了很大比重（巴黎大学心理病理学博士），而且他的主要学术成就也都与此有关："理性时代的癫狂史"，"诊所的起源"，"性态的历史"等等。在他看来，新型权力主要是由医学话语隐喻（"正常"，"病态"）主导的。[1] 医生常常认为自己并不只限制在狭窄的专业之中，而是充当整个社会的"公共卫生"的捍卫者。在苏联，精神病学的目标是维护社会秩序。[2] 进一步，福柯的工作是明确地针对启蒙现代伦理学的。他既认为理性的批判精神应当继承，又不能认同启蒙批判中的教条理性。[3] 也就是说，他企图对于现代性道德的弊病进行治疗。由于启蒙道德本身有很强的治疗性（对于神学道德的治疗），所以我们也可以把福柯学术的总体精神概括为"对于治疗的再治疗"。

所谓"治疗"，在此指"哲学治疗"，亦即比一般心理治疗切入的维度要深的、哲学－社会思想上的一系列相互关联的学术意向性，这种意向性认为人性和社会中有"病态"存在；而且病态往往并不为人所知和认可，反而会被视为"正常"；从而，认为治疗的方式主要与"揭示"有关。后现代主义多为"唯心主义"者，把世界消解于"能指"的游戏中。福柯却与萨特一样，相当重视现实，重视权力对于身体的切切实实的影响，而不是把它仅仅归为意识形态。

福柯一生思想变化颇多，工作涵盖面颇广。我们这里的讨论的侧重点是其与现代性伦理相关的部分，具体地讲，即涉及现代性论理的道义论和目的论的部分。福柯后期回顾自己的学术生涯，总结说他的多变的研究中还是有一以贯之的中心的，这就是"权力"。福柯对于权力的重重分析解剖，与我们前面所讨论的规范伦理有种种关联。首

---

[1] M. Foucault, *Power/Knowledge*, Panthon, 1980, p. 62.

[2] 参看福柯:《福柯访谈录: 权力的眼睛》，上海: 上海人民出版社，1997 年，第 55–66、153 页。

[3] 参看福柯: "什么是启蒙？" 见汪晖等主编:《文化与公共性》，北京: 生活·读书·新知三联书店，1988 年，第 422 页以下。

先，权利论的道义论作为一种现代性制度伦理，正是把权力放在中心。我们从洛克、卢梭、杰弗逊、汉密尔顿、伯林、诺齐克等人看，无不是把头等大事看作如何用权利理论限定国家的权力。什么是"正义"？按照权利行使权力。什么是"不正义"？违反权利行使权力。虽然不同的思想家对于"权利"的实质内容可以有不同的，甚至对立的看法，但是他们的"权利－权力"之基本思考模式是一样的。并且，自由主义伦理学认为整个伦理思考能够在这样的模式中进行，说明了现代性在伦理上的稳健进步：民主、平等、法制、代议制，人民或公民主权等。但是福柯提醒人们，不要太多的用贸易－司法模式来考虑权力。权力并不能只理解为"物品"，它甚至不仅仅是以压抑、禁止、拒绝等否定的方式发挥作用的。从而，人们不能只去追问它"属于谁"，"通过社会契约合法地授予谁"，"有没有异化压制谁"等等；权力有更为复杂的表现形式，更应该从斗争、冲突、"势"与"均衡"、战术和战略的角度去思考它的运作。[①] 因此，现代性的进程也不能仅仅被看作是人民主权的凯歌前进，它的背后还伴随着不为人们所觉察的另一种权力的运作的蓬勃开展：规训机制的发展和普遍化。而保障原则上平等的权利体系的一般法律形式，正是由这些细小的、日常物理的机制来维持的，是由我们所谓"纪律（规训）"的那些实质上不平等和不对称的微观权力系统维持的。"启蒙运动既发明了自由权利，也发明了纪律。"[②] "权力"与"纪律"这两个过程并行不悖，发展出了同样丰富的然而不同的话语系统，相互之间不能还原。[③] 我们前面指出，现代性分为顺服自然和征服自然两个方面，大致对应于消费享受和生产创造两大类价值。不少启蒙思想家，甚至"快乐的科学"的主张者尼采，都认为人的创造性行动，包括思想的创造（科学、技术），高于欲望性享乐。但是福柯、马尔库塞等深受弗洛伊德影响的哲学治疗家们却痛恨现代生产的压抑和控制本性为病态，公开主张爱欲快乐高于创造实践的价值重估。

---

① 参看福柯:《福柯访谈录：权力的眼睛》，第 173、176、208、223–227 页。
② 福柯:《规训与惩罚》，第 248 页。
③ M. Foucault: *Power/Knowledge*, p. 106.

福柯对于现代性的目的论的"目的"与"手段"两个方面也持否定态度。如前面所述，启蒙的核心是用理性、知识、人道、欲望等等来治疗信仰、蒙昧、残酷、压抑等等。广义的功利主义以其"快乐"目的论和"效率"手段理论反映了这种精神。快乐被正名为光明正大的"幸福"而不再受到压抑，道德被用理性地计算的科学方法人道地贯彻于整个社会。不再使用酷刑严厉镇压罪犯，而是治疗、矫正人的不正常与疾病。福柯反对权力的压抑，也反对残酷。然而，在福柯的著述中，人们还可以看到，他认为启蒙现代性对于残酷权力的治疗并没有像它所应许的那样达到目的，相反，是在此当中创造了新的权力，新的更阴险的（居心叵测的，狡猾的）、与知识和理性相结合的权力。[①] 按照尼采的看法，迫害是不好的，但是阴险的迫害尤其不好。福柯的工作可以视为运用尼采所提出的"系谱学"方法探溯这一新的权力方式在整个启蒙道德进步的背后的具体发生过程。

从目的上讲，福柯对于启蒙推崇理性化了的感性十分不满。这从他对于理性时代对于"疯癫"的态度就可以看出。福柯相信超出一般快乐的极端体验。他在名为"自画像"的访谈中坦诚地说到他梦想宁愿为它而死去的强烈快乐。日常生活中的普通快乐对于他毫无意义，他也无法围绕它安排生活。[②] 他认为启蒙以来把快乐定位于平面的快乐之上，而把疯癫绝对赶出社会或人的自身理解之外，是一种过分，是"另一种疯癫"——理性的疯癫。这样一来，人们就不可能真正理解人的、生活的深度乃至悲剧性一面。[③] 那么，20世纪的性解放运动难道没有使压抑的人性快乐得到解放呢？福柯对此仍然持怀疑态度。延续启蒙思想的弗洛伊德心理分析认为快乐之源是性欲；性欲是一直受到前现代性的封建思想的压抑（"维多利亚时代"）的人的自然本能，只是由于弗洛伊德学说的传播才被解放。福柯却指出，这整个有关"自然本能"的"性"的说法是神话。"性"是被现代性话语

---

① 福柯:《规训与惩罚》，第157页。
② 参看福柯:《福柯访谈录》，第10—11页。
③ 参看福柯:《癫狂与文明——理性时代的精神病史》，杭州：浙江人民出版社，1991年，第21、27、66、188页。

所创造出来的一种文化产物。弗洛伊德并没有"解放"它，而是创造了它，把它人为地创造为公众关注的中心。这种创造与其说是解放了它，不如说是以新的、更为阴险的方式控制住它——通过广告与色情业，① 通过使人们的心向狭隘地固执于它（把"性"看成"人的真理"或本性之所在）而不再注意广阔的生活世界中的其他快乐形态和共存形式。② 这种与众不同的看法反映了上面所提到的福柯的一个基本信念：权力不仅仅是愚笨的、只知道一味镇压的、由君王行使的实体之物，而是深谙各种手法（战术）的辩证诡计。我们知道，哲学家传统以来用知识抗衡权力。但是福柯却观察到了，权力与知识之间并不只存在对立冲突的关系，它们可以互补和相互促进。这一点，反映在福柯对于现代性目的论伦理引以为自豪的"合理化手段"的质疑上：

> 施加于肉体的权力不应被看作是一种所有权，而应被视为一种战略；它的支配效应不应被归因于"占有"，而应归因于调度、计谋、策略、技术、运作；人们应该从中破译出一个永远处于紧张状态中和活动中的关系网络，而不是读解出人们可能拥有的特权；它的模式应当是永恒的战斗，而不是进行某种交易的契约或对于一块领土的征服。……其次，这种权力在实施时，不仅成为强加给"无权者"的义务或禁锢；它在干预他们时也通过他们得到传播；正是在他们反抗它的控制时，它对他们施加压力。……最后，它们不是单义的；它们确定了无数冲撞点，不稳定中心，每一点都有可能发生冲突、斗争，甚至发生暂时的权力颠倒。……权力和知识是直接相互连带的；不相应地构建一种知识领域就不可能有权力关系，不同时预设和建构权力关系就不会有任何知识。③

这样的"权力的诡计"在现代性中日益重要，尤其体现在手段

---

① M. Foucault, *Power/Knowledge*, p. 57, 并参看 pp. 120, 213.
② 福柯:《福柯访谈录：权力的眼睛》，第 42，196 页。
③ 福柯:《规训与惩罚》，第 28-29 页。

的科学效率之中。在第二章中我们讲到功利主义的手段"效率"-德性。福柯也曾以边沁在司法改革中提出的一种现代的、人道的、十分有效的监狱方式为例揭示现代性道德的权力方式。边沁的提议是建立"全景敞视监狱"：四面是一个环形建筑，中心是一座瞭望塔。从瞭望塔可以观察环形建筑中的每一个囚室。这种机制使权力自动化和非个性化，权力不再像君主时代的那样体现在某个人身上，而是体现在对于肉体、表面、光线、目光的统一分配上，体现在其内在机制能够产生制约每个人的关系的安排上。"一种虚构的关系自动地产生出一种真实的征服。因此，无需使用暴力来强制犯人改邪归正，强制疯人安静下来，强制工人埋头干活，强制学生专心学问，强制病人遵守制度。"[①] 这是一种从知识性的权力中"史无前例地大量"获得"一种重大而崭新的统治手段"的方法。它可以被用于任何职能中：教育、预料、生产、惩罚。

朱利尤指出，古代社会曾是一个讲究宏伟场面的文明。如何"使大批的人群能够观看少数对象"，这是庙宇、剧场和竞技场的建筑所面临的问题。因为场面宏大，便产生了公共生活的主导地位，热烈的节日以及情感的接近。现代社会提出了相反的问题："使少数人甚至一个人能够在瞬间看到一大群人。"当一个社会的重要因素不再是共同体和公共生活，而是以私人和国家各为一方时，人际关系只能以与公开场面相反的方式来调解。[②] 边沁在《全景敞视监狱》的前言中高兴地列举了这种"监视所"可以产生的功利益处："道德得到改善，健康受到保护，工业有了活力，教育得到传播，公共负担减轻，经济有了坚实的基础，济贫法的死结不是被剪断而是被解开，所有这一切都是靠建筑学的一个简单想法实现的！"[③] "权力的眼睛"是现代权力方式的一种。与此相关联的还有纪律、规训等。其基本指向是通过精心计算的强制力慢慢渗透人体的各个部位，控制人体，使之变得柔韧敏捷。这种强制不知不觉地变成习惯性动作，从而达到用一堆不成形

---

① 福柯:《规训与惩罚》，第 227 页。
② 同上，第 244 页。
③ 同上，第 232 页。

的泥、一个不合格的人体,造出所需要的人体机器的目的。"人是机器"这部大书是在两个领域同时撰写的,一个是解剖学－哲学中,笛卡尔与拉美特利是其代表;另一个是技术－政治领域中,它是由一整套规定与军队、学校和医院相关联的、控制和矫正人体动作的、经验的和计算的方法构成的。[①]纪律被从消极的消除手法转化为造就有用人才的积极手法。这样,它就从过去的修道院规训等等边缘性活动跃升为社会中最重要的、最核心的和最有生产性的部分,逐渐加入到某些重大的社会职能中:工厂生产、知识传授、技能传播、战争机器。

权力的复杂性在此十分明显。如果是封建君主式的鼓吹压迫、残酷、摧残的权力,那在现代性下会被一目了然地看作"病态",受到批判,无法立足。但是边沁的出发点恰恰相反,是反对这样的残酷权力,是主张道德、是主张生产、增加社会的力量而非剥夺或阻碍社会力量。就好像医学的目的是治疗,而不是杀人。然而,福柯认为,治疗有待再治疗。最大的、最为阴险的权力迫害恰恰是以科学－医学的名义宣布"你有病"。边沁的"全景敞视监视"理想并不意味着现代性中权力的减轻,相反体现现代性中的权力运作更为深刻,更为无所不在,更为深入身体与心灵,更为科学有效。

这种对于人体的控制("使人体在变得更有用时也变得更顺从,或者因更顺从而变得更有用")在近代社会中从学校传入医院、军队、工厂,涵盖了整个社会,从一种异常规训的方案转变为另一种普遍化监视和规训的方案,形成了福柯所谓"规训社会"。[②]福柯认为规训社会的形成是与一系列广泛的历史进程密切相关的,而且是其中的一个组成部分。福柯分析了这种新的权力策略之所以在现代生活中占据主导地位的经济的、法律－政治的和科学的历史缘由。从经济上讲,各种纪律的发展标志着与代价过高的封建权力迥然不同的另一种经济的基本技术的出现。权利机制不是被缩减,而是被整合进内部机构的生产效率、这种效率的增长及它的产物的效用中。各种纪律用"温和－生产－利润"原则取代了支配权力经济学的"征用－暴力"原则。管

---

① 福柯:《规训与惩罚》,第153-154页。
② 同上,第235页。

理复杂人群的技术与资本积累的技术是西方资本主义出现的缺一不可的两个方面。福柯指出，在现代社会里，以控制肉体和生命的适当管理为特征的"生物权力"取代了过去的生杀大权式的君主权力，"这种生物权力毫无疑问是资本主义发展中的一个不可缺少的因素，如果不把肉体有效控制地投入生产机器，如果不对人口进行有利于经济进程的调节，那么资本主义的发展就是不可能的。但这还不是资本主义所要求的一切，它还需要这两个因素的发展，需要它们的有效性和驯服，也需要它们的增长和加强。"[1] 进而言之，在现代性之中，这些技术的一个新特点是与科学结合起来。这是一种双重的进程：一方面，通过对权力关系的加工，实现一种认识"解冻"；另一方面，通过新型知识的形成与积累，使权力效应扩大。在福柯看来，当时的关于人的科学技术主要是"审问"技术，亦即检查与调查。所以，关于人的科学在过去的一个多世纪里曾经使我们"人类"感到欢欣鼓舞，但是它们的技术母体乃是这样卑微、恶毒、繁琐的规训及其调查。[2]

> 为了控制和使用人，经过古典时代，对细节的仔细观察和对小事的政治敏感同时出现了，与之伴随的是一整套技术，一整套方法、知识、描述、方案和数据。而且，毫无疑问，正是从这些细枝末节中产生了现代人道主义意义上的人。[3]

我们在第一章中曾经提出过"道德的力量"的问题。本节的讨论或许能使这一问题进一步深化。道德的力量并不仅仅局限于善良动机的培养问题，也包括否定性的、用以消除非道德因素的种种机制，它包括从内指型良知的教育到约束、纪律、控制、秩序、正常化、惩罚机制的安排。从功利主义的结果论角度看，如何有效地达到社会的安全和功利的生产的制度伦理，是"道德的力量"重要的方面。而法治或司法正义与人道主义改良正体现着道德理想在现实社会中的实现。

---

① 福柯:《性史》，第 121 页。
② 福柯:《规训与惩罚》，第 253 页。
③ 同上，第 160 页。

功利主义的"自我规训"也是现代生产发展的不可或缺的条件之一。中世纪最严重的罪是骄傲。但是 17 世纪以来,懒散成为最大的罪,是人类自伊甸园堕落后对于上帝的第二次反叛。所以禁闭院中的劳动就有其道德意义。[①] 现代性目的论伦理认为这些规训体制的发展表明自己的努力在道德上获得了实在的成就。密尔虽然力主自由,但也承认纪律在人类的进步上的重大意义:

> 未开化的种族(最勇敢、最富有精力的种族尤其如此)不喜欢继续不断的毫不令人兴奋的劳动。然而一切真正的文明就是以此为代价的;没有这种劳动,人既养不成文明社会所需要的习惯,物质世界也不准备接受他。……甚至人身的奴隶制,由于它给勤勉生活一个开端,并把这种生活强制规定为社会中人数最多的那部分人的专属职业,较之好斗和掠夺生活更可能加速向更好的自由的过渡。[②]

福柯与密尔一样,也探溯规训的历史渊源,但是他的"系谱学批判"得出的结果却是对现代性伦理成果的否定。福柯认为现代性伦理学的所有道德追求和知识追求只会使我们看不到西方社会中的权力的具体运作。在他看来,古典社会固然有王权和理性的束缚,但其中还有自由的空间。比如古典理性对于"疯狂"还有好奇,还有聆听或对话的愿望,柏拉图和基督教修士还在探索超出日常快乐的极端体验。但是到了现代,则干脆以医学的名义称其为病,打入"大沉默"之中,当作"无",当作与人毫无关系的"他者",从而使人丧失了一切有深度的东西。[③] 再如,古典社会虽然有严刑峻法,但是,实际上在法律的空隙中还有许多违反法律的余地,有许多违规之举。但是,在现代性社会中,控制严密精细,使一切人都成为同质的、"正常的"、"有用的"身体,消灭一切"无用的"、"浪费的"行为与思想。人人

---

① 福柯:《癫狂与文明——理性时代的精神病史》,第 50 页。
② 密尔:《代议制政府》,第 32 页。
③ 福柯:《疯癫与文明——理性时代的精神病史》,第 63、71、89 页。

有序地劳动，不要侵害他人的财产权。

经过这样仔细的分析，现代性道德的中立和普遍性于是就并不存在。被启蒙的华美约言所许诺的道德背后，仍然是色拉西马库斯和尼采所见的狡猾的、为一己之私服务的权力。福柯颠倒了克劳塞维茨的格言，说："政治是军事的延续"。[①]自由主义所相信的相对正义的政治理念被福柯以各种势力的永恒冲突、战争的赫拉克利特景观所取代。换句话说，道德没有力量。"在我看来，在我们这样的社会里，真正的政治任务是，批判表面中立的制度的运作，揭示通过这些制度隐秘地运作的政治暴力。这样，人们能够与之斗争。"[②]而且，甚至连这样的斗争也不可高估，因为福柯并不相信总体的斗争及其胜利的可能，他只是号召局部的、当地的、具体的反抗。这里有某种承认"知识型"的统辖力量的结构主义式冷静。人们在这里还可以感受到韦伯对于科层制的普遍化发展的认识和无奈，以及海德格尔对于"技术架构"统治现代社会的"命运"的惧怕与认命。正因为此，福柯的识见有超出其个人立场的普遍性，可以作为"后现代"心向对现代性伦理在目的与手段上的基本价值成果的普遍否定的一种典型看法。[③]

三、社群主义：不同于现代性的生活形式

否认现代性伦理的正当性的，除了激进的"后现代"哲学之外，也有试图复兴传统的"保守派"。20世纪下半叶兴起的"社群主义"（共同体主义，communitarianism）被视为挑战"自由主义"而出现的一种政治伦理或制度伦理。从规范伦理的角度讲，它显然归属于目的论伦理学对道义论伦理学的反动。几乎所有著名的社群主义者都把矛头指向方兴未艾的权利正义论。然而，如果我们仔细考察社群主义

---

① M. Foucault, *Power/Knowledge*, pp. 90—91.
② 参看刘北成：《福柯：思想肖像》，北京：北京师范大学出版社，1995年，第215页。
③ 值得注意的是，福柯后期在《性史》等中对于"希腊"的回归或对于"自我伦理学"的推崇被有些学者批判为仍然未摆脱现代性伦理的自由意志主义：要征服自然，不听命于自然；推崇自主自由。参看露易丝·麦尼克：《福柯》，哈尔滨：黑龙江人民出版社，1999年，第165页以下。

的旨归，就可以发现它的不满并不仅仅限于此，它的批判指向的是整个现代性规范伦理的精神。前面我们把"现代性"的特点归为"自然主义"和"反自然主义"两种取向，并且分别以功利主义和契约正义论作为这两种取向的代表。社群主义虽然主要站在目的论伦理学阵营中反击道义论伦理学，但是它对于目的论中的自然主义－功利主义取向并不认同，激烈批评。因此可以说，社群主义是两线作战，反对现代性的所有两个取向。它体现的是对于整个现代性主流伦理的质疑和对于另类的生活形式的追求。

社群主义的这一两线作战的特点、尤其是它反对自然主义的特点会随着它与道义论的最初碰撞冲突过去后日益显明起来。这时，它与道义论相近之处反而将得到人们的更多关注。说到底，与自然主义的现代性伦理相比，社群主义与道义论尤其是罗尔斯的道义论伦理学，在重建公共性上有更多的贯通之处。实际上，对于自然主义的拒斥本来是能从社群主义的逻辑中很清楚地推导出来的。社群主义是一种坚信人的社会性、完美性的学说，它必然感到现代性伦理中的还原论的、自然主义的取向——只要是"本真个体"之所欲，就是神圣不可侵犯的——是完全错误而十分危险的人学和伦理学原则。泰勒比较集中地批评了在现代性中由于贡斯当和伯林而声名显赫的"消极自由"至上理论。伯林为了防止"积极自由"被当作侵逼个人私域的借口而力主现代人只应当谈论消极自由或不被干扰的自由。尤其是在个人或某个文化的生活形式选择上，他人无权说三道四，不能从价值上加以高或低的评判。然而泰勒认为，这是不符合事实的。事实上，个人的从不完善到完善的层次是可以从价值上做出区分的。人的追求自我实现，追求超出自然层面，不为欲望所左右，积极地掌握自己的生活，是完全合理的"自由"要求。自由不仅意味着免于外在障碍的束缚，也同样意味着免于内在障碍的束缚。再者，即使是消极自由，也不能离开对人的目的等级的预设。因为如何决定何种"消极自由"更为重要，必然要诉诸对人的目的的区别。[1]

---

[1] 参看 C. Taylor, "What's Wrong with Negative Freedom?" in his *Philosophy and Human Sciences*, Cambridge University Press, 1985, p. 213。

伦理学不能听从自然的命令而建立，不能把原欲放在价值的中心位置。这实际上也正是罗尔斯的正义论所努力证明的。[①] 然而给人们印象最深的，并不是社群主义与罗尔斯正义论的一致，毋宁是二者相互间的激烈批判。罗尔斯反复讲不能按照自然主义的目的论生活，社群主义则以"自然"的社会生活批判现代道义论的"不自然"的、人工的"虚构"生活形式。这里的"自然"与上面说到的"自然"是否是一回事？对此进行反思，将有助于我们理解社群主义反对现代性而倡导新理想的内容是什么。让我们从社群主义的重要代表人物桑德尔、泰勒、瓦尔泽、麦金泰尔等人的论述入手，对此做一些考察。

桑德尔把目的论抗衡道义论的规范伦理学内部争论"提高"到非主流伦理批判现代性主流伦理精神的理解上，在这一点上，他具有与麦金泰尔一样的坚定态度，但是与麦金泰尔的反复深邃思辨相比，桑德尔更显得逻辑清晰，直逼主题。在《自由主义以及正义的局限》一书中，桑德尔指出，罗尔斯主张"正义"或权利先于目的，主体先于"好"，自由高于福利等等，抬高正义，贬低"好"（正义必须是共识的，普遍必然的；"好"则留给每个人自己选择，是偶然性与欲望的领域，"与道德考虑无关"），这其实是现代性各家伦理学尤其是道义论的特点。[②] 社群主义在反对整个现代性伦理学的预设当中，针锋相对地提出：不是正义优先于好，不是优先的自由主体可以任意选择和拥有"好"，而是好（或目的）先于主体，"构成"了主体。在社群主义看来，共同体本身就是好，就是一种自足的，甚至最高的价值，而非独立个人实现自己计划的一种手段。一个人无法超越所有目的和价值，必然在其本质中就已经渗透了传统－文化－共同体（关系内在说）。现代性强调"自我解放"的自由意志、选择。然而，不是可以摆脱一切进行选择的"意志"，而是"知识"——对自己的本质自我的认识——才是真正重要的。人如果没有共同体，则完全没有伦理深度，没有品格，不必反思，也不必自我认识——那儿什么也没有。实际上，道义论的孤立个体的自我观甚至无法支持罗尔斯自己的"差别

---

① 参看罗尔斯：《正义论》，第 253 页。

② Sandel, *Liberalism and the Limits of Justice*, p. 174.

原则"。罗尔斯认为天赋能力的分布是偶然的，是"公共财产"，所以分配时应当向最不利的社会阶层倾斜。但是桑德尔说，把自然禀赋理解为"公共财产"，这本身已经采纳了共同体主义的预设，即采纳了"主体间性自我"而非孤立个体式自我的理念。[①]

因此，"正义"并不是自由主义者如康德、科尔伯格、罗尔斯等人所宣称的人类最高价值，相反，它只是特定时代的、人类关系恶化之后的德性，是陌生人之间的道德原则。[②] 在共同体如家庭、朋友、祖国等中间，它不可能拥有如此的重要性。与现代性强调自由选择、自我创造自己生活的德性相反，社群主义更强调忠诚先于和信念选择。[③]

瓦尔泽以提出"多元领域正义"理论著称。他认为，罗尔斯的"社会契约论"所讲的抽象的个人在"无知之幕"背后从普遍的视角出发选择对基本好的"分配正义"的共识的理论在一些根本的方面是错误的。首先，并非所有人都可以参与分配。为了能够参与分配，一个人首先必须已经是某个共同体如国家的成员。一个共同体对于"外人"虽然有弱的"相互帮助"的义务，但却并不负有很强的（我们可以说由罗尔斯正义二原则所要求的）伦理责任，并不一定要与他或他们分享平等的自由或使其境况得益改善的福利。重要的是，这不仅是历史一贯如此的事实，而且符合人们的正义直觉。人们认为在一个共同体内部，所有的人应当平等；但是一个共同体是有权决定吸纳什么成员的，否则就不会存在独立的共同体。[④] 所以，分配正义首先要考虑的是共同体"成员资格"应该怎样分配的问题。其次，一个社会把什么看成是"基本好"，是由文化－传统决定的。不存在现代性权利论想当然的"公认的基本好"。公元前 5 世纪的雅典会认为为公民提供观看悲剧的机会与体育锻炼场所是十分重要的，一个中世纪的犹太

---

① Sandel, *Liberalism and the Limits of Justice*., p. 80.

② Ibid., p. 183.

③ 参看应奇编:《自由主义中立性及其批评者》，第 108 页。

④ Walzer M., *Spheres of Justice*, Basic Books Inc., 1983, p. 62. 在今天大规模中东难民－移民问题冲击欧洲时，这个问题变得更为显著。

社团却会不惜一切护持学校。即使是食物等看上去仅仅关系于人的生理需要的"好",也渗入了文化－共同体的独特价值观。[1] 第三,也正是因为此,共同体亦即国家一直起着、而且应当起到自由主义所怀疑的"强功能"作用,即,它应当不仅仅局限于提供警察保护和国防防务,而且必须为所有成员提供更多的服务。"每个政治共同体在原则上都是一个'福利国家'"。[2]

罗尔斯与瓦尔泽之间的其他区别也是富于启发意义的。对于罗尔斯,正义的基本含义是平等,"不平等"倒是需要辩护的事,这也就是"差别原则"之所以被提出来的缘由。[3] 瓦尔泽也同意平等是正义,但是他反对简单平等,而主张"复合平等"。我们可以想见,人类历史上之所以认为"不平等"是恶或不正义,很大的原因在于不平等使人挤压、支配、统治其他人。然而,有许多不平等并非是为了挤压他人、支配统治他人而产生的,只是别的事情的副作用。如果由于嫉妒就平抑所有不平等,势必会伤害人的自我发展的追求。瓦尔泽认为,在一个领域之中,按照其特有标准,可以允许对于该领域的"好"的数量不同的拥有。关键是不能把一个领域中的不平等移至其他领域。比如,经济上的成功人士不能理所当然地占据政治上更多的权力。在这一直觉上,瓦尔泽的正义观与罗尔斯的正义观有会聚之处。罗尔斯的"词典次序"想要表明的也是:有些更为人性的价值领域应当受到特别的保护,不容其他领域的价值上侵。[4]

对于现代性伦理学批判的更为著名的人物当然是麦金泰尔。我们在第一章就以麦金泰尔对于现代性的批判为引子导出了本书的问题。因为麦金泰尔明确地把"纯粹伦理哲学"中的不同推理(不同的"合理性")模式与现代性和前现代的社会类型对比联系起来,认为现代

---

[1] Walzer M., *Spheres of Justice*, pp. 6–7, p. 68 ff.

[2] Ibid., p. 74. 拉兹的正义论也建立在各个领域的不可通约,或各种偏好的不可传递性之上。参看应奇主编:《当代政治哲学名著导读》,南京:江苏人民出版社,2010 年,第 324 页。多元与不可通约,在麦金泰尔看来是坏事,在格雷和伯林看来,恰恰是好事。参看格雷:《自由主义的两张面孔》,第 47 页。

[3] 参看罗尔斯:《正义论》,第 95–96 页。

[4] 参看同上,第 80 页。

性中各种伦理思潮和哲学思潮的争论不会有真正的结果，因为它们全都陷身于现代性的基本预设框架之中。需要的是一种完全超越了现代性的参照系，只有那样才能够对现代性进行卓有成效的批评，才会明白现代性伦理生活方式并非人类必须接受的唯一选择。

全然不同的伦理框架也就意味着全然不同的一种生活形式。这就是人们常常容易忽略的"德性论"背后所蕴含的深刻意义。德性论并非它看上去的那么简单：由父母或教师要求幼儿习惯性背诵道德说教式格言。它是伟大的哲学家如柏拉图、亚里士多德十分认真对待的一种伦理思考模式。在它的背后，有特定的本体论和价值论预设。从麦金泰尔的各种著作中，可以把这些预设概括为：生活第一，内好第一，共同体第一。这些理念是内在统一的。德性是内在的好，这唯有对于生活、共同生活才有意义。所以，伦理学对于麦金泰尔，正如对于亚里士多德一样，与"政治学"天然相连。政治学讲的是人类最大的共同体。在现代性伦理学的背后，预设的是为了私己的利益而打散自然共同体再重新人工地组织成"经济体系"的"共同体"的政治学（当然，亨廷顿与吉登斯等人最近又提醒人们：传统的、自然的或血缘文化的共同体——民族——并未消失，仍然十分重要，而且可能日益重要）。自由主义害怕统一好。在自由主义者组成的所谓"共同体"中，不存在共同的奋斗目标。每个人都是为了自己的特别之好暂时生活在一起——相互利用：经济上互惠，政治上寻求安全保护。[①] 但是，没有人会当真把自己的真实自我等同于这一"共同体"（中的某个角色），不会把"优秀地完成角色的任务"看成与实现自己的本己的好有何内在关系。用伦理学的行话说，就是不能从他的"是"推出"应是"。在这样的背景之下，德性论当然成为无源之水，无本之木，显得十分不自然。于是，"规则伦理学"就成了唯一的选择。所谓规则伦理有两层意思。一是道德成了"外指型"的。人性本恶，但又不宜内在地"改造"一个人，所以只能外在地用共同遵守"不侵犯"规则相互防范。人对人的基本取向是操纵的，而非当做目的的。但是过

---

① McIntyre, *Whose Justice, Which Rationality?* p. 211；亦可参看麦金泰尔：《德性之后》，第 197-198 页。

分的操纵做法，会使得所有人吃亏，所以只能用规则决定一种妥协的"正义"限度。与这种"现实主义"的、还原论的道德理论呼应的是"强理想主义的"现代性"牺牲伦理"，一种特殊形态的"内指型道德"。无论是功利主义的"必须促进总量幸福"还是道义论的"即使牺牲幸福也不能违背义务"，都显出古典"成己－优秀"式伦理学所没有的高亢品格或利他主义。然而，这种强"内指"型伦理是不自然的。正因为消灭了共同体，共同体的特有主客统一式伦理的根基就失去了，从而"利他"成了荒谬，成了代价重大的、个人自己的牺牲（犬儒式斯多亚哲学孤寂）。

然而人类生活为什么不可以是共同体本位的呢？亚里士多德表述的古典型伦理生活预设的是一个为了共同的目的（好）而组织起来的社会，人会把自己的真我或本体看作是整体而非个体。这一共同好同时利于所有参与者，围绕着这一共同目的的达至，共同体设立了各种社会功能角色。在此，"改造自己"、"规训自己"或教化－提升自己的伦理要求才有合法性。柏拉图与亚里士多德"理所当然"地把教育看成是国家的任务，现代西方公立学校却在进行"道德教育"之前为其合法性苦苦寻求论证。在古典伦理背景之下，谈论"德性"是自然之事。可以自然地从"是"推出"应是"：从一个人的功能角色推出他应当做什么。每种角色的优秀发挥，既利于自己——是生活，又利于整体和他人——是道德。生活与道德的一体化、一元论，使得道德就是"爱好"，就是被人们当成"好"来追求的。[①] 如此一来，"道德的力量"的问题甚至不会出现。相比之下，现代性伦理着意拉开生活与道德的距离（康德），制造不愿妥协的二元论。大多数人缺乏服从道德的理由动机，于是"道德的力量"方才真正成为伦理学中的一个严肃问题。

麦金泰尔提出了一个系统的德性论来取代现代性伦理。他的体系立足于古典德性论资源。首先是亚里士多德的德性论模式的一些基本立场，如一切活动服务于共同目的的等级秩序一元论[②]和整体大于

---

① 参看麦金泰尔：《德性之后》，第 188 页。
② McIntyre, *Whose Justice, Which Rationality?* pp. 106–107.

个人，① 个人的"我"唯有作为公民之我才能"自我实现"（潜能与现实）——此外无我。另外，麦金泰尔的德性论又加入了基督教的时间意识，以及非等级制的、"自下而上构造的"的思路。德性并非现代性中搞"品德教育"的那种不知根底、任意灌输的碎片，而必须植根于一系列自下而上的背景之中：实践——人生——传统。

"实践"（praxis）是德性的最初立足地。麦金泰尔提出"实践"有许多考虑，② 其中重要的一条是内好与外好的区分。麦金泰尔举过一些"实践"的例子，细心去看，主要是战争、竞技、哲学等等，都是与经济－生产无关的生活形式。对于现代性中不言自明的重要实践任务"经济增长"，麦金泰尔认为并不重要。原因就在于：实践首先是为了追求内好而建立起来的。所谓内好，是每个实践内在的、各自殊异的、其达至与特定的人的优秀分不开的。③ 如医院的医术，下棋中的棋艺等。另外，内好是共同的，可以被所有人分享的。内好一旦达至，所有参加实践的人都能从中获益。如一人的棋艺提高，会带来整个棋界的水准提高。与这两个特点相反，外好是外在于实践的，只是帮助实践的进行，如财富和权力；它们的获得是竞争式的零和结果：你有我无、不可分享。罗尔斯的正义论正是建立在对于这些"外好"（用罗尔斯的术语，即"基本好"）的分配上。罗尔斯之所以重视外好－基本好，是因为自由主义不能统一地谈过强的好——那是每个人、每种文化自己的自由。不过，外好－基本好是无论追求何种更高妙的好都需要的前提条件之好，所以应当由社会基本制度加以保障。麦金泰尔的态度与此类似，他指出自己不是简单地否定外好——外好是重要的，它们是人所需要的、不可或缺的东西，对于维护内好的获得也是必不可少的。但是它们应当与内好各处其位，各得其所，而不能成为"自身目的"被无止境地追求。麦金泰尔敏锐地看到，在古代被视为恶的"无止境攫取"（pleonex）在现代性中却成了最大的德

---

① McIntyre, *Whose Justice, Which Rationality?* p. 97.
② 参看麦金泰尔：《德性之后》，第 237 页、238 页。
③ 同上。

性:"富于进取心。"[1] 而且,在把为私己追求外好当成头等大事之后,社会就会把操纵他人视为自然之事。麦金泰尔在内好中又进一步分出两种:帮助各种实践的内在目的实现的是特定的优秀能力-德性。[2] 德性既是手段,又是目的,是内在性或目的性手段。它甚至也可以说是内好中最大者。这么一来,麦金泰尔就与亚里士多德的逻辑一样,使(内在)"手段"成了目的。[3]

然而,人们有可能会追问:为什么凡是与"实践"有关者,就是有价值者?为了回答这个问题,麦金泰尔进一步引出了"生活整体"的概念。人的一生是一个完整的故事,并不是时时在选择、时时又在抛弃的存在主义式瞬时生存。德性的意义就在于在人的生长当中支持着人。[4]

但是人们仍然可以追问:凡是与个人整个人生有关的,就一定是道德上合法的吗?麦金泰尔于是又进一步从此溯源至整个共同体-传统。个人的人生意义和正当性在共同体及其传统中得到道德支持。在他看来,这似乎是道德合理性追问的最终合法界限。[5] 共同体的生活——这同时也是共同体为了每一个人的生活——是一切道德的源泉。规则之类只有从服务于总体的生活中才能获得其意义。而且生活-实践是流动的、活泼泼地发展中的,规则必须随之而调整。决不能像现代性道义论那样先确立什么"理性的先验规则",然后演绎出生活必须服从的指令。[6]

社群主义显然认为共同体本位是更好的社会。但是,社群主义在表达这一信念时,可以使用"历史退化论"(柏拉图的政体堕落论),也可以使用较为和缓的"生存方式并列论"。麦金泰尔在《德性之后》中提示人类正在走入千年黑暗(海德格尔也认为我们正在一个忘却存在和神的时代中),这可以视为历史退化论的一种变体。但是,麦金

---

[1] McIntyre, *Whose Justice, Which Rationality?* p.112.

[2] 麦金泰尔:《德性之后》,第 241 页。

[3] 同上,第 188、233 页。

[4] 同上,第 270、276-278 页。

[5] McIntyre, *Whose Justice, Which Rationality?* p. 134.

[6] Ibid., p. 95.

泰尔在《谁之正义，何种合理性》中，主张各种历史传统是并列的：亚里士多德代表的古代传统，奥古斯丁代表的中世纪传统，苏格兰长老会代表的近代传统，现代自由主义传统。它们之间没有公约性，所以谈不上谁是进步的，谁是落后的。自由主义包括福山、科尔伯格和哈贝马斯都相信历史的进化——走向更为先进的现代自由主义，并从个体心理发生学和道德普遍性的提升对其进行科学之论证，以此反对道德相对主义。但是，麦金泰尔指出，不同的历史传统的文化背景和理性标准是完全不同的，无法相互比较。一个人不能因为正好生活在某个传统中，比如现代人生活在自由主义传统中，就认为自己的传统是天经地义的唯一正确，其他的都好笑和落后。麦金泰尔的看法让人想到库恩对科学范式的看法和福柯对"知识型"的论述。[①]

综上所述，可以看到社群主义对于罗尔斯等人的现代道义论所进行的批评，所依据的"自然"与它反对现代性另一取向——自然主义——时所讲的"自然"不是一回事。这里并没有矛盾，相反指向同一个方向。社群主义反对原欲式自然主义，因为这里的"自然"是还原论的、动物层面的自然；社群主义也反对权利论道义论，认为它不够自然，而这里的"自然"是指人性的、历史的、社会的——自然而然的——生活，所反对者是现代性企图以人为的、"主体性"的、征服性的理性或意志去虚构不自然的全新的生活形式。所以，社群主义对于现代性的两种取向的反对，可以归结到一点，即在它看来，现代性最大的错误就是否认共同体本身是一种内在价值，而视其为只具有外在的、工具性的价值，当作满足私人欲望的手段。在社群主义看来，共同体的内在价值不仅具有能与个体价值抗衡的地位，而且比个体的"内在价值"要高许多。公共的政治生活、人的优秀德性，比私域的追求要重要得多，从而应当是伦理学构建当中必须首先考虑的。这显然是在"私人性"占据了上风的现代性中重建公共性的强努力。

---

① 福柯将近代西方的"知识型演进"分为四种：文艺复兴时期，古典时期，现代时期，当代时期。参看福柯：《词与物》，上海：上海三联书店，2001年，第8页。

四、社会契约：内与外

社群主义并不是一个孤立的事件。其实，对于现代性的公共性建构的模式一直有人质疑。我们不妨从"社会契约论"的角度考察。社会契约被视为原子化的个体构建共同体的唯一方式，从而它也被许多人视为体现了人与人的外在关系本质。然而，这或许是一个过于简单的观察。为什么"订立契约"不可以是为了获得内在关系，摆脱外在关系呢？为什么不可以有"内在契约"呢？

前面我们提到，自从罗尔斯在 20 世纪的政治哲学界启用"社会契约论"模式以来，众多学者重新关注起这一思想模式的丰富潜力。实际上，罗尔斯属于现代性思想的主流。"契约"、"社会契约"式人类关系形式日益取代古典"等级大序"而成为现代性社会人与人的关系的主要模式，在学术界几乎成为一个或明或暗的基本共识（尤其是受经济学家思维影响的学术）。然而，我们的问题是进一步的：许多人都对"约成的社会"模式感兴趣，但是不同的人所讲的"契约"或"约"所指的是同一回事吗？不错，既然使用同一个术语，起码有一些"家族相似"，比如所有的"约"都意味着社会关系是"人为"的而非"自然"的，是彻底从头构造起来的；个体的自由意志的自愿互动是其基础，而承诺－责任感是其特有之德性等等。但是，除了这些共同点之外，"约"似乎就呈现出纷繁多样的形式。如果不认真分类研究，人们无法把这样一个对于人类社会生活日益重要的现象的研究推向深入。或许，"社会契约"是一个包含了许多家族相似现象的宽泛概念，比如社会契约其实可以分为"内在之约"与"外在之约"，它们的意图和伦理要求都相当不同。这个分类将有助于对现代性社会的复杂之处的深入考察和理解。

顾名思义，"约"是把人结合为一体的一种形式。与此相关，可以提出这样一些问题：人在立约前的关系是什么？立约是改变原有关系，还是只是重复、确证原有关系？"外在之约"似乎最能体现人们之所以要启用契约模式构建人际关系的初衷，即独立、平等的人在立约结合时不放弃自己的独立、平等身份。但是，我们显然也能观察到大量的约属于"内在之约"，也就是说，虽然它们也是由独立、平等的人订立的，但是立约的目的恰恰就是要放弃独立、平等的身份。如果说外约是抽象的、普遍的、不区分身份（谁是"内部人"，谁是"他者"）的，那么内约就是具体的、内外有别的。内约把本来无关的人拉入"人性化的"关系，产生浓厚型强责任；外约相反，能够把有关的人也变为无关的，因为它是用抽象化、非人格化和科层体制化－法治化的眼光看问题。内约的基础往往是统一目的论型伦理；外约不采取目的论，只依托形式的或程序的原则类型的道德：自己订立，互惠互利。可想而知，内约旨在持久，而外约往往比较短暂。在确立了这些基本区分之后，下面我们对这两种"约"分别进行一些更详细的探讨。

（一）外在之约

外在之约或"外约"在现代性中大量出现。这意味着什么？不少学者认为意味着经济地位的上升，经济取代了古典社会中的政治、宗教或文艺占据了社会生活的主要位置。马克思的著名观察是："人们总是在集体中生产的"。然而这"集体"或社会的特征总在变化中。在现代性经济中，人与人的关系趋向全面外在化即私化、分化，然后再交换——订立外约。阿玛蒂亚·森曾提到，埃奇沃斯认为经济计算尤其与这样两种特别的活动有关，即"战争与合约"。埃奇沃斯讲的合约与亚当·斯密说的贸易当然是非常相似的，因为贸易发生的基础是互惠的合约。[1] 在卢梭的"自然状态"中，没有分工，也没有普遍联系；即使在真实的部族时代，也没有真正意义上的关系，因为整个社会是一个大个体。那时有生产，没有"经济"。自从有了分立，就有了联系的必要，从而就有联系的方式的问题。联系或交换的最佳方式，根据不少现代经济学家的看法，是自由交易与合约（合同，契约……）。经济合约是典型的外约。市场中人不会由于合同而改变仍然是市场中人的状态。

为什么经济要求用外约交易？契约讲的是人的（一种）关系。应当说，现代经济真正带来了人与人的"紧密关系"。有意思的是，这

---

① 参看阿玛蒂亚·森:《伦理学与经济学》, 北京: 商务印书馆, 2000 年, 第 29 页。

种人际紧密关系同时也是人际分立关系。在原始社会中，不存在关系或普遍联系——除非是神话世界观中的普遍联系。[①] 杜克海姆称过去的社会是机械团契，唯有现代社会才是有机团契，是以分工－合作为基础的团契，所以更加紧密。[②] 可以推想，机械团契应当是众多"原子"即独立者的聚合；唯有有机团契才具有无法回避的紧密内在相互依赖和相互交往、关系。分工使得人被划分成不同的部分，每一方的生存基础都在对方那里。但是分工的各个部分，原则上只是"不同"，而不必是"分立"或"对立"。但是产权分立导向严格的利益分立。所以消费者与生产者在定约时要"讨价还价"。"让利"行为成为过于高尚的事情，如果不是出于私己策略的打算的话。我们在这样的"经济"中，看到了抽象的黑格尔辩证法的真实内容。辩证法说事物都是"普遍关联"的；又说事物都是"对立统一"的。什么叫对立统一？虽然对立，但却内在地离不开对方。分工就是这样：正因为有分工、专业化，分立，才有普遍联系——交换——的必要，在自足经济中，因为没有关系，所以没有交易以及交易费用，也就没有经济的一体化。只有更为分工即专业化，才会有更加一体化[③]；才使得整个社会"集市化"或"市场化"。这一现代性经济逻辑的自然发展就是"全球化"：全球普遍联系和全球相互依赖。

当然，证明外在之约的正当性的，多是来自自由主义经济学的论证而非黑格尔，这些论证主要是从效率与规范两个方面入手的。从效率上说，科斯与张五常等倡导的产权－交易费用经济学认为合同（合约）或人与人的自由交易总会自然而然地导向效率，拉动巨大的"社会财富体系"的产出。外约由于抽象化、非人格化等，可以由复杂的民法、商法系统、伸展很广的信用体系等来管理；合同的一个重要目的就是清晰规定条款，由法治保证强制贯彻，不受人情和长官意志影响。所以，这种人际关系模式可以冲破等级、价值、道德秩序等，从

---

① 哈贝马斯：《重建历史唯物主义》，北京：社会科学文献出版社，2000年，第92页。
② 杜克海姆：《社会分工论》，北京：生活·读书·新知三联书店，2000年，第20—26页。
③ 参看杨小凯：《新兴古典经济学和超边际分析》，北京：中国人民大学出版社，2000年，第二章。

而可以平面化地、富于成效地进行大规模活动：大生产，大金融，大军事等等。相比之下，内约只适合"熟人信用"的小社会、小活动。这是全球商贸对小集市的优势。历史学家黄仁宇从亲身经历和历史研究中对外约的技术-高效率方面有很深体会。[①]

许多人认为，除了效率，外约还有伦理规范上的积极意义。它能保障个人的分立从而独立性，自愿从而自由。人们可以自由进入、而且可以自由退出一场交易。"约"所替代的人际关系形式是命令或政治的方式。用民法学的话说，经济的方式是变行政关系民事化。[②]反过来说，如果在政治中引入"约"，则政治也民主化、市场化、自愿化了，这是近代"社会契约论者"之所以用契约论模式替代专制模式的一个初衷。当代公共选择理论把"外约"模式推广到政治、家庭、教育、医疗等其他社会领域中，也是认为它不仅更现实从而更具有解释力量，而且能支持民主，所以在价值上更可取。

（二）"内在之约"

不过，由于种种原因而批评外约的独尊地位的学者也不在少数。可以设想当外约的"弊病"超过其收益时，外约会转化为内约的多种情况。所谓"内约"或"内在之约"，我指的是通过主体的自愿决定而缔结成"无约"或非外在之约的状态。如果说外约的缔结是肯定甚至强调人与人之间的关系外在性，那么内约的缔结是消灭关系的外在性，放弃一定的自足，建立内在性关系。不少内约虽然从后果上看也导致了效率或做事情的方便，但是其出发点却往往不是为了做事，而是为了新关系、新身份本身。

第一种情况是交易费用的存在和过高，这会导致交易的中止，使社会制度由市场转变为企业（firm）。这是科斯的看法。企业是一个内约。市场之约是从个体出发，是自由平等人之间的交易，不诉诸人格化统治。企业则是从集体出发运作的，有人身之内在关系的，有发

---

① 参看黄仁宇：《资本主义与二十一世纪》，北京：生活·读书·新知三联书店，1997年，第27、84、492页。并参看黄仁宇的其他著作如《黄河青山》，北京：生活·读书·新知三联书店，2001年，第396页；《万历十五年》，北京：中华书局，1995年，第265页以下。
② 参看彭万林等编：《民法学》，北京：中国政法大学出版社，1997年，第35页。

号施令和严格遵守命令的要求，是不平等的。"企业"显然是经济为人类社会历史带来的重大变故中的突出者之一。它标志着社会生活的新"中心"出现。人们的"社会性本质"所依赖的"集体"现在大多是公司而不是家庭、国家或教会。怎么看待企业的本质和应有之发挥作用领域于是不仅仅是经济学的事情，而且是哲学伦理学的大事，必须认真反思。[①]

赞成市场之约的人对于大企业侵害市场总是心怀疑虑。关于企业，传统的、也是大多数人的看法是，这是投资方的财产。是资本家在雇佣工人为自己干活，所以也可以解雇工人。主体是资本（的利润增值）。而且，企业似乎是控制人身的约，工人无法掌握自己的命运。经济学家尤其自由主义经济学家不喜欢对于企业的这种权力斗争模式看法，而希望用平等－双赢模式来降低这种"强者"单胜的景观。他们论证说企业不是任何人的财产，是独立的产权者交易的结果，它并没有产生新的产权或"实体"，而只是一个合作契约（唯名论）。张五常认为在市场经济中根本就不存在着反市场的"企业"，企业仍然是一个合同，是要素市场之约，而从产品市场到要素市场是连续的，没有绝对清晰的界限。企业这种"集体"本身是市场化地构造的：要素市场或自由买卖的劳动力与有价格的管理知识拥有者之间的契约。劳动力价格是按照供需规律议定的。张五常之所以这么想，与他认为市场——自由合约——是最能降低交易费用的信念是分不开的。[②]各方仍然是自愿的，是出于成本计算选择产权交易及其合同的。

第二种"外约转内约"的情况发生在出现囚徒两难情景时。分工－专业化－交易所依赖的是人际关系的可靠。如何保证这一点呢？或者靠外约——法治，或者靠内约——创造紧密人际关系如结拜、家族企业。自然亲情可以起到建立信任和消除囚徒两难困境的作用。

① 有关企业作为新的社会组织形式的讨论，可参看丹尼尔·贝尔:《后工业社会的来临》，第316页。

② 参看张五常:《经济解释》，北京：商务印书馆，2000年，第13篇。张五常认为不存在"市场失灵"。只要产权清晰，市场会自己——通过产权交易——解决外部性问题，达到双方满意的价格。

弗兰西斯·福山对此却不无微词。比如他认为善于建立家族企业的华人文化过于私己，虽然符合古典经济学的预设，但是不符合真正的经济要求——那是要超出古典经济学预设的。[①] 中国传统文化及南部意大利文化都喜欢用家友关系建立交易所不可少的信任，这是因为它们都缺乏法治体系来保护信任。[②] 美国与日本则能够建立真正的内约：并非一个家族的人，由于某种立约行动，却可以建立相当的内在信任。在这样的文化中，可以建立华人和意大利人所无法建立的，但又是现代经济不可少的大规模企业。[③]

第三，还可以设想的一种情况是，当人们认为"交易－合约"会使表面上的平等、独立、自由实际上导向不利于弱者时，就会对市场产生疑惑，停止交易，主张从经济的方式转向政治的方式——或动用权力，或采取民主政治即投票。人们这时诉诸的人际关系－社会模式往往是内约型的。持这样看法的激烈思想家是卢梭，他以强内在化"社会契约"著称；较弱的代表是罗尔斯，罗尔斯的"无知之幕"式"社会契约"得出的虽然不是卢梭那么内在化的人际关系，但是也超出纯粹外在的人际关系。在美国目前的医疗保险制度改革的争论中，就有新马克思主义者主张医疗服务不能完全让市场来主宰，而应该由社区委员会之类的组织投票管理[④]。

我们还可以想象第四种情况。"交易"毕竟容易被看成是把人与人的人性的关系蜕化为物质的、操纵性的关系，因为现代经济－市场从横向（同行）讲，是人与人进入普遍竞争或胜负战争；从纵向讲，是人与人分成种种"生产者"与"消费者"或供求之联系，在讨价还价中达到供需平衡并从而订立合约。这体现了现代人与人的关系主要

---

① 弗兰西斯·福山：《信任——社会道德和繁荣的创造》，呼和浩特：远方出版社，1998年，第91–99页。

② 同上，第40页。

③ 同上，第173、200页。有关如何保障杜克海姆所描述的现代性特有的、非常容易在交易结束后瓦解的"有机团契"，参看麦克尼尔：《新社会契约论》，北京：中国政法大学出版社，2004年，第55页以下。

④ Milton Fisk, *Toward A Healthy Society: The Morality and Politics of American Health Care Reform*, the University Press of Kansas, 2000, p.132.

是交换外在物品，不希求建立内在关联。但是，人性对于内在关联本身有需求，所以，当人们面临需要更多的责任而非权利、献身而非获利的情景时，人与人的关系也会可能由市场交易型转向内在目的论式的关系。这种约的特点是，人的关系不是外在的，不是把对方看成工具，而是看成是另一个自己。由私入公，直接为共同目的而奋斗。早在古典希腊，城邦的代言人亚里士多德就指出，仅仅订立在物品交换方面彼此保护、互不损害的规约作为共同信守的典章的人民，并没有组成真正的"城邦"，仍然是各自为政。只有为追求更高的、共同的自足与至善的生活的目的结合在一起，才是真正的政治共同体。[①] 友爱和归属感，也应当是政治的目标。亚里士多德早就提醒我们，我们是要建成一个共同体，而不仅仅是一个军事同盟。现代西方政治哲学中的"社群主义"和"公民共和主义"都在号召回到这样的理想。哈贝马斯也指出："团结"是不应被忽视的一个公共伦理要求。实际上，追求内约的理论与实践在现代性当中并不少见。比如近现代大规模的理想型政党运动和宗教运动中就可以看到不少例子。

（三）我们需要什么"约"？

社会契约研究传统已经积累了丰富的文献，有的讨论"康德传统"和"霍布斯传统"的对立的要害之处；有的仔细展开社会契约论概念框架中的各种构件比如假设契约还是真实契约，工具理性还是公共理性，下游契约还是上游契约，社会契约与道德实在论的关系等等；有的运用社会契约论到道德观念或国家本质上；有的从方法论上讨论社会契约论与"建构主义"之间的异同。此外，还有许多学者对社会契约论模式提出了各种各样的批评。有的思想家虽然不反对社会契约论，但是对"大传统"的社会契约论表示不满，认为未能把握比如女性主义的视角，而且还深刻地反映了男性主义视角在这个领域中的历史和理论的顽固复杂积淀。有的思想家则从根本上挑战社会契约论模式，建议还是回到比如功利主义的模式。有的则提示"约"实际

---

① 亚里士多德:《政治学》1280A25-1281A5。

上可以有许多种模式，绝非一般现代性社会契约可以完全概括的。[①]

我们在上面的讨论至少揭示出这一复杂性的一种情况：虽然都是"自愿立约"，社会契约之"约"可以分为内约与外约这两种从目的到方式都相当不同的约。与此对应，约的贯彻方式也不同。内约靠道德：承诺，信用，认同，舆论，荣誉；外约靠利益，法律，实力的平衡，以权制权。在社会理论中，我们可以找到的与内外约分类最为接近的思想是韦伯的"地位契约"与"目的契约"之划分。韦伯把原始的契约称为"地位契约"，其特点是以改变人在法律上的整个品格、普遍的地位和社会面貌为内容。它们的大多数都是"结义的契约"，通过它某人应该成为另一个人的孩子、父亲、妻子、兄弟、主人、奴隶、宗族成员。这是意图造成人的本质上的变化，所以往往启用歃血魔法，给自己引入一个新的"灵魂"。相反，现代流行的契约是"目的契约"，其特点是仅仅以进行具体的、往往是经济的劳动效益或成果为目的。它并不触动有关参加者的"地位"，不会使他们产生任何新的本性。[②]韦伯以其一贯的特有聪慧把握住了与契约有关的一些关键性区分，不过，把这些区分归于古今之别，可能过于绝对，也限制了思考的眼界。尽管中外历史上都不乏结拜兄弟（结义姐妹？"主内兄弟姐妹"？）的各种实践，但是内约型"社会契约"的大规模理论和现实运动正是在现代性中才真正出现的，这既包括各种激进主义事业的此伏彼起，也包括各种"想象的共同体"的民族主义和亚民族主义的风起云涌。这些都是韦伯未能看到的晚期现代性现象。

我们应当采用什么样的"社会契约"？这是一个更为规范意义上的问题。它与如何评判两种社会契约的伦理正当性有关，非常复杂，无法给出一个一劳永逸的完满答案。我们能够做的，是提醒大家不能去简单地肯定或否定。不错，内约的道德性常常为大家所瞩目，它吸引着试图采用直接性伦理方法论的人，但是内约的不道德可能性，人们也不应回避。古代希腊罗马共和国常常被视为内约的典范，但奥古

①　阿伦特曾经较为系统地探讨过各种社会契约论在近代社会中所发挥的作用。参看《论革命》，第 180 页。
②　参看韦伯：《经济与社会》，北京：商务印书馆，1998 年，第 25 页。

斯丁就指斥罗马国家实际上是盗贼之集合。[①] 近代以来美国南方各州的内在团结令不少人赞叹不已，但是它却长期与非人道的契约奴隶制和谐共存。至于外约的不道德情况，也不难列举：比如，某些"交易"（毒品，性）据说完全符合市场原则，但是在道德上却很难站住脚。实际上，自古典哲学传统以来就有不少学者认为，"契约"反映的不过是一般人的私己利益的妥协，因此，即使大众投票认同或"立约"，也不应当撼动那些超出个人利益的"自然正当"原则。[②] 另一方面，如果因为外约存在的问题就把外约指责为完全没有道德意义，恐怕也会走向另一个极端，使整个现代性的价值基础垮掉一半。也许比较平实的做法是，尽量结合内约与外约的各自长处，避免各自的问题。那么，怎么有效、有比例地"混合"内约和外约（一个《菲丽布》式问题）？这正是有待人们开展更细致深入的研究的。

第二节 古典开出现代性？

社群主义对现代性的挑战提示人们，公共伦理不可能靠个体完全从头开始自由选择订立社会契约，它必然来自悠久稳定的文化传统。实际上，西方现代化国家中虽然有很多人反思和批评现代性，也有不少人肯定现代性。而更多希望进入"现代"的国家则寻求汇入世界主流之道路。面对现代性的全面胜利，不少国家和学者积极考虑是否可以从自己的古典传统中"开出"现代性。这首先是许多后发现代化国家热切讨论的问题，比如韦伯的新教伦理与资本主义精神关系说，牟宗三的"自我坎陷"学说，余英时和杜维明的儒商传统研究，黄仁宇对数目化管理的艳羡，等等。但是发达现代化国家中也有代表古典传统的思想者在探索古今关联。在此当中，有许多明显的和微妙的差别与分歧，比如不少学者也保持或多或少的警惕，指出古典传统的今天

---

① St. Augustine, *City of God*, Book IV, Chapter 4.
② Leo Strauss, *Natural Right and History*, The University of Chicago Press, 1953, pp.152, 167.

意义未必只是为现存范式鼓与呼，而可以提供更多的进步借鉴甚至制约。下面我们分别考察西方传统文化的两大构成元素——两希文明传统——在当代公共伦理中的介入。其中，希腊罗马传统的学者更认为自己所研究的对象当然是现代民主和市场经济的先驱。但是，他们不时也意识到古典民主与现代民主可能有巨大的不同。而希伯来－基督教传统的学者的态度更为矜持。少数公共神学家积极证明基督教与现代性不仅不矛盾，而且是其真正根源，不少神学家却觉得似乎不应该那么无条件地拥抱一个现实历史中的价值范式，尽管市场经济和自由民主现在正是时尚。毕竟，这个现代价值范式甚至不领情，还要用"独立公共理性"等种种理由婉拒宗教的奠基"帮忙"。

一、古典民主的新意蕴

在现代性中，政治民主似乎成了全球性的"主流"并成为西方引以为骄傲的主要依据之一。但是。一切潮流总可能遮蔽真相：西方现代政治主流其实并非"民治"意义上的民主（即参与式民主，by the people），而是代议制民主。代议制民主是民主吗？如果一个伯利克里时代的雅典人来到今天，目睹西方各国流行的利益集团博弈－选战－多数票胜出－妥协－党派分肥政治，他恐怕很难认出这是"民主"。当然，一个经过了联邦党人、托克维尔、密尔和达尔洗礼的现代人则会居高临下地教导这位疑惑不已的希腊人：直接民主是无效且危险的，作为人类的反常政治实验，在经历了雅典暴民政治、法国大革命和 20 世纪民粹运动的恐怖之后，已经被宣告彻底失败。现代代议制民主是已经被公认的唯一可行的民主形式。

但是且慢高兴。即便这位希腊人放弃了直接民主而终于接受代议制民主，他真的会看到代议制民主在今天受到广泛欢迎的景象吗？未必。20 世纪学术界的重要思想家们（远不仅仅是施特劳斯"保守派"）几乎都在论证代议制民主是一个笑话。① 诺贝尔奖在今天似乎是学术

---

① Jerrey Green, *The Eyes of the People: Democracy in an Age of Spectatorship*, Oxford University Press, 2010, pp.103, 140.

权威的象征。然而诺贝尔奖获得者们对民主说了什么？阿罗和布凯南的公共选择理论、奥斯特罗姆的集体行动理论，都指出现代民主的基本预设——通过选票汇聚私人偏好，为共同利益行动——几乎是不可能的。这些学理化（数学化）的严密论证延续的是一个现代社会科学长久传统。早在 20 世纪开出之际，社会科学大师韦伯和熊彼特就已经提出了影响深远的经典看法：在现代的大国选战民主政治中，真正发生的事情不是人民做主，而是少数精英领导借助庞大的理性科层体制管理着国家。后来的许多重要的民主理论家如达尔、萨托利、李普曼、李普塞等等都沿着这个思路走。[①]

由此可见，西方思想界的主流与其说是无条件拥抱民主，不如说是对民主的深刻的、全面的失望。这一失望有着深远的现实原因：现代性主流是市场经济，人们私人化、多元化、异质化，不可能对政治保持长久的热情，非政治的冷漠必将成为常态。已经觉醒的个体再也不可能无条件地将巨大而陌生的行政机制认同为"共同体"。在深刻的无力感的驱动下，西方"公民意识"日渐淡漠，投票和参加集体活动的人越来越少。[②]

正是在这样的大背景下，引人注目的是：一些心有不甘的反潮流学者不断发出声音，从各种角度出发竭力为"民主"尤其是古典民主的正当性进行辩护。在现代共和主义的发展中出现了"新罗马主义"。那么，我们也不妨称这些为古代直接民主辩护的学者为"新雅典主义"或"新希腊主义"。他们希望被长期（故意）忽视的古典民主在今天依然能作为积极的、重要的资源发挥作用。[③] 这样的思想家往往

---

① Josiah Ober, *Democracy and Knowledge: Learning and Innovation in Classical Athens.* Princeton University Press, 2008, pp.4, 13, 98.

② Robert D. Putnam, *Bowling Alone: The Collapse and Revival of American Community,* Simon & Schuster, 2001, p.21.

③ 近十几年以来，学界还出现了一个"雅典民主研究"高潮，许多由名家们主持的相关文集纷纷面世，参看 Farenga, *Citizen and Self in Ancient Greece, Individuals Performing Justice and the Law,* Cambridge University Press, 2006. p.2。"新罗马主义"以剑桥学派和 Pettit 的新共和主义为代表。事实上，新共和主义之所以诉诸罗马共和而避开希腊民主，正是为了防止"民主的弊病"。这更让人们看到今天倡导希腊民主的学者们的难能可贵：他们并不是重复常识，而是在挑战主流，知难而进，竭力为处于守势的古典民主平反。

汲取了最新哲学社会科学成果，尝试了各种出人意料的路径，开出了许多令人深思的视野，值得深入研究。为了分析的方便，下面我们将他们大致划分为对民主的内在价值的辩护和外在价值的辩护两个大类来分析讨论。

（一）民主的内在价值辩护——"表演-施为"政治

在现代性中为"内在价值"辩护是困难的，而为一种政治方式进行"内在价值"辩护更让现实主义政治学家感到是文不对题。达尔就说现代民主理论与古代民主学说不同，不是价值导向的，而是描述性的。自由主义主流政治学说认为民主和共同体只有工具性的好。然而，人们依然可以看到有重要的思想家直接为民主政治或政治本身寻找内在价值。阿伦特当之无愧是这样的思想家中最为著名的一个。她定下的基调是：共同体而非私人的生活是具备最高价值的人类存在，而这只有在共和政治中才能实现。她的理由有几个：首先，民主共和通过自由的普遍化，使得更多的人从奴隶变成为人；其次，人只有在一种表演（performance）式政治行动（action）中才能真正存在，即在同样平等自由（尽管个性各不相同）的人为公共利益的公共奋斗中敢于创造，相互竞赛，追求卓越，赢得荣誉（他人的目光）。唯有民主共和式政治才能提供这种前所未有地拓展人的存在空间的机会。[1]

阿伦特的这种新亚里士多德、新共和主义的观点表达得颇为极端，但是沿着她的路线走的较为和缓的学者层出不穷。从某种意义上说，西方20世纪的社群主义、共和主义复兴都可以视为是沿着阿伦特路线的继续发展。他们普遍对现代公民意识淡漠十分担忧，号召人们重新关心与参与政治行动。不过，在一个以自由主义为主流意识形态的现代社会中，很少有人会主张那么强的直接民主，他们通常避免提出恢复雅典民主共同体那种万众一心的"伯利克里式政治"（所谓"美学化纪念碑精神的政治"）。他们大多提出了一些软化的版本。我们不妨考察一个比较有特色的例子：法伦格（Farenga）的"施为"

---

① 阿伦特：《人的条件》，上海：上海人民出版社，1999年，第90-91页。

（performance）公民身份学说。法伦格认为这是当代对古代民主研究
的最新最好模式。这种模式只诞生了三十年。^①不过，从法伦格所援
引的主要学术资源戈德黑尔（Goldhill）等人对"雅典民主的表演式
文化"的概括——表演、竞争、自我展现、观看、荣誉等等——来
看，这显然与更早的阿伦特思想十分相近。法伦格所推进一步的地方
在于，他并不想仅仅用这个词表达阿伦特－戈德黑尔的"舞台演出"
意蕴。他提示我们注意 performance 在奥斯丁－哈贝马斯那里，还有
"施行"（施为）即"以言行事"的含义。这就失去了那种光彩夺目的
美学政治含义，而是日常化得多的"施行"、"执行"的意思。民主意
味着公民们集体作为主体施行正义、统治国家。同时，法伦格也希望
能保留 performance 的"展现自我"的那一层含义，只不过这大多是
通过语言的施行力量进行的，而且所展现的不是一种、而是三种类型
的自我：社群主义的自我、个人主义的自我、商谈主义的自我。一个
人成为雅典公民意味着首先要遵循共同体的"剧本"（script，这也是
一个文化人类学概念），即当好共同体安排的角色（me，为他之在）。
但是同时，民主共和政治要求每个人都能自由自主，所以它必然会走
向纯粹个体和内在自我的觉醒（自为之在，self）。进一步，只要公民
们商谈性地施行正义，则这样的个体依然处于语言之中，从而就要适
当尊重和服从他者（对语义的共同理解），形成某种"为我们存在"
（being for us）。^②法伦格不像阿伦特那样突出地抬高共同体公民身份
而贬低私人身份。在他看来，一个好的公民必须知道这三种身份都是
不可缺少的，在施行正义时既要忠于自己的祖国，又要保持一定的独
立性、忠于自己作为"人类一员"的身份。必须学会在各种身份之间
自如地转化，从而让不同的自我（公共我与个体我）都得到展现，共
同存在，相互制衡，相互促进。^③公民身份理论在西方兴起之后，关

---

① Vincent Farenga, *Citizen and Self in Ancient Greece*, Cambridge University Press, 2006，
pp.4–5.

② Vincent Farenga, *Citizen and Self in Ancient Greece*, pp.21, 24–25.

③ 参看 Farenga, *Citizen and Self in Ancient Greece,* pp.30, 536. 法伦格的工作可以视为是
在企图兼顾罗尔斯、桑德尔和哈贝马斯的直觉，将自由主义民主、古典民主和商谈民主
整合到一个体系中。

于究竟民主社会的公民应当将什么当作"公民身份",是有不同看法和争议的,是国家公民还是世界公民,是精英还是大众。它带来的义务和权利又分别是什么。不同的学者持不同的看法。[1] 法伦格的学说描述性很强,其规范性也可以说关注的是如何形成更好的公民身份,不过我们还是可以将将其视为一种对民主的内在价值的辩护:民主所要求的主体施行正义的行动,有助于形成更为丰富多重和自主成熟的自我认同,从而开拓了人的更广的存在空间。[2]

其实,民主的内在价值甚至未必需要是"给予每个人主权"那么强。每个人的基本尊严的保障也可以被视为具有重大价值(黑格尔:历史的终极成就就是"对平等人格的承认"意义上的自由),而这可以通过民主体制来保障。新共和主义者佩蒂特(Pettit)就认为,现代投票式民主机制未必能发挥民治的初衷,但是它依然是必须的和好的,因为它可以控制领导人,逼迫在意选票的当权者不敢任意冒犯百姓的尊严。[3] 当然,这样的内在之好未必需要直接民主体制来维护,可以靠代议制民主和法治。佩蒂特宣布自己是新共和主义而不是新民主主义。换句话说,他说自己是"罗马共和主义",而不是"希腊共和主义"。但是我们知道,在日常生活中,人们并不那么严格区分民主和共和,尤其是代议制民主与共和。

前面提到,对任何东西(更别说是"政治")提供内在价值辩护,在现代性当中特别困难。现代性基本上采取"间接性伦理方法论"。市场经济与自然科学(尤其是生物学、神经科学、人工智能等等)的超常(反常)迅猛发展,使得某种政治实践方式日益无法获得所谓"内在价值"。[4] 也许,这更说明这种内证努力在今天尤其有意义。因

---

① 德里克·希特:《公民身份——世界史、政治学与教育学中的公民理想》,长春:吉林出版集团,2010年,第94页。

② Farenga, *Citizen and Self in Ancient Greece*, p.31.

③ 参看应奇、刘训练编:《公民共和主义》,上海:东方出版社,第129页以下。"现代民主理论"甚至主张这是民主唯一可以得到认可的目标,参看卡罗尔:《参与和民主理论》,上海:上海人民出版社,2012年,第13页。

④ 从市场经济的角度看,民主有没有价值,应当从效用量(货币值)的大小衡量;从自然主义的角度看,当事情可以在无意识层面更精确实在地解决时,人(民)治(理)将成为多余(副现象)。

为内证指向的是对人这种存在的本体论意义的关切。否则，作为一种管理方式，民主确实是可以随着效率的有无多寡而产生与消亡，人们不必对其从哲学上加以如此坚持。

（二）民主的外好——"知识政治"

前面的讨论自然导向另外一个问题：即便民主有内在价值，但是政治是十分现实的，政治家必然要追问：民主是否有外在价值，它能否为一个国家带来生存、荣誉和强大？哲学强者的基本价值观是内心的强者：苏格拉底在《高尔吉亚篇》中批评伯利克里的"辉煌功业"为无意义。王何必曰利，亦有仁义而已矣。然而，一个现实政治学家（韦伯：负责任的政治家）就不能止于此。如果以善致善不可能，那就只能以恶至善。斯坦福大学政治学系兼古典学系教授奥博（Ober）提出，必须考察民主的实际表现或成效（performance）。所以他不想与那些继承柏拉图理想主义、羞谈功利的保守派学者对话，因为双方的价值框架差距太远，实在难以有效沟通。[①] 他的基本立场是：民主作为一种内在之善，同时也能带来十分显著的外在之善，而这是值得庆贺而非需要回避的。下面我们主要以奥博为典例说明最新学术界对民主的外在功效的论证方式。

民主具备外部之好吗？许多人对此质疑。甚至西方也有不少人艳羡信仰-集权-指令政体的高效率。柏拉图曾经批评民主的内在弊病是自私与愚昧。用今天的社会科学术语表达即公共行动问题、协调共识问题、交易费用问题等等在集权国家中容易得到解决，但是在民主国家中却天然比较困难，结果势必导致民强国弱，在国际竞争中失败，或者走向某种集权体制。这就是意大利精英政治学派代表米歇尔（Michels）等人论证的"寡头铁律"。[②]

---

① 或许"不同派别的对话"也是有限度的。参看 Josiah Ober, *Democracy and Knowledge: Learning and Innovation in Classical Athens,* p. 40 注。对比：布鲁姆、密尔、尼采等等哲人都认为一国之好，在于自由、个体、丰富。维拉也认为公民具备批评力量才是真正重要的价值（Dana Villa, *Socratic Citizenship*, p.300）。不少人看到在发展经济上民主制未必比集权制更为有效。参看福山：《历史的终结》，第 138 页以下。

② Josiah Ober, *Democracy and Knowledge: Learning and Innovation in Classical Athens,* pp.8-9, 21, 31-35.

但是奥博指出，这样的推理并不符合历史事实。事实是，民主在外在效率上丝毫不逊色于其他体制。它完全可以解决经济活力和强大凝聚力等等问题，甚至远远胜出其竞争者一筹。在他的《民主与知识》的第八章中，奥博用现代社会科学方式将一个政体的"表现"（即它所带来的"外好"）具体化为几个指标：历史评价，总体繁荣度，硬币的分布，在历史文献中的提及次数，等等。他指出，按照这些（不少是可以量化的）指标，民主雅典的表现在古代可谓出类拔萃，无与伦比。于是，问题就不是"民主行吗"？而是"民主为什么这么行"？由于雅典即便在古代各个民主城邦中也表现得超常出色，还要询问为什么会出现"雅典例外论"的现象？总之，这不是一个有没有、而是一个如何解释的问题。

我们知道对此曾经有过许多种解释，比如雅典的帝国主义与奴隶制度是其强大的来源。这是以恶致善的解释思路。不过，还有以善致善的解释。伯利克里的葬礼演说就开创了这样的内善产生外善的解释路径。伯利克里理解的民主内在之善是民主赋予每个人以自由和尊严，这带来了超常的爱国心和凝聚力，使其心甘情愿地为国奋战。[①]奥博的解释汲取了当代社会科学的最新研究。他首先指出，真正的强大在于知识（得到有效运用），这显然是"知识经济"、"信息社会"的特有思路。如果说知识经济是新强者，知识政治也将成为真正的新强者。[②]当然，柏拉图早已重视知识的力量，并且正是因此而批评民主无知愚昧而是坏体制。奥博认真看待这一批评，但是他借用了市场学说和新的企业（公司）学说来为民主辩护。民主完全可以是智慧的，民主体制如果能充分汇聚和共享分散在大众中间的知识，反而能集思广益，比专家型集权政治更好地完成合作行动中的各项任务。[③]

① 修昔底德:《伯罗奔尼撒战争史》，第98页。
② 我们可以将现代科技专家视为某种新强者，知识强者。古代强者靠的主要是物质力量和纪律，比如斯巴达和罗马。而雅典的强大主要是知识带来的。在所谓现代性和后现代时代，知识的力量日益明显是主要的"强者"力量之所在。参看 Josiah Ober, *Democracy and Knowledge: Learning and Innovation in Classical Athens*, p.106, note。
③ Josiah Ober, *Democracy and Knowledge: Learning and Innovation in Classical Athens*, p.268.

奥博提示人们：希腊民主城邦可以类比的是当代新兴企业即某些 IT 公司，在这样的公司中，最有价值的财产就是它们的成员的知识。事实证明，这些企业在激烈的竞争环境（市场）中往往通过对知识－信息的有效汇聚获得了巨大的成功。[1]

奥博的新思路的核心启发是：民主的许多机制可以发挥我们意想不到的、导致外部高效率的作用。如果仅仅按照代议制民主的理解，投票是用来汇聚私人偏好的，那么这确实是无效的体制，阿罗这么看，奥博也同意：如果只是当选民，人民其实没有什么力量。但是如果我们发现民主的各种机制可以服务于别的目的，则它们可能会非常有效。这一目的首先就是社会知识论的。著名政治思想家邓恩曾经悲观地认为，专业知识的存在与人人统治的民主主张之间是无法协调的。民主的诸项体制设计是为了"避免直接镇压"，而不是保障"有效理解的稳定产生"。[2] 但是奥博认为未必。如果仔细考察，就会发现民主雅典确实在用一个复杂系统的体制将分散的知识汇聚起来，全民共享，同时形成稳定的共识，保障了有效理解的稳定产生，使得国家强大而有活力。

具体而言，知识政治的任务分为三个方面：

首先，汇聚共享。人们大多知道被梭伦、克里斯提尼、伯里克利等逐渐建立起来的雅典民主的那些繁多的机制，比如十部落，500 人议会，民众大会，陪审法庭，等等。它们忙忙碌碌，热热闹闹，每天在活动，花费也不菲。奥博的问题是：如此巨大的活动费用，必须有相应的回报，才能维系。回报是什么呢？是知识的汇集。民众当中其实有各种各样的知识，而且有各行各业的专家。但是如何将其汇聚起来，让大家都分享到，需要有效的机制。奥博认为，从这个角度看，则雅典民主制中的 500 人议会、官员工作组等等，都可以视为是将分散的公民频繁地聚会在一起，建立起沟通和信任，同时熟知谁是能

---

[1] Josiah Ober, *Democracy and Knowledge: Learning and Innovation in Classical Athens*, pp. 18, 90, 104.

[2] 民主与知识之间的紧张关系，自古就是思想家关心的一个问题。参看 Schofield, Malcolm, *Plato: Political philosophy*, Oxford University Press, 2006, chapter 4。

人，推举其填补结构洞，让各行各业的专家被认出和启用，让各人的不同知识得到互补性运用。[1]

其次，形成共识。人们在不知道其他人的意图时，往往难以协调行动。集权体制比较容易通过颁布命令和洗脑来解决这个问题。民主怎么办？有办法。奥博认为，雅典民主发明了许多聪明的办法"形成共识"，比如建立了大量的公共纪念碑、建筑、剧场等等可以将共同信念广而告之。奥博特别介绍了近来学者们对雅典民主时期大量建造的环形剧场和会场的功能的研究。这种"内观式"建筑可以令观众们在观看舞台上的表演的同时，相互看到伙伴们的反应，从而自然而然地达成信念共识。这样的建筑在雅典的非民主时期就隐而不显、很少建造了，在其他集权国家也很少见。阿伦特也注意到希腊民主的公共领域中的"相互观看"的重要，不过她主要是看重这种措施所提供的荣誉的形成机会，而奥博则从社会认识论的角度出发，强调这样的建筑可以帮助共识的建立。[2]

最后，建立规则。在知识汇集和形成共识之后，为了减低交易费用，必须将知识建立为法规（codification）。雅典民主城邦热衷于订立大量法规并认真依法行事。这样的政治文化使得普通人只要通过学习传统、遵循条规就可以完成许多大事。柏拉图认为民主的致命（外在）弊病是无知且高傲，不承认自己的无知，不愿意学习。[3]但是我们看到，奥博所理解的民主体制恰恰是一种学习型组织。当然，奥博也意识到法规化的弊病是容易导向僵化。但是他认为雅典民主在学习与创新之间还是设法保持了平衡。

这三个方面完整地证明了民主可以是"智慧"的。要注意的是，上述社会知识论预设了民主的公共性。众所周知，柏拉图对民主的批评是两大方面：自私与无知。奥博也知道现代民主理论公认民主的本质是私人利益集团之间的冲突和博弈。不过他并不认为这是民主的必

---

[1] Josiah Ober, *Democracy and Knowledge: Learning and Innovation in Classical Athens*, pp.12, 135, 142.

[2] Ibid., pp.169, 194, 199.

[3] 熊彼特也认为民主的特点是无知。参看卡罗尔:《参与和民主理论》，第 16 页。

然特征。如果民主只不过是这样的东西，那确实难以解决公共行动问题。但是，完全可以像古代民主那样设民主是公共的。于是，公民就会愿意和他人分享有价值的知识，而非总是想通过伤害他人来获利。那么，为什么古代民主可以是公共性的？奥博的解释是：当时环境非常险恶，民主国处于众多竞争者之间，外部威胁会导致共同体的内部团结。[①] 更早提出"强势民主"的学者巴伯则认为，其实只要制度设计得当，进入公共领域的民主人民会自动从私人转化为公民，所以，他们不会仅仅在设法利用体制拼命实现自己的利益集团的偏好，而是会在共同商讨中改变自己的偏好，从而不会出现现代民主理论家们经常喜欢说的"投票悖论"等等问题。[②]

（三）民主机制的其他作用——目光参政

奥博的民主作为"高效知识政治"的思路可以归结为：第一，对民主制中那些众所周知的体制做出新解释，第二，对被忽视的体制从新角度加以重视。这种"重新审视民主体制功能"的思路表明了古代民主研究者们不断借鉴其他学科的新成果。事实上，自从芬利开创雅典民主研究之后，借鉴政治学、历史学、社会科学、法学等等学科领域模式的各种研究进路纷纷涌现。[③] 我们将在这些新方法论与新发现的尝试中举出一个较为典型的例子来展开分析，这就是格林（Green）的"人民之眼"的思路。

格林首先同意大多数学者的看法：人们对现代西方民主的实际效果普遍感到失望。然后他指出个中缘由是，大部分人都用声音模式（vocal）思考民主，将民主参政理解为人民直接进入公共领域发出自己的声音，包括最新的"商谈民主"也是如此（尊重各自的声音）。然而，这种"直接发声决策"（或者公共意见的汇聚）式民主确实已经被民主理论家们证明基本上是失败了。不过，格林认为不必对民

[①] Josiah Ober, *Democracy and Knowledge: Learning and Innovation in Classical Athens*, pp. 100, 169.

[②] 参看巴伯:《强势民主》，长春：吉林人民出版社，2006 年。哈贝马斯的商谈民主亦有与此相近的意旨。

[③] Vincent Farenga, *Citizen and Self in Ancient Greece*, pp.2, 550.

主灰心，他相信我们可以看到解决之道其实已经存在。他说，人民直接充当统治者不可能，他们必然永远停留在被统治者（ruled citizen）状态，但是弱者依然可以发挥强者的作用，"民主"依然可能，只不过新的渠道将不是"声音"，而是"目光"（visual）；不是"谈说"，而是"凝视"。

这样的命题初看上去是反常识的，因为"观众"、"旁观"（spectatorship）本来似乎意味着软弱无力，怎么会是强有力呢？格林却提示我们可以拓宽思路，破除常见。第一，即便从日常视角以及某些重要理论家的看法来看，"凝视"也可能意味着强者的巨大杀伤力，让我们想想"神的注视"，"良知的目光"，萨特的"自为之在的对象化目光"，福柯的"权力凝视式目光"等等，就不难明白了。[①] 第二，民主政治正是要采取许多措施让这些潜在的目光力量变为真正强大。比如当代民主体制中的总统选举电视辩论，公共质询，领导人新闻发布会，等等。[②] 这些制度作为民主制度，其特点是整个过程的程序不得由统治者操纵，而必须由人民控制，人民将保证它们符合一个核心标准：公共性（candor，坦诚性）。

这样的"目光式民主"理解有几个好处，第一是顺应历史时代潮流。在大国－工业化－市场经济的时代，人民不可能热衷于经常性地投身公共领域"谈说"。除了四年一次的选举，大多数人大多数时间中都是被动的被统治型公民。[③] 这一沉默的大多数长期以来被民主理论所忽视，这是不应该的。难道我们找不到让他们也能以某种方式经常性地发挥统治的方式吗？用我们的强者政治学／弱者政治学的模式说，即，为什么不可以设想弱者或被统治者也可以有自己的强者性的"政治生活"？第二，目光式民主让"人"重新回到政治中。发声类民主包括商谈民主，关注重点是立法而不是人的生活，是如何最终推动某种有利于自己党派的法律被通过。这样的党争式民主，其实是将

---

① Green, *The Eyes of the People: Democracy in an Age of Spectatorship*, p.10.

② Ibid., pp.99, 194.

③ Ibid., pp.204-5. 实际上，达尔认为穷人是暴民，他们少进入公共领域直接干政，或许是一件好事，参看卡罗尔:《参与和民主理论》，第89页。

人当成工具——推动立法的工具。[1] 但是观看型民主则首先让统治者作为人重新登上舞台，出色表演（performance）；[2] 人民虽然并不登台表演，但是观看演出，并且享受观看政治家坦诚而高明的演出。这才是人与人的关系，它维系了表演自由与观看自由两种美好。这样的美好，在一个日益理性化、自然主义、市场化的今天，尤其难能可贵。在此意义上，格林的观点符合我们在第一小节所说的"民主的内在价值的论证"。第三，这是让"民主"重新回到政治中。这种民主，是罗马式的而不是希腊式的，但是又不是"罗马共和主义"的，毋宁说是罗马式"大众民主"（plebiscitary democracy）。这个词在民主学者中一直是个贬义词，甚至比"希腊民主"还要糟糕，因为它唤醒的是对罗马时代由"民众领导"率领"暴民大众"反对共和贵族们的历史的回忆。格林用这个词强调，今天的民主国家中的真实事情和罗马民主一样，是领导人在表演，人民则是"被动"的观众，而且像当年角斗场中的大众一样，他们或许还享受观看。[3] 唯有认清这是事实，才会由此出发积极设计有效的民主方式制约领导们手中过强的权力。如果忽视或者故意无视这个事实，反而会忘记或是故意不设计制衡方式。[4] 格林认为他的"目光民主"的设计，使得被多元民主主义搞臭的"人民"概念又恢复了名誉。人民在发声参政时，大多是作为利益差异很大的小群体，确实不太会是一元的，不存在统一的"人民"实体。但是他们在"观看"或者监督领导人时，实质上便构成了一个共

---

[1]　Green, *The Eyes of the People: Democracy in an Age of Spectatorship*, p. 204.

[2]　Jerrey Green, *The eyes of the People: Democracy in an Age of Spectatorship*, p.184. 我们看到，"performance"是一个在近几十年西方学术界十分流行的关键词，然而它在不同的人那里意味着不同的理论模式。在阿伦特那里，它更意味着表演，在法伦格那里，就添加了"施为"（施行）的意思；在格林那里，领导表演，群众观看表演。而在奥博那里，performance 指的是一个体制的能力或"表现"。总之，这一个词可以表达人类行为由内到外的各个层次。

[3]　Ibid., p.120.

[4]　韦伯已经指出：领导与人民之间相对清晰的区分，以及领导依然拥有很大的权力，乃是现代大众民主的一个特点。格林因此认为既要承认事实，又要想办法在此基础上继续贯彻民主。比如，既要接受领导，又要用观看等方式来制约领导。Ibid., pp.149, 152, 156.

同的"人民"实体。[①] 所以，在今天也不必对"民主"失望，只不过，如何看待真正发挥民主作用的渠道、机构、方式，需要我们有足够的理论想象力，需要政治思想史上的方法论创新。

（四）一些反思

在今天的政治哲学和政治思想史学界中，当说到"反对民主"时，人们一般会想到施特劳斯派等少数保守派，而认为主流是力挺民主的。但是从联邦党人到托克维尔，从公共选择论到集体行动论，主流学界其实一直对民主尤其古典民主的潜在问题感到忧虑：直接民主有可能带来大众暴政，压制多元和自由，罔顾专家而自信傲慢，低俗而无效率。许多人认为：西方社会如果成功的话，靠的也不是"民主"，而是其他的东西诸如自由主义，小政府（弱政治），共和，分权制衡，市场经济看不见的手的作用等等。[②] 为民主的价值辩护者，反而显得是"逆流而动者"，必须提出扎实的理由论证。无论是奥博还是格林，无论是"发声"还是"凝视"，都坚持古代直接式民主在今天依然可以发挥相当积极的作用。这在今天普遍质疑古典民主的大背景之下，是反潮流的。

我们在把这样的学者——包括哲学家、史学家和政治学家——的一些最新努力放在一起对照讨论，可以看到，这些工作从各种角度切入，为民主平反，提出了不少前人未曾思考过的角度，开拓了政治哲学和政治思想史的视野。然而，这些工作之间又不完全相同，甚至观点有分歧和冲突。比如奥博主张人民之声依然非常有用，[③] 但是格林则持不同意见，他认为应当更多地考虑人民的眼睛。迷信人民的声音虽然是学术界长久的习惯，但是未必正确。格林的话让人不禁想到德里达对西方"语音－口语"（logos）崇拜的批评。柏拉图开创了这一传统：口语是更接近本质的，而书写是影子的影子，依靠阅读，离开真理远了许多。这其实是对直接性的迷恋。但是我们说过，在人类历

① Ibid., pp. 205–206.

② 参看约翰·邓恩：《让人民自由——民主的历史》，新星出版社，2010，第183页。

③ Josiah Ober, *Democracy and Knowledge: Learning and Innovation in Classical Athens*, p.101.

史包括伦理历史中，可以使用直接性策略，也可以使用间接性策略。抛弃间接性的阻隔，恢复直接性之好的冲动，一直绵延不绝。哈贝马斯之所以推崇对话伦理学，反对罗尔斯的沉默计算，反对代议制，与此其实有关。

由此可见，对民主的辩护可以分成从内在价值出发的论证与从外在价值出发的论证。有意思的是，哲学家们多从内证看民主的利弊，而历史学和政治学学者则多从外证看，他们更为"现实主义"。不过，这样的学科偏好也不是绝对的。甚至以专门论证民主的外在效力著称的奥博，也强调民主的正当性证明主要还是内在的，即它的内在价值是首要的。[①] 在此值得指出的是：阿伦特的外证和奥博的内证，都来自亚里士多德。甚至他们描述终极目标时所用的术语即"繁盛"（flourishing），也都来自亚里士多德，可见亚里士多德的思想极为全面，内外兼修，影响至今不竭。

在现代，从内在价值论证民主共和的意义，尤其困难。因为现代性设定个人主义为最终价值本位，于是一切政治方式归根到底是个人的幸福的工具。如果从这个角度看，则民主能完成的事情，只要可以被开明专制或自由贵族制等其他体制完成，逻辑上看不出为什么一定要坚持民主与共和。[②] 由此看来，希望依然维系民主共和内在价值的，是所谓强者。强者政治学与弱者政治学[③] 不同，关心的不是第三人称的效率（或者演化论适存度意义上的功能），而是第一人称的内在价值或人作为人的幸福（至善）。用伦理学类型学的语言说，它关心的不是后果论，而是完善论。关心这样的价值，尤其是试图在极为现实

---

① Ober, Josiah, *Democracy and Knowledge: Learning and Innovation in Classical Athens*, p. 23。奥博在古代民主史领域发表过许多影响广泛的著作。他之前的一些重要著作可以视为是对民主的内在价值的辩护。

② 参看巴伯：《强势民主》，第 26 页。政治的未来与以神经科学、演化论、人工智能等为代表的结构功能取向的"新自然主义"价值观的关系，在下一章还会专门讨论。

③ "强者政治学／弱者政治学"的理论模式参看包利民：《古典政治哲学史论》，北京：人民出版社，2010 年，导论。这个模式在今天依然有效。现实主义者如韦伯、熊彼特等都用切实的事实指出，在民主社会中，人民并未真的直接进行统治。"强者政治学"与"弱者政治学"的二分，在今日西方民主世界中还是可以清晰可辨，进入 20 世纪之后甚至加剧而非缓解了。

的政治当中追求实现这样的"理想主义"价值，确实是某种"奢侈"。从古典哲学的角度看，唯有强者才能享有这样的奢侈，同时也必须去追求这样的奢侈。否则就不配"强者"之名。

进一步的问题是：内与外有没有关联？在一个险恶的国际环境下，仅仅重视内在价值比如人的尊严，或许是玩不起的奢侈。然而，奥博认为民主不是奢侈，它很现实。民主作为一种内在之好能带来外在之好。注意，这种解释并不像它看上去那样是自然而然的。许多学者尝试过，但是都失败了。比如卡罗尔在解释现代企业民主化实验时也提出了类似的论证：当工人能控制自己的工作时，就能感到尊严和自由，便会主动发挥更大干劲，带来更高效率。[①] 但是，这种"企业民主解释"显然过于理想化了些，她所钟爱的南斯拉夫的工人自治的实践从后来的经验看也未必成功。科斯的企业理论表明，作为降低交易费用的需要而出现的企业应该不是民主的，而是等级体系的。奥博却用"新企业理论"由内向外解释雅典的成功，这是基于一种独特的社会认识论解释：如果将雅典民主的那一套机制理解为"高效知识共享机制"，那就自然可以理解民主国家为什么会取得外在的强盛。奥博的思路如果能够普遍成立，在历史哲学上将引发深思：这是否意味着善而非恶也可以成为推动历史进步的主要动力，从而亚当·斯密和黑格尔的历史哲学（看不见的手与理性的狡计）就未必成立了？人类将可以在现实政治经济中直接地既追求外在之好，同时又追求内在之善。这样，我们在导论中所说的直接性伦理方法论就能在新的历史条件下得到复兴。

二、当代公共神学的各种奠基努力

不仅西方两希文明古典传统的希腊罗马一方的现代研究者有人希望"开出"现代性，而且希伯来－基督教一方的现代传人中也不乏这样的努力。这引发了基督教神学史中的一个长期存在的重要议题的重

---

① 卡罗尔：《参与和民主理论》，第 54–55、58 页。另外可以参看威尔金森等：《公平之怒》，北京：新星出版社，2017 年，第 223 页以下。

新热议：如何处理信仰与公共世界的关系。基督教的复杂性在于它在自身当中具有各种倾向，比如祭司的、先知的和神秘主义的，而不像佛教那么出世，也不像犹太教那么入世。这些倾向造成了灵性与公共世界之间的张力关系，在历史上被冠以各种术语。灵性的一方通常被称作"宗教"、"基督"、"神学"或"教会"等，世界的一方则被冠以"文化"、"社会"、"政治"、"国度"、"市民社会"或"公共领域"等名字。于是，我们看到 H. R. Niebuhr 关于"基督与文化"的五大模式的经典分析，也看到"基督教的社会教导"（social teaching）或"政治神学"的专著与文献集。"国家－宗教"则由于"君士坦丁国教策略"被普遍怀疑而日益成为少见的词语，取而代之的是"公民宗教"（civil religion）。然而"公民宗教"的考虑与"国教"并非截然有别，因为它源于西塞罗的信念：一个共和国必须有自己的宗教信念。如果全国都信仰一种共同的公民宗教，则麦金泰尔等人所担忧的现代性患上的"深刻分裂与对峙"病症就迎刃而解了。我们前面讨论了社群主义在反对自由主义时对社会的共同体传统的强调。在西方现代性当中，基督教会可能依然是传统"社群"中最为重要的类型。每当自由主义和个人主义发展过头时，社会心态和不少学者（从托克维尔到罗伯特·贝拉）都会情不自禁地提到基督教的公共伦理作用。

人们对宗教的期盼是变化的。著名宗教社会学家 Martin Marty 曾经观察到：当人们过于追求灵性之后，往往会朝现实问题的关注摆动，希望宗教能够在其中发挥作用。但是当宗教过分与现实世界的议题交融时，人们可能又会产生新的不满，转而强调宗教的超越性一面。[1]"公共神学"是这一张力关系在我们时代的最新一次表现。当然，不同的时代有不同的特点，有不同的问题意识，所以这次的"公共神学"思潮并非在简单重复历史上的类似现象。20 世纪惊心动魄的大事是两次世界大战，更为深刻但不是那么耸人听闻的事件则是现代性的深化以及"后现代性"的出现。可想而知，面对奥斯威辛和启蒙、多元化、世俗化的大举进逼，"公共神学"必然首先呈现为一

---

[1] 参看 M. Marty, "Foreword," Lovin, ed., *Religion and American Public Life*, Paulist Press, 1986, p. 1.

种辩护性（apologia）态势。"Apologia"的古意标识着神学中的一门专门学科，它指的是神学对外部世界的解释、阐述和对话。可想而知，纯粹的信仰者一方会有人认为这没有必要。对上帝的信仰不需要 apologia。信者自信，不信者随便。Apologia 的更为狭义的含义是辩护。"公共神学"必须首先论证神学观念或广义的宗教与公共世界具有关联性，因为这已并非自明，而受到深刻质疑，有待辩护。一般人认为质疑来自公共领域；这固然不错，但是并不全面。质疑也可以来自宗教－神学本身。如果面对内外两个方向的激烈质疑，公共神学家依然相信自己的正当性，相信一个健康的公共领域离不开神学的直接和间接的支持资源，那么人们就应当认真倾听一下公共神学家的声音了。尤其是，这声音未必是一种，而公共领域不是最需要"不同的声音"吗？

（一）公共理性——阻挡之墙

从公共世界方面阻挡宗教进入公共领域的努力早在启蒙之后就不鲜见。最近这次的典型代表是罗尔斯和哈贝马斯。他们也许不如其他一些公共哲学家如奥迪（Audi）和格林纳特（Greenalt）等发展出更为复杂细致的论证，但是因为他们是当代公共哲学中的领军人物，所以他们对宗教的态度必然引起广泛的注意、引证和争议。罗尔斯的"公共理性"的学说明确规定，当涉及基本政治结构的讨论时，不得使用宗教和哲学语言（所谓"整全性学说"）。在纯粹世俗的公共理性独立得出结论之后，各种宗教才可以对其"交叉共识"支持或是反对。哈贝马斯以提倡"公共领域"著称。他也反对宗教介入公共领域，因为他认为交往沟通理性所代表的主体间的相互尊重会遭到宗教的独断不宽容的姿态破坏。在讨论了公共神学的努力之后，我们还会详细阐述罗尔斯和哈贝马斯在这方面的看法。

这种"独立的公共理性"的立场可以追溯到近代早期。近代宗教改革之后爆发的宗教战争带来的一个结果就是"宽容"被接受为一项基本国策，以便保护信仰自由。"政教分离"于是逐渐成为自由主义的宪政基本原则。到了 18 世纪，西方又发生了启蒙运动。启蒙本身就是对宗教的质疑。知识论上的质疑即使采取最为中性客观的表达式，也是不可知论的：宗教信念的真理性本质上不能由理性裁决；不同的宗教信念之间相互难以沟通，宗教真理对"外人"没有说服力。这样的启蒙路线贯穿了现代性，韦伯的价值理性和工具理性的分离的说法就是这一路线的深化。

对于这种来自公共领域的阻挡，当代主张公共神学的学者提出了种种反驳。他们认为在公共领域中禁止宗教的声音表明了自由主义政治哲学过度企图达到"共识"。但是社会可能是多元的，而且这并不一定是坏事。当世俗政治哲学家宣称现代人对政治患上了冷淡病时，大多指责基督教是"私人化"的根源。但是当神学表达了愿意介入公共领域的愿望时，那些自由主义哲学家们又叶公好龙，过分紧张，竭力阻挠。芝加哥大学著名神学家德雷西（David Tracy）通过其解释学研究论证说，宗教观念和符号未必就是无法公共享有的特殊事物。一切经典之所以是经典，就是在起源（origin）上是特殊的，而在效果（effect）上是公共的。[①] 事实上，一个完全世俗化的"公共领域"未必就是普世的、公共的。罗尔斯后来自己也承认他的"公共理性"学说无非代表了一种特殊的传统——现代北美自由民主制政治——而已（罗蒂特别强调了罗尔斯的这个方面）。耶鲁大学著名哲学家和神学家沃尔特斯多夫（N. Wolterstorff）认为，一个真正有活力的公共领域应当允许各种价值观体系都贡献自己的深度视角。当然，为了避免宗教可能带有的独断色彩，各种宗教在参加公共讨论时，要注意遵循公共礼貌（civility）。[②]

（二）两个国度论——神学方面的自我设限

以上争论可能会给人以"宗教很想介入公共领域而遭到阻挡"的印象。这并不完全准确。其实，基督教本身当中拥护君士坦丁国教政策的并非一定是主流。大多数人毋宁说反对热切肯定和介入公共领域。

---

① 参看 David Tracy, "Particular Classics, Public Religion and the American Tradition," in R.W. Lovin, ed., *Religion and American Public Life*, pp.119ff.
② 参看沃尔特斯多夫与自由主义哲学家奥迪的争论文集：R. Audi and N. Wolterstorff, *Religion in the Public Square, The Place of Religious Convictions in Political Debate*, Rowman & Littlefield, 1997.

这个传统由来已久。基督教并不认为"正义"的本质是水平的、人与人之间的一种关系，最重要的正义是人与上帝之间的，垂直方向的关系。正义的人、称义的人得到的恩典未必是世间的牛奶与蜜糖的迦南地，而是新天新地的末世。如此，"介入公共领域"就要小心了。爱是有方向的。如果爱 x 过分，那就会忘记甚至仇恨 y。所以，人间的事情大致维系就可以了，如果人对于"维系工作"投入了太多的热情，那就可能离开源头过远——而这就是罪。这样的思想也许有普罗提诺的色彩。最早阐明"两个国度"学说的奥古斯丁曾经深受普罗提诺所代表的新柏拉图主义的影响。柏拉图的政治哲学建立了分立价值大序，并把"至善－幸福"（the Good）从政治荣誉生活上移到超越的神圣追求中。人一旦走出过洞穴就不想再回到洞穴。一旦知道了天国荣耀，谁还会对那些争权夺利打打杀杀的"公共事务"感兴趣？灵魂的得救才是最为重要的。灵魂的得救不仅限于完全的个体内心，它也具有"政治的"或"公共的"形式，那就是教会。教会虽然在历史上出现过许多腐败，就像一切人性的组织一样，但是它的本意却是活出基督的爱与正义的教导，提示上帝之国的远象的精神。事实上，这样的共同体越是离开公共世界及其逻辑，越是能展示自己的本质。公共世界的逻辑永远是现实主义的，屈服于强制性暴力；上帝之国却是爱与和平的象征。在当代，美国著名神学家哈沃罗斯（Stanly Hauerwas）是这样的立场的典型代表，他反对宗教获得公共领域中的地位和权力，他甚至欢迎政治权威不再支持宗教，因为这样才使宗教可能恢复自己的本质，并以自己的纯粹的、独特的面貌警示和启发公共领域。[①]换句话说，哈沃罗斯的公共神学是一个悖论式的理论：他坚决反对公共神学，他对整个启蒙工程置疑。但是他又认为正是这种对公共神学的反对，才是最好的公共神学——对公共世界的真正

---

① 参看 S. Hauerwas and W. H. Willimon, *Resident Aliens: A provocative Christian Assessment of culture and ministry for people who know that something is wrong*, Abingdon Press, 1989. 有意思的是这样的态度也得到了部分重要自由主义政治家的间接支持。自由主义认为政治的任务就是维系外在秩序，它无权干涉其他重要事务，尤其是信仰，无权对其粗暴简单化地加以"统一解决"。

的、最大的贡献。

哈沃罗斯指出：现代性是世俗化的世界，基督教失去国教的地位。政教分离是宪法标志，但是 20 世纪对基督教在公共世界中的遗迹的冲击愈演愈烈。哈沃罗斯戏剧性地断言，大约在 20 世纪 60 年代到 80 年代之间的那个时间段里，世界彻底改变了。美国的世俗化一方对基督教取得了决定性的胜利。在此之前，基督教可以说还是美国的文化，家庭、教会和国家还联手灌输基督教价值。尤其在美国南部的广大区域，人们因为出生就是基督教徒。政教分离是 20 世纪后期被日益严格地贯彻的。但是，哈沃罗斯认为政教分离对于基督教是好事。世俗化之后，主流神学倾向于去适应公共世界。哈沃罗斯反对这样的公共神学。另一方面，世俗化之后，也有神学家认为基督教应当回归灵性，并且认为哈沃罗斯就是这样的神学家。但是哈沃罗斯也否认这样的归类。他不反对说基督教的真正意义是政治神学。他甚至说，教会不提供一种社会伦理。教会就是社会政治。教会对政治的贡献非常之大，关键是怎样贡献？

基督教应该做的，不是去适应世界，不是去为之论证，而是提供不同的可能性选项，使得世界明白自己的局限和超越的可能，这才是教会的真正贡献。[①] 如果神学只是去说一些公共世界已经知道而且习以为常的东西，而且还说得不如公共政治知识分子好，那么不会有人注意你。哈沃罗斯在他的名著《德性共同体》的导言中说，尽管他的主题是批评自由主义的政治和伦理理论，但是他的主要目的是激励教会重新意识到自己的独特基督徒信念而产生的政治体意识："我尤其要证明的是，为什么如果教会想要服务于我们的自由主义社会或任何社会的话，基督徒就必须保持对那一社会的适当的分离意识。"[②] 在哈沃罗斯看来，启蒙之后的神学的神学根本问题就问错了。因为"启蒙

---

① Stanley Hauerwas, *A Community of Character*, University of Notre Dame Press, 1988, p.50. 这也是施特劳斯派布鲁姆对于柏拉图理想主义的理解：自由就在于存在着真正不同的选项。哲学家共同体从某种意义上说也是在维系一个奥秘：超出现实政治的政治的可能性。

② Ibid., p.2.

之后占据了我们最好的神学家的关注的任务就是：如何使我们的福音在现代世界当中显得可信？"[1] 这也就是所谓公共神学的"翻译"工程。自由主义政治哲学宣称公共领域中只能使用共同的公共理性语言。神学家也竭力向公共世界证明自己的核心主题不是那么奇怪的、局部性的、迷信的、难以理解的前科学的近东故事，一个名叫耶稣的近东犹太人的生平、死亡与复活的事情，而是人类的公共伦理资源，可以非常现代。所以，从布尔特曼的"解神话"和确定真正的基督教的"核心信息"（kernel）到蒂利希的"神＝终极实在"、"信仰＝终极关怀"，以至于公共神学的重新启用"自然法"、"一般启示"、"普遍伦理"，都是在竭力把基督教神学的语言翻译为公共语言，希望公共世界能够理解之。然而，这么做的结果是失去了神学，唯有伦理学；失去了基督及其信众，只剩下抽象的观念。[2]

然而，在哈沃罗斯看来，只有在教会与现实政治不再统一时，在失去了康斯坦丁的基督教国时，教会的真正意义——被神召唤为一种新社会可能性作见证，这种社会可能性是此世界从自己的视界中永远无法认识的——才能露出水面。[3] 所以，美国基督教国的消失，对于基督教文化的外部支持的消失，不是什么应当痛加悲哭的坏事，而是应当庆祝的一个新机会。

哈沃罗斯反对启蒙的普遍理性理论。他认为所有的理性都与习俗和传统有关。每个共同体都有自己的共享理性预设，但是不一定为其他共同体所分享。这反映了他的长期战友麦金泰尔的思想。哈沃罗斯赞成某种哈曼意义上的相对主义：每个共同体都有自己的共同叙事和信念，这就是客观性的根据。启蒙理性的普遍性追求的一个目标是寻求共识。罗尔斯就希望在正义问题上运用公共理性而得到一致共识。但是哈沃罗斯指出，由于理性本质上取决于不同的共同体和传统，所以它们本质上是多样的。人是分裂的和潜在地冲突的。这是生活的悲

---

[1] 参看 S. Hauerwas and W. H. Willimon, *Resident Aliens*, p.19

[2] Stanley Hauerwas, *A Community of Character*, p.89.

[3] 参看 S. Hauerwas and W. H. Willimon, *Resident Aliens,* p.17–18.

剧性之所在。不应该企图掩盖。① 所以，基督徒的任务是作为一个信仰共同体在世界上做见证，而不是去说服别人。基督徒的政治任务不是改造世界，而是真正成为一个教会。所以，一切基督教伦理本身就是社会伦理。②

正因为此，哈沃罗斯并非有人误解的那样躲入"内心灵性之中"，相反，他很重视基督教的政治意义。他把教会称为一个新的国度（城邦），天国在此世界中的一个殖民地（colony）。所谓殖民地就是一个滩头阵地，一个前方哨所。基督徒在洗礼之后其公民身份就已经转变，已经成为天国的公民；那么他们在此世界中的身份就是外乡人，有居住权的外国人（resident aliens，这是哈沃罗斯的一本书的标题），生活在别人的国度中，生活在陌生人之中。这种意识，长期不得不散居在其他国家中的犹太人早就懂得，他们只能自行聚集在一起，称呼名字，重述自己的叙事，在一个不知道锡安的神的土地上歌唱锡安之歌。在此，他们的独特语言、价值观和生活方式才能得到珍视和不断强化。③

哈沃罗斯指出，充当外乡人是孤独的。许多人忍受不了这样的孤独，或者过分自艾，或者过分自恨。基督徒所面对的挑战是政治性的，是政治上的两难悖论：如何对这样一个由神与我们同在的故事所塑造的奇特的共同体保持忠诚。当耶稣不接受现实世界的行为标准时，虽然他没有直接与世界对峙，但是还是被世界体会为真正的最大威胁，被钉死在十字架上。教会如果忠于耶稣，那就必然是一种见证，是全世界都能看见的教会：人们看到这样的共同体中对于自己的承诺忠诚，爱自己的敌人，说出真理，尊重穷人，为正义而受难，从而见证神具有创建共同体的力量：

> 十字架不是教会对于权力的默默的、受苦受难的顺从，而是教会革命性地参与到基督战胜世间权力的胜利之中。十字架并不

---

① Stanley Hauerwas, *A Community of Character*, p.101.

② 参看 S. Hauerwas and W. H. Willimon, *Resident Aliens*, p.80.

③ Ibid., p.12.

是人类普遍受难和受压迫的象征，而是当人更为认真地接受神对实在的解释、而非恺撒对实在的解释时所发生的变化的象征。①

哈沃罗斯说：纳粹事件对于巴特和对于我们一样，都是对现代神学的一个关键性检验。纳粹正是现代性所产生的各种东西之一。在这一检验之下，现代神学破产了，因为它没有抵抗现代性的资源。在自由主义的神学中，没有神，只有被抬得太高的人。于是当人干任何坏事时，就无法抵御。现代神学在向现代世界靠得太近说话时，最终掉入现代世界中。②

哈沃罗斯代表了来自宗教内部的对支持现代性的公共神学路径的反对，影响相当之大。面对这样的内部反对，公共神学家们展开了许多论辩，指出基督教信仰并非私人化的；恩典除了特别的恩典，还有普遍的恩典。哈沃罗斯那样的保守派、福音派，其实是把上帝局限在教会中，是自我边缘化，使得上帝成为一个"太小的"上帝。积极参与公共事务责无旁贷，上帝怎么会放掉这么庞大的公共领域？事实上，参与公共领域的讨论还可以迫使神学和教会走向民主化，反思自己的神学预设，更好地改进自己。

（三）公共神学的正面理据

这些外部与内部的辩驳告诉了我们一些关于"公共神学"的信息。近现代公共神学与君士坦丁大帝的基督国教和中世纪大公教会都不一样，面对的时代是启蒙以来公共领域的重要性的上升。古典价值大序在近代日益失效，人们日益看重物质世界的价值。当代福利主义－全面干预式国家沿着这个方向不断扩展，庞大的公共领域拥有了前所未有的广泛权能，令人无法轻易放弃。③

在公共领域的重要性不断提升的同时，人们却日益焦虑地发现，这个领域其实问题重重。现代西方政治哲学家如麦金泰尔、施特劳斯

---

① Ibid., p.47.
② 参看 S. Hauerwas and W. H. Willimon, *Resident Aliens*, p.27。
③ 当代宗教保守派围绕家庭、性、生命伦理等问题积极介入公共领域，似乎就是因为不少人认为这些本来属于宗教的私人领域受到了"公共世界"的横暴干预。

等人一再对于相对主义、历史主义和虚无主义所带来的"西方文明的危机"感到忧心忡忡。政治合法性无法仅仅靠世俗语言论证，必须拥有超越性的"基础"。否认了独立于流变的是非善恶标准，公共领域就会堕落为各种利益集团之间的党争、内战和临时妥协。面对这样的时代问题，可以理解的是，公共神学的一个表达形式是"公民宗教"（civil religion）。尽管贝拉等人提出这一思想时是 20 世纪中期，但是它所把握的问题和解法在今天依然具有重大意义，甚至有更大的意义，因为当代美国面对不愿融入新教文化的拉丁、中东移民、面对世俗化和多元化的深化，"自我认同"成了一个严肃的问题。亨廷顿的《我们是谁》表达了这种焦虑。在这本书中他又重提了美国的 civil religion 的观念，并且把它明确规定为是新教精神。"美国信念"是新教的世俗表现，是"有着教会灵魂的国民"的世俗信条。[①]

不过，狭义的当代"公共神学"并不完全同意"公民宗教"的策略路线。公共神学更关心的是基督教观念而不是宗教符号仪式对公共世界的影响。公共神学的使命不是某一个国家的意义体系和认同感的建立，而是整个现代性的合法性的基础考察。所以公共神学对国家政治在适当肯定的同时总是保持着批评的距离。公共神学的批评力度又因为国家和时代的不同而不同。19 世纪末的社会福音派与 20 世纪的尼布尔显然受到马克思主义的重大影响，对早期资本主义积累时期的血与汗的局面喊出了神学家应当有的批评声音。20 世纪中期，尼布尔已经转向相当自由主义的立场，但他还是清醒地指出民主政治也有资产阶级立场的一面，更不要说市场经济的贫富不均遭到他一贯的批评。欧洲的"政治神学"、"上帝受难神学"、拉美的解放神学依然沿着激进的方向继续前行。不过，值得注意的是，英美的公共神学正在日益向自由主义转向，更多地肯定民主、市场、科技和教育等现代体制来源于基督教理念。尼布尔的《光明之子与黑暗之子》是从基督教神学出发对民主制度的一个系统的重新辩护。尼布尔思想的继承人、当代著名公共神学家斯戴克豪斯（Max Stackhouse）更是论证现代政

---

① 亨廷顿:《我们是谁? 美国国家特性面临的挑战》，北京:新华出版社，2005 年，第59 页。

治、经济、科技、医疗和教育等等重要领域的背后都有神学理念的支持。当然，对现代性的肯定绝不意味着对狭义的美国国家政治的无条件支持。相反，自由主义的核心理念是警惕和限制政治权力对市民社会的侵袭。所以斯戴克豪斯对神学和教会传统在这方面的贡献特别注重发掘。荷兰神学家库依帕（Kuyper）的社会诸领域分权的观念，市民社会的自愿结社传统，全球化对于民族国家力量的限制等等，都得到了他的强调和张扬。

斯戴克豪思旗帜鲜明地肯定现代性，全面赞扬作为现代性的普遍推广的"全球化"，这在神学界和政治思想界都堪称独树一帜、反对主流。人们的通常印象是，知识分子在介入公共领域时，应当采取批评的态度即"社会良心"的态势，这意味着应当站在弱者一边，批评强权。基督教面对现代性，似乎尤其应当采取激烈批评者的角色，因为现代性一直与"世俗化"的诉求分不开。现代性表面上呈现为工业化和富裕生活，然而许多人在其中识别出资本与殖民帝国的强势和市场竞争失败者的苦涩。更深入地看，工业化预设了在世中的积极进取和征服自然的强者心性，这与宗教所推崇的谦卑接受命运、朝向超越维度的心性完全相反。

所以毫不奇怪，近现代以来，基督教公共神学的主流是批判性的，它反对资本主义，它站在弱者一边。这又可以分为两种取向，要么积极倡导社会福音运动，主张用政治的力量打压市场的强势；要么对整个咄咄逼人的现代化运动采取大拒绝态势，甘愿居于社会的边缘。如果说前者以"解放神学"为代表的话，那么后者的代表就是社群主义取向的神学。[①]

与这样的主流态度形成鲜明对比的是，斯戴克豪思既不退出公共领域，也不以弱者政治学的态势介入公共事务。斯戴克豪思不遗余力地倡导公共神学。如果说政治可以分为强者政治学和弱者政治学两大类型的话语，那么，斯戴克豪思所走的路线就是强者政治学。斯戴克

---

① 参看《基督教文化选刊·选择穷人》，2006 年秋季号，北京：宗教文化出版社; R. P. Kraynak, *Christian Faith and Modern Democracy: God and Politics in the Fallen World*, University of Notre Dame Press, 2001, p.140.

豪思并非不知道现代弱者路线的公共神学。事实上他的博士论文的主题就是社会福音运动的代表人物饶申布什。他本人也曾经一度热心投身这样的工作。但是，他在赴东德等国家近距离地观察和反思了计划经济体制的运作后果之后，彻底改变了自己的立场。斯戴克豪思在《公共神学与政治经济学》中讨论神学对现代的"经济分配不公"的各种批判说法时，曾经插入了一段个人经历的叙事。他说，他过去也相信这些说法，在讲道和教学中充满了这类"批判资本主义"的话语。而且正是因为持有这样的投身信念，他在过去的十五年当中，利用每次学术假出国访问那些生产方式与西方完全不同的第三世界国家或者是东欧的社会主义国家。但是，经过亲身考察，"我发现我从根本上就错了。传统的或者社会主义的经济体系不仅会助长那些阻碍民主发展的社会力量，而且这些国家的分配不公和消费崇拜问题比起西方国家来说同样剧烈，如果不是更为惊人的话。"[1]

经历了思想的震撼和转变之后，斯戴克豪思重新肯定现代性，肯定市场经济，指出原先企图用激进的政治方案治疗现代性的"弊病"的知识分子、包括神学家都彻底弄错了。从政治立场上看，斯戴克豪思转向自由主义。不过，与其他重新肯定现代性的西方知识分子不尽相同的是：斯戴克豪思的论述大量围绕着强者政治学展开。

这首先意味着关注对象。"强者"首先指的是权力拥有者。从社会学的角度看，"权力"是各种各样、不一而足的。阅读斯戴克豪思的公共神学，一个引人注目的特点是贯穿在斯戴克豪思的各个时期的著作中的，是他对各种"权力"的仔细的分析与讨论。他经常一般性地把公共世界中的这些"强有力者"分为两大类型：老强者和新强者。第一层次的"强者"被称为基本"权力"（powers），它包括爱欲（Eros）、财富（Mammon）、武力（Mars）和艺术（Muses）。这些是前现代社会中就已经存在的"基要权力"（principalities）。它们既是一切社会所必不可少的基本强者，构成了家庭、经济、政治和文化的内在原则，但是它们也很容易被扭曲，因为它们倾向于控制整个社

---

① Max Stackhouse, *Public Theology and Political Economy*, p.120.

会，成为偶像崇拜的终极对象，变得 demonic。值得注意的是，这些术语都来自异教神的名字。斯戴克豪思选取它们为古老社会基本力量的名字，有其深意。

斯戴克豪思从两个方面肯定现代经济的积极意义。一个是生产力方面的，一个是生产关系方面的。现代性征服自然的精神表现在人们面对物质自然的问题时，积极进取战胜它，获得更为富裕平等的生活。斯戴克豪思认为基督教神学应当对于生产而不是分配投入更多的关注：

> 现代公共神学在关于公平分配的责任上进行过一些详细的讨论。我们知道我们负有关心穷苦人民的灵性的和道德的职责，也有责任用政治行动保证被压迫的群体获得经济生活中的体面机会。但是我们很少对生产的决定性中心即公司给予神学关注。现代宗教强调站在穷人一方的重要性，强调要通过穷人的眼睛阅读福音书。但是神学家很少考虑过现代经济中一个影响至关重大的社会机构，这是一个目前横扫世界的机构。[1]

韦伯对于加尔文派的积极主动入世的精神的研究在宗教社会学中是一个经典。[2] 斯戴克豪思赞许并且发扬韦伯的工作。斯戴克豪思的学生们也在继续他开创的从基督教传统为现代经济的正当性论证的工作。比如在斯戴克豪思的纪念文集中，就有人专门分析全球金融企业的神学根源。这样的分析其实是在探讨经济的价值基础，包括对财产权的尊重，个人主义，市场的看不见的手，信任的产生，工作伦理等等。具体到金融市场，则还有对时间的态度，对冒险的态度，风险控制产品，等等。作者在结尾总结时说道：韦伯所说的资本主义"精神"是全球金融市场得以运作氛围，这种精神来自新教。当然，金融业的人不会称呼"天命"或者神，但是他们相信市场有自主的和谐性，万

---

① Max Stackhouse, *Public Theology and Political Economy*, p.118.

② 参看冯刚：《马克斯·韦伯：文明与精神》，杭州：杭州大学出版社，1999年，第36、145、167页。有关韦伯思想中的强者性，可以参看第165–166页。

事万物会在冲突的表面下实现一致。[①]

在斯戴克豪思看来，现代经济之所以超出了老的权力，是因为它与第二层次的、新型的现代权力相通。第二层次的权力被斯戴克豪思称为"权威"。如果说斯戴克豪思有意识地在圣经古老传统中选用了"权力"（powers）来称呼老的权力的话，那么他就一贯地选取了"权威"（authorities）来称呼这些与老权力不同的新权威："在中世纪后期与早期新教改革时期，某些神学导向的发展引向了另外一系列权力，这些超出了原初的权力（principalities），而成为'现代权威（authorities）'，展示为'高级专业（high professions）'。"这些专业包括国际贸易公司、银行、法学、医学和技术从业人员，它们原先在教会内部培育了许多世纪，后来逐渐转入公共空间中。[②]它们与老权力明显是不同的。老权力的一个重要特点是全权，即倾向于对社会的所有领域进行统治，而新的专业性的权威则仅仅控制生活的某个领域。它们具有独立的合法性，能够吸引社会的忠诚和信任。老的权力如政治、家庭或者宗教是原始的、一阶的。而这些新的"权威"显然是后起的，历史中构造的，仅仅出现在复杂社会中。它们是现代性的标志。它们不仅重新塑造老的社会生活，而且自身也建立新的机构和超出日常生活的新生活方式。[③]斯戴克豪思在其各部著作中系统证明这些新权威来自基督教。事实上，在许多文化中这些现代性领域是不被允许独立于传统权威比如家庭或者政权的。它们的出现仅仅发生在某种基督教传统、具体说来就是近代的新教传统中。"天职"（召唤，calling）是一个重要的概念，发挥了关键性的作用。

在美国公共神学中"向右转"更为极端化的是著名神学家诺瓦克

[①] D. K. Hainsworth and S. R. Paeth, *Public Theology for a Global Society*, William B. Eerdmans Publishing Company, 2010, pp.72–73.

[②] Max Stackhouse (ed.), *God and globalization*, Vol.4, 47。

[③] Max Stackhouse (ed.), *God and globalization*, Trinity Press International, Vol.2, 1, 5。斯戴克豪思在《上帝与全球化》的第二卷开头对在第一卷中系统讨论过的五大老权力Eros、Mars等等用了一节进行概括（第 12 页以下），然后，他系统讨论了现时代的新权威。有关社会学家对现代性中"强者"的转变，拥有权力的新阶层的出现和特性（大多是知识权力）的关注和讨论，参看丹尼尔·贝尔：《后工业社会的来临》，北京：新华出版社，1997 年，第 391-409 页。

（M. Novak）。他几乎完全拥抱绝对自由主义的伦理立场，坚定地主张市场经济的价值至上。韦伯论述新教与资本主义起源的关系的名著在公共神学界一直是一部重要文献，而诺瓦克则模仿其标题写了一本《天主教伦理与资本主义精神》，全面证明天主教可以支持资本主义体制。[①] 诺瓦克不使用"市场经济"或"企业家精神"之类中性的名称，而公开宣布接受"资本主义"一词，表明了他的思想的极端性和挑战性。诺瓦克认为资本主义的正当性主要是道德上的，因为这种制度可以发挥人的自由创造性，从而给予人们以尊严而非等靠要带来的尊严丧失，这在拉美的"草根人民资本主义"中表现得最为明显。考虑到他是一位天主教徒，而天主教对包括资本主义在内的现代性长期迟迟不愿肯定，诺瓦克主张这样的立场是很不容易的。事实上许多美国天主教神学家更同情解放神学而不是诺瓦克。[②]

（四）一个基于"强者/弱者政治学"模式的反思

上面的讨论初步呈现出当代公共神学的各种类型。不过，"激进"和"保守"也许不能帮助我们深入地对其进行分析，因为它们只是一般政治倾向评论词。前面我们提到过一个"强者政治学/弱者政治学"模式。公共权力领域其实由两个相当不同的维度构成，它们在领域、本体论和目标等几个方面都具有明显的差异。弱者政治学的核心概念是"正义"，这属于人际边界型的道德价值。强者政治学更为关心政治家的人生幸福。甚至对现代性相当悲观的韦伯都认真讨论"政治作为一种志业"。

值得注意的是，所谓"强者品性"与"弱者品性"并不一定意味着价值上的高低。社会的进步靠生命力，社会的平衡靠公平。强者可

---

① 参看 M. Novak, *The Catholic Ethic and the Spirit of Capitalism*, The Free Press, 1993. 当然，从日本文化、犹太教和儒家中寻找与现代商业社会接轨的精神资源的学者也不少；但是韦伯的意思似乎是天主教不适合市场经济，而这是拉丁美洲和东欧、南欧的天主教世界必须正视和思考的。

② 天主教神学家中反对诺瓦克立场的人很多。他们甚至对基督教是否一定开出或支持"民主"也表示怀疑。基督教毕竟不能把某个时代的体制当作上帝的正义永久固定下来。参看 R. P. Kraynak, *Christian Faith and Modern Democracy*, University of Notre Dame Press, 2001, p.91。

以高贵，也可以狂妄；[①] 弱者可以卑鄙，也可以忍耐坚毅，甚至奋起反抗。基督教道德被称为"奴隶的道德"（弱者的伦理），这在尼采笔下与在薇依笔下，所指的意义就完全不同。

　　基督教通常被认为属于典型的弱者政治学。从体制－领域上说，耶稣·基督公开明确地站在无权力者、社会失败者、边缘人的一方，这在登山宝训中表现得很清楚。希腊罗马人所追求的荣誉和自足在基督教价值观中成了"罪"的典型代表；相反，谦卑地承认自己的虚弱、不足和受难却是成义的标志。这样的价值重估扭转了西方的大传统，最终帮助现代性成为一种以弱者政治学为中心的政治学，这集中体现在罗尔斯的向社会上最不利阶层倾向的平等正义观，纳斯鲍姆的"善的脆弱性"，[②] 以及列维纳斯的"他者伦理学"等等之中。在神学中，解放神学是旗帜鲜明地站在弱者政治学一方的公共神学。这一倾向发展到极端，就不仅要改变对"人"的本性的理解，而且涉及对神的本性的新理解。这不仅是纯粹理论的逻辑结果，而且源于现实事件对理论家的逼问。奥斯威辛之后，欧洲的、尤其是德国的神学家必须回答"大屠杀中上帝在哪里"的问题。对此有过多种解答尝试。其中，莫尔特曼等人的"受难的上帝"指向着典型的弱者政治学的方向。在这样的神学中，"弱"与受难具有了神圣性，或者说神具有了弱者性。在莫尔特曼和默茨看来，主张"全能"意义上的强者意味着主宰一切而不会遭害，绝对强者对弱者所受的伤害冷漠而缺乏敏感性。上帝不应当是这样的全能强者（all powerful）。上帝会受苦。上帝也在奥斯威辛中，但是不是作为"历史的主"的身份，而是以百万牺牲者中的一位牺牲者的身份，与我们共同受难。不会受苦者也不会爱；愿意同我们一道受难的上帝才是爱的上帝。我们与这样的上帝一道，就有充

---

① 阿伦特提示人们，从霍布斯到尼采或谴责或颂扬的权力欲望并不是强者的特征；相反，它就像妒忌与贪婪一样，是弱者的品行，甚至可能是弱者恶习中最具有危险性的一种。参看阿伦特：《人的条件》，上海：上海人民出版社，1999年，第203页。
② 参看纳斯鲍姆：《善的脆弱性：古希腊悲剧和哲学中的运气和伦理》，南京：译林出版社，2007年，第26页。

分的信心拒绝不义，为无声者抗议和呐喊。[①]

默茨对传统强者神学观的批评进一步涉及本体论：传统思想把人片面地设想为自然的主体，把人的历史写成了进步和成功者的历史，在其中删除了人类的受难。弱者被逐出中心。[②]然而，"福音的上帝最终并非成功者的上帝，毋宁说更是奴隶的上帝"。基督教真正应当做的是使一切人成为自己历史的主体。"生者和死者的上帝是普遍正义的上帝，他粉碎我们交换社会的准则，拯救在死亡中蒙怨的受难者。他因此而呼唤我们成为主体，或者面对敌视人的压迫而无条件地帮助他人成为主体，……"[③]默茨自觉站在弱者一方，强调神学的任务是努力帮助弱者强者化（empowering）。默茨和莫尔特曼等欧洲公共神学家直到 20 世纪后期依然支持拉美的解放神学。经历了纳粹执政和大屠杀，欧洲和德国背负了沉重的罪感，神学家自觉站在弱者政治学一方而避开强者政治学，是自然而然的。

美国是第二次世界大战（以及冷战？）的"胜利者"，它显然缺乏这样的负罪感的压力。它的公共神学就更多的是强者政治学的。尼布尔的基本听众是公共领域中的"强者"，这从他的忙碌交往对象大多是美国政治界和思想界的领导人物就可以形象地看出。他的神学讨论的也大多是有关强者和强国的问题。尼布尔的当代思想传人斯戴克豪斯的"强者政治学"取向也十分明显。当然，斯戴克豪斯更清楚地看到现代公共世界中的"强者–power"已经不限于政治，而是更为多元地（highly differentiated）呈现在经济、科技、家庭、艺术等诸相对独立之领域当中，这些领域分别服从自己的权威逻辑。如前面所讲到的，斯戴克豪斯把学术注意力牢牢地放在对这些权威、权能、权力、专业人士、领导者等等的灵性指导之上。

---

① 参看莫尔特曼：《俗世中的上帝》，北京：中国人民大学出版社，2003 年，第 182 页以下。也许因为莫尔特曼的思想在弱者政治学方向上走得过于前卫，保守的神学家比如拉纳就拒绝这种"十字架神学"。当然，欧洲的政治神学除了左派和右派，还有保守派，比如最近受到普遍关注的施密特的政治神学。

②参看默茨：《历史与社会中的信仰》，北京：生活·读书·新知三联书店，1996 年，第 64 页。

③ 同上，第 78 页。

他认为公共神学的使命就是论证圣灵曾经如何产生了这些"强－权者",今天又应当如何再度激活那些在世俗化中逐渐独立于其宗教根源的重大领域（spheres）的内在灵性。这些权能大多是人们"创造"出来的,而不是"自然"的,它们的巨大力量可以服务于人类,但是没有圣灵的伦理指导的话,也可能对人类造成巨大的伤害。[①] 如果说莫尔特曼等人新近倡导"生态神学"的宗旨明显是反对强势的人类主体对自然尊严的伤害,质疑 WTO 和全球化,那么斯戴克豪斯就对"自然"的规范意义不以为然,并以相当欢迎的（尽管保持一定批评距离的）态度看待 WTO 和世界银行,他热心而正面地论证现代性的重要因素——科技——来自基督教理念,即来自圣经中对人类主体性的充分肯定。[②]

可想而知,即使在美国,这样公开的强者政治学取向的神学也是会遇到怀疑的。基督教毕竟被视为是弱者政治学的旗帜,美国也有黑人神学和女权主义神学等广义的"解放神学"运动。所以,一个肯定现代性基本价值观的公共神学当然不是毫无争议的。一个简单的例子就是:自由主义政治哲学其实站在市场竞争的胜利者立场上（路德和加尔文的"公共神学"的基调是:"世间成功"标志着恩典）,而穷人和弱者大多是市场竞争的失败者（传统基督教信念:贫穷是恩典的标志）。那位更为拥抱"资本主义"的天主教神学家诺瓦克尖锐地指出:弱者并非道德完人。实际上弱者具有许多破坏性的品性比如妒忌（envy）,这使得美国许多黑人一直不能像多数民族和其他少数民族那样真正地崛起。所以,社会正义的实施不能靠政府持续不断送钱扶贫,而是要靠在市民社会中建设支持创业的体制和风习。[③]

由此可见,基督宗教是否可以建立一个系统的"强者政治学"的公共神学,是一个更为具有挑战性和更有意思的艰难问题。对于这样

① 参看 Stackhouse with D. S. Browing, eds., *God and Globalization: The Spirit and the Modern Authorities*, Trinity Press international, 2001, pp.12ff.

② Cf. ibid., pp.24, 27–28.

③ 参看 M. Novak, *The Catholic Ethic and the Spirit of Capitalism*, pp.184–5.

的问题的回答既依靠理论辩护，更依靠是否有成功的强者论"公共神学"个例的出现。应当说，20 世纪尼布尔的公共神学是一个成功的典范。尼布尔不掩盖自己的关注点始终在强者维度上，但是这并不意味着他无条件地认同强者的所作所为。他的神学以"自由"为核心，自由代表的是人的积极主动性，是人的强者性、创造性。但是尼布尔的辩证神学的洞察向公共世界揭示了一个事实：恰恰就在人的这一高贵而强势的品性中——而不是在所谓"低下"的、弱者的特征如肉欲中——蕴藏着人的罪性。原罪在于骄傲。所以，最为需要警惕自己的罪性的，不是弱者、坏人、罪人，而是强大的人、道德上高尚的人（和"先进制度国家"）、自我修养高的人，包括宗教领袖。由这样的辩证法洞见也可以得出：在人间绝对消灭罪性是不可能的，否则将意味着人的超越动物性的高级本性（自由，强者）被消灭。所以强者永远生活在悲剧中。[①] 靠人（国家）自己的力量无法摆脱悲剧。从某种意义上说，巨大的政治共同体和政治权力可以被视为增强力量、超越私人、弥补缺陷存在的一种努力。但是，这种努力终究有其限度。人就是人，人的成神欲望必然失败。无论是不懂强者政治学的自由主义的温情主义（sentimentalism），还是不知道政治的悲剧性的西方霸权的道德骄傲，都是幼稚的。但是，圣灵可以完成人所不能完成的一切，神会把一切碎片连缀起来，提供终极性的意义。所以，一个谦卑地祈祷恩典和宽恕的强者（霸权强国）可以少犯些自以为是的错误。[②]

从尼布尔这里，人们可以看到基督教神学（公共神学）除了可以在弱者政治学方面做出巨大贡献，也可以在建设一个健康的强者政治学方面提出独特的洞见。

斯戴克豪斯、哈沃罗斯、诺瓦克、莫尔特曼等等众多当代公共神学从尼布尔出发分道扬镳，继续向前发展，与时代的脉搏共振，发出了各种不断创新的声音，他们之间有时合作或是讨论，但是经常论

[①] 一个希腊信念：悲剧标志着强者。喜剧大多是弱者的事情。

[②] 参看 Reinhold Niebuhr, *The Irony of American History*, London: Nisbet & Co., Ltd, 1952.

战，相互甚至激烈对立。然而，正因为存在着这样的创造性的张力，才会不断产生出更为丰富的成果。这本身已经参与了一个成熟的公共领域的建设。

三、罗尔斯：公共理性与交叉共识

基督教的公共神学主动提出为现代性"奠基"，这会受到现代性的公共哲学家的欢迎和感谢吗？未必。

罗尔斯对于公共伦理的基础问题十分关注，前面一章我们提到，他的"公平的正义"理论花了大量精力论证为什么不能采取目的论和直觉主义而必须走道义论的伦理路径，阐明对于正义原则的"无知之幕"之新社会契约论证法的合理性。在这些讨论中，"理性与信仰"的关系问题自然而然地以各种各样的方式浮现出来。

罗尔斯不同意现代公共伦理有待于宗教的"开出"。诉诸宗教就是诉诸他律，而这是罗尔斯的康德主义——坚持自律——所无法接受的。前面我们已经讨论了罗尔斯不接受施特劳斯派的建议采取柏拉图式的道德实在论和至善论思路，这里我们将讨论罗尔斯也不接受另外一种古典传统即基督教的奠基建议。但是，他对于宗教的公共作用的看法又不是那么决绝，而是相当复杂。我们将梳理一下罗尔斯是如何看待宗教与公共领域的具体态度的。

（一）

一般对罗尔斯的思想发展的描述是：早期他关心如何反对功利主义，而不关心宗教问题；在后期的"政治自由主义"中，他把宗教提出来作为自己的中心问题来对待。并且，这一思想发展轨迹符合罗尔斯早期关心"规范伦理"而后期关心"元伦理"的"转换"。这种看法有一定道理，但不完全准确。实际上，元伦理一直没有离开罗尔斯的视线，而宗教也是贯穿了他早期和晚期的重要问题，只不过在处理这些问题时的角度和方式不同而已。

罗尔斯思想与宗教思想的最明显的正面冲撞可能就是罗尔斯对于信仰自由权利的强调，以及多次指出在探讨权利正义论问题时不能启用宗教信仰的论证方式，必须诉诸日常观察和一般被认为是正确的思

237

维模式。他说："根据这一基本原则就可看到，过去的时代中所接受的许多不宽容在根本上就是错误的。比如，阿奎那对处死异端教徒的辩护就是基于这样的根据：信仰是灵魂的生命，金钱是维持生命的手段，因此腐蚀一个人的信仰比制造伪币更严重。所以，如果处死制造伪币者或其他犯罪者是正当的话，那么处死异端教徒更是正当的。但是阿奎那所依赖的根据却不能得到公认的理性模式的确认。"所以，只不过是一种独断的教条。①

事实上，罗尔斯的《正义论》隆重面世之后，有不少具有基督教信仰背景的学者对罗尔斯的正义二原则大加赞赏，认为它们反映了基督教的博爱精神。在前一小节中我们看到，不少公共神学家系统地论证当代自由、民主、平等都是从基督教精神中孕育出来的（"开出"论）。他们乐观地相信，基督教应当积极介入当代政治，为自由主义的公共伦理原则奠立坚固的信仰根基（比如可以而且必须从新教的"良心自由"论证近代立宪国家中信仰自由权利的确立）。这些学者如果对自由主义有不满的话，就是世俗化的自由主义对宗教的毫无必要的拒斥，比如罗尔斯在《正义论》中对在公共领域中运用宗教论证方式的严厉批评和限制。

在倾听了对《正义论》的各种反应后，后期罗尔斯提出了他的新学说——"政治自由主义"，径直挑明了一个方法论原则：自由民主的制度伦理不需要"坚实"的哲学和宗教"根基"。他对自己在早期思想中这方面的错误或含混不清提出了自我批评。如果说早期罗尔斯的理论建构方式还是走"根基的"或依靠整全论体系（即哲学或宗教体系）的方式的话，那么他现在的任务就是论证一种非基础主义的、摆脱任何整全论体系的伦理建构路径的可能性和必要性。因此，即使宗教停止反对现代性，并认同自由民主，主动来为"正义论"建立基础，提供合法性论证，也被谢绝。世俗理性是公共伦理的唯一基础。在现代多元化、领域分化的社会中，这一理性是"公共理性"。在其运用中，只使用各方都能够接受的概念和程序，只到"公共政治文

① 罗尔斯:《正义论》，第205页。

238

化"中去寻找一些基本信念平面地构造一个自洽的概念体系，不能直接到"背景文化"中依据整全论为基础，垂直地推论出政治伦理原则。罗尔斯的这一非同寻常的理论举动与他对于希腊罗马文化之后出现的基督教的权威主义的、救赎主义的和扩张主义特征的敏锐感受有密切关系。他在大学时曾经读神学，后来放弃，转向哲学。在他看来，天主教以及新教改革所分裂出来的各教派，都是教条味十足，不容异说，与公共理性敌对的。[①]20世纪中叶以来美国基督教右派参政热潮中的好战话语方式更加剧了他的忧虑。他说："在每一个社会中，都有许多与民主社会不相容的不合理性的学说，无论是某些宗教的学说如原教旨主义的，还是非宗教的学说如极权主义。我们的世纪对此给出了触目惊心的例证。"[②]因此，用"中性"的公共理性解决这一问题成为罗尔斯一贯的思想特色。尽管到了他的后期的政治自由主义时期这才成为突出的关注点，但是在早期的规范伦理时期、甚至在《正义论》之前的文章中，我们就已经处处可以看到他的类似思想。[③]

这当然让基督教神学界感到真正不满，纷纷批评说：把宗教排除在公共领域之外违背了美国的政治历史的基本事实和政治哲学的基本精神。这些不满不无道理，美国的优秀政治家们如华盛顿和林肯在论证自己的立场时常常援用上帝或"天意"或"整全论"，并且效果显然是道德的。自托克维尔以来，认为西方现代民主的根子在基督教，是不少人的共同看法。

那么，罗尔斯会怎么回答这一指责呢？他可以说"政治自由主义"是针对多元主义的现时代的。不过，人们还是可以追问：逻辑上可以设想社会并非是多元的、而是由一种"整全论"或统管全部生活领域的国家价值信仰体系主导的。那样的话，是否就不必一定要用平面化构建的"政治自由主义"，而可以启用统一的、强好的、共同好奠基的目的论了？但是罗尔斯指出，这样的情况并不好。这样的社会

---

① 参看罗尔斯：《政治自由主义》，导论第 11 页。另参看包利民编：《当代社会契约论》，第 90 页以下。

② John Rawls, *Collected Papers*, Harvard University Press, 1999, p. 613.

③ 参看 John Rawls, *Collected Papers*, Chapter 4.

并不值得追求，虽然其解决政治问题的方案看上去比多元社会中的"简单"。罗尔斯说："只有依靠压迫性地使用国家权力，人们对某一整全论宗教学说、哲学学说和道德学说的持续共享性理解才能得以维系。"中世纪社会产生宗教裁判所不是偶然的，它是压制异端、保持共同的天主教信仰所需要的。[①] 实际上，今天主张垂直奠立基础的人虽然不便明说，可内心里还是希望美国是一个统一意识形态的国家，也就是一个"基督教国家"：政治家在思考和论证国策时完全依照基督教的道德，就像林肯反对奴隶制时那样。这种想法看上去很自然，也不无道理：统一的价值体系应当会使国家更有凝聚力和道德性。但是，这是有危险的。如果奴隶主当政，也可以用信仰的神圣语言为奴隶制辩护，从而使反对奴隶制的努力更加困难。实际上，林肯自己就说过，内战中的双方都以"上帝"的名义作战，这恰恰是一个悲哀。20 世纪的政治家更是自作主张地将某一特定的民族主义与上帝的意旨等同起来，这在道义上是站不住脚的。因为希腊的悲剧作家们和圣经中的先知都提醒统治者和被统治者注意这种傲慢的罪恶。

进攻型理想主义会导致不宽容，残酷打击不同的意识形态和文化的其他国家。贝尔曾经指出：美国的内政是现实主义的，所以还可以接受妥协；但是美国在外交中却唱高调，很难接受妥协。可以说，这样的理想主义是"非理性的"。狂热的国家是可怕的，残忍的、不宽容的，非要杀个你死我活不可的，因为意识形态的一个特点是简单化和两分化：天使与妖魔。摩根索认为进攻型理想主义的威胁来自对立的双方把自己的道德标准说成是普世的真理，从而只能你死我活，相互无法妥协。令人感到讽刺的是，这种"神圣理想激情"的做法恰恰都发生在自以为世俗化的、无神论的 20 世纪：

> 无论今天民族主义化的世界主义的道德与原始部落或三十年战争时的道德相比在内容上和目标上有多么大的不同，它们为国际政治所发挥的功能和它们所创造的道德氛围并无两样。特定集

---

① 罗尔斯：《政治自由主义》，第 38 页。

团的道德非但不能限制国际舞台上的权力斗争，反而使这一斗争达到前所未有的野蛮和激烈的程度。这是因为，一个特定集团的道德规范所寄托的世界性要求，与另一特定集团的同样要求是互不相容的，而世界只为其中之一准备了空间，另一方不屈服即毁灭。这样，我们时代的民族主义群众，便高举他们自己的偶像，它为人类工作也就像是为它自己工作一样，它在履行神——无论怎样定义——所规定的神圣使命。这些集团知之甚少的是：它们是在上帝已经离去的空空荡荡的天空下相遇的。①

（二）

上面的论述也许会给人以一个印象：公共理性与"信仰"是冲突的。然而，罗尔斯的思想并非那么简单，人们不难找到公共理性包容、保护和接近信仰的种种方面。

首先，在说到目的论或"好"时，应当看到，罗尔斯并不像有些宗教的与非宗教的社群主义者认为的那样，持"单薄"的人论和价值观而否定"高层次的追求"。罗尔斯毫不怀疑信仰对于一个人的重要性。敌视宗教的自由主义（启蒙自由主义）或许会导向清一色的个人主义，但是政治自由主义并不必然使人走向自私和平庸。相反，他的观察似乎是在提示人们：古代希腊罗马宗教简单地接受现存价值体系，基督教信仰在西方文化中置入了与现存价值体系格格不入的另外的"好"，而近代新教改革后更分裂为多种对"与众不同"的价值的真诚追求和冲突。换句话说，正是在自由主义所保护的现代语境下，历史上第一次出现了人"为理想而战"的局面。政治自由主义的提出也正是号召大家认真看待这一历史新语境，尊重每个人的高价值信仰，把它看成是构造新的一致性——多元中的和谐一致——的机会，而不是看成是灾难，不是忽视它或企图压制它。他明白地讲，自由制度下人类理性能够自由发挥，而自由理性的发挥必然会带来多元信仰，这是合乎理性的，必须承认和维护。如果要镇压理性的多元信

---

① 摩根索:《国家间政治》，第 324 页。

仰，那就是把自由条件下的理性的运作本身看作是一种灾难，就是否认自由民主。[①]

罗尔斯对信仰与"人生高价值"的强调与他的正义的稳定性理论有密切的内在关联。如果人性中没有超出简单私己欲望的利益，那么道德确实没有力量；用罗尔斯的术语说，也就是无法保证正义具有"稳定性"。但是，罗尔斯认为，人性并不是"单薄"或浅薄得仅仅由简单私人欲望构成的。人有高级的"好"或利益。这是他早期的"亚里士多德原则"和后期的"原则的欲望"的道德心理学反复强调的一个主题。贯穿罗尔斯早年反对功利主义和晚年反对一元宗教的主线，是对"好"的多元性的重视。而且，如果说早年讲对"好"要宽容，只是就其多样性不应当受到压制而论的话，那么晚年讲对"好"的系统理论体系即宗教的以及非宗教的整全论宽容，更多的是讲不同的"好"对于人生的重要。政治自由主义对信仰问题不研究，"悬搁"，并不等于主张怀疑论，否定信仰，贬低它的重要性，反而是表明信仰问题十分重要，以至于不能由政治来强行解决。

第二，稳定性问题和正当性问题有关。在其晚年（1997）的《公共理性观念的一个重新思考》和有关宗教的访谈（1998）中，罗尔斯提到一直困扰自己的当代世界问题是：民主与整全论——宗教的与非宗教的——能否协调？宗教是否支持立宪政体的基本体制？[②]启蒙自由主义对此表示出强烈的怀疑。在当代美国，罗蒂和奥迪（Audi）等是自由主义反对宗教介入公共领域的代表。罗蒂在"宗教是对话的阻断者"一文中说哈贝马斯与他都同意启蒙的核心成就之一就是公共生活的世俗化，是把在公共领域中使用宗教的话语方式视为"品位不高"（bad taste）。[③]然而，罗尔斯意识到，由于近代以来大多数美国人拥有或自称拥有宗教信仰，从属于某个理念性团体，攻击宗教的

---

① 罗尔斯：《政治自由主义》，导论，第 12 页。

②．John Rawls, *Collected Papers*, pp. 611, 617.

③ R. Rorty, "Religion As Conversasion-Stopper", in *Philosophy and Social Hope*, Penguin Books, 1999, p. 168f.

做法有使相当多的人不认可自由民主体制的危险。罗尔斯之所以倡导中立的公共理性，目的就是要使政治正义成为一种自身独立的（free standing）、可以插入任何整全性价值信仰体系当中的"通用配件"，从而为得到各种信仰体系的"交叉共识"扫平道路。在罗尔斯看来，能够得到各种整全论的真心的"交叉共识"并非可有可无的附加，而是民主体制的稳定性的根本保障。卢梭所开始的"正当性"理论的要旨是：如果一个体制要具有稳定性，就必须不仅仅依靠外在的强力，而是得到各个方面发自内心的自愿共识。罗尔斯的交叉共识论是这一"正当性"理论的延续：稳定性就是能够自己产生对自己的支持的能力。政治自由主义不说自己是"由宗教推导出的"，但这并不意味着各个宗教不能反过来说："自己的宗教可以推出政治自由主义的正义观"。各种整全论（宗教的与非宗教的）可以在"背景文化"中用自己的方式论证（"交叉共识"）自由民主。罗尔斯说：民主公民对于政治概念的忠诚的根子存在于各自的整全论中，这使得公民对于公共理性的民主理想的忠诚得到了出自正当理由的加强。"我们可以把支持社会的合理的政治概念的合理的整全论视为这些概念的关键的社会根基，因为它们赋予了这些概念以持久的力量和活力"。比如说，宽容和宗教自由的政治概念在一个宗教自由不受重视和珍重的社会中便是无法存在的。①

因此，罗尔斯虽然不同意在建构政治正义时依靠"根基"（basis），但是他不反对、而且完全赞同政治正义在社会中有"根子"（roots）。罗尔斯晚年说：公共讨论使用什么词句并不是关键的，"公共理性"的关键是存让别人理解和可能接受的心意参加讨论。使用整全论的、宗教的说话方式也是可以的，条件只是在必要的时候也提出公共理性的理由就行了（他把这个条件规定为公共理性的"Proviso"）。罗尔斯说，在使用公共理性时，完全排斥宗教等"整全论"的论证做法在许多情况下不如"兼用"整全论的做法更好，更灵活，因为后者比前者更能鼓励公民尊重公共理性的理想，并最能确保

---

① John Rawls, *Collected Papers*, p. 592。

秩序良好之社会较长远的社会条件。比如，在没有把握如何在具体情况中运用基本原则的时候，或者，在对于宪法基本要素本身存在深刻分歧的时候，便可以运用"整全论"的论证，只要这么做可以支持公共理性。正因为此，废奴主义者运用宗教论证并没有违背公共理性的标准。马丁·路德·金在反对种族隔离时论证说："正义的法律是人制定的、与道德法则或上帝法律一致的法典。而不正义的法律则是与道德法则不和谐的法律。用圣托玛斯·阿奎那的话说，不正义的法律乃是没有永恒法和自然法根基的人类法律。任何能提高人格的法律都是正义的。而任何让人格堕落的法律都是不正义的。一切种族隔离的法令之所以都不正义，是因为种族隔离曲解了人的灵魂，损害了人的人格。"罗尔斯认为这样的宗教方式论证是合理的，完全可以在公共领域中运用。①

（三）

在讨论了罗尔斯的公共理性对于宗教信仰的正面的和负面的态度之后，人们可能还是会有一个疑问：罗尔斯那么看重"公共理性"的中立和宽容的品性，会不会缺失坚固的信念？宗教保守派学者对于自由民主社会的一个重要批评就是："自由"导致什么都可以，什么都宽容，无法拥有任何确定的道德信念。具体到罗尔斯，便是基督教伦理学家的两个特别棘手的批评。一个是：公共理性宣称自己不依托"整全论"价值体系，只从公共政治文化传统中提取正义原则，这岂不是承认"存在等于合理"，丧失了批评和超越现存政治文化的能力？相比之下，具有坚定的信念、自觉追求不同于世俗价值体系的基督教伦理模式就能够拒绝、批评和超越当下政治。另一个是：公共理性为了保证元层次的"中立"，不惜放弃对规范层次原则的唯一正确性的坚持。公共理性只保证论证方式一样，不保证结果一致，连罗尔斯自己的"公平正义"二原则在后期也被他看作只是一种被共识的可能，还有其他可能。这岂不是给相对主义开了一个口子？

对这两种批评的回答的关键是：公共理性中是否存在不可更移的

---

① 罗尔斯:《政治自由主义》，第 265 页。

锚着点？罗尔斯的哲学有没有终极信念的底线？有关讨论将把我们带到罗尔斯思想的更深层次中。仔细的分析揭示，公共理性虽然不依靠信仰，但是，它是有确定信念的。如果我们对罗尔斯各个时期的文章和著作进行一番梳理，就可以归纳出三种主要的信念：基本的政治观念如"自由、平等、合作"；公民的基本能力如"理性、合情合理性"；以及"思考周详的判断"。

在《政治自由主义》中罗尔斯提出，政治正义的理论应当依据公共政治文化中的基本道德直觉而构建。这些直觉不多，但是得到普遍确定的公认。就个人来说是"平等"、"自由"，就社会来说是"合作"体系。合起来就是："自由平等的人的合作体系"。这一基本的社会图景信念显然与"政治是敌我斗争"或"政治是大一共同体事业"的信念都不同。在这样的信念体系中，必然会得出确定的道德原则，而不会流于相对主义或接受任何现存的价值。所以，不管最后的具体"正义观"是什么，但都必须对于人与人之间的分立性、差异性认真看待。

罗尔斯讲了存在于人与人之间的"三种可能的冲突"：整全论之间的，阶级之间的，认识上的（所谓"判断的负担"）。[1] 但是，后期的他宁愿把人际冲突归为"判断的负担"带来的整全论之间的难以最终裁断对错，也不归为利益集团的"自私"。他这么做的目的就是要强调人与人之间的分立性是正常的，即使是"合理的人"也会有分歧，从而不用相互指责，也不能考虑"大一体"式解决方案，而应当相互宽容、水平地、民主地、商议地（Deliberative）解决问题。有的学者指出，罗尔斯在后期明显地从立宪民主向"商议民主"转移，在方法论上从"单个人思想实验"转向公共讨论，日益强调"交互性"之为公共讨论的主导原则。他的公共理性观念这时包括所有的道德论证，只要它们在适当的时候能够表明自己是合乎交互性原则的。[2]

[1] John Rawls, *Collected Papers*, p. 612.
[2] Amy Gutmann and Dennis Thompson, *Democracy and Disagreement*, The Belnap Press of Harvard University Press, 1996, pp.37–9.

　　当然，有人会继续追问：怎么证明人与人是平等、自由的？毕竟许多反对民主的理论都振振有词地说老百姓并非都具备应有的参政能力，远远没有准备好，所以一搞民主就会乱。罗尔斯对公民的平等的信念建立在他对公民的理性能力的信念上。他坚信所有公民都具有两种理性能力。这些是起码的能力，一般人都可以拥有，并非高不可攀。这两种理性一种是 rationality，也可以翻译成"理性"，另一种是 reasonableness，也可以翻译成"合情合理性"。两者相互独立而非相互导出。与理性只关乎个体的目标－手段的合理选择不同，"合情合理性"本质上关系到人与人之间的相互兼顾。有时罗尔斯也用"交互性"（reciprocity）来表达，是罗尔斯尤其强调的理性能力。如果说每个公民具有理性能力这一事实表明了在终极目的上应当开放，应当相信个体的自由选择自己生活目标的能力，那么每个公民具有合情合理性能力的事实就表明他们会在涉及他人的选择中尊重每个人的平等的自由，在寻求"一致"当中顾到各个分离的个体（群体，文化，宗教）的利益。罗尔斯认为合情合理性正是"无知之幕"后面的人在选择社会的基本正义原则时所依据的理性。总之，既然所有人都平等地拥有理性和合情合理性，所有的公民就是平等的，这明确地保证了民主是唯一的制度选择的结论。

　　以上两类信念可以用于构建政治正义理论。但是理论的正当性还要通过是否符合日常的道德信念来决定。罗尔斯很看重这些信念，他把它们称作"considered judgement"。这个词很难翻译，翻译成"考虑过的判断"、"深思熟虑的判断"虽然可以传达一部分含义，但是似乎无法表达"经过周详考虑为人们所公认的观点"的意思。汉语中的"信念"一词在一定程度上可以传达这样的意蕴。所谓"信念"，乃是我们日常道德意识中最深刻、最可靠的看法，为大家公认为"不必证者"，是一切伦理理论所必须符合的基本直觉。罗尔斯认为我们的公共政治文化中存在这样的"信念"，它们被人看作是神圣不可动摇的，人们认可社会基本制度可以动用强制性力量维护这些信念。这样的信念包括：每个人的生命都是神圣不可侵犯的，不能为了大多数人的幸福而侵犯少数人的权利，信仰自由是不可侵犯的权利，奴隶制是错误的。

道德理论应当符合这样的日常信念。不过这并不意味着"一切现实的都是合理的"，因为理论和信念之间的关系是"反思的平衡"，这是双向的或多向的，理论原则不符合信念有可能需要修改，日常信念在与原则的对照中如果显出是不恰当的，也可以修正和改变。未来是开放的，超越和进步是可能的。[1]

现代政治哲学是信仰动摇之后的政治哲学。在没有了神圣的、共同的目的之后，只能靠人间的方式支持公共规范。问题是："人间的"什么东西？马基雅弗利、霍布斯以来的现实主义政治哲学认为应当靠人的卑劣性如胆小怕死、现实利益的理性计算。施特劳斯等虽然主张应当靠哲学理性的坚持，但是对于大众，只能靠信仰或"高贵的谎言"，理性不足用也。罗尔斯与众不同的地方是，虽然他深刻认识到并反复提醒人们正视现实处境的变化如多元和人与人的分立、对立，但是他并不悲叹古典黄金时代的丧失，也不号召恢复哲学与神学对政治的支持。他坚信正常的社会环境下人人可以发展出正义感，相信一般人都同等地拥有理性和合情合理性。因此，他相信依靠公共理性建设一个稳定的民主和自由的社会是现实可行的。

第三节　盟友之争

一、现代正当性：信仰还是交往

哈贝马斯是著名的现代性捍卫者。由于他所属的法兰克福学派大多是坚定反对现代性的，哈贝马斯的选择显得尤为突出。他与当代各种反现代性的代表学派展开过公开论战，比如批判以福柯为代表的后现代主义用艺术对理性的攻击，批判解释学大师伽达默尔的文化保守主义，甚至批判自己所从属的法兰克福学派中那些彻底否认现代性、否认启蒙的哲学家们。当然，哈贝马斯既是启蒙的坚定捍卫者和推进

---

[1]　John Rawls, *Collected Papers*, p. 288.

者，同时又对现代性的缺点或偏颇方面（主要是以经济为代表的各种"独立系统"全面殖民人类生活的倾向）提出了批判。许多人在自由主义和社群主义的二难选择中，最终走向哈贝马斯，因为哈贝马斯的"商谈民主"方案似乎兼顾了二者的长处。哈贝马斯喜欢综合各种维度，这从他的许多著作用"在……之间"（《在事实与规范之间》,《在自然主义和宗教之间》）就可以看出。《在自然主义和宗教之间》体现了哈贝马斯对当代两大对立趋势同时崛起的敏锐感受：冷战之后宗教运动的剧烈复兴和新科技（尤其生物学）的席卷性大潮。[1] 在这一节中，我们将主要讨论他对宗教介入公共领域的态度，然后，我们将讨论他与另一个公共哲学家罗尔斯的"盟友之争"。

（一）启蒙对宗教奠基方式的戒备

与罗尔斯一样，哈贝马斯也关心如何用新的方式为现代性公共伦理论证的问题，也首先面对是否应当启用西方基督教传统"开出"现代理念的选择。作为当代西方自觉以继承和张扬启蒙思想传统为己任的重要思想家，哈贝马斯与罗尔斯一样，在此坚决贯彻康德的自律反对他律的立场。哈贝马斯的理性自行奠基的方式是所谓商谈－话语伦理。

然而，哈贝马斯究竟怎么看待宗教的公共角色？答案并非那么一目了然。哈贝马斯并没有写过关于宗教的专门系统的著作。作为启蒙运动的自觉的当代传人，他的"交往理性"应当与宗教"启示"针锋相对。这似乎可以从他许多年来对宗教的公共作用保持怀疑并自称是"方法论的无神论者"当中得到佐证。不过，从哈贝马斯的学术生涯上看，"交往理性"当初主要是作为反对"工具理性"的一统天下而提出来的，其意旨是要为交往行动、规范领域划出一块独立自主的空间。这样的使命本来可以与宗教结成一定的"统一战线"，因为西方宗教传统在现代性中面对工具理性的世俗化挑战苦守自己的存在合法性的主要依托，就是道德规范领域的独特性。

事实上，这两个方面都是事实。这可以解释哈贝马斯宗教观中的

---

[1] Habermas, *Between Naturalism and Religion: Philosophical Essays*, Polity Press, 2008, p.88.

双重态度。一方面，从规范的内容上讲，哈贝马斯多次说批判哲学、包括他自己的交往伦理学所继承的（或"辩证地扬弃"的）是犹太－基督教的道德。仔细的审看可以发现，哈贝马斯一向倡导的"道德规范"都体现着特定的、西方文化传统的精神，比如自由、平等、个体性和集体性。这不奇怪，西方文化的两大资源——希腊的和犹太－基督教的传统——必然会影响现代西方思想包括法兰克福学派的深层结构。不少学者已经注意到法兰克福学派的犹太思想背景，甚至说批判哲学是"戴着面具的神学"。批判理论的抗议现存体制、相信跃出现存状态的乌托邦精神等等，都可以视为犹太－基督教末世论救赎学说的非神学表达。霍克海默的名言是：对绝对的他者（a wholly other）的企盼就是"渴望把所有的人团结成一体，使恐怖的事件和历史的不正义不至于被当成是牺牲者的最终的、最后的命运"[1]。霍克海默和阿多诺还批判"启蒙理性"反对宗教和对自然"去魅化"，认为这最终会陷入到人自己充当神和遭受欺骗的异化之中——"启蒙辩证法"。[2]

另一方面，尽管在内容上有一贯性，从形式上说，哈贝马斯明确地断言，在当代，宗教维系公共道德的方式已经不可能被接受了。哈贝马斯系统地讨论了宗教论证道德的方式。他说:《圣经》把道德律令还原为上帝的启示，因为它们建立在全能的上帝权威之上，所以要求绝对的服从。当然，如果仅仅诉诸上帝的无限权力，"应然"的有效性只是带上了"必然"的品质，还不具有认知意义。只有把道德律令解释成为绝对公正、绝对善良而又无所不知的上帝的意志表达，规范有效性才会获得认知意义。道德律令并非源于一个全能的创世主的专断意志，而是一种充满智慧的创世主、或公正而又善良的救世主的意志表达。[3]

哈贝马斯具体地分析了"创世秩序"和"救赎历史"这两种为道

---

① E. Mendieta, ed., J. *Habermas: Religion and Rationality*, The MIT Press, 2002, p.7.
② 参看哈贝马斯:《合法性危机》，上海：上海人民出版社，2000年，第 164 页。
③ 哈贝马斯:"道德认知内涵的谱系学考察"，载于《包容他者》，上海：上海人民出版社，2002年，第 9 页。

德律令提供神学论证的方式。前一种"大序"神学本体论论证方式立足于创世主的睿智立法所建立的世界结构上。在此结构中，人以及人的共同体被放到了一个突出的位置上。作为这样一种目的论存在秩序的一个组成部分，人从中可以了解到自己是谁，自己应当是谁。这样，道德法则的合理内涵便从整体存在的理性秩序那里获得了本体论的公证。后一种论证道德律令的方式则立足于救世主的公正和善良。救世主会在世界末日莅临人间审判和拯救人类。根据他的律令，上帝对每一个人的生活方式做出合乎其功德的评判。

但是，哈贝马斯认为，随着多元主义世界观和"后形而上学论证水平"时代的来临，具有普遍约束力的道德法则的有效性便再也不能用超验的创世主和救世主的作为加以解释和论证了。这可以从几个方面看：一个是哲学上的"后形而上学时代"的到来，经验科学权威的上升，事实判断与价值判断的分离，使得超验的本体论证明不可能了。哈贝马斯说：

> 在传统社会里，道德是救赎历史世界观或本体论世界观的组成部分，它们可以指望自己得到公众的接受。道德规范和基本原则是一个合理的"事物秩序"（具体表现为一些价值观念）或典型的救赎途径的组成因素。……这种"实在论"的解释以具有真理内涵的断言命题形式出现。但是，随着宗教解释和形而上学解释的贬值和经验科学认知权威的上升，规范命题与描述命题以及价值判断和经验命题逐步区分了开来。……自然或救赎历史当中所体现的客观理性都被人类精神的主观理性取而代之。这样就出现了一个问题：规范命题是否还有认知内涵，如果有，又该如何加以论证。[①]

另一个原因是：个体－社会已经进化到了理性的、反思阶段，不会对任何外在的权威被动地接受，不会接受角色的、目的论类型的道

---

① 哈贝马斯："道德认知内涵的谱系学考察"，第93页。

德。客观理性应当必须被主观理性取代，他律必须被自律取代。实际上，在宗教自身的发展中，就已经经历了由低级的神秘礼仪型宗教"进化"到靠提出理由证明自己的命题的"世界观"的阶段。[①] 但是，哈贝马斯还不满意，因为他认为宗教总不能彻底做到理性化，比如它不可能把自己的第一原则交付反思和论证。

从这里推出的逻辑结论是：哲学应当负起责任，用新的理性的方式证明宗教的合理内核。"道德哲学家和政治理论家的使命在于为规范和原则的传统论证形式寻找到一种理性的等价物。"哲学可以用各种办法来尝试这一任务。工具理性是一条路，即市场化的社会契约论。不过哈贝马斯对此深表疑虑："面对这样一种挑战，社会契约无法做出令人满意的回应，因为契约双方的前提是以利益为主导的，充其量只会形成一种外在的社会行为约束，而无法产生一种共同的甚至是普遍主义的善的强制观念。"[②] 另一条路是用哲学形而上学对基督教的理性化。历史上很早就有通过希腊哲学诠释基督教的路子，黑格尔是这一路线在近代的最高典例。但是哈贝马斯感到形而上学的哲学仍然不能真正实现这一任务。因为它存在着一系列问题：第一，这仍然是主体主义或唯心主义，还是达不到主体间性或客观性。第二，这还在依赖"绝对"，无法回答具体的人生－社会政治问题。第三，在失去形而上学的时代，任何新形而上学已经无法全身。[③]

（二）理想语言交往之约

哈贝马斯自己对于哲学地挽救宗教－超验道德真理的建议是：可以从人类交往形式本身中去寻找证明的根据。在宗教和形而上学之后，人际交往沟通的条件成了论证同等尊重每一个人的道德的唯一资源。这样做的优点是：

首先，这样可以在肯定现代性的积极成果中矫正现代性的偏颇。交往理性是理性，而且是随着现代性的发展"进化"的理性。坚持理性，是哈贝马斯的启蒙原则。因此，哈贝马斯不同意霍克海默回到宗

---

① J. Habermas, *The Theory of Communicative Action*, Vol. 2, Polity Press, 1989, pp. 89–91.
② 哈贝马斯："道德认知内涵的谱系学考察"，载于《包容他者》，第 25 页。
③ 有关讨论参看哈贝马斯:《在事实与规范之间》，第 130–132，189 页。

教以反对工具理性的路线。过去的，就永远回不去了。进化或"合理性化"是应当肯定的。"理性"不像霍克海默等第一代法兰克福人想象的那么坏。有"好的"理性。交往理性就不是工具理性，而是人性化的好理性。① 霍克海默曾经悲观地说："如果没有上帝，人们虽然可以试图保留绝对意义，但是一切努力终归徒劳。……上帝之死就是永恒真理之亡。"② 哈贝马斯专门用这句话当标题，考察了霍克海默的宗教思想，并论证交往理性可以克服霍克海默的悲观。

其次，交往理性既是经验的，因为"交往"不可能发生在某一个主体的内部，而必然是公开的或可以"经验地"观察和验证的，但是它又是"先验的"：每一次交往行动都指向主体所不能控制摆布的、超出具体活动的"超越性规范"。所以，交往属于"内在的超越"。理性语言的基本规范既是主观的理性（自律而非他律），又毕竟还是"理性"的亦即能够证明道德的"认知性内容"的，从而使规范具有了一定的客观性或共识性，使得主体间的共识可以实现，没有退入完全的主观性或黑格尔式的"绝对主体"。所以，就能够在没有违反"后形而上学"时代的要求下论证道德。③

第三，交往理性的论证路线不立足于"好"或目的，而立足于语言的"形式"，这就使它可以在多元时代保持不偏不倚的中立性，让大家都能够认同。这对于建立整体社会水平上的道德尤为重要。④

哈贝马斯的交往理性有没有成功地"接过超验道德的班"？公共神学家和形而上学哲学家会怎么看待哈贝马斯的努力？为了回答这些问题，我们首先要搞清楚哈贝马斯的"普遍语用学的伦理证明"究竟想表达什么意思。应当说哈贝马斯讲得并非十分清楚。他的意思有许多种可能。为了分析的清晰，我们姑且把它们归纳为两大类。第一类

---

① E. Mendieta, ed., J. *Habermas: Religion and Rationality*, p.102.

② 霍克海默：《霍克海默集》，上海：上海远东出版社，1997年，第264页。

③ E. Mendieta, ed., J. *Habermas: Religion and Rationality*, The MIT Press, 2002, pp. 91, 107；哈贝马斯：《合法性危机》，第159页；哈贝马斯：《后形而上学思想》，南京：译林出版社，2001年，第165–166页。并参看哈贝马斯：《在事实与规范之间》，第278页以下。

④ J. Habermas, *The Theroy of Communicative Action*, Vol. 2, pp.108-9.

是直接的、一阶的："说话"就是道德，用说话－商谈－对话得出的一切结论都是合乎道德的。第二类则是间接的、二阶的：道德的内容或规范已经给定，但是其"基础"要从说话－对话的规范中去得到启发或"证明"。

第一类意思是比较直观易懂的，而且是哈贝马斯表述的比较得力的所谓"程序主义"合法性理论；从其学术生涯看，也是最早的思想。从哈贝马斯的第一本有影响的著作《公共领域的转型》和后来的《重建历史唯物主义》、《合法性危机》等对于米德、皮亚杰、科尔伯格等人的发展心理学的研究看，哈贝马斯都在重复一个意思：现代性的发展在人的交往中的体现应当是越来越通过对话、商谈、论证而非暴力来解决具体问题乃至规范本身的问题。

但是第二类意思更加富有"思辨性"，更体现了哈贝马斯"语言学转向"的独特性。它的逻辑是：道德的规范已经给定，比如，服从"规范"或"规则"亦即主体间公认的行事方式而不是服从一己的欲望，用普遍的而非局部的、兼顾各方的而非暴力的方式解决利益冲突。但是，道德的基础是需要证明的：为什么这些规范是道德的或"正当"的，从而是对所有人有约束力的？哈贝马斯认为语言的"以言行事"之语用学使用，便可以提供这样的证明。

这又意味着什么？我们可以梳理出几种可能，比如"萌芽说"，"典例说"，"本质说"等等。"萌芽说"是说：人们交谈当中的规范是一切道德规范的"萌芽"。你在"说话"，你想要别人理解你，就已经表露出你希望得到"共识"（的萌芽，善端），因为"理解说话"不可能是单个人能够所能做到的。"理解"的语言游戏表明人有能力、也愿意按照"规则"而非暴力来玩游戏。哈贝马斯援用后期维特根斯坦的思想论证所谓"规则"必然是主体间的事情；一个个体不可能完全"私人化"地服从规则。[①] 你会用"第二人称"而非仅仅"第三人称"对待人，就已经表现出你把对方当成平等、自由的主体。这一原

---

①   J. Habermas, *The Theory of Communicative Action*, Vol. 2, pp.17–8.

初愿望和原初共识过程得到发展后，可以成长为各种道德规范。^①一个占据支配地位的行为会发挥"范式"性的力量，决定人们的其他规范。^②哈贝马斯说：

> 道德意识首先表现在关于道德上至关重要的行为冲突的判断上。我把能够用共识加以解决的行为冲突称之为"道德上至关重要的"。人们可以把从道德上解决行为冲突，排除赤裸裸地使用暴力和"廉价的妥协"这种解决行为冲突的办法理解为使用对话手段的交往行动的继续，即以相互理解为定向的行动的继续。^③

典例说是指语言规范是道德的"典例"或"典范"。它自己虽然不会自动长成为其他道德规范，但是树立了一个榜样：人是可以规范——明，真，正，诚——地达到共识的。比如，哈贝马斯就从语言交往中提炼出"普遍化"（U）原则：在人际关系中必须兼顾所有各方的利益。^④

对于这两类可能的意思，公共神学界都做出了回应。第一种意思即对话就是道德，比较直接易懂，更为许多人注意。许多神学家们如释重负地指出，哈贝马斯的这一思想不但不是对自己的威胁，而且有利于信仰参与公共领域的讨论。如果按照哈贝马斯的"对话伦理学"的"公平对话程序规则"，每一个具有言语和行为能力的主体都应当被允许参与对话，提出疑问，提出任何主张，表达态度、欲望和需要。^⑤由此可以自然地推出，宗教的、神学的声音当然可以与所有其他的价值体系一道进入公共对话，以抵制"系统"或单向度的工具

---

① 参看哈贝马斯：《重建历史唯物主义》，北京：社会科学文献出版社，2000 年，第 68、80、192、332 页。

② J. Habermas, *The Theory of Communicative Action*, Vol. 2, p.87.

③ 哈贝马斯：《重建历史唯物主义》，第 68 页。

④ 哈贝马斯："道德认知内涵的谱系学考察"，第 45 页。参看哈贝马斯：《在事实与规范之间》，第 203，337 页。

⑤ J. Haberms, *Moral Consciousness and Communicative Action*, The MIT Press, 1990, p.89.

理性的殖民化，打破世俗化和自由主义的一统天下。实际上，不少基督教神学家表示了对哈贝马斯的"交往理性"的浓厚兴趣。但是，哈贝马斯却似乎不接受公共神学家对他的思想的这种"一厢情愿解释"。与罗尔斯在《正义论》中的顾虑相似，哈贝马斯也害怕宗教的思维方式反映着不宽容的精神。交往理性的目的之一正是希望在公共领域的讨论中保持宽容和开放，赞成试验，反对独断，最忌讳的就是宗教启示式话语阻断对话畅通进行。①

许多神学界方面的学者显然对哈贝马斯的这一疑虑和拒绝感到不理解和失望。芝加哥大学著名神学家特雷西批评道：哈贝马斯排斥宗教－神学的话语体系参与公共领域的做法是自相矛盾的。他还提出：对话比论辩更为是本质性的，以此反对哈贝马斯对于"论辩"的过分强调。在他看来，柏拉图更加重要，因为他是注重对话的，亚里士多德才发明了论辩。特雷西还论证说：公共理性不仅要关心正义，也要关心目的。不能让目的被非理性或工具理性决定。所以，应当允许价值或"好"（体现在伟大传统的经典著作中）参与到公共讨论中，以便抵制技术理性的霸权。②

神学也可以对第二种解释即"语用学奠基"的解释作出反应。好意的反应当然有，但是批评也完全可能。哈贝马斯的道德的话语证明法是从"说话－理解"中的规范抽取整个道德的规范。但是，这条思路也有问题：为什么不从人的贸易来往（自由主义经济学）、爱情（青年马克思）、主体关系（马丁·布伯）等"普遍现象"中找基础？"说话"的规范证明力量难道就一定比这些现象具有更大的证明力量？这是否让语言承担了太多，以至于承受不住？杰伊（B. Jay）在批评哈贝马斯的话语论理学时曾经说："理解"不等于"接受"，而哈贝马斯混同了二者。我们在理解一句话时，不必接受或同意这句话。从人们

---

① H. Peukert："启蒙与神学作为一个未完成的工程"，载于 Don S. Browning and F. S. Fiorenza, eds. *Habermas, Modernity, and Public Theology*, New York: Crossroad, 1992, p.54.

② 特雷西："神学，批判社会理论，以及公共领域"，载于 Don S. Browning and F. S. Fiorenza, eds., *Habermas, Modernity, and Public Theology*, p.28-31.

确实通过语言相互了解这一事实得不出他们达成了共识的结论。[①] 换个角度说，一个破坏道德规范的人并不一定就会破坏理解的进行（或"沟通"的实现）。恶人可以理解好人，但是依然迫害好人，甚至更享受迫害好人（我们不妨想想亚当·斯密的同感心能力理论和神经科学的镜像神经元学说）。

一旦人们意识到这个问题，就可能寻找其他的奠基方式——其中包括超越性奠基方式。许多神学家和社群主义的哲学家都指出交往理性有局限性。必须有真正超越的存在，才能给道德典立基础。

（三）交往理性接纳信仰？

哈贝马斯对于交往理性的限度不会无动于衷。何况，他一直有整合跨度很大的西方现代性传统和宗教传统的"野心"。晚期哈贝马斯对于西方文化的犹太－基督教传统宗教表现出了异乎寻常的兴趣，以至于有的学者称哈贝马斯的思想中正在发生与其早年的"语言学转向"同样重要的"宗教转向"。哈贝马斯一直以敏锐地把握时代发展的最新趋势著称。有的学者指出：随着当代宗教原教旨主义、神秘主义、非理性主义的兴起，随着全球化中保持"地方性的"或"个性的"特色成为话题（宗教显然是"个性化"的根源之一），哈贝马斯对于宗教的新关切显得是题中之义。作为德国哲学家，哈贝马斯还有一个特点，就是总是希望"综合"各种思想要素，构造庞大的"体系"。也许这导致了他的思想中，尤其是近十年以来，对于宗教的公共效用日益多的肯定。这可以分为两个方面看。

一个方面是对于宗教话语和论证方式的独特地位的肯定。

哈贝马斯出道以来的哲学主旨之一是反对科学主义对日常生活世界的侵犯。所以，当他说日常语言中的宗教话语方式把握了比科学主义的东西更重要、而且无法被科学主义把握的东西时，应当不会令人奇怪。如果说早期哈贝马斯倾向于主张宗教的内核是道德，但是其表达方式在现代社会中已经失效，应当转换为或翻译成非宗教的表达方式。那么后来的哈贝马斯则更多地认为，有许多由宗教语言表达

---

① B. Jay, *Critical Social Science*, Cornell University Press, 1987, p.188.

的道德特质如果翻译成理性的语言，就会失去原来的含义。换句话说，有些道德内容不能脱离宗教语境而存在。[①] 比如，"原罪"一旦转变成"罪责"，就会失去其本意；宗教中的特定道德如"宽恕"、"苦难记忆"等等，也无法在脱离了宗教语境后还保持完整的语义内涵。但是这些道德非常重要，尤其对于当代人十分重要。在世纪性的大灾难之后，如果没有宽恕，没有对免于遭受苦难的希望，人们的生活将十分艰难：

> 迄今为止，很多道德情感只有在宗教语言中才能获得准确的表达。一旦我们为一个久已遗忘、却被暗中渴求的东西找到了拯救性的表达，这些道德情感就会赢得广泛的共鸣。这种情况虽然少见，但终究可能。一个非毁灭性的世俗化进程是以翻译的模式完成的。这就是西方在世界范围内推动世俗化进程时可以从自己的历史中所学到的东西。[②]

正因为宗教能够表达理性方式至今所无法表达的重要道德内容，而且这些表达的力量又并不仅仅限于宗教信徒中间，而是可以引起广大公众的理解和广泛的共鸣，所以，哈贝马斯指出，即使是在"后形而上学时代"，宗教也可以与哲学并存：

> 尽管宗教建构世界观的功能还在被削弱，但是它对在日常生活中和超常事物打交道仍然具有不可代替的规范作用。因此，后形而上学思想也可以和宗教实践平等共存。这种持续的共存只要宗教语言仍然具有启示作用和必不可少的语义学内涵——而且这些内涵是哲学语言（暂时？）所无法表达的——并且继续拒绝转化成论证话语，那么，哲学哪怕是以后形而上学形态出现，同样

---

① E. Mendieta, ed., J. Habermas: *Religion and Rationality*, pp.79, 164.
② 哈贝马斯："信仰与知识"，载于哈贝马斯：《后民族结构》，上海：上海人民出版社，2002年，171页。

既不能取代宗教，也不能排挤宗教。[1]

这时的哈贝马斯，已经同意宗教神学的声音进入公共领域的讨论。他批评了要求宗教必须把自己的论证方式"翻译成"世俗语言的做法。他认为宗教界固然应当倾听和理解世俗世界的论证方式，广大公众也应当倾听和理解宗教式的论证方式。这样，对普遍化理由的追求才不致将宗教不公平地排挤出公共领域，世俗社会也才不会割断与自己重要的思想源泉之间的联系。"世俗理由与宗教理由之间的界限本来就是模糊的。因此，划定这个有争议的界限，应当被看作是一种合作，在合作过程中，应当呼吁双方同时接受对方的视角。"[2]哈贝马斯以关于克隆问题的争论为例，介绍了基督教文化对于"自由"的神学证法：上帝按照自己的形象造人，创造了类似于自己的自由的生命。这里体现的精神是："不认识他者，就没有爱；不相互承认，就没有自由。因此，人必须保持自由的状态，以便回报上帝的馈赠。"相反，克隆技术却是按照人自己的好恶设计他人的自然性状，这会毁灭他人在同类中保持自己独特性的自由。哈贝马斯说：公众无须相信神学的前提，就可以理解这样的论证。[3]

另一个方面讲的是交往理性本身的"宗教基础"。在这方面，晚期哈贝马斯似乎提出了一些非常"突破性"的讲法。在一次关于宗教与世界的访谈中，他明确地阐明了西方的现代性、尤其是其规范形态扎根于基督教传统：

> 在西方，基督教不仅提供了现代意识结构的认知性初始条件，而且造成了韦伯的经济和伦理研究所关注的那些［现代性发展的］动机。至于现代性的规范的自我理解，基督教发挥的就更不仅仅是一个先驱或催化剂的作用。普遍平等主义——从中产生了自由和集体团结生活的理想，生命与解放的自主行为，良心的

---

[1] 哈贝马斯：《后形而上学思想》，第50页。
[2] 哈贝马斯："信仰与知识"，载于哈贝马斯：《后民族结构》，第169页。
[3] 同上，第171页。

个体道德，人权和民主——乃是犹太公正伦理和基督教爱的伦理的直接遗产。这一遗产本质上从未改变，一直是不断的批评性重建和重新解释的对象。直到今天，尚未见到可以替代它的其他选择。①

哈贝马斯对于基督教可以论证正义与团结（个体与集体）这两种重要道德规范的阐释是：在基督教看来，每个人与上帝都有着双重交往关系，他既是信徒团契的一员，从而与上帝之间建立了集体盟约关系，又是一个具有自身生活历史的个体，从而在上帝面前具有不可替代性。这样一种交往结构决定了以上帝为中介的道德关系主要表现为团结（solidarity）与（严格意义上的）正义（justice）。所以，犹太教－基督教传统把团结和正义看作是一个事物的两个方面：它们使我们注意到同一交往结构的两个不同方面。② 有时哈贝马斯甚至说到自己的交往理性的思想也来自于基督教神学思想。哈贝马斯认为基督宗教对西方世界的贡献并非在于社会与现代化方面，而是在于人间的文化与心态结构方面。基督教强调地人因上帝而存在，而哈贝马斯则强调人因他者而存在，既然重视他者，紧接着就是注重沟通。哈贝马斯所主张的"理性"，是主体之间的"沟通理性"。哈贝马斯后来甚至承认其重视沟通的思想源自宗教："我对语言以及追求相互了解的沟通行动概念准绳，是从基督宗教传承取的养分。"基督教信仰认为上帝创造人，使得人具有价值并且值得追求彼此的尊重与了解。在一定意义上，可以说哈贝马斯独特的交往伦理立足于基督教公共伦理：

> 我不会反对这样的说法：我的以相互理解为取向的语言和交往行动的概念生发于基督教的遗产。"达成理解"的终极目的——按照主体间承认标准即可批评的有效性要求的双重否定行事的论证的一致性——完全可能源自基督教的逻各斯传统，它内

---

① E. Mendieta, ed., J. *Habermas: Religion and Rationality*, p.149.
② 哈贝马斯:《包容他者》，第 10 页。

在地蕴含于宗教团体的交往实践中。[①]

当然，所有这一切并不意味着"交往理性"认为宗教已经毫无问题，或是准备无条件地与宗教合一。哈贝马斯仍然认为，宗教如果要介入公共领域，自身必须"现代化"：必须承认多元，必须接受理性反思论证的挑战，必须承认立宪政治等等。否则，会成为维护现存体制的工具或是破坏性的非理性力量。[②]在《重建历史唯物主义》中，哈贝马斯讲道：虽然基督教有论证现代道德——普遍主义与个体主义——的潜力，但是仍然存在着几个问题：一个是旧的因素的存在；另一个是内外有别的敌对性；再一个是用二元论等为现存体制进行合法化论证。在哈贝马斯乃至整个法兰克福学派看来，宗教真正应当发挥的社会作用是抵抗作用。所以，哈贝马斯批评杜克海姆对于宗教在社会中的功能的诠释。杜克海姆一直强调宗教的"国教"或整合或祭司／礼仪／意识形态的功能，把宗教看作是规范共识的社会联结，它以"神圣者"的身份出现，看上去帮助社会团结，但其实有问题，因为它在礼仪中不断得到更新。但是，在哈贝马斯看来，这样的宗教功能完全可以掩盖和合法化不公正的社会。[③]

最后，哈贝马斯认为，哲学尽管无力完全接过宗教的班，但是哲学就是哲学，哲学不应当硬去充当宗教。界线必须明确划清。后期的哈贝马斯日益承认自己的"语言学论证法"只能为道德提供一个十分脆弱的基础。因为与宗教相比，理性难以提供动机力量，哲学无法像宗教那样为人们提供安慰或确定的未来。不过，虽然哈贝马斯承认自己的交往理性只能达到弱的规范论证，虽然不乏有人建议从工具理性中解放出来的方式是通过重新神秘化，但是他仍然坚持不彻底回归宗教。[④]哈贝马斯说：哲学与神学不同，不能谈论命运和拯救之应许，

---

① E. Mendieta, ed., J. *Habermas: Religion and Rationality*, p.160.

② Ibid., pp.150-1；参看哈贝马斯："信仰与知识"，载于哈贝马斯:《后民族结构》，第165页。

③ 哈贝马斯:《重建历史唯物主义》，第93页。

④ E. Mendieta, ed., J. *Habermas: Religion and Rationality*, pp. 82, 87, 88.

不能从人的有限性和对超越、幸福的渴望性中证明确实存在着超越世界和绝对的幸福。哲学不能提供安慰。"完整的主体间性是相互自由承认的对称关系的表现。但是，这种观念不能被虚构成为和谐生活方式的总体性，也不能被作为乌托邦而抛到遥远的未来。它所包含的只是对于完美生活所采取的不可预见的形式的必要条件所作的形式描述。这种生活方式从来都没有像先知学说那样许诺说我们一定能够得到，也并非虚无缥缈，不可企及。对于这些生活方式，我们只知道，如果要真的实现它们，我们就必须通过我们自己的共同努力来把它们创造出来。"[①]

总之，交往而非信仰，才是哈贝马斯心目中的现代公共伦理的基础。宗教是规范意识的古代核心，然而在现代社会中它已经瓦解。哈贝马斯对此瓦解最终还是加以肯定："随着交往行为中潜藏的理性（Rationality）被释放出来，规范的古代核心瓦解，让位于世界观的合理化、法律以及道德的普遍化，以及个人化的加速进程。"共识的权威取代了神圣者的权威。世界的宗教观的合法化功能被出于理性考虑的共识所取代。[②]"神圣者的语言化"（The Linguistification of the Sacred）是唯一的出路。"公共"的交往理性可以接"超验伦理"的班。但是，其他的现代性力量，如个体化的征服型科学技术和表现型现代艺术都不行。

二、哈贝马斯和罗尔斯：重建公共伦理的不同途径

前面我们已经分别讨论了现代公共伦理中的两大代表人物对于现代性"奠基方式"尤其宗教奠基方式的看法：罗尔斯和哈贝马斯。现在我们可以对其进行一些比较。他们虽然都是现代性的支持者，但是也并非处处相同。他们之间的分歧甚至导向了一场公开的相互论战。

---

① 哈贝马斯：《后形而上学思想》，第 168 页。参看 E. Mendieta, ed., J. Habermas: Religion and Rationality, p.126。

② F. S. Fiorenza, "教会作为一种解释之共同体：处于对话伦理学和解释学重构之间的政治神学", in Don S. Browning and F. S. Fiorenza, eds. Habermas, Modernity, and Public Theology, p.70.

这场盟友之争可以向人们更为深入地展现出积极建构现代公共伦理的道义论哲学家的路径差异。

首先，盟友就是盟友。罗尔斯与哈贝马斯广义地都属于自由主义阵营中的乐观理想主义纲领。无论是历史悲观主义还是市场现实主义，无论是"相对主义"还是"现实主义"，都是他们不能接受的。他们主张一种肯定公共性或社会性的自身内在价值的理想主义。他们都对几乎是万众臣服的"市场模式"，尤其是用市场模式解释公共的、社会的伦理规范的基础，保持怀疑。他们二人的思想背后都有一种信念：现代性的发展值得规范地肯定的成果主要是广义的政治原则如民主、自由；经济领域则远远没有跟上，是不民主、不平等、不自由的领域，本身需要学习政治领域中所达到的高水平以达到诸如"经济民主"，更不允许经济—市场的原则侵入其他领域。（比较：不少其他学者认为政治等非经济领域有待学习采用经济的—市场的模式，才算真正的现代化）对于罗尔斯来说，让人际基本关系由功利主义、效率（帕累托最优）以及"自然"来决定，决不是"正义"的；必须靠社会合作的平等自由人的公共理性来确定正义的合作条件。民主的基础不是临时协定，而是道德的原则。[①] 同样，哈贝马斯的整个理论思路建立在经济理性或工具理性不是唯一的"理性"这一思想之上。人与自然的关系中使用单向的、主体征服式的工具理性无可厚非，但是在人与人的关系中，只能使用交往理性——这是一种"主体间性"的理性或公共理性。

虽然罗尔斯与哈贝马斯都属于理想主义，但是二人在建构理想型的公共伦理规范基础的内容与方式上又有差异，这一差异最终还导致了著名的"哈贝马斯与罗尔斯之争"。哈贝马斯对于罗尔斯的批评集中体现在发表于美国《哲学杂志》上的《评罗尔斯》一文中。哈贝马斯首先肯定自己与罗尔斯同属一个阵营。然后批评罗尔斯的理论还是向"对方阵营"做了不应该做的太多让步，从而把自己的理论特点搞

---

① 罗尔斯：《政治自由主义》，导论，第25—31页。哈贝马斯反对罗蒂将罗尔斯仅仅视为美国文化的自我理解。参看哈贝马斯：《在事实与规范之间》，第76页。哈贝马斯看出公共性社会契约与私人契约具有完全不同的性质；参看第115、203页。

得模糊不清，使自己的论证力量大为削弱。哈贝马斯的批评主要由理性论、证明论和自律论三点组成：

首先，哈贝马斯认为，罗尔斯的体系虽然以公民的两种基本能力为预设，但是在制定正义原则的关键的社会契约阶段——即无知之幕之后的选择——当中，却并不启用公民的道德能力，而是只诉诸各人的私己理性，仅仅把理想的或道德的成分放入到"环境限制"即无知之幕上——这岂不是"他律"？岂不是向"现实主义"让步太多？其次，哈贝马斯认为罗尔斯没有区别"证明"与"接受"。"多元之间的交叉共识"本应当被赋予证明道德真理的作用；但是在罗尔斯那里，它的作用只在于表明社会上持不同立场的人对于已经得出的正义观能够从自己的角度认可，从而社会具有稳定性。罗尔斯作为理想主义者，本来是反对"妥协"式契约的。可是他的这种看法，导致的却正是否定道德真理的可能性，是承认政治中只可能存在不同观点的人的无原则的妥协。最后，罗尔斯虽然说过他要不偏不倚地兼顾"两种自由"。但是他的预先设置正义原则的方式使得人民的"积极自由"或政治参与自由的实质性意义大打折扣。既然正义原则乃至基本宪法制度已经确定好了，那就用不着人民来"自己立法"；于是公民使用自己的道德能力自治或自律的可能被又一次否决。在哈贝马斯看来，这样一个否认自治的公共伦理不能不说是在贯彻作者所宣称的康德理想上的失败，一个推许和企图为民主自由奠定基础的理论却不以民主的方式推导出民主的有效性，只能说是逻辑上缺乏一贯性。[①]

罗尔斯及其团队仔细研读了哈贝马斯的批评，然后进行了针锋相对的回应，后来收入《政治自由主义》作为压卷篇章。他的回答的要旨是：首先，哈贝马斯的思想体系是整全论哲学的，而罗尔斯的正义论是政治的，并非从整全论学说中推导出来的，因此也并不依赖统一的或特别的理性论。正因为此，罗尔斯所用的"理性"具有相当的宽

---

① 参看 Habermas, "Reconciliation through the Public Use of Reason: Remarks on John Rawls's Political Liberalism," *The Journal of Philosophy*, Vol. XCⅡ, Number3, March 1995, pp.109ff.

容性。比如，罗尔斯不在宗教基础上建立政治原则，但是这并不使他一定要否认宗教，它可以设想许多宗教能够交叉认同它的政治原则。而哈贝马斯的无所不包的理性学说却一定会导致否认宗教。其次，罗尔斯区分了正义观的"证明"的不同阶段。他的社会契约"原初状态"与哈贝马斯的"理想商谈"并非一回事。毋宁说，"原初状态"讲的是第一阶段的公共理性独立证明。"交叉共识"虽然是后面阶段的，但也并不就是"妥协"，它自有其意义，它显示出独立证明的正义观具有深刻的、合理性的社会统一基础。最后，"自律"并不一定非要每一代人民都推翻以前的宪法，自己重新订立一次。每一代人对于基本上正义的宪政原则的理解、认同与修正，就是自律。最后，罗尔斯指出他与哈贝马斯的重要分歧在于他的理论是实质性的，而哈贝马斯坚持自己的立场只是程序性的。罗尔斯认为自由主义必须是实质性的。一个完全的程序性学说，即使是"民主程序、自由商谈"学说，也是相当危险的，不能确保它得出的结果一定是正义的。[①]

正如罗尔斯在回答哈贝马斯的批评时所说的，这种批评以及回应可以帮助自己（我们可以说：以及哈贝马斯）更好地反思与厘清各自理论的论证规范基础的方式的特点。这至少对于帮助人们理解这两种决不能称为简单易懂的庞大现代性公共伦理哲学体系颇有益处。下面我们先考察一下他们各自的规范基础论证的方法论思路。然后再尝试揭示为什么他们会有分歧。

罗尔斯虽然反对目的论，但是他的分析框架是按照对于人的行动的目的论模式建立起来的。亦即：

生活的必需条件（"好"）——各人的生活计划——幸福（计划的实现）。

A   B   C

---

① 罗尔斯:《政治自由主义》，第18页。

一般目的论是首先确定什么是"幸福",然后由此安排(统一的)人生计划,再由此安排相应条件物品的获得和分配。但是作为道义论的自由主义,罗尔斯反对从终极"目的"开始论证:不能在一个宽容的、多元的社会中统一地确定什么是"幸福"。终极目的必须开放,生活计划必须多样化,不能强求一致。剩下能够统一地谈的,只能是任何生活计划都同样必不可少的条件性"好"的正义分配。从每个人都最终追求自己的生活—幸福来讲,C是最高价值;或者说,政治制度的任务正是要维护每个人都能自由地追求自己选择的目的。但是从政治只能涉及条件性好的分配来讲,A是最高价值(最重要的政治价值)。

什么是制度伦理中的首要价值"正义"?罗尔斯的回答是:以平等为核心的"二原则",这我们在前面已经阐述过。它的特点是既非"大公无私",也不是完全私己,而是介于二者之间的"平等兼顾"。关键是,这如何论证?罗尔斯的论证构成了他的正义论庞大体系。归纳起来,其论证似乎可以主要地分成二种。一种是著名的"无知之幕"的程序正义证明法,即如果某种正义观"被无知之幕后面的所有人选择",就等值于它规范地得到了"证明"。这里的基本预设是人的平等自由,"无知之幕"是设计出来去掉"不应当的"("偶然的")不平等的信息,所有人(的代表)都被设置在某种幕障之后,对于自己将进入的社会中的地位和禀赋一无所知,来做出未来社会基本制度安排的原则的选择。由于这一选择所涉及的制度正义对于人的一生至关重要,人们为了避免自己落入最差状态,必然采取"最大最小值"的策略,主张对于"条件好"的尽可能平等的分配方案,尤其会同意保障社会最底层那个人群。罗尔斯的另外一种证明办法诉诸道德是"合作中的应得"。这实际上不需要"无知之幕",不需要排除信息,可以摊开来谈。其论证法是一般的法学权利观:分配应当按照贡献。每个人,包括穷人或弱者,都在合作体系中做出了不可缺少的贡献,所以都应当按劳分配,得到相当的份额。

哈贝马斯为什么要质疑罗尔斯呢?我们在前面一节看到,因为哈贝马斯有自己独特的"规范基础论证"法。哈贝马斯反对"自然主义谬误",认为一般"进化论"如帕森斯的理论都缺乏可信的规范价值基础论证。^①哈贝马斯自己的哲学工作大部分围绕着这一问题进行。哈贝马斯的论证方法有许多种。我们可以把它们分成三种。第一种是发生学的。这主要是借助皮亚杰—科尔伯格的认知能力和道德意识发生学，米德的自我形成阶段学，帕森斯的社会结构－功能及社会进化论。这种理论的基础是个体的理性能力的发展。韦伯曾主张现代性主要体现为"一元"合理性的发展，但也不无忧虑地看到，社会的发展日益按照合理性原则行动，随着现代性的发展，这种冷冰冰的合理性将覆盖整个人类社会。哈贝马斯则区分了生产领域与人际互动的领域。从而认为历史的发展并非只意味着一种合理性在发展。韦伯所说的这种合理性不过是适合于人与自然的关系的工具—目的合理性。但是除了生产在发展，除了工具理性在发生，人类社会还有其他的领域在发展，还有其他类型的理性——交往理性——在发生。在现代，证明水平提升到了反思的阶段。理想的、高阶段的、应当成为规范原则的是一种程序原则：不是任何实质性的内容或传统信念，而是理性共识的程序与预设自身成为合法性的证明原则。

用发生学思路证明规范基础，有它特有的长处与不足，这在科尔伯格那里就已经得到充分的讨论。它的长处是既有经验性，又有"先验性"或结构性。它的特有问题是如何说明"从是到应是"，从事实如此得出规范或价值也应该如此的结论。也许与这一问题有关，哈贝马斯又提出了"一般语用学"的论证模式，其基本思路是：语言是社会交往中的基本现象，是人性的、主体间性的中介。在语言交往中必然已经存在主体间性式的共识，否则无法相互理解对方的语言。因此，对于公共伦理来说，语言中的交互性相当于某种"仁端"，基于此之上，可以建立道德交往的交互性。最后，在哈贝马斯的规范基础论证中，还有马克思主义的理论背景。这是一切"批判哲学"的特点。马克思的基本规范理想是主体的－交互主体的合作生活，人的社会性的无中介的直接实现。因此它反对压迫、压抑，号召解放。

在勾勒了罗尔斯与哈贝马斯两人各自的规范基础的论证方式之

---

① Habermas, *Communication and the Evolution of Society*, p.177.

后，我们就可以进一步探讨这两位现代性阵营中的盟友之间为什么会存在分歧从而争论了。

首先，从终极目的上看，哈贝马斯直接谈论终极目的或好或幸福。也就是说，无论他自己是否承认，哈贝马斯的思想中有强烈的目的论倾向。这是哈贝马斯的发生学的规范论证模式必然导向的结果。虽然他喜欢说，他同意近代以来的基本信念，只能在程序中寻找合法性，不能规定任何实质性的东西。但是他对终极目的是有所规定的，而这一终极目的就是他的"程序"合理性（的生活）：交互主体性。交互主体性并非仅仅是帮助达到其他目的的工具。与工具理性不同，交互理性（生活）除了可以帮助"得出共识"等外在目的之外，它本身就是一种目的，一种有其优秀（德性）的、自足（不依赖 techne）的实践活动（praxis）。所以，如果说它是工具，那么它也是内在性工具，是目的性工具。在哈贝马斯看来，罗尔斯讲"正义"，花费了那么大力气讲"保护'基本好'的分配"，广而言之，整个现代公共伦理中关于"分配正义"争吵，都体现出在哲学反思与批判能力上的不足。对于所追求的东西本身缺乏反思，不欲再问一个为什么。[①] 说到底，一个环绕着物利追求的生活有何大价值（这里我们似乎听到了施特劳斯派的布鲁姆对罗尔斯的类似挑战）？

其次，与发生学的目的论思维有关，哈贝马斯之所以相信他把握住了最佳的生活方式（社会共存方式），是因为他相信可以证明这是社会"进化"的（目的论发展的）结果，而其更深根据又在于人的认知能力 - 解题能力经历了由低到高的发展或"进化"，从而在其最后阶段发展出了最高的"道德状态"。这样的极高境界的特点是交互性，互相为对方考虑等等。哈贝马斯对罗尔斯不满的一个原因是，他在得出正义原则时借助的是工具理性，一种惧怕自己吃亏的私己中心式的思维模式，不存在各方的"互主体性"商谈，因为在"无知之幕"后面其实只有一个人，所以并没有发生过什么真实的协商讨论。能在罗尔斯体系中找到的"商谈"的最大对应物是"交叉共识"。但是哈贝

---

①   Habermas, *Communication and the Evolution of Society*, p.93-94.

马斯遗憾地发现，罗尔斯实际上并没有用各方的交叉共识来论证规范基础，而只是给予交叉共识一个"事后认可"式的、仅仅是帮助维系稳定性的非实质性角色。[①]

然而罗尔斯这么做也是有自己的考虑的，这就引向他们二人的分歧原因的第三点。尽管二人所主张的内容有许多是相同的或交叉的，但他们达到这些内容的思考路径是不同的。说到底，罗尔斯是一位自由主义者。自由主义者，特别是道义论自由主义者，着重的是"限度"式他指型伦理。这一限度应当由可靠而确定的制度加以保证。在罗尔斯看来，"基本好"的平等分配或至少各方都能得到起码的（维系人的尊严的）一份，是必须由社会基本制度保障的、不容逾越的限度。程序不过是设计出来保证它的。或者用罗尔斯的话说，"社会契约"其实是用来"表达"自由主义的基本信念——平等、自由人的合作。所以，原则上我们可以设想罗尔斯不取"社会契约论"的程序，而采取由专家代为计算之方法；然后，再由各种整全论学说各自独立地去"交叉共识"它。但是对于哈贝马斯，程序是本质性的，人们的商谈－民主过程是至关重要的、不可或缺的。如果从罗尔斯的这一角度看，则哈贝马斯主张的那种"只讲程序（商谈），结果开放"的思路潜伏着危险：大众民主在集体商谈中凭什么可以先验地保证不会得出侵犯上述权利限度的结果？而根据"商谈伦理学"，只要这样的结果是经过充分的、无压抑的商谈后得出的，就是合法的。

我们也许可以说，哈贝马斯比罗尔斯更为"理想主义"，或更具乌托邦色彩。首先，如果说罗尔斯把所有人的禀赋作为集体财富放在一起进行"社会合作"并据以分配的观念中有直接性社会的倾向的话，那么哈贝马斯的"交往型社会关系"就更加直截了当地是反对物

[①]　Habermas, "Reconciliation through the Public Use of Reason: Remarks on John Rawls's Political Liberalism", *The Journal of Philosophy*, Vol. XC Ⅱ , Number3, March 1995, p. 119. 哈贝马斯之所以警惕用罗尔斯追求的确定"理性"代替商谈，是因为他相信人民主体并非固定的，而是流动的和在交往中发展的。参看哈贝马斯：《在事实与规范之间》，第225 页。夏皮罗也认为罗尔斯的方法论有唯我论倾向，因为他的所谓"社会契约论"中并不存在真正的多主体之间的互动。参看夏皮罗：《政治的道德基础》，第 133 页。

化媒介的直接性社会的理念了。其次，在人性论上，用一个不太恰当的比喻可以说，哈贝马斯的政治哲学建立在一种"人性善"的观点基础上。人的认知—道德资质或交往潜能经历了那么多社会形态的发展变迁，都发展到了现代性了，还不够"善"？但是罗尔斯却体现出尽量地回避自己的理论对于任何人性或人的道德资质的学说的依赖。政治伦理与个人伦理的不同之一就是它必须确保能够实施，它是日常生活得以持续进行所须臾不可缺者，所以不能留待人的"自愿选择"来定夺取舍。与罗尔斯关心现实政治的规范性理解相比，哈贝马斯更关心的是理想的社会，是探索人类社会组合方式的最大可能发展空间的极限，并据以批判现实中的社会。所以"可行性"并非他十分关心的一个价值指标。

罗尔斯要先验地确定正义的内容，所以不能接受哈贝马斯的民主商谈思想，因为那过于受制于经验的变化了。所以，我们可以设想罗尔斯的正义论是专家通过"合理的慎思"先验地为人民计算好正义的"真理"。罗尔斯后来强调"少数专家"或公共理性的最佳代表者是最高法院，因为它中立无立场、能够防范大众民主之弊端。① 如此，就排除了人民随时自主决定何谓"正当"内容的民主权利。相反，预先订立下来的真理却足以拒斥现实中"人民"的自发－自愿选择和决定，或者说，可以反对大众投票的结果或哈贝马斯所讲的"商谈"的结果。但如果这么看，也可以说罗尔斯比起市场社会契约论来，是精英化、反民主的，因为民法设定每个人是自己利益的最佳判断者，而"自发、零星、多元"地、个人地追求自己的理想，是自由主义的理想境界。所以，罗尔斯认为要靠从公共文化中比较稳定的观念比如"理性"、"平等自由合作人"等当中寻找正义。② 如果不是自由平等人，不会有人愿意进入无知之幕背后。所以，你是什么人，是关键的。③

① 参见罗尔斯:《政治自由主义》，第 244 页以下。
② John Rawls, *Collected Papers*, p.357.
③ Ibid., pp.345-6.

三、新共和主义的旗帜

在哈贝马斯与罗尔斯的"盟友之争"中，有一个概念经常跳出来，这就是"公民共和主义"（civic republicanism）。这个概念首先意味着古典传统对当代政治哲学主流自由主义的批评，但是又经常被自由主义的代表人物比如哈贝马斯和罗尔斯部分地接受。这使得现代性公共伦理的整体图景更为复杂和丰富。共和主义大致有两个问题，第一，自由主义社会主张私人幸福为最高价值，但是，即便这样的社会是好的，如果没有公共精神，它能出现和维系吗？第二，没有公共精神、公共生活的社会是否品格低下？现代性价值范式是否旨在实现一个侏儒的快乐天堂？而第二个问题会回到第一个问题：自由主义不惜一切维护私人的利益。但是人为什么配得上这样的拼死捍卫？谁来捍卫？[①]

罗尔斯与哈贝马斯都被认为是自由主义中的"公民共和主义"代表。但是他们二人在接受这个标签时的态度却并不一样。这也许是因为"公民共和主义"本身就有许多含义。西方现代性的典型政治哲学是自由主义。然而自由主义的"主流"地位一直不稳，经常受到各种其他政治哲学思想的批判。"公民共和主义"便是西方思想界中依托古典资源对现代自由主义范式的最近一次严重挑战。说它近，其实也有几十年历史了。但是目前似乎小树长成大树，分散的力量聚合在同一面大旗之下，呈现出江潮奔涌大势。英国有波考克、斯金纳等人，美国的普林斯顿有佩迪特和维罗里等人，哈佛有桑德尔、米歇尔曼，德国有哈贝马斯和二战中移民美国的阿伦特等。多年的苦心经营或无心栽柳，终于让人们辨认出一些共同的特征和旨向，形成了自由主义所不能忽视的"共和主义"传统。自由主义伦理，无论是现代道义论还是功利主义，都倾向于个体化和内心私人化的本体论。这是"新共和主义"所反对的。

---

① 有关讨论可以参看克劳斯：《自由主义与荣誉》，第 28、258 页；福山：《历史的终结》，第 211 页；阿伦特：《论革命》，第 236-237 页。

我们不妨从桑德尔的分类（这也是不少人公认的一种分类）入手考察公民共和主义的宗旨和意义。桑德尔把公民共和主义分为强的和弱的两种，强公民共和主义认为，人们参与政治之公共生活是一种目的性的好，弱公民共和主义认为参与政治是一种重要的好，但是不是目的性的好，而是手段性的好。[①] 这一分类或明或暗地可以对应其他人的其他分类，比如"希腊的"共和主义与"罗马的"共和主义，"古代的"共和主义与"现代的"共和主义，"行政的"共和主义与"立法的"共和主义等等。让我们先看以公共政治为"目的"的强版本共和主义。

（一）

什么是人生的最高"目的"？在古典时代的价值体系中，这往往被标识为 Telos，也就是终极价值，落实在人的生活总体评估上就是"幸福"。对应于主观欲求，就是爱。受到希腊哲学影响很深的奥古斯丁说：爱的指向不同，决定了一个人是什么人。爱天国就不会爱尘世，爱尘世就不会爱天国。奥古斯丁讲的"尘世"必然主要地指当时正在分崩瓦解的罗马国家。马基雅维利曾经认为，基督教不爱国，造成了共和国的失败。爱国，这是新共和主义的一个重要美德[②]。是否爱国，还让我们立即想到在《会饮》和《菲德罗》等中热切讨论"爱欲"的柏拉图，因为据说奥古斯丁受到新柏拉图主义的影响很深。柏拉图讲政治哲学最为著名的对话录《理想国》更是把是否爱国——爱政治——当作核心问题：哲学家在走出洞穴之后还会有兴趣回到洞穴之中吗？爱上了本质世界的人还可能再爱政治？注意"洞穴"的比喻意味深远。洞穴乃隐私之象，洞外才是公共的光明世界。古典时代的"正常"看法都是把政治当作公共世界、光明世界，把其上的思辨生活和其下的经济生活看作是私人的、幽暗的。阿伦特便把政治与私人的对立与光明与幽暗的对立比照起来。在《高尔吉亚》中，可以看到热爱政治的智术师在批判哲学时把手指都点到苏格拉底的鼻子上去了：你们这些哲学家躲在幽暗角落里窃窃私语，不敢到光天化日之下

---

① 参看应奇、刘训练主编：《公民共和主义》，北京：东方出版社，2006年，第358页。
② 同上，第164–168、304页。

大声说出自己的意见，哪儿还有一点政治公民勇敢豪迈阳刚气概吗。但是，柏拉图的洞穴比喻却完全颠倒了这一"光明－幽暗"对比，把政治说成是混黑虚假的"洞穴"，把思辨生活说成是正常的光明世界；结果就出现了困扰柏拉图学派至今（直到施特劳斯学派）的问题：哲学家为什么要下降到政治生活之洞穴中？爱必指向终极价值，哲学家已经明白终极价值不在政治中，如果参政，或许只能用"责任"加以解释？

以公共生活为最高之爱是强公民共和主义，启用的资源不是柏拉图，而是亚里士多德。我们在第一章指出，亚里士多德的政治哲学的核心是政治"德性"的施展即卓越的公共生活。所谓"德性"（优秀），乃是本体属性的最高（优异）发挥。不同的事物的本体属性不同。人的本体属性是政治能力及其发挥。我们有许多属性，但是其中有的不是我们作为人的属性，比如，思辨不是人的本体属性，是神的；经济不是人的本体属性，是动物的。所以，一个仅仅过着思辨生活、优秀地发挥着纯粹理性能力如记忆、辨析、认知真理的人不是人，是神；一个仅仅过着经济生活、畅快淋漓地发挥了感性能力如欲望和生命力的人不是人，是动物。唯有过着公共的政治生活、充分发挥了政治德性如实践智慧、勇敢坚毅、共同协商、友爱互助、敏锐判断等等能力的人，才是"人"。人不是神，人有人的幸福——即使这是十分脆弱的幸福。①

对于政治生活的价值的推崇在今天听起来可能有些刺耳。刺耳意味着价值世界已经改变。与思辨生活一样具有私人性、但是更为现实的另一种生活形式——经济生活——支配了现代人的爱（从而"消极自由"的上升）。在"去政治化"的现代社会中，公民共和主义要劝说人们离开日常生活领域，上升到公民政治生活中，是非常困难的。自由主义对公民共和主义的批判之一就是：确定某一种生活方式为唯一值得过的生活价值，这违背现代人的直觉。如果由国家强行推行，必然威胁个人的选择自由，或至少造成不必要的普遍自卑。实际

① 参看纳斯鲍姆：《善的脆弱性》；普鲁塔克：《古典共和精神的捍卫——普鲁塔克文集》。

上，许多当代公民共和主义在这一点上都比亚里士多德向后退。比如桑德尔就表明自己并没有一定选择"强公民共和主义"。然而，我们不能因为自由主义的价值规范的流行而忽视了公民共和主义的价值力量。基本上是一位自由主义者的福山就提醒人们：柏拉图和黑格尔早就说过，人类的激情（thumos）是人性中的一股独立的力量，不可能还原为、从而化解为欲望。[①] 换句话说，人对于政治的爱不会因为对于经济的爱就完全消失。尼采的权力意志说讲的也是这个道理。亨廷顿最近的一些思想如文明冲突论和认同论从政治哲学上讲，也是看到了群体政治爱欲的力量的强大。生活在"自由主义"世界中的人不一定会满足于"无所约束的个体"，相反，他们需要政治性的认同，他们会爱这样的集体认同——会为它殊死战斗。

（二）

这样的讨论让我们走向弱的公民共和主义——作为手段，而不是作为爱的对象的公民积极参政。亨廷顿等人看到的政治爱欲与其说体现了共和主义的美好一面，不如说在普遍性价值成为基本共识的今天揭示了共和主义的破坏性一面。所以，今天企图复兴共和主义的人为了避免这一面，多走向弱共和主义。维罗里讲的共和主义的"爱国主义"并不是爱我族群，而是爱共和体制。

如果说亚里士多德是共和主义强版本的典型代表，那么在某种意义上共和主义弱版本的最早代表是柏拉图。政治不是哲人的最爱，但是为了回报政治的养育，为了避免更坏的政治的出现，哲人必须进入公共政治领域。换为今天的话说，"哲人王"意味着不相信民主，而相信精英。这一思想也许违反政治正确。不过，今天的公民共和主义当然不会直接套用古典哲学观点当国策用，他们懂得"创造性的转换"的道理。哲人王的真正含义并不必然是完全反民主的，它只是反对"多元主义"的大民主，而主张进入公共领域的人必须是真正意义上的"公民"。美国的民主走过一个从早期的"立宪共和"到后来的"党派民主"的历程。《联邦党人文集》与其说是在张扬民主，不如

---

① 参看福山：《历史的终结》，第345页。

说是在倡导宪政对民主的制约。柏拉图的对话录对西方的影响太深远了，反对暴民统治的种种论证在古典著作中泡大的 18 世纪美国革命者那里几乎成了脱口而出的自明公理。对民主的不信任在美国宪政中尤其体现在司法独立上。罗尔斯在其《政治自由主义》中论证，联邦法院的决定可以抵制立法机构的经常重新立法的"民主"，体现的正是这种柏拉图精神。所以，作为工具的公民共和主义，与自由主义并非本质上背离的。前面我们看到，罗尔斯为此，还与更信任"民主"的哈贝马斯发生过争执。实际上，这反映了"公民共和主义"的家族内部之争。哈贝马斯认为公民共和主义意味着民主－商谈可以不时改变已经确立的法律（杰弗逊传统）；而罗尔斯认为这太危险，这是让大众暴政潜在地有推翻公共利益的可能（汉密尔顿传统）。但是他们都反对自由放任主义——那种自由主义在某种意义上可以与专制政府或极端自私之个人主义相容。[①] 共和主义决不能接受这样的自由主义。如果说 19 世纪美国基本上走向经济模式的大民主（对此，19 世纪来访美国的法国聪明人托克维尔敏感察觉之；20 世纪的美国政治思想家罗伯特·达尔系统论证之），那么，20 世纪的罗尔斯还想坚持某种早期美国政治中的共和精神。不过，值得注意的是，罗尔斯反对强共和主义以参政为最高生活目标的信念。

共和体制既可以让少数优秀的强者在公共生活中发挥自己的崇高精神，为广大弱者的利益牺牲自己，同时又及时用哲学、法治和经济追求等制度手段制约权力－血性冲动，以免其由牧羊犬堕落为伤人狼。柏拉图的哲学制约法意味着介入公共领域的人不得热爱这个领域中的一切利益包括权力和财富和荣誉，从而不会与民争利；经济追求也是在用私人生活的热忱制约人的权力爱好。[②] 最近以佩迪特为代表

---

① 参看应奇、刘训练主编：《公民共和主义》，第 103、459 页。

② 阿伦特认为美国革命虽然被共和精神驱动，但是革命成功后立即转向经济热忱，就避免了法国大革命的"不断革命"带来的危害。参看阿伦特：《论革命》，第 79、112 页。对于一个主张政治生活（《人的条件》中的 praxis）为最高行动类型的思想家来说，这么认识是不容易的。美国革命究竟是出于共和主义理念还是出于经济动因，学者们一直争论不休。参看克劳斯：《自由主义与荣誉》，第 145 页注释；福山：《历史的终结》，第 181 页注释。

的学者所提出的所谓"罗马式"的共和主义，提出了以"非支配"为核心的"第三自由"，主张用法治阻遏权力对公民超乎私人经济收益之上的人格尊严的侵犯即"任意干涉"。这种"自由"的实质是"非支配"（non-domination）。[1] 总之，弱共和主义从某种角度看，恰恰是在警惕强共和主义将共和主义当作最佳生活来热爱的人生观所带来的重大问题。

（三）

强版本的公民共和主义和弱版本的公民共和主义从某种意义上说，还可以对应于另外一些划分，比如"希腊的"共和主义和"罗马的"共和主义。西方人虽然大多在斯巴达而不是雅典中看到公民共和主义的先驱（雅典被许多人看作是自由主义的先驱），但是今日公民共和主义的"希腊派"代表比如阿伦特还是大多讲雅典。[2] 雅典民主丰富复杂，可以从各个角度讲。人们既可以在这个城邦国家看到对于商业和个人自由的重视，也可以看到公民积极参政和爱国主义。这样的公民参政是直接民主，推崇的是积极自由，直接在参与各种行政工作中实现公民的责任。

哈贝马斯相信人有多种的、异质的利益。人应当拥有超出物利之好的利益。[3] 令哈贝马斯失望的是，罗尔斯虽然提出了"高阶利益"的思想，[4] 但却并没有怎么实质性地使用这一思想。全社会一起生活订基本规则时，只是在分配条件性之好；而到了后面的实质性生活阶段，却各自退入自己的小团体中。那么，大社会岂不是仅仅是一个工具？人生有不同的旨趣，如果都还原为一种平面的旨趣，生活的价值

---

[1] 佩迪特说自己的理论得到了斯金纳的历史研究的肯定：这一共和自由正是从意大利城邦到美国革命的现代共和主义者所追求的。参看佩迪特："消极自由：自由主义的与共和主义的"，载于应奇、刘训练编：《第三种自由》，北京：东方出版社，2006年，第183页。并参看福山：《历史的终结》，第178页。

[2] 参看应奇、刘训练主编：《公民共和主义》，第19–20页。

[3] Habermas, *Communication and the Evolution of Society*, trans., McCarthy, Beacon Press, 1979, p.199.

[4] 参看罗尔斯：《政治自由主义》，第17–18页。

立即锐减。^①人长大了，当然应当过"人"的生活。仅仅"活着"，动物和少年也可以。即使我们的现代性越来越依靠非人化的科层系统体制，哈贝马斯还是希望至少可以抓住一点：在制定这个系统的时候，立法家具有发挥自己作用的机会。而每代公民作为主集体立法家，都必须理想地重新自己立法。

前面我们提到，罗尔斯是反对目的论思维的。作为道义论的自由主义，他拒斥任何统一地规定什么是最佳生活的思维方式，拒绝评判不同生活方式的价值高下，只把论域限制在保证广泛适于各种生活方式的条件好的正义分配的基本政治制度上。在这样一个正义的大背景下，可以容忍多种多样的生活方式、次级社团、终极目的追求。哈贝马斯所主张的那种生活，可以称为"公民共和主义"的生活理想。罗尔斯显然也有强烈的公民共和主义色彩，比如他在论证言论自由的意义时，就不是像古典自由主义那样把它当成一种"消极自由"，而是与哈贝马斯在为"无压抑对话"张目时所强调的一样，主要是从"积极自由"即政治言论的自由角度考虑的。但是罗尔斯也毫不含糊地讲，他虽然对公民共和主义十分认肯，但他的中心理论"政治的正义"并不断言唯有这种生活才是真正的、"人的"生活。

现代国家的民主大部分失去了古典城邦民主，而是某种大国民主。对于大国，公民们直接参与日常行政管理几乎不可能；尤其是，必须尊重现代性中的"消极自由"崛起的基本价值事实，尊重多元价值的不和谐与冲突，不能指望完全恢复雅典的大规模万众一心公民政治生活。于是，人们的眼光随着斯金纳、佩迪特等人的指点转向了同样是大国共和的另外一个古代国家——罗马。作为大国共和，罗马主要是立法的、即用法律保护公民的自由，而不是行政的、公民直接参政的。^②不过，"直接民主"并没有完全消失，而是化身为"市民社会"概念在"准公共政治"中积极运作。尤其是在制定关乎人民基本大法的时候，人民必须被从"私人"状态唤醒到"公民"状态，积

---

① 参看 Habermas, *Knowledgeand Human Interests*. Boston: Beacom Press, 1971. 哈贝马斯对自由主义与共和主义的协调，参看《在事实与规范之间》，第 123、180、341-342 页。
② 应奇、刘训练主编：《公民共和主义》，第 116 页。

极参与对自己命运的大型政治决定过程之中。这也是今日讲大国民主的政治哲学家如阿克曼的思想：历史上大部分时间当中，人民都处于私人状态，但是周期性的上升到公民共和状态，也是不可少的；这恰恰是保护他们在私人状态时期能够享受消极自由的基本权益的先决条件。[①] 公民共和的旗帜不能天天高举，但是在历史的转折点必须猎猎飘扬。

由此可见，强共和主义与弱共和主义也许有内在关系，或者说，手段与目的无法绝对离开。如果手段仅仅是手段，而没有某种目的性支撑着，恐怕终究连手段的地位也将不保。那么，共和主义生活究竟有什么样的目的性价值呢？这就是自由。

有意思的是，哲学家贬低政治为洞穴，经济人贬低政治为虚荣妄念时，大多都是认为政治缺少自由。反过来，公民共和主义论证回到洞穴的必要或是超越经济的必要时，也大多指出政治的重要价值性在于能够提供真正的"自由"。一般政治的定义必然落脚于"权力"；权力政治虽然自有其吸引力，招致智术师和尼采的推崇，但是它不是普遍性价值，价值空间究竟有限。"自由政治"则具有很大价值。在一个自由的国家过按照自己的愿望的生活的自由，这是阿兰·博耶在其《论古代共和主义的现代意义》的开头引用的修昔底德和波普的话所表明的。人们多少年来知道权力政治，但是很少有人知道反权力政治——自由的政治。这种历史中的例外生活形式，具有消极自由所无法完全消化的价值吸引力。

（四）

公民共和主义作为对自由主义主流的批评和制衡，受到了不少人的欢迎。但是，自由民主可以有两类弊病：私人化和公共化。前者是柏拉图所描述的民主倾向于走向个人主义和激烈党争，以及自由主义体制下的最小政府论和政治冷漠；而后者则是公民主权所容易带来的道德优越和狂妄。"复兴古代共和主义者"可能会有意无意地忽视后面这种问题。不过，历来有不少深刻的思想家意识到这个问题的危

---

① 参看应奇、刘训练主编：《公民共和主义》，第189–198、278–283页。

害，并且建议用某种机制抗衡之。这样的顾虑也适用于公民共和主义在反对现代性的个人主义时对古代城邦民主的推崇。古今以来，许多思想家忌惮和反对直接民主的弊病，如大众暴政、不尊重私权、不尊重自由思考、情绪化、愚昧，等等。历史上也曾经发展出一系列对治这些弊病的机制，比如法治[①]、理性化[②]、包容机制、宗教、大众传媒和自由思想家的独立，等等。这些机制究竟属于"民主"的一部分或应有之义呢，还是对民主制衡的非民主机制，是一个可以深入讨论的问题？[③]托克维尔和尼布尔强调独立的信仰体系能抗衡直接民主的道德自义天性。非宗教的抗衡方式则主要是代表独立自由批判性反思的哲学。维拉（Villa）的"哲人型公民"学说是这方面的一个富有新意的思考。

在维拉看来，为了反对政治冷漠而热烈拥抱社群主义已经成了今天的一个时尚。[④]然而，对古代式民主即公民政治的无条件复活号召，是相当成问题的，它很可能会带来更可怕的危害，导向毫无批判能力的新盲从。[⑤]为此，他诉诸苏格拉底的洞见：未经过审查的公民生活不值得过。而苏格拉底作为与政治拉开批评距离的哲人，以这样的方式维护民主政治的健康，也可以说是一种另类的"公民"。[⑥]

维拉认为苏格拉底与柏拉图不一样，从未提出过任何正面的道德

---

① 维尔南就指出，雅典民主机制的主旨可能是为了法治：将权力放到中间（meso）。

② 理性化是现代性的重要特征，韦伯传统的人比如历史学家黄仁宇都这么看。泰勒式管理体制或许是其典型例子。但是，它的本质恰恰不是"民主"。参看卡罗尔：《参与和民主理论》，第49页。

③ 比如，法治其实与民主可以是对立的。民主是主体的、表演的、生活的；而法治则是结构－功能机制化导向的。作为乐观主义者，奥博认为雅典已经看到民主的所有问题，并都加以防范了。Ober, Josiah, *Democracy and Knowledge: Learning and Innovation in Classical Athens,* pp. 78-89. 这些问题的现实意义是：如果一个后发民主国家总是失败，是因为民主体制不健全还是忘记了同时建设"民主之外"的法治？

④ 人们可以对公民共和主义提出这样的问题：这是否是一种独特的文化现象，并非所有文化中都有此类传统资源。比如，它主要盛行于英美学界，而不是极为推崇古典学术的德国学界和极为推崇"骑手"自由的拉美文化（见博尔赫斯的讨论）。当然，我们提到了哈贝马斯的"公共领域"说。但是，哈贝马斯之所以提出这一理论，是不是本质上还是与韦伯一样，出于对德国文化特有的非政治性的反思与担忧？

⑤ Dana Villa, *Socratic Citizenship*, Princeton: Princeton University Press, 2001, p.301.

⑥ Ibid., p.305.

教条。苏格拉底如果说在历史上首创了"道德个人主义"的话，那么就在于他集中精力专门批评民主国家和一切共同体的道德自义。伯利克里时期的民主，以思想和行动的"合一不分"为骄傲自豪，个人完全认同共同体。但是，未经批评反思的行动，承载了道德优越感，会带来许许多多更为严重的灾难，这值得哲人专门投入时间和精力去对付。[①]在《高尔吉亚篇》中，苏格拉底自诩为雅典唯一的政治人。不过，苏格拉底"哲人公民"的特点是仅仅批评，而并不行动，其主要任务就是通过反思使得政治行动慢下来：

> 苏格拉底试图唤醒的德性并不是通过政治手段或者道德教育的例行方式就能够得到灌输的东西。它首要地在于让其公民同胞们去思考他们正在做的事情。而积极的、参与式的公民生活——这是为伯利克里和卡利克勒所歌颂的，也是为公民共和传统所歌颂的——妨碍了这种可能性。……苏格拉底对于雅典人和所有"行动的热爱者"的激进建议是：政治商议和判断无法替代思或道德反思，而且思自身无法提供出能够作为下一步行动基础的坚实答案。如果其公民同胞们变得至少在某些时刻是哲人式的，那么就可以说苏格拉底已经通过让他们慢下来、通过让他们摆脱伯利克里式"伟大"（或者卡利克勒式"力量"）观念对他们想象力的束缚而"提升"了他们。他那"真正的政治技艺"可以理解为对公共领域"去-审美化"的尝试。[②]

这样的苏格拉底的政治建议反对的是被许多共和主义者所推崇的伯利克里在墓前演说中所讴歌的公民的伟大和自我牺牲的理想。这种理想被维拉称为"审美不朽主义"。维拉论证说，从苏格拉底身上我们可以看到一种新型的公民身份，即哲人型公民，他本质上不是反民主，而是民主的健康发展所不可或缺的一个要素。他指出真正的民主的正当性并不来源于试图显示伟大或者文化优越性的集体欲望，而是来源

① Dana Villa, *Socratic Citizenship*, pp.23, 26, 39, 57–58.

② 维拉:《苏格拉底式公民身份》，北京：华夏出版社，2016年，第42页以下。

于要保持个体自己的道德正直，避免与不义同流合污。有意思的是，有的学者如肖菲尔德和沃勒克甚至认为柏拉图也是这个意义上的民主派。

维拉为了防止民主共同体崇拜的狂热，可能过分强调个人与共同体之间的距离了。其他许多希望恢复古代公民共和主义的益处的学者们则努力同时治疗现代民主中冷漠与狂热双问题。比如法伦格就建议在内在个人主体自我和社群共同体自我之间保持某种平衡。一个健康的公民应当能够在不同的框架之间来回转化身份，因为它们各自都重要，而不能让一种框架吞掉另外一种。[①]

第四节　回望现代性

我们已经从社会历史类型的角度讨论了规范伦理学的三种思考形态及其历史背景，讨论了现代性伦理的两种规则思维（道义论与功利论）以及德性论在现代性中的复兴和试图对道义论与功利主义的超越。环绕这些，我们还考察了古典传统的各种现代代表如施特劳斯派、新共和主义、基督教公共神学等试图开出或反对简单开出现代性的种种努力。在此基础上，我们现在可以对各种主要的规范伦理思考形态做一个批评性总结和评价了。

我们先总结一下现代性伦理范式的大致内容。首先，它提倡顺服自然，即以满足感性欲望为第一要务，反对古典范式的"加法"提升；在伦理学上，它主张某种"自然主义"。其次，它征服自然，它眼中没有自然（的神圣性），只有有待征服和利用的"材料"。在科技的支持下，充满力量的人类第一次如此大规模地"造"，改天换地，格式化自然，生产出丰富的物质产品满足大多数人的需求。第三，它尊重个体的内在性和个体尊严，用权利保护和权力制衡的他指型伦理维系人与人的相互承认。第四，它做到这一切，主要是靠使用间接性伦理方法论。

---

① Vincent Farenga, *Citizen and Self in Ancient Greece*, pp.543, 547.

一、规则的限度，德性的脆弱

我们全书的一贯原则是：每一种重要的伦理思想都是出于对于一定的问题的深切把握并试图认真地捍卫某种有意义的价值。所以，为了使人们对于它们各自的意义有"同情的理解"从而更深入的体会，我们在前面一直尽量从正面阐述各家学说，未作批评式的评价。然而，评价是不可避免的，而且也是有可能的。评价应当从逻辑和实践中得出。人类几千年，尤其是现代性的几百年的各种实践，相当于为各种"人学"提供了十分难得的天然"实验室"，检验着不同理论的合法性。比如，无制约的制度之下的人的欲望会走到哪一程度，又比如，自由式民主会产生优秀的人格吗？理论家在面对历史的终结的真实可能性之际在反思、总结和评估这些"实验结果"，展望人类及其伦理的未来，已经刻不容缓。

本书前面讨论了现代性的规则取向的规范伦理学：功利主义和权利道义论。它们都可以视为是在积极回应社群主义的"现代性无法建立公共伦理"的挑战，在弱者政治学的终极价值（共同富裕和普遍尊严）上取得了相当成就。

首先，功利主义。这是现代性的主流伦理范式。功利主义的"最大多数人的最大多数幸福"的至善可以运用直接性和间接性两种策略。苏格兰启蒙运动相信人的情感直接就会喜爱促成最大多数人的最大多数幸福，仁爱是我们天赋的道德感官。[1] 不过，严格意义上的功利主义是后果论，最著名的表述是看不见的手。[2] 据说 19 世纪法国经济学家巴斯蒂亚概括出一个定律：哪里的商品跨过边界，哪里的军队就不会跨过边界。而哪里的商品跨不过边界，哪里的军队就会。[3] 其实，古代大哲早已观察到："天假其私以行大公，存于神者之不测"。[4]

---

[1]　参看哈奇森：《论激情和感情的本性与表现，以及对道德感官的阐明》，杭州：浙江大学出版社，2009 年，第 112、156 页。

[2]　参看温奇：《亚当·斯密的政治学》，南京：译林出版社，2010 年，第 87–88、93 页。

[3]　参看舍默：《道德之弧：科学和理性如何将人类引向真理、公正与自由》，北京：新华出版社，2016 年，第 111 页。

[4]　王夫之：《论通鉴论》卷 1。

现代道义论的代表是罗尔斯。福山认为现代性的主要成就不是物质上的富裕，而是道义上的尊严：自由与平等。无疑，罗尔斯所突出强调的是"平等"。他认为平等的尊严（self-esteem）是首要的基本好。"平等"并非来自同情或者扶贫思维，而是来自"权利"，具有强烈正当性的 claim。首先，所有人在基本的道德人格能力上（正义感和生活规划能力）平等。[①]其次，人的秉赋固然有高有低，但是，自然秉赋应当看作人类的共同财富；而且，即使弱者的贡献有限，但是如果不合作，仅仅由少数精英组成的社会也是无法运作的。[②]这样的强道义论是无法实现的乌托邦吗？罗尔斯认为自己在道德的力量问题上回答的比康德好，也比功利主义好。在《正义论》的第三编中，罗尔斯花了大量篇幅论证正义社会可以在所有人当中形成普遍的正义感。大家都会衷心珍视与遵循公平正义原则。相反，功利主义的一大弊端正是它的原则（牺牲自己以促进整体幸福）对于人性的要求太高，而且会深刻地伤害人的自尊。它不把人本身看作是目的："当我们必须为了别人而自己接受一种较低的生活前景时，我们很自然会体验到一种自尊的丧失，一种对达到我们的目标的自我价值感的削弱。"而"那些尊重自己的人更易于尊重别人，反之亦然。自轻自贱导致别人的轻蔑，像妒嫉一样威胁着他们的利益。自尊是互惠的自我支持。"功利主义走到极端会走向鼓励人的自我仇恨，而这种自我仇恨会产生破坏性的结果。[③]

社群主义者反对现代性伦理的两个主要范式：功利主义和道义论，并认为所有这些理性规则式的道德思维都是不自然的，违背我们正常人的直觉。当代美德论伦理学家斯洛特指出，康德道义论伦理学坚持说道德的价值仅仅存在于出于义务感而行动的行动中。但是我们日常人的信念却不这样看，我们认为仅仅出于友善或同情而帮助他人的人的行为也具有道德价值，而且还比严格出于义务感的动机行动的人在

---

① 参看罗尔斯：《正义论》，第 492 页。
② 参看同上，第 98 页。我们可以想到一个"社会群体不合作"的戏剧化真实例子——罗马时代的"人民"的"退出罗马"运动。
③ 参看同上，第 171、487 页。

道德上更为优越。如果一位朋友去探望生病住院的友人，但是说自己完全是因为义务而来，而不是因为对他有任何感觉或感情，不是出于友爱，这话只会使得被探望的人感到不自然，沮丧和失望。其他人看到听到也会认为这样的人不是真正的朋友，他甚至缺乏友谊的能力。[①]

在回顾了现代性伦理范式的主要格局之后，我们可以对它们稍作评价。这样的评价必须非常谨慎，避免它们相互之间经常出现的非黑即白、以我划界的态度。那样违反辩证法。评价的基本原则应当是"必要的张力"。库恩提出"范式"学说时，许多人以为他在主张"范式革命"。其实他告诉人们：范式内部的常规阶段和范式交替的革命阶段各有自己的重大价值，应当保持张力平衡。我们借用科学哲学中的这个概念，是希望表明重要的人类价值可能无法完满兼顾（柏林和威廉姆），也是希望人们可以明白：任何方向上的价值获得，都必须付出代价。无论是考察现代性各种规范伦理学之间的得失，还是考察古今范式之间的得失，无论是工具理性的成就，还是浪漫主义的成就，还是古典审美品味，都必须考虑到这个基本的事实。只有这样，才能防止"进攻性理想主义"的残忍潜能，也防止完全中立性的怀疑主义和相对主义。维系这样脆弱的张力当然非常困难，需要智慧和德性的超常发挥，而且往往并不讨好，出现 irony。但是这是帮助人谦卑的辩证法。

所有我们上面说到的伦理学说存在的一个共同问题是一元论思维：只承认自己对于道德的解释，而否认其他的直觉和理论，并由此都在主张某种还原论：道义论把好还原为正义，目的论把正义还原为好。这就给它们各自带来了各种局限。我们首先考察道义论的局限，以康德的义务论为例。义务论是作为对所有道德的解释被提出的。但是生活的大部分情况下并不出现义务论问题，而这种"无情况"的情况恰恰是"好"的。如果一切通过"绝对命令"的事情都是"义

---

① 斯洛特:《从道德到美德》，南京：译林出版社，2017 年，第 180 页；并参看 Blum, *Friendship, Altruism and Morality*, Routledge and Kegan Paul, 1980. Noddings, *Caring: A Feminist Approach to Ethics and Moral Education*, University of California Press, 1986.

务"，而人又必须为义务而义务，那必然会使生活清教化，也会使义务平庸化。所以，要使它有道德意义，康德的义务论可以做出一些修订，使其表述语句成为"代价－否定式"。"讲真话"并非义务；"在讲真话对自己不利时，也不能不讲真话"，才是义务。亦即一般说来，在"绝对命令"之前可以加上一句："当这么做与私利抵触时，也必须……"。此外，道义论应该看到其他非义务型伦理如友爱伦理学已经解决了许多道德问题，从而先期避免了许多义务论情景的出现，这也是好的。并没有必要事事上升到"尊严"的角度。实际上，尊严或正义往往出现在斯多亚－康德式宇宙论－社会本体论背景之中：整个历史走向个体化和失去共同体。[1] 滕尼斯指出，权利论的问题是把人视为共同体内的敌人。[2] 罗尔斯自己的话比较和缓，说"正义的环境"预设人们对促进他人利益没有兴趣（冷漠）。用我们的术语说，这就是把"外指"型道德"内化"。最后，从纯粹理论角度讲，由于缺乏（个人的或历史的）"意义意识"，缺乏时间－生命维度，道义论的论证资源十分有限。康德的绝对命令的第一表述的论证——能够普遍化而不陷入矛盾——并没有足够的逻辑力量。它的整个论证方式是把问题上交。但是，这会导致"失去出发点"式悖论。X能不能做某件事，看所有的X能否同样做，即都这样做之后是否会出现矛盾。但是，"出现逻辑矛盾"为什么在伦理上不合法？这又只能再从形式上决定：这会使该种实践或活动或制度因为不能普遍化而消失。最后的论证力量于是归结为：你敢不敢承担某个制度或某种实践形式消失的责任？某种制度或某种人类行为的存在也许有其道理，但是一个启蒙主义者的立场似乎应当是：在反思或提供理性的根据之前，并不能"先验地"就确定该种制度或行为是伦理上必需的。举例来说，孔子在回答弟子"问孝"时，回答是：如果你不守孝，你这么做，对得起你父母的养育？这是十分有力的论证法。但是，这是"社群主义"可以合法采用的方法。启蒙主义的道义论就不能使用这样的方法，或许

[1] 参看 Sandel, M., *Liberalism and the Limits of Justice*; Scheler, M., *Formalism in Ethics and Non-Formal Theory of Values*, Northwestern University Press, 1973.
[2] 滕尼斯：《共同体与社会》，北京：商务印书馆，1999年，第95页。

284

它只能诉诸：如果大家都不守孝三年，那么这一制度就会不存在，而你是否愿意或敢于承担这样的责任或罪名？显然，这并不算具有终极性的论证，因为人们是否应当接受某种制度或行为的存在或消失，正有待于它"是否道德"的判断。人工智能、虚拟现实、互联网电商等等新科技大潮正在快速消灭人类的许多"实践"或生活形式。究竟新陈代谢到什么地步，才算最后超出人类道德或人类本体论的底线，这恰恰是有待每个人思考的一个急迫问题。

现代性的另一种伦理学是功利主义。它所存在的许多问题已经被许多人所谈到，比如对于主体的过高要求带来的对于道德行为者的伤害；[①] 不考虑分配而只讲"总量状态"的增长有可能伤害个体；[②] 社会并非一个经验着其成员的总量快乐的巨大生物个体，或没有任何人能够经验这样的"总量"；[③] "幸福"内容的可疑性（平庸或满足攀比而非真正需求），等等。我们只是想指出，功利主义以"仁慈"著称，属于某种"弱者政治学"，但是它实际上很容易成为强者的伦理。只顾及"总量"快乐的增加，而不考虑其分配情况，会使它忽视弱者的伦理问题。无独有偶，激烈反对功利主义的权利论的道义论，也同样可以具有这种冷酷品质。义务论道义论在面临生命和义务时，会断然要求以义务为先。权利论伦理学如诺齐克的理论，则只要求保护强者（生产者）的权利，其他人的"福利"或温饱则不在考虑之列，甚至不屑于启用功利主义的"看不见的手"（即私有权利最终会使全社会各种人群多得福利）的结果论论证法为自己论证。

作为古典范式复兴之一的德性论目的论对于现代性伦理问题的批评十分深刻，引起了不少共鸣与反驳。那么，德性论自己没有问题吗，它的问题在哪里？前面说过，德性论与"内在好"和"共同体"密不可分。但是，这就决定了德性的脆弱。真正的共同体是很难达成的。它需要个人恰好处于既没有完全被集体吞没，又尚未不再认同集

① S. Scheffler, *The Rejection of Consequentialism*, Clarendon Press, Oxford, 1982, pp. 9–11.

② Williams, *Ethics and the Limits of Philosophy*, p. 76.

③ H. L. Hart, "Between Utility and Rights", in R. M. Stewart, ed., *Readings in Social and Political Philosophy*, Oxford University Press, 1986, p. 308.

体的那个"中道"上。唯在此刻,"主客统一"才会出现。正像亚里士多德在谈论伦理德性时深有感触地说过的,性格的两端(两片)都是恶,唯有中道的那一点是善。可见坏或变坏容易,寻找到"好"和成为"好",非常难。在人类历史上,这样的机缘凑齐之时是不多见的。也许能够举出的只是希腊雅典的那几十年"黄金时代",某些革命运动的早期,某些宗教的初创岁月。再者,即使是在这样的主客统一时期,也是要付出代价的。它确乎可以使一部分人在共同体中追求内在好如政治生活、文化生活或信仰的生活,但是必然会有一大批人在灰影地带中为此付出枯燥劳作的代价。这是德性论特有的等级式思维的特点。[①]亚里士多德的目的论体系给人的深刻印象往往是其手段-目的链的终端上的"目的的目的"、终极目的或至少近于终极目的的"光晕"周边价值群的辉煌夺目。但是别忘了,这整个手段-目的链体系也可以反过来看。那时,人们就会看到愈益失去光芒的、逐渐隐入黑暗的"工具","工具的工具"……乃至最后的"纯粹工具"。用希腊哲学的专门术语说,这是"质料本身",那在优秀等级的人看来,简直可以等同于"恶"。我们在大序目的论思维模式中难道不能体会到一点柏拉图式或尼采式伦理精神吗?即,不认可"道德"就是平等地保护一切人的物质利益。只有优秀的、有价值的人,对于种族的发展有意义的品格,才值得保护或促进。其他的人,不"丢到一个无名的地方"就已经值得庆幸了。进一步,"共同体"的好往往与战争有关。在麦金泰尔列出的几种实践中,战争赫然列在首位。波普尔在批评近代"社群主义"的代表黑格尔时,也指出国族主义把战争本身看作是一种好。[②]19 世纪美国的"南方"文化可谓一种悠久的传统和共同体价值的代表,黑人奴隶也被置于"应有的地位"。由于是"自家的财产",主人使起来比使白人短工还可能不那么穷凶极恶一些,室

---

① 在"看上去很美"的"干部子女生活"之旁,还存在着巨大的不怎么美的"羊纺店"的灰影带人群。至于市场体系中的"个人悲伤"更是被人忽视或立即忘却。

② Popper C., *The Open Society and Its Enemies*, Princeton University Press, 1966, Vol. II, p. 71. 福山对战争有助于维系公民共和主义精神的讨论,见《历史的终结》,第 372 页以下;桑巴特类型的德国学者对战争的推崇,见莱斯诺夫:《二十世纪的政治哲学家》,第 220 页。

内奴隶的待遇更高于田间奴隶的。但这是否就表明后来 20 世纪的民权运动是用抽象的"人权"、"原则"等现代性伦理无理地摧毁共同体德性论伦理生活？

二、道德策略：直接性还是间接性

基督教、黑格尔、马克思等也是目的论伦理学，但是他们的目的论与希腊哲学的不同，是历史 – 时间目的论，亦即加入了"否定性阶段"，而非企图直接地展开终极目的。回归亚里士多德的当代社群主义却缺乏这样的意识。麦金泰尔感叹当代失去了主客统一。对此，马克思或尼布尔会问：什么时候有过"主客统一"？人类文明史迄今为止一直是利益集团冲突的历史。而今日个人或群体"自主"理念更加带来了利益和人生观上的多元甚至冲突。[①] 共同体价值体系如果掩盖着人类社会并非完满统一共同体之事实，则可能发挥意识形态的或某个集团的工具的功能，或是导致简单化处理多元价值冲突的政治现实（比如赶走移民，建立狭义"民族国家"）。进一步，现代性必然导致的反思性，使得许多人包括哲学家和科学家不再希望自由的私人生活受到"干预"，从而有意无意地反对古典"自制"（自指型伦理）德性，更赞同公共制度的他指型伦理。也许，我们应该承认人类处于否定性环节之中，则对于解决许多伦理问题就可以采取新的、更为现实的视角。内在共同体中可以尝试运用直接性道德策略。但是在现代性当中，不应忽视间接性策略的力量。

在内好与外好的关系问题上，麦金泰尔认为现代性伦理的一个突出特点或缺陷是内好与外好的脱节，无法客观地讨论内好或终极目的，不能也不需讲内在道德，只能讲在最基本的界限之中各自追求外好而且突出夸张外好（幸福论即享乐论）。与此相比较，唯有以共同体为社会背景的古典道义论 – 德性目的论伦理学才能自然而然地讲内好，而且它们确实认真地环绕着内好展开。外好是按照内好——应

---

① 参看加德鲍姆："自由主义、自主性与道德冲突"，载于应奇编：《自由主义中立性及其批评者》，第 247 页以下。

得——分配的。而有些批判德性社群主义的学者也认为德性目的论的理论和实践的问题正是"按照内好分配外好",从而既消解了道德的自身价值,还会引起怨恨。在我们看来,这样的观点虽然近乎共识,但并非全面准确。一个现象上的反驳是:当真共同体古国道德醇厚,道德学发达,自由主义现代西方人心唯危,道德学失位,有待东方古老文化复兴来拯救吗?事实似乎并非如此,理论上也不尽然。有学者曾经指出,中国文化人从来对军事征服者不服输,甚至居高临下。但是晚清到西方游历时心中出现了从未有过的挫败感。以总结现代性伦理学或自由主义直觉为己任的罗尔斯的正义论讲的并不是"正义是普遍恶的人们之间的妥协"或制衡,而是在讲正义的人的自律与自我立法。与亚里士多德一样,罗尔斯认为正义的制度与正义的人不可分开,相互有着内在关系。① 现代性的制度伦理并非使外好与内好脱节,并非毫无道德感的私己之人满脸不情愿地忍受着制度伦理的压抑。事实上,我们可以看到现代性并非仅仅以制度伦理见长,在个人伦理中则只讲"人性恶"。相反,正如罗尔斯所期待或总结的,存在着普遍的、为人们珍视和认真呵护的个人层面的伦理。它也许别的来源,如悠久的宗教传统所维系的道义论神圣感,但是,我们这里想指出的是:它与貌似建立在人性恶基础上的现代性制度伦理有密切关系。霍布斯是典型的人性恶的主张者:人一回到"自然"状态,则斯滥矣。人与人之间像狼一样。从这种"自然"推出的,并非民主,而是专制的必要。维护自由民主的洛克和康德,则必讲个人道德。唯有个人是道德的,能够自主的,拥有理性力量的,能够自我管理的,专制才会显得多余(人类在某些时段上确实缺乏自我管理的能力,但是其原因可能恰恰是专制管理习惯了,使人的自我管理能力或公共领域萎缩)。所以,全面的现代性制度伦理的人性论哲学基础并非"人性恶",而是人民有善,领导人也可能、但是却不一定善。基督教的"原罪"论,既可用于支持洛克:领导的罪性;另一方面,也可以用于支持霍布斯(和路德):人民的罪性。

---

① 参看罗尔斯:《正义论》,第 485 页。

现代性中的个人伦理的存在不是什么先验的东西，它与制度有关。相互信任是道德的根本，这只能来自正义的稳定感。相反，社群主义的缺点恰恰是忽视正义：亦即常常不能按照内好分配外好。当然，从理念上和从部分的实践上看，按照内好分配外好本应是社群主义的行为准则，但是，由于其制度也有被构造为不按照内好（为普遍利益服务）而按照另外的标准（如服务好上一级的利益）分配外好的一面，使得人民尤其是公职人员承受巨大的诱惑或道德代价。一旦他们无力承担这样的诱惑压力（"堕落"），又有可能被惩罚（为什么你要放松思想教育与自我改造？）。这对于公职人员实际上是有失公平的。要求人们完全为内好本身活动，是一个人们可能未曾料想过的巨大困难要求。举个生产者的例子，"完全为内好而生产"的要求相当于要求生产鞋子的人不仅要不为金钱而为他人生产鞋子，而且要具有不顾外好而去生产时时刻刻变化着趣味的、并且因人而异的式样的鞋子的动机。这对于人性的要求太高。外好的力量极大。美国立宪建国时，无论是平等派还是联邦党人，不管他们相互间如何争论，但在涉及启用复杂的权力制衡机制以抵消权力外好的诱惑力上，是并无异议的。我国传统伦理学很少谈这方面，往往只说到政治中的唯一好是"为人民服务"（内好），经济中的好是人的本质（劳动）的实现（内好）。所以，对于外好的诱惑力估计不足，未设计足够强大的相应制约机制，也没有关注"正义"层面的伦理（"正义"的预设是外好的重要）。然而，要求领导者在巨大的权力诱惑和压力面前"不动心"，这是太高的要求。道德的功能并不应当是设计出来测试或"考验"人对于外好之诱惑的抵抗能力的机器。政治伦理尤其不应当给诱惑留下过多的空间。罗尔斯看到了这一点，在他的整个伦理学设计中，始终都把注意力放在建设基层的、强制的、义务性的道德上，以便不让"自愿"在这里发挥什么作用。[①] 一般道德信念固然是要求人不为外好甚至"不顾"外好而纯粹地坚守道德的命令。但是，在一个为内好贡献的人总会被剥夺外好（一个行善必然没有好报）的社会中，人心会

---

① 参看罗尔斯：《正义论》，第357页。

受到伤心之损害（"原来并没有'天理'"）。民无信不立。人们只有在确信这是一个正义的社会即一个其结构为凡是追求内好者都可以获得外好而且并非只有自己一人在追求内好的社会，才会做一个正义的人。这一点，在当代从博弈论入手研究道德的一些成果中，也得到了证实。马基（J. L. Mackie）在 1978 年和 1982 年发表的《弱肉强食：道德选择与进化原则》和《合作、对抗和道德哲学》中阐述道德原则的性质与进化时使用的模型就预设道德决策者以物质利益为效用，决策者是合乎理性的，即总是以最佳手段谋求最大的个人利益。按照这样的预设，则纯粹的利他主义即"毫不利己，专门利人"或报酬完全是负值的道德原则是不稳定的策略，因为利己主义者生活在这些利他主义者中会获取很高报酬，从而被人模仿、扩散开来，直到整个群体，最终淘汰利他主义。利他主义在某种意义上是产生利己主义的温床。但是，人们可以采取互利原则，它要求道德决策者帮助不自私的人，而对有自私行为的人不予理睬。这可以得到更高的期望报酬，从而迅速扩散并占领整个社会。所以，互利主义不仅是一种美德，也符合本人的利益。在一个互利主义的社会中，利己主义没有空子钻。这解释了为什么互利主义经过了人类多少年的发展之后，仍然是社会中的主流，是进化稳定的策略。①

罗尔斯的工作在此有一定启发意义。罗尔斯的正义论刚刚面世，就遭到了许多批评，其中包括神学伦理学家以及立场与基督教伦理接近的公共伦理学家（比如桑德尔和泰勒）的批评。他们的批评并非仅仅关于《正义论》中直接提到宗教的地方，而是直指罗尔斯的"自由主义"道义论的整体哲学框架对于信仰伦理的目的论模式的威胁。目的论伦理认为道德应当建立在整个人的丰富价值上，建立在共同体的共同好（common good）之上，不能建立在纯粹个体及其自私欲望之上，不能以外在的价值如稳定、和平为社会的首要价值，不能让"自由"充当最高价值。但是，罗尔斯却反对从"目的"开始论证制度伦理，认为不能在一个宽容的、多元的社会中统一地确定什么是"幸

---

① 参看朱志芳：《社会决策论》，武汉：武汉大学出版社，1998 年，第 274–283 页。

福"。终极目的必须开放，生活计划必须多样化，不能强求一致。剩下能够统一地谈的，只能是任何生活计划都同样必不可少的条件性"好"（首先就是"自由权利"）的正义分配。在许多基督教伦理学家看来，这种坚持"单薄"（thin）人性论的自由主义正义论虽然没有直接反宗教，但是是与宗教伦理的基本框架格格不入的。

　　罗尔斯同意现代性的问题是"进入反思之后公共伦理怎么稳定重建"。但是他认为自己的社会契约比前反思的共同体伦理更有力量：能够容纳更多的冲突，不需要古代的那种一致。他特别警惕强信仰进入政治，因为那些圣战战士把别人看作恶魔，低于动物。这用黑格尔的说法就是更为辩证，更显出理性的巨大能力，能够把各种间接性乃至对立性都征服到直接性中，把各种分歧整合、商谈到新的一致中。后期罗尔斯更强调了他的正义论所适用的是近代西方宗教战争以来的宽容或对于合理多元论特征的民主政治文化的认同，亦即人们普遍接受这一事实或信念：不能因为宗教和哲学不同而惩罚那些与我们长期有效合作、一道维护正义社会的人。这种根深蒂固的"兼顾型"正义根源于西方近代以来、宗教战争之后的宽容传统，[①] 它要求在安排社会制度时，必须不仅为每个个体或每个阶级，而且也为每个文化、哲学、种族考虑，这才是正义。这种事实信念仍然是现实主义的，是对于我们只能生活于其中的"正义的环境"的承认认可；但是这同时也是理想主义的，是对于人人拥有平等的道德能力和理性能力、从而应当在得到所有人的公开一致的同意之下才能建构社会基本制度的认同。这些，都是与古典"一统"型正义不同的现代性正义。

---

① J. Rawls, "Justice as Fairness, Political not Metaphysical," in M. Fisk, ed., *Justice*, p.48.

第五章　生活在历史终结之际

　　现代性进入 21 世纪之后，时间的脚步反常地加快起来。那个该来的历史性时刻终于还是来了。曾几何时，福山以一本《历史的终结》开心自满地宣布历史的终结，现代性已经解决了一切重要问题。不会再有新的实质性问题，也不会有新的更好解题方案了。然而，他所宣称的历史终结并未出现，世界还是纷乱不已。但是同时，他希望固化的范式已经在松动和被突破，真正的历史终结悄然来临，脚步极其坚定。

　　不是每一次科学都直接指向人，也不是每一次都有能力直接指向人。但是我们眼前发生的、以人工智能、神经科学、读心术、互联网、新演化论、基因工程等等为领头羊的"第三次"（也有人称为"第四次"）科技革命显然全都围绕人而展开：人的身体和人的智能。它们组成了一个庞大的、全面的、系统的"人学 – 新科技集群"。几十年间，并非偶然地，一大批针对人的科技取得了突破性进展。这当中，广义生物学科如神经科学、基因编辑技术、新演化论、克隆技术等等直接关涉人本身，而"模拟神经系统"的运算性科技比如人工智能、互联网、虚拟现实、人机接口技术等，以及模拟和制造模拟人体的科技比如高级义肢、器官移植、3D 打印等，也无不与人的本性密切关联。这些学科对于自己同属于一个"集群"，常常有很强的自我意识。神经科学经常援用电脑作为理解模式，人工智能则往往援用神经科学的研究进展改进自己的研究和设计思路，互联网技术则希望构造成一个庞大的全球大脑；神经科学自觉服从达尔文主义，而新演化论也认为生物演化的成果会内化于神经系统中……

新科技首先带来了新科学主义。当科学试图走出自己的学科界域，进行宏观的全面解释、指导甚至改造时，就成了"科学主义"。科学主义历来就有，而且在人文社科领域中激起过许多回应，丰富了人文学科。这一次的人学新科学主义更为自信，态势更强。科学主义者从来就坚信：顺科学者昌，逆科学（或不遵循科学范式）者亡。科学可以解决一切，包括认识和指导人类生存本身；只不过要等待它理论和技术成熟而已。18世纪英法启蒙思想家试图用力学研究人的本质，说人是机器，只是比动物多几个齿轮。这样简陋的"科学主义"理所当然地被康德鄙视。但是，最近几十年的各种人学科技的突破，从人类基因全部解码到核磁共振成像对大脑活动的无损即时观察等等，无不令科学家坚信关于"人"的科学终于"成熟"了。科学主义者"通情达理"地提醒"传统人文科学"：你们的使命是在科学成熟之前姑且说些争论不休的"意见"，现在应当在真正的"知识"面前退出历史舞台了。对此，传统伦理哲学怎么回应？其实，现当代不少重要伦理哲学和政治哲学大家早已对新科技群带来的公共伦理问题进行反思，比如德沃金关于堕胎与生命伦理的讨论，麦金泰尔关于基因工程与"增强人类"的讨论，哈贝马斯关于新科学主义与新宗教复兴倾向的讨论，福山关于生物技术的最新发展和"后人类"存在方式的反思，阿伦特发挥海德格尔对技术改变"人的条件"的反思。当然，有的中国人文学者认为思想史上这类争论不少，也没怎样。而且归纳起来，好像还是反自然主义的人文哲学一方占上风（比如20世纪现象学运动在欧陆学界的昌盛）。这个观察未必没有道理，只是没有意识到两点：第一，人文学科这次的"对手"在技术上获得了革命性突破，在争论中拥有"严密科学的证据"，论辩的天平急剧倾斜；第二，而且新科技很可能不会花费许多时间与传统文科学者争论，他们正在绕过去——大规模直接制造，改天换地，制造新人。正如随着启蒙运动的深入，后工业时代、信息时代绕过基督教，不再将其当成对手，直接改天换地取代农业时代和重工业时代。会不会很快，科技的巨大想象力和创制力将使人类乌托邦理想成为现实可能？会不会很快，如今看来那么热切、热闹、前卫的现代性公共伦理讨论，包括政治民主化、经济自由、民族国家利益、地缘政治、人权法治等，将全部变成"史前问题"？

历史并没有终结，但是也未必会仅仅会倒退，而是有可能跃入新的、不同的历史阶段。第三次科学革命为历史打开了不同的、新的可能性空间。简单而言，可以将其分为三大类：

第一，好的可能。新科学将帮助解决迄今为止的公共伦理问题。现代性一直在努力解决弱者政治学问题，首当其冲的是贫穷问题。在此当中，现代性又发生异化，人的社会关系本质先异化为交换价值，并进一步异化为不透明的、"自行运行"的命运式的庞大金融体系。人的创造本质异化为完全服务于外好的工具。然而，最新技术群有可能向所有人提供丰富的物质生活条件，从而打破"强经济决定论"的霸权统治。在彻底解决基本物质需求后，让所有人都可以重新思考什么是"真正的人"，什么是"自由生活"，什么是人类全面发展之至善。这意味着被视为乌托邦的古典理想终于有了复兴的物质基础。未来主义者早就欢呼科技的伟大力量。[①] 科技进步者乐观地宣布，道德的弧线虽然弯曲和漫长，但是最终在历史上指向自己的实现，而这依靠的是科学技术和理性。

第二，坏的可能。霍布斯不喜欢谈虚无缥缈的至善，他认为至恶是确实可知的，那就是暴死。阿法狗战胜人类围棋高手时许多人的普遍恐慌反应是：一旦强人工智能出现，过了"质变"节点之后的发展有可能超常迅猛。"它们"就可能违背它们和我们的"约定"，开始彻底消灭人类。当黑科技的副作用爆发时，世界各地可能真的会蔓延麦金泰尔虚构的"捣毁科技"的暴乱。也许人类会倒退到早期工业社会，也许会退到更早。各国的强者们费力地解读物理学和生物学残片，以图在生存竞争中重占优势。

第三，好坏兼备。《奇点到来》的作者库兹韦尔指出：技术的力量正在以指数级数迅速向外扩充。纳米机器人 2030 年可以植入大脑，出现人 -AI 混血儿。这种新的智能生物也可以和平地取代人类，实现进化史中的和谐交棒。几百年或几千年之后的"历史"，和生物或许

---

① 参看伯尔曼：《一切坚固的东西都烟消云散了：现代性体验》，上海：商务印书馆，2013 年，第 30 页。

就没有什么关系了。这样的话，人类历史的最后一个阶段（晚期史）就恰好与新智能生物历史的第一个阶段（早期史）重合。新的智能存在者将追求什么样的至善，或者只是毫无价值意识的 zombie？目前尚不清楚。

无论哪种可能，都有可能，但是都取决于今天人的尽早严肃探究。最不可取的态度是鸵鸟政策，以为天不变道亦不变。天就要变了。舍默提到加来道雄的一个观察："今天，你的手机比 1969 年的整个 NASA 拥有更强大的计算能力，而当时它把两名宇航员送上了月球。"[1] 历史唯物主义提醒我们：在技术层面上发生的事最终会影响到社会体制层面的全面质变。[2] 不过，科学主义精神总体过于乐观，比如：电脑再发展，总有不如人的地方，它不可能反过来消灭或奴役人类，又比如："科学是双刃剑"，有害也可有利。人类不必自己吓自己，继续科技创新吧，相信我们将来一定能找出办法，用科技之利而避其害。当年原子弹出现时，西方民众一时大恐。到现在看，发生过核战吗？杞人忧天。这些回答，如果出自各国政要和业界领导，是可以理解的。他们必须从效用主义出发思考问题。在以竞争为特点的现代性当中，创新推动的经济增长尤其不能停下来。但是自由思想者——无论是科学家还是哲学学者——也这么想，那就太轻松了。其实，目前的真正威胁并不是人工智能（自主杀人机器人）最终按照主奴辩证法的逻辑消灭或统治人类。这是一个伪问题，它遮蔽真问题（因为，"工具"的定义中蕴含着"被控"，这让人心安）。真正的威胁来自高科技与人类自身的联手。这分为两个方面，第一，科技的方面。不错，科技是"双刃剑"。只不过人们似乎还没有真正理解这次这把剑的潜力有多大；第二，人的方面。坏人永远都有，正如好人一直存在一样。主要看具体历史情势驱迫什么"人性"展现得更多。现代性突出民主

---

① 参看舍默：《道德之弧：科学和理性如何将人类引向真理、公正与自由》，第 381 页。
② 文科知识分子一度占据公共文化领域，似乎"知识分子"专指"文人"。这让科学家们非常不高兴。今日，科学家们正在直接撰文出书与普通公众交流。参看布罗克曼：《第三种文化》，北京：中信出版社，2012 年，引言。虽然科学家的文字即便是科普也还是让公众感到难懂或是无趣，但是科技大规模进入日常生活则是任何人都无法回避的。

多元宽容，关切需求满足；新科学技术确实能满足人的许多需要，比如"虚拟现实技术"以游戏的形式提供快乐，读心术的发展则以帮助渐冻人与他人交流，而阿法狗团队的文宣主旨是：他们开发人工智能的目标之一是为了开发医护理疗机器人。考虑到全球老龄化日益严重，这个愿景的诱惑无疑非常之大。现代性还强调生产创新，民族独立，市场压力——包括对学者（课题，项目，创新，发影响因子高的论文，等等）的压力，等等。这些特质一旦联手，再与新技术比如互联网和人工智能结合起来，很难被狙击（联合国甚至都不能以防止核扩散的强硬意志去"防止人工智能扩散"吧？）。

所以，我们正在见证人的命运－历史的重大时点。有待我们立即反思的有关问题有：科技新潮所带来的范式改变将是现代性的延续和深入，现代终极价值目标（至善）的充分实现？还是彻底击破了现代性范式本身，走向"后现代"？从伦理学来说，问题就是；这导向的是内指型伦理还是外指型伦理，是顺从自然还是征服自然？如果新科技主义依托的是现代性范式，是哪一种？是启蒙以来的"减法治疗"性伦理学吗？如果新科技主义将冲破现代性范式的终极边界，那么首当其冲的是现代性中哪一种要素，是现代道义论路线吗，是个体内在深度吗？下面我们分几个方面对这些范式冲击性重大问题提出初步探讨。第一节讨论新科技革命可能在现代性公共伦理中带来的变化，尤其是公共伦理奠基方式上的争论。第二节讨论新科技群对于个体伦理的影响，我们的讨论切入角度是追问神经伦理学是否是一种"减法治疗哲学"。第三节讨论新科技群引发的对于人类终极价值的探问。第四节讨论新科技对于人类历史的决定论和自由的新启示。

第一节　这次不同了：新科技与公共伦理

作为现代人，公共伦理学研究者应当具备适当的时代敏感性。面对所谓"奇点的临近"，[①] 人类必须及时思考：新科技的爆发式发展将

---

① 　参看库兹威尔：《奇点临近》，北京：机械工业出版社，2005年，第226页。

延续还是突破现代性价值范式？新科技和新科学主义是否与现代性公共伦理相契合，从而为其提供科学支持；反过来，现代性价值理论也可以对新科技的发展提供规范和指导？进一步，众所周知，以康德、密尔、罗尔斯、哈贝马斯、诺齐克、米塞斯、福柯等名字为代表的现代性政治哲学路径并非完全一致，它们经常发生激烈争执。那么，新科技（主义）会选边吗（为某一立场寻找"脑区"支持等等），将怎么选边？一般而言，新的"人学"科技集群是现代性范式释放出来的力量，它大致遵循某种对人的还原论和决定论的理解，主张在物理的和生理的层面解决问题。不过，具体而言，新科技与现代性伦理范式的可能关系却相当复杂，呈现出丰富多彩的样式，有待深入的分析。现代性范式的正当性基础主要是三个方面：物质福利，个体自由，自律建构。这在理论上体现为现代性公共伦理学中的功利主义和道义论，在实践中则落实为现代市场经济和民主共和政治等各种机制。下面我们加以分别探讨。

一、新科技、功利主义与市场经济

功利主义是现代性公共伦理范式的先驱和主流之一，它主要落实于现代性最重要的生活形式——市场经济——之中。市场经济学是现代人文社科学术中的所谓"帝国主义学科"，它的一举一动影响着其他学科，它的潮流很快会成为其他学科的时尚。得风气之先的学者早就预测：与心理学和神经科学密切相关的行为经济学即将从边缘走入中心。[1] 果然 2017 年的诺贝尔经济学奖被授予行为经济学家泰勒。事实上，"神经经济学"在国外早已成为蔚为大观的严肃学科。[2] 那么，新科技群是否支持市场经济及其公共伦理正当性证明？这可以从两个角度加以考察，一个是既有市场经济，一个是由新科技如人工智能带来的"经济"。

---

[1] 参看汪丁丁：《行为经济学讲义》，上海：上海人民出版社，2011 年，第 216、344 页。
[2] 参看叶航，汪丁丁，贾拥民：《科学与实证：一个基于"神经元经济学"的综述》，《经济研究》2007 年第 1 期。

第一，就现有市场经济而言，又可以分为目标、手段和终极正当性三个方面。首先是目标。众所周知，市场经济的直接正当性基于功利主义后果论，即，道德的意义在于满足快乐或欲望。当然，这指的是公共福利，即最大多数人的最大多数幸福。消灭贫穷、匮乏和不必要的身体痛苦，是现代性的扎实成就。广义生物学取向的人学新科技集群完全赞同这一目标，而且积极论证生存与快乐是人的终极幸福。[1]功利主义的功利总量计算曾经因为人际效用比较涉及不同心灵意识而难以客观进行，遇到理论上的重大危机。[2]但是新科技的还原论可以通过精确测量多巴胺分泌等生理过程，帮助功利主义解决这个问题。其次是手段。现代经济学更为显著的特色是其"效率理性"（韦伯）的手段方法。这是现代外在关系式"有机社会"（杜克海姆）的构造原则。"市场"是一种非常理性化的、近乎自动的行动协调体系。现代经济并非直接追求大多数人需求的满足，而是诉诸贪欲以间接推动生产。现代经济其实是一种追逐货币的欲望游戏。一切直接性的人性需求反而依赖这个游戏的成功而得到间接满足。[3]市场经济学大本营芝加哥学派的奈特也公开承认市场经济中的恶。人们到市场上来不是来享受友情，而是来看今日价格的。不过，拥护这种体制的人多论证贪欲和"反常的"消费偏好可以拉动经济，最终由于做大蛋糕而间接惠及所有人。亚当·斯密在《道德情操论》中直接指出攀比式奢侈消费其实没有什么价值，但是在《国富论》中却又肯定"看不见的手"的意义。在这样的社会中，银行家和娱乐明星的收入远远高于边防战士和消防员，是"正常"合理的。

新科技在如何看待市场经济的这一特征上显出犹豫。有的神经经济学家毫无征兆地回到直接性解题方案，用新科学发现来抨击市场经济的核心角色跨国公司 CEO、华尔街的金融巨富的脑子有毛病，冷酷贪婪，造成了现时代主要伦理问题如金融危机、贫富不均等

---

[1] 参看格莱姆齐：《神经经济学分析基础》，杭州：浙江大学出版社，2017年，第439页。
[2] 参看 Amartya Sen, *The Idea of Justice*, Cambridge, The Belknap Press of Harvard University Press, 2009, p.277
[3] 参看汪丁丁：《行为经济学讲义》，第482页。

等。[①] 有的神经经济学家则开展大规模研究，寻找超出经济人"最大化理性"行为的其他行为的依据，尤其是慈善心和正义感的脑区——比如有的人找到了"镜像神经元"，有的则找到"催产素分泌"。[②] 这些"仇富"式直接性伦理话语听上去几乎与儒家、亚里士多德和基督教如出一辙，而违背在商言商的市场经济逻辑。为什么会出现这样的情况？或许是因为作为学院左派，科学家大多是人道主义者，当然天然反感资本家的剥削，抵触和质疑市场经济的利润追逐和贫富分化逻辑。但是，新科技主义在进入公共领域时不能过于天真。毕竟他们以科学理性高于"民众心理学"（FP）自诩。他们或许应该认真思考市场经济捍卫者的"辩证思维"是否与生物进化论更为吻合：历史的进步方式有可能是以恶致善。直接道德未必带来整体好，反而有可能带来灾难性后果。催产素的充沛发达的诗人哲学家当政，未必利于种族的持续生存；而市场经济特有的无情、无深度、无通感心，生活在表层，奢侈消费和利润追逐等特征，反而有可能导致更多的产出，带来整体的善乃至社会道德水准提升，甚至制约权力的异化，从而是一种更好的制度伦理学。[③] 在自由市场经济学家看来，大银行家和企业家们不是道德敌人，不是社会问题的根源，反而是社会中坚。[④]

　　第二，"未来新经济"。新科技会很快带来史无前例的"新经济"。人们已经感受到人工智能对经济的重大影响。或许不用很久，人工智能（加上新能源等领域）的迅猛发展有可能在大地上打开真正的富饶之角，物质产品几乎以零成本的方式极大丰富涌出。现代经济的基本预设是匮乏的普遍存在。但是，"匮乏"毕竟是一种偶然性，并非本

---

① 参看斯瓦伯：《我即我脑》，北京：中国人民大学出版社，2011年，第218页。

② 参看斯瓦伯：《我即我脑》，第15、213、218、219页。有关催产素分泌与道德的关系，以及"道德脑区"的研究，可以参看汪丁丁：《行为经济学讲义》，第144、359、388页。

③ 参看茅于轼：《中国人的道德前景》，暨南大学出版社，1997年。甚至古典伦理的信仰者如施特劳斯都认为，价值评价不同于行动指导。在现实政治中，我们应当考虑恶的巨大的致善潜能。参看维拉：《苏格拉底式公民》，北京：华夏出版社，2016年，第306页。不过，罗尔斯质疑市场是正义的唯一机制体现，参看米勒：《自由主义的两张面孔》，南京：江苏人民出版社，2002年，第24页。

④ 汪丁丁尽管对新古典经济学表示不满（参看《行为经济学讲义》第518页），不过还是承认企业家是社会结构洞的填补者，而不是脑病患者。见该书第49页。

质上一定要伴随人类社会。如果匮乏解决了，则一度占据时代注意力中心的"经济"学问题（以及相伴随的分配正义等现代公共伦理主题）将不复存在。随着必要劳动逐渐减少，直到最后几乎消失，人类终于从必然王国进入自由王国（马克思《资本论》第三卷）。那么，我们的公共伦理为"历史的终结"做好准备了吗？比如，人们将如何享受马克思和希腊人一再憧憬的超出动物式永恒轮回生存的真正自由生活？新科技的还原论和决定论对此有何启发性建议？与传统的末世论愿景（eschatology）有何不同？神经经济学或行为经济学既然部分地起源于试图解释人类行为对完备理性的经常偏离的现象，那么，神经科学家面对物质基本需要满足后的"新时代"前景，既可以乘势支持一种丰富、个性化、深刻的"偏离"（伊壁鸠鲁的原子偏斜）的理想生活，也可以运用神经营销学新科技将消费者扭回到标准的理性人轨道，以获取更大利润。究竟选择哪一种前景，对于新科学主义来说将是一个严肃问题。

人工智能大规模取代人类，还可以改变今天经济学对劳动力的看法。马尔萨斯和环保主义者一直担忧地球已经不能承担人口爆炸的沉重压力。但是节育政策之所以无法继续进行，是因为这带来了老龄化社会，新劳动力的缺乏将无法支撑将来的社保基金兑现。一旦机器人充当未来的"青年劳动力"，则不必繁殖那么多人。于是人口问题、移民问题等等，都以未曾料想的方式一举解决了。当然，许多人对人工智能的发展的前景抱有更多忧患意识，担心它会带来重大社会问题，比如普遍失业和贫富分化的加大。以全面就业为目标的经济学家应该及早对其进行思考。就普遍失业而言，仅仅答以"失业者可以继续学习充电到新岗位就业"，恐怕失之简单，因为新岗位可能已经被AI抢先占据。不过，这种担忧在新科技时代未必无解。微观经济学的"一切都有代价，资本家不会无偿为他人生产"的基本信条，由于成本和收益的含义的巨变，是否可能在新时代彻底失效？不少学者已经在从市场经济学的基本原理探讨新科技突破可能带来"免费消费"的时代的可能。经济学理论认为，在完全竞争性市场中，产品价格将降到与边际成本相同的水平。目前就可以看到一些相关实例，数码产品的边际成本如此之低，以至于果然出现了一个几乎"免费"的经济部门，如"免费软件"和"共享软件"。互联网已经为我们提供了无数免费信息，不仅仅包括书籍、百科全书、字典、报纸，还包括越来越多的在线期刊、电影等等。企业家当然将这一变革视为对自己利润的威胁，从而要求公权力建立各种制度比如专利和版权保护，但是公权力也可以采取制度革新的思路，在向科研人员和投资者支付费用的同时，不限制人们享用这些研究和发明带来的益处；比如建立公共资金购买版权，向公众开放。边际成本接近于零的商品也许本质上就是公共产品。①

即便这一方案受到阻挡，新科技群中还有许多其他的解题潜能。举例来说，公权力可以尝试大力发展"虚拟现实"（VR）技术，让大众能以极低费用得到超级幸福体验，并同时解决人民需求无法满足引发的社会剧烈冲突，避免人类历史陷入贫富冲突过于激烈走向暴力革命的老路。著名经济学家、澳大利亚文科院士黄有光建议政府与学界尽快研究用神经科学技术快捷地完成经济学目标——幸福最大化：

> 有一个简单的办法，能够长期与大量增加人们的快乐，这就是刺激大脑享乐中心。对于至少超过五亿已经小康的中国人口，即使每个人的消费每年能够增加一万元，快乐并不能显著增加。然而，这五亿人，即使每人只是贡献一元，或者从国库拨款五亿元，就有足够的经费来发展这种刺激大脑享乐中心的方法，制造出一种人们能够安全的用来刺激大脑享乐中心的机件，大量提高快乐。②

对大脑享乐中心的直接刺激，由于不必通过周围的感觉神经，所以不会出现边际效用递减，因而能长期进行。黄院士还指出，这样美

---

① "边际成本"角度的讨论见威尔金森等：《公平之怒》，北京：新星出版社，2017年，第229—231页。
② 黄有光："能够大量增加快乐的简单方法－刺激大脑享乐中心"，载于黄有光：《宇宙是怎么来的？》，复旦大学出版社，2011年。幸福还原为快乐，是不少经济学家的看法，比如参看陈惠雄：《快乐原则——人类经济行为的分析》，北京：经济科学出版社，2003年，第279页。

妙的幸福技艺之所以一直未能得到充分的发掘和重视，与西方国家的基督教禁忌太多有关。中国文化就没有这样的劣势，故而可以大力发展这种技术，弯道超车超越西方发达国家，为人类做出远超古代四大发明的新贡献。黄院士的建议是否可行，应当引起经济学家和公共伦理学家的严肃思考，因为这不仅涉及宗教禁忌，更涉及市场经济的终极正当性。[①] 不少市场经济正统拥护者似乎不接受这个美好方案。比如前面我们在第三章提到，诺齐克就认为现代人之所以选择市场经济而非计划经济，其终极伦理依据是唯有人才能过一个自己的、实在的自由人生。为此，诺齐克认为应该拒绝"体验机"建议，因为我们不仅希望感受一些事情，还希望真实地做它们，我们不希望由其他人或机器来为我们度过一生。而阿玛蒂亚·森在批评传统福利经济学时也指出其最大问题之一就是采用的基本范式是功利主义的，忽视了人在幸福感之外还追求自由——能力的发挥。[②]

对"自由"的诉求将我们引向现代性公共伦理的另一个维度：道义论。

二、新科技与权利道义论

当代公共伦理学中的道义论的代表形态是制度伦理中的权利论。这可以分为两个方面，一个是对公权力的制约（以保护权利），另一个是权利（自由，平等）本身的基础。

首先，对公权力的制约。这是近代以来自由民主理论的重要内容。从洛克、麦迪逊、密尔、贡斯当到当代自由主义，政治学几乎变成了国家权力制衡学。[③] 大量的学者和政治家殚精竭虑，设计各种制衡方式（权力制约权力，宗教和传媒制约权力，代议制制约权力等），但是未必有效。掌握他心，检测欺骗，破解囚徒两难困境，始终是

---

① 参看 J.Giordano and B.Gordijin, eds., *Scientific and Philosophical Perspectives in Neuroethics*, Cambridge: Cambridge University Press, 2010, pp.298ff.

② 诺齐克：《无政府、国家和乌托邦》，第 53 页。另参 Amartya Sen, *The Idea of Justice*, p. 283；阿玛蒂亚·森：《伦理学与经济学》，北京：商务印书馆，2000 年，第 50 页。

③ 参看福柯：《生命政治的诞生》，上海：上海人民出版社，2011 年，第 166 页。

一个难题。新科技革命或许为此提供了直接有效的办法：脑波读心术和大数据监控技术正在迅猛发展，它们是否可以被用来全面掌握公务员的内心思想和行动意图，从而一举破解权力为私的危险？芯片植入将成为所有公务员入职的前提条件，而财产申报和非裸官宣誓已经不必。进一步，既然现代政治被韦伯理解为主要是科层体制而非共和主义所理解的人性的完满实现之处，有什么理由不利用人工智能的发展，大量启用 AI 公务员以解决人治和权力寻租问题？

其次，作为权利基础的自由。制约公权力的终极目标是为了维护"权利"。权利标识人格尊严，是现代公共伦理学道义论的核心信念。作为现代权利道义论的两大主要对立立场自由至上主义与左派自由主义的代表的罗尔斯和诺齐克，都主张人格尊严高于福利，自由不能为快乐最大化所牺牲。这涉及到现代性公共制度的基础。福山在《历史的终结》中援用黑格尔—柯耶夫学说，指出人类历史有两个相对独立的目标，追求"承认"（认可、尊严）也是人类的强大动机。直到所有人的尊严获得了社会制度所保障的普遍承认，历史才完成了所有任务。事实上，正如阿玛蒂亚·森所指出的，贫穷与福利问题之所以重要，最终也是因为它们关系到大众的尊严。我们说过，新科学主义的基本立场是还原论的，很自然，它感到这种"历史唯心主义"的"人格尊严"追求比起功利主义的"福利－快乐"追求来，更为难以理解，也难以科学地加以支持。广义生物学诸学科更倾向于论证人和动物之间的连续性而非断裂性（而诺齐克和孟子会理直气壮地追问人和动物的区别），这与后现代思潮反对"人类中心主义"的立场又相互呼应。事实上，虽然我们称最新科技群为"人学科技群"，但是它的特点恰恰是目中"无人"。现代道义论及其先驱康德都把人格尊严的依据放在人的自由意志和理性能力上。在他们看来，如果人没有自由和理性，那么确实没有什么值得珍惜或尊重的，完全不配道义论的那种决绝的"词典优先"式捍卫。[①] 罗尔斯强调，所有人都平等地拥有两种理性能力，第一种是生活理性（rationality），第二种是交往理性

[①]　舍勒早已说过：从生理的和身体的方面看，人并没有什么与动物不同的"标志"特征。参看舍勒：《爱的秩序》，北京：生活·读书·新知三联书店，1995 年，第 198 页以下。

（reason）。生活理性使得我们能规划自己的人生，不必受人摆布（现代多元主义预设人可以自由创造出高质量的丰富多样的生活）；更重要的是人还拥有成熟的通情达理性，这使我们能够道德自律，与人合作。① 罗尔斯尤其强调在订立社会基本结构的正义原则时，我们的自由体现在不受低级欲望的驱动，而是受到高级利益的影响，自主决定自己的公共制度原则。② 然而，"自由"与"理性"全都是人学新科学主义所忌讳的术语。新科技主义者极端主张决定论。著名的"里贝特实验"据说一劳永逸地证明了非理性的、本能的、生理的层面是决定性的，至于有意识的自由选择之类，不过是大脑在事后的编造借口"理性化"（rationalization）和"令人愉快的幻觉"而已。③

有意思的是，虽然新科技主义者否认权利道义论的基础即自由意志，却赞同争取自由权利的现代性政治哲学目标。那么，他们怎么解决这个矛盾呢？这个难题难不倒科学家，他们提出了一个独特且"辩证"的论证方式："因为我们没有自由（意志），所以我们要自由（权利）"。④ 意思是：正因为人类没有自由意志，一切都被大脑（在无意识中）决定了，所以政府、法律、道德、干预、规训等等的努力都是白费劲，那就干脆别做无用功，彻底给与大家自由吧。这个逻辑与康德以来的"因为个体已经成熟有理性能自立，所以社会应该尊重每个人的自由选择"的现代性范式的通常逻辑完全不同。⑤ 我们看到，正如牟宗三可以尝试从儒学内圣的"自我坎陷"开出民主，新科学主义也可以有自己的奇特"开出"方式。

---

① John Rawls, *Collected Papers*, ed.Freeman, Harvard University Press, 1999, p.355. 这也是民主制的古老信念。民主国甚至会消除掉公民中那些没有正义感的人（柏拉图《普罗泰格拉》322d）。

② Freeman, ed., *The Cambridge Companion to Rawls*, Cambridge University Press, 2003, p.351.

③ 参看斯瓦伯：《我即我脑》，第 285 页以下。

④ 斯瓦伯等：《自杀和生命的意义——来自脑科学研究的解读》，载于《浙江大学学报》2015 年第 4 期。

⑤ 拉兹甚至主张，如果有的人的自主生活能力不够充分，则国家有权利帮助培养这样的能力，以便使得人能够最终自主。参看应奇主编：《当代政治哲学名著导读》，南京：江苏人民出版社，2010 年，第 329 页。

最后，作为现代道义论的原则之一的平等。平等是罗尔斯一线的现代公共伦理学特别强调的。德沃金甚至称平等为"至上德性"，纳斯鲍姆和阿玛蒂亚·森等也都从各个角度论证平等。他们甚至反对自由至上主义所主张的形式上的机会平等，认为弱者不应该为自己的自然和社会禀赋的差异所带来的不如人意的表现承担道德责任。公权力应当以正义的名义增强弱者的能力，从而实现实质意义上的机会平等。新科技主义者既然在意政治正确，[①]是否可以用科学发现支持罗尔斯派，用基因增强和神经增强技术改造能力上的差别，提升弱者的能力，这或许对富人征税再分配和教育招生机会倾斜等制度改良方法更快捷、更有效地带来平等，使社会地位最差者有能力与强者站在同一起跑线上？这样一来，优生学政策甚至成为国家责任。[②]当然，这里也有不同的声音需要考虑。新科技的大"造"（making）倾向、征服自然倾向，生发了许多新选项，导向了新旧范式的冲突和范式革命的可能。如何设计新的社会基本制度和国际社会制度，已经成了迫在眉睫的任务。我们看到，现代性范式中的自由主义和社群主义的争论依然在此延续。自由主义一方，认为新科技带来的不是决定论，而是超强的自由！以基因工程为例。如果说基督教等保守派都反对基因工程和优生学，那么自由主义政治哲学家却赞成这种人类自主的新技术——当然，条件是公权力不得介入。由国家主持的优生学是不对的，但是由个体（父母）自己选择的基因编辑，正体现了我们的自由可以抵制自然的盲目命运。德沃金认为有野心"使人类未来一代的生命更长、更充满才能并因此更有成就"没有什么不对。人当然可以扮演上帝，只要这种努力是由道德个人主义的首要原则所统领的。诺齐克也提出了"基因超市"的观念，即允许父母自行构思订做孩子，而完全不增加整个社会的负担，也不会导致由政府强制决策修改未来人类类型。另一方面，桑德尔和麦金泰尔等则沿着一贯的社群主义反对

---

① 新科技主义的"为弱者说话"的政治正确偏好，参看哈里斯：《自由意志》，杭州：浙江人民出版社，2013年，第99页。

② 参看桑德尔：《反对完美：科技与人性的正义之战》，北京：中信出版社，2013年，第74页以下。

自由主义的思路反对自由主义启用新科技对人的命运的"主宰"。桑德尔所阐述的理由是，优生学和基因工程的问题是它们代表了自由意志对天赋的压制，支配欲对敬畏的完胜。这会伤害人类道德中的三大关键特征——谦卑、责任和团结。第一，深切关心自己的孩子，不能选择"理想孩子"，本来是教导父母们对孩子不期而然的部分保持开放和包容的态度，与不和谐共处，缓和控制冲动。对本身的天资和才能并不完全是自己的功劳的体悟，会约束我们的傲慢倾向。第二，完全自主会无限扩张我们（包括作为父母）的责任，以至于我们（做父母的）无法承担。第三，过分强调自主性，也会降低我们与他人分享命运的团结意识。如果认为天赋都是自己（父母）所为，是我自己白手起家完全靠自己努力成功的，那么我们干嘛要和那些不负责任不"增强"自己（的生理和心理的"残疾"人）分享生产成果？[1] 而更多的人可能会担忧基因增强术首先不会惠及社会地位最差的弱者，那些本来就资源雄厚的强者将能买得起新技术首先"增强"自己，从而急剧加深社会贫富差距。[2]

这些"科技手段建议"的讨论导向最后一个问题：什么才是正当的公共伦理构建的方法论？

三、方法论：商谈伦理还是大国医？

现代性是一个极为反思的历史时代。它的特点是不承认他律，坚信自律；不接受直觉主义，倾向于理性选择理论或是其他理性发挥方式。罗尔斯代表的新社会契约论和哈贝马斯代表的商谈伦理是两个突出的典例。前面我们看到，罗尔斯强调在建构社会基本制度时，依靠的是公共理性的"反思的平衡"，在权衡当中，初始的"思考过的判断"（considered judgement）和原则都可以被改变，无

---

[1]　参看桑德尔：《反对完美：科技与人性的正义之战》，第87、88页。亦可参看麦金泰尔：《依赖性的理性动物》，南京：译林出版社，2013年。

[2]　参看 J.Giordano and B.Gordijin, eds., *Scientific and Philosophical Perspectives in Neuroethics*, p.293.

论它们是否是非常强的本能。① 这是民主的基本预设，即所有人在基本公民能力上的平等。尼布尔说："因为人性是恶的，所以民主是必要的；因为人性是善的，所以民主是可能的"。罗尔斯使用"社会契约论"，正是预设所有人都有理性，都能自愿地约束自己而同意做并非天生喜好做的事，这一自愿来自主体意识的自信：立约者共同认同可为者，才是可以合法地做的。有的论者说，罗尔斯的社会契约论是一种凸显他已有的、先定的正义观的一种启发式的、夸张化了的手段。他的"先定"正义信念是平等，是公平；是"正当的形式要求"即一般性、普遍性和公开性。② 不过我们认为这未必妥当。实际上，一般性与普遍性并非罗尔斯最为看重的。他强调的是人的平等。他明白地说："我认为，人们强调一般性与普遍性在康德伦理学中的地位是一个错误。道德原则是一般和普遍的观点很难说是康德的新观点；而且，正如我们已经看到的，这两个条件并不十分吸引我们。在这样一个狭窄的基础上建树一个道德理论是不可能的。……我相信康德认为：人是一种自由、平等的理性存在物，当他的行为原则是作为对他的这一本性的可能是最准确的表现而被他选择时，他就是在自律地行动。"③ 这体现的正是现代性的、平等地尊重每一个人的、卢梭—康德传统的价值。德沃金把这一基本精神概括为：平等尊重的"权利"不是社会契约的产物或结果，而是进入原初状态订立契约的前提条件。权利因此可以说是"自然权利"，仅仅来自于"由于人是道德的个人"，即将人和动物区别开的道德人格。它们"不是由于出生，不是由于与众不同，不是由于能力，不是由于杰出，而只是由于他是一个有能力作出计划并给予正义的人"④。

---

① 参看博格：《罗尔斯：生平与正义理论》，北京：中国人民大学出版社，2010 年，第 170–173 页。
② 库卡塔斯等：《罗尔斯》，第 33、71 页。德沃金和石元康都认为假然的契约不是契约，所以罗尔斯的社会契约并不是真正用"契约"导出什么，而仅仅是作为对我们本来就有的道德观的一个提醒器。参看石元康：《罗尔斯》第 33 页以下。有关讨论还可以参看夏皮罗：《政治的道德基础》，上海：上海三联书店，2006 年，第 132 页。
③ 罗尔斯：《正义论》，第 241–242 页。
④ 德沃金：《认真对待权利》，第 239–240 页。

哈贝马斯认为社会制度建构的正当性来自主体间对话的形式本身。现代性的正面成就之一就是主张价值目的多元，主张社会领域的分化与独立自足。在经济和技术发展的同时，另外一种东西也在现代性中同时、同步发展，这就是"交往合理性"，其代表就是语言－商谈民主。对于理想和商谈的信任有着进化论和历史唯物主义的依据：人的理性能力和自主能力在健康成长。个体成长和种族进化的高级阶段的标志就是终于会"说话"，即，学会在互为目的的、旨在共识和理解的情况下交流商谈。[1] 阿玛蒂亚·森也认为通过充分的理性讨论，被剥夺和洗脑的弱势群体可以觉醒过来，不再接受现状，走向"创造性的不满"。[2]

然而，新科技对于人的理性能力和语言能力表达了深刻的怀疑，"青少年脑成熟、能负刑事责任其实要到 23 岁"，"所有正常人其实都有或轻或重的精神疾病"，"大部分人的选择违背理性最大化"等等，是神经科学家和神经经济学家的结论。在新科技主义看来，公共领域中的话语依托的是"民众心理学"的各种迷信的、前科学的概念和情绪，只会干扰科学决策。宗教、哲学和社科长期以来通过日常语言试图解决社会问题，但是收效甚微，因为真正的层面是非言语的生理层面。在没有科学手段的岁月里，修辞术曾经被视为政治第一技艺，处理行政和司法事务（参看柏拉图《高尔吉亚》）。[3] 现在既然有了人学科技新手段，控制论式的、自下而上解题的社会管理思路理所当然将取而代之。以神经科学和人工智能为首的新科技显然倾向于某种大国医公共治理方法论：不必众声喧哗地商谈－讨论－交往，只需专家独自在关键层次（生理层次）沉默思考和操作（手术和吃药），或是对 AI 系统编程下令（而非商谈和说服），这样才能真正高效成功解

---

[1] 参看哈贝马斯:《在自然主义与宗教之间》，上海：上海人民出版社，2013 年，第168 页。

[2] 参看 Amartya Sen, *The Idea of Justice*, p. 275.

[3] 当然，对于语言在民主当中的实际作用，学术界一直有人怀疑，比如 JeffreyGreen, The Eyes of the People: Democracy in an Age of Spectatorship, Oxford University Press, 2010, p.12；为民主中的说话技艺辩护的也有人在，比如 Bryan Garsten, *Saving Persuasion: A Defense of Rhetoric and Judgment*, Harvard University Press, 2006。

决问题。[①]

其实，这样的方法论思路不仅是科学主义的题中之义，而且与现代性哲学的某些思潮相契合。尼采和福柯都论证说，所有理性学说的背后其实都是非理性的权力在发挥作用。现代性也是如此。道德的中立和普遍性的假象背后，仍然是色拉西马库斯所见的狡猾的、为一己之私服务的权力。在福柯的眼中，正义合作的现代性自豪景观被各种势力的永恒冲突、战争的景观所取代。"在我们这样的社会里，真正的政治任务是，批判表面中立的制度的运作，揭示通过这些制度隐秘地运作的政治暴力。这样，人们能够与之斗争。"[②] 我们在导论中提到，麦金泰尔也宣布试图建立现代公共伦理的启蒙运动已经彻底失败，因为现代性丧失了真正的共同体，大家都属于某个相互冲突的利益群体，所以他们争论时所各自依据的大前提是无法通约的。现代伦理各派都是广义的"情感主义"：它们表面上严密的理性论证都是在宣泄自己的非理性利益而已。[③] 不过，新科技群及其科学主义是否愿意站在尼采和福柯一面一道"反理性"？毕竟，第一，福柯或费耶阿本德或浪漫派所理解的权力化"科学"和新科学主义者近乎崇拜的真理"科学"观是冲突的，第二，如果大家都是非理性的情感呐喊或权力施展，那么为什么科学界之外的人要听科学家的"非理性呐喊"？如果连篇累牍论证"自由是幻觉"的科学家其实是不自由的、是被大脑决定不得不这么做，在无意识状态下非自主"写"作的，其科学主义论著的公信力恐怕要大打折扣了。而且，既然科学家倾向于否认理性和教化有任何说服力量，则应当不再参加公共领域的争论，而全力从事无言之生理和物理操控。

难道说新科技主义要像尼采和福柯那样彻底否认现代公共伦理？似乎不是。因为新科技主义自诩用科学的方式支持道德，甚至已经形

[①]　有些学者可能感到这违背现代公共伦理的自由主义原则，对此犹豫：人的神经活动似乎并不符合理性最大化原理，那么，神经经济学家是否能依据科学研究成果对大众或者国家进行规范性建议，改造人的现有思维？参看格莱姆齐：《神经经济学分析基础》，第 439 页。

[②]　参看刘北成：《福柯：思想肖像》，第 215 页。

[③]　参看麦金泰尔：《德性之后》，第 3 页。

成了一个从业者、期刊、学会、年会齐备的完整的新学科，即"神经伦理学"。那么，它会怎样帮助现代人的道德呢？

第二节　神经伦理学还是"减法型治疗哲学"

我们在导论中提到，"道德危机"是现代人的一个严肃话题。"人心不古、道德沦丧"的愤慨哀叹充斥于耳。社会期盼理论家能为拯救道德沉沦助一臂之力。然而可惜的是，由于现当代主流思想接受了休谟、韦伯和摩尔等人建立的事实与价值的分野，由于麦金泰尔所指出的现代性社会结构的深刻变迁，伦理学一直无法理直气壮地回应历史主义和相对主义。尽管不时还有新保守主义如施特劳斯派和国学派尝试逆流而上，捍卫道德人心，但是似乎总是显得寡不敌众，在解决道德危机问题上显得软弱无力。那么，"神经伦理学"作为一支理论新军，是否能提供强有力的帮助，是否旨在提供更科学的解救之道吗？人们有理由热切盼望。

然而，事情远比人们所想的要复杂得多。"神经伦理学"最早源于医学治疗，其问题领域由"医学伦理委员会"那样的特定旨趣所决定。可想而知，在对大脑的治疗实践中会不时遇到在治疗其他器官时遇到的类似伦理问题，比如安乐死的定义，病人隐私权等问题。[1] 但是，神经伦理学很快就不满足于充当这种谦卑的"咨询委员会"角色，它日益发现自己有资格对整个伦理学的基本问题提出全面新指导。[2] 可以看到，新思维的总体精神是用"治疗"代替"道德说教"。故而"治疗伦理学"或许是对神经伦理学的特质的一个很好概括。然而，这个新概念也许隐藏着某种令人不安的敌意："治疗"与"伦理"之间可能天生就存在着深刻的分歧甚至激烈的对立。我们在前面讨论启蒙学术比如功利主义和福柯的时候，都论及了"哲学治疗"这种

---

① 参看 J. Illes, ed., *Neuroethics: Defining the Issues in Theory, Practice, and Policy*, Oxford, 2006, p.213.

② 对此的一个系统讨论，可以参看丘奇兰德:《信任脑》，杭州: 浙江大学出版社，2017 年。

哲学中的独特意旨。减法性的治疗型学术的使命与其说是"协助"伦理学乃至一般哲学更好地进行道德重建，不如说是将后者本身诊断为人类最大疾病并对其进行彻底"治疗"。在这个意义上，"神经伦理学"就不能再被归入"伦理学"的名下，而应当属于一种"减法治疗型哲学"。它的宗旨在于治疗，但是又不是治疗日常精神疾病，而是根本性的、本体性的疾病，所以已经具备哲学和宗教那样的远大志向。[①]

下面我们具体考察这一问题，首先我们要分析神经伦理学对主流伦理学的正面支持的可能性；然后将着重对神经伦理学的"治疗"伦理学工作的各种含义进行揭示和梳理。在此基础上，便可以对这样的"治疗型新学"的基本概念（即"健康"、"疾病"、"治疗方式"）中的问题提出一个反思和评估。

一、作为一种"伦理学"的神经伦理学

神经伦理学在刚刚形成之际，确实有正面支持道德和伦理学的重要面向。

传统道德学扬善抑恶，其信念最终建立在客观价值大序的世界观之上：理性高于欲望，公共的利益高于私己的利益；见利思义是道德，见利忘义是不道德。这样的客观大序，在现代受到从实践到理论的反复冲击动摇。政治经济中的现实主义思潮论证说欲望与激情才是人的本质，而理性不过是工具性的、第二性的，没有资格和力量来裁定宣布客观价值。民主自由文化则倾向于宽容和平等，回避等级划分与评判。虚无主义的伦理学持续的理论危机也对现实中的道德恶化起了推波助澜的作用。

那么，神经科学拥有的最新科学发现，是否能强有力地帮助重新建立古典价值大序？我们看到，有这个可能。最为自然的思路，就是论证人的"自我"就是脑，而脑（或神经系统）排列成大脑皮层——外缘系统——脑干的"自然等级"体系。这样，就可以论证古典大序

---

① 参看包利民："西方哲学中的治疗型智慧"，《中国社会科学》1997 年。

确实有客观可靠的生理基础。这一序列的等级意义不仅可以从解剖学和功能学上找到支持论证，还可以从个体发育和种族进化的时间序列上得到论证。"三层脑"同时对应着高级哺乳动物脑——低级哺乳动物脑——爬行动物脑。青少年的大脑皮层不成熟，相当于小动物，所以难以控制自己的行为。[①] 道德邪恶的人基本上只有个爬行动物脑而已。在动物进化的梯级上，脑干出现得很早，皮层的出现则是很迟的事情。越早的低等动物的大脑皮层就越小，进化的高端才出现大面积皮层。[②]

由此可见，神经科学可以从大脑内部的"自然秩序"论证道德约束的正当性和法制的权威性。神经科学在讨论社会伦理问题时常常提到一些经典案例，如"盖格病例"的原因分析（由于脑部额叶被刺穿而导致人格剧变和行为恶劣化），就可以视为对社会道德的正面支持。[③] 新兴的行为经济学旨在提出一种反对新古典经济学的强个人主义（"自私"理性）的社会化、合作化的经济学范式，它也认为脑科学（尤其对人的"社会脑"的发现）的发展对自己提供了有力支持。[④]

这里需要说明几点。

首先，"脑的等级大序"的思路比较容易支持古典理性主义伦理学。但是基督教和现代启蒙之后的不少伦理学趋向于强调"道德感"，即认为道德的本质不是理性，而是人的天生的仁爱感情。不过，对这

[①] 著名神经哲学家丘奇兰德也认为道德的关键是大脑能够自我"控制"。参看 P.S. Churchland, "Moral Decision-making and the Brain," in J. Illes, ed., *Neuroethics: Defining the Issues in Theory, Practice, and Policy*, p.15 ；汪丁丁对神经科学家和演化学者关于"三层脑"的研究有较为详细的介绍，参看汪丁丁：《行为经济学讲义》，上海：上海人民出版社，2011 年，第 176、414 页。

[②] 脑对伦理的影响可以采取不同的方式，比如当大脑控制区域（前额叶）有毛病，就不能抑制冲动；甚至可以说罪犯并无规划能力，所以并非心存恶意。参看 W. Glannon, *Brain, Body, and Mind*, Oxford, 2011, p.72. 另一方面，欲望脑区过分发达则会启动各种坏事。不过各个脑区究竟如何决定行为，科学家们目前还没得出十分确定的结论。参看 W. Glannon, *Brain, Body, and Mind*, Oxford, 2011, pp.78–82.

[③] 参看 W. Glannon, *Brain, Body, and Mind*, p.148；另外参看斯瓦伯：《我即我脑》，第 206 页；有关"外挂大脑皮层"现象，参看第 71、89 页。

[④] 参看叶航等：《科学与实证：一个基于"神经经济学"的综述》，载于《经济研究》2007 年第 1 期；并参看汪丁丁：《行为经济学讲义》，第 147–149、399 页。

样的伦理学情感主义新取向，神经伦理学也有办法应对：可以用脑科学的各种其他发现对此加以科学支持，比如这些年来讨论很热烈的镜像神经元和催产素等学说。[①]

其次，即便在支持传统伦理学时，神经伦理学已经展示出某些值得注意的独特之处：它揭示伦理问题来自生理原因。脑病决定了一切病。所以，人类历史上对人类种种行为反常的诊断全都不得要领。脑科学强调：一方面，不要过多进行道德指责；不要用善恶字眼评价和苛求人（包括"罪犯"）；另一方面，解决问题的最佳方式不是"道德教育"和"司法惩罚"，甚至不是心理分析谈话疗法，而是生理性手段的吃药开刀——"治疗"。[②]可想而知，这对传统伦理学、心理学、心理分析学和治疗学都构成了相当大的冲击，而对伦理学的潜在冲击或许将更大。"治疗学"所服从的当然是治疗规律，伦理学服从的则是相当不同的法则。意志、荣辱、自由和后天教化规训等等伦理学的传统主要方法在"神经科学治疗"的视野中将彻底失去立足之本。反过来，在传统伦理哲学看来，"心病"的根子在于观念，所以生理治疗方法不得要领，无法真正根除之。[③]

分歧并不止于此。神经伦理学的"治疗"取向还有更深的意旨。

二、从道德治疗到本体治疗

仔细考察"神经伦理学"的种种文献，一个更为令人不安的信息浮出水面：这种新"伦理学"不仅与传统意义上的伦理学之间可能存在某些具体分歧，而且可能从根本上就是冲突的，因为"神经伦理

---

① Greens 对伦理学中常见的"是否阻拦失控电车"案例进行了脑科学测试，结果表明：在道德判断中，情感可能发挥了比理性更大的力量。有关催产素分泌在伦理行为中的作用，参看斯瓦伯：《我即我脑》，第 13、17 页。另外参看 E .Racine, *Pragmatic Neuroethic*s, MIT Press, 2010, p.9; W. Glannon, *Brain, Body, and Mind*, Oxford, 2011, p.97. 有关"社会脑"由哪几个脑区构成，参看汪丁丁：《行为经济学讲义》第 458 页的讨论。亦可参看佳扎尼加：《谁说了算》，杭州：浙江人民出版社，2013 年，第 155 页。
② 参看斯瓦伯：《我即我脑》，第 331–333、339 页。
③ 古代治疗哲学家都看重 logos 治疗，因为他们认为理性的治疗既是尊重"病人"的自由，也能从根本上解决问题。

学"会将社会最大问题视为道德和伦理学本身所造成的。此时，再称它为"伦理学"就容易造成概念混淆了；更贴切的称呼应当是"治疗型哲学"。当然，换个角度看，它也可以自许"伦理学"，因为其治疗宗旨并非主张"不道德"、"不正义"。它不是古代的色拉西马库斯和现代的马基雅维利，它更接近于古希腊的伊壁鸠鲁和18世纪的法国启蒙哲学。"治疗"一语，本身蕴含着深广厚重的人道主义仁慈胸怀，所以正是真正道德的。相反，它认为传统道德和伦理学的错误才真正在有意无意中带来了人间普遍的痛苦疾病。

神经伦理学经常论证道：道德、司法、宗教等等是用人为的东西压抑自然，因此是非常不人道的。脑科学在这方面用新技术进行了大量论证。这种"治疗"意义上的神经伦理学与现代思想的主流是合拍的：因为解放、自由、启蒙、经济学等等现代思潮有一个主要共识：人为的压抑是错误，是违背自然。所以，治疗型学问的基本格调是所谓"宽容"。传统伦理学视为"恶"的东西比如犯罪、同性恋等等，都被一一"平反"。斯瓦伯教授在神经科学发展中的重要贡献之一就是发现了同性恋脑区，他由此推论说性取向并非自己能控制的，所以不应当受到指责，更不应当被教会当作罪犯而受到严厉惩罚。[①]

服从自然还是驯服自然，体现了神经伦理学与传统伦理学的根本分野。施特劳斯在其《自然权利与历史》中提出了一个观察：同样用"自然"佐证，古典自然法传统说的"自然"和启蒙哲人所说的"自然"，意义大不一样。[②] 启蒙哲学是治疗哲学，其"自然"是物理事实性的自然。在神经伦理学中，这样的"自然"多体现为较低层次的脑区中的因果作用。

前面我们提到，神经伦理学可以从论证"大脑皮层－外缘系统－脑干"的自然大序来为伦理学论证；但是读多了神经伦理学的著作，人们却不得不怀疑："治疗型神经伦理学"的自然大序实际上已经被神经伦理学家们几乎彻底颠倒了：原先被视为"低级脑区"的，现在

---

① 参看斯瓦伯：《我即我脑》，第334、338页。
② 参看施特劳斯：《自然权利与历史》，北京：生活·读书·新知三联书店，2007年，第128页以下。

却被看作是最重要的；而"高级脑区"因为负责文化、宗教、道德等等的压抑工作，反而是社会和习俗造成的道德问题的重大根源。本来，作为一门科学，脑科学可以在各个脑区之间保持中立态度，因为无论是被大脑皮层支配还是被脑干或者下丘脑支配，都说明了脑（而非"意识"）的威力大，说明科学唯物主义战胜了宗教唯心主义。那么，为什么神经科学家在许多讨论中更偏爱低级脑区？一个可能的解释是：这是因为总体而言神经科学属于生物学。生物学以生存为唯一价值标准，而低级脑区负责这一功能。高级精神活动则似乎总是蠢蠢欲动要突破生物学决定论，而且难以被科学量化手段所"精确"把握，所以，神经伦理学必然倾向于论证"理性不重要"，无意识的脑活动早已在生理层面上完成了主要工作；至于自觉意识主导的自由意志，统统"不过是幻觉"而已，等等。治疗型学术进一步指出，宗教、伦理、司法等所谓高级文明是人类疾病的真正根源，因为它会带来虚荣、权势、优越感、争夺、残忍与不义。动物不会为了意识形态厮杀，文明人却会。"文明"所依托的，正是高级脑区。

总之，在作为减法治疗学的神经伦理学看来，文明的主要内容如传统道德和伦理哲学、宗教，本质上都是"幻觉"，它们对社会问题的救助，不仅无效，反而产生了更大的危害。

神经伦理学话语系统中频频出现的"幻觉"一词，是整个新科技群的一个关键词，它的高频出现是发人深省的。自由意志是幻觉，宗教是幻觉，心灵也是幻觉。这个关键词提示我们注意这种"治疗型学问"还有更深刻的一层诉求，即提出一种对整个人生观、世界观、价值观的总体性新思维。它已经从一门具体科技走向一种"哲学"。当然，脑科学本身不是哲学或宗教。但是一切提出总体观（comprehensive theory，整全论）的学问，就从科学变成了哲学（宗教），就成了"主义"。

我们看到，"哲学治疗"与日常治疗不同，并非认为少数反常现象为病，如自闭症、抑郁症等等，而是总体将人生视为是一场大病，所有人无一幸免地病入膏肓却浑然不觉，永远生活于"幻觉"中。在神经伦理学看来，不是这个人或者那个人偶有幻觉，而是所有人类的心理意识都只是"民众心理学"（FP），被错误的意识理论所渗透，即全部都是"幻觉"。人生一场大梦而已。所有的人都生活在不实在的存在论世界中。比如，人类本体是大脑，但是通常人以为是"心灵"；本质是神经元放电和解决进化论生存与繁殖问题，但是普通心理感觉却是"生活与爱情"；本质是颞叶癫痫病，但是在普通心理感觉中却可能感受为"圣洁的宗教洞见"，等等。总之，日常以为的"真"全部都不真。只有科学真理才是唯一的真理，这样的绝对真理位于现象世界下面的 low and solid 的生理原因层面。科学家所喜欢谈论的这种"幻觉人生说"表明，神经伦理学作为一种"哲学治疗"和日常心理治疗大不同，而有某种和宗教接近的重要特质，即，在常人认为无病的地方发现有病，并且将整个"正常人生"视为根本上残缺的、可以合理合法地彻底改造的。[①] 敢于颠覆现有本体论和价值观，宣布所有"正常"的都是"反常的"、"全都错了"，本来是哲学和宗教的特点。诚如牟宗三所说，哲学必然来自某种普遍"宇宙悲情意识"。[②] 无论在柏拉图还是佛教那里，都可以看到这种"普遍幻觉"说（洞穴比喻，人生如梦）。以情感为例，一般人认为错误的情感固然要抵制，但是正常的情感是可以接受的，甚至是人之为人的必要特点。但是古代哲学家和今日脑科学都认为情感根本上是"错误的认识"，彻底扫除之并不会使人类损失什么重要的东西。脑科学家虽然自诩科学，坚定批判唯心主义哲学和宗教，却不自觉地与观念论哲学宗教站在同一条战线上。这固然令人惊愕，但是这当中或许有某种启发吧。

当然，宗教哲学和神经伦理学之间还是有重要的不同。柏拉图和佛教号召人们透过学习理论知识来领悟世界的空幻本质，治疗人的贪欲。[③] 而神经伦理学则认为应当诉诸更有效、更直接有力的物理化学

---

① 这就是生物伦理学和神经伦理学中所谓治疗与"提升"（enhancement，增强）之争的真正要害之所在。有关争论可以参看 N. Levy, *Neuroethics*, p.89; J. Illes, ed., *Neuroethics: Defining the Issues in Theory, Practice, and Policy*, p. 76; W. Glannon, *Brain, Body, and Mind*, Oxford, 2011, p.142. 桑德尔认真考虑了这一对立，并反对提升式治疗。参看桑德尔：《反对完美——科技与人性的正义之战》，北京：中信出版社，2013 年。

② 参看牟宗三：《生命的学问》，桂林：广西师范大学出版社，2007 年，第 14 页。

③ 当然，柏拉图和佛教都知道理性的力量是有限的，于是也建议文学的、修行的帮助。现代物理主义分析哲学似乎更为一贯，只建议用物理语言替换日常语言。

的治疗手段。比如，人类要依靠意义才能生活，找不到意义的人居然要自杀。这是病态，要治疗。但是治疗的方式绝非用宗教和道德提供高级意义，而是修理相关脑区，彻底取消这种"需求"。再如，专制集权在现代许多国家都一再"复归"，难以彻底根治。脑科学提醒人们不要只考虑其意识形态和经济方面的原因和补救措施，而应当想到其生理基础。人们对老大哥的依恋，对宗教狂热的执迷，对专制的依靠，应当可以在相应脑区得到准确定位，顺此推理则可以得出：可以通过针对性手术一劳永逸地加以彻底解决这些人类痼疾。

三、依然追求卓越的心理学

"减法治疗"或许是 20 世纪的心理学主流。神经科学所支配的心理主义更是全面指向还原论。但是，这并非一切。作为一个对比，我们在这里提出一种全然不同的心理学潮流，它公开宣讲人的优秀和德性、人性的发展，希望发展出一种德性或卓越的"新心理主义"哲学。这与"神经伦理学"等还原论思潮形成了鲜明的对比。而且，这种心理学并非仅仅局限于象牙塔中，它积极进入实践层面，受到社会各个领域的人的关心。著名心理学史家舒尔兹对此有生动的描写：

> 什么是健康的人格？具有健康人格的人的特点是什么？这种人怎样行动？怎样思维？怎样感觉？你或我能够变成有健康人格的人吗？这些问题，不仅被心理学家而且也被千千万万的其他人日益频繁地提出来。……大量的美国人正在各种团体中探索，在感受性集会、训练组以及一大堆交朋友治疗小组的其他形式中，探索和揭露他们的内部自我（和躯体）。……这个高度普及的运动，其主题是发现并限定比较健康的人格。其重点，与其说是在治疗和童年期有联系的冲突和情绪创伤，不如说是在释放被掩蔽的天才、创造性、精力和动机的储备。其兴趣中心是指向人能够变成什么样，而不是注意他或她过去和现在是什么样。[1]

① 舒尔兹：《成长心理学》，北京：生活·读书·新知三联书店，1988 年，第 11-12 页。

马斯洛、弗罗姆、罗杰斯、阿尔波特等等被归为"成长心理学"名下的心理学家都属于这样的思潮。在讨论了现代性伦理和神经伦理学的减法治疗的基本特征之后的我们不仅要问：在现代性语境中讲"人的优秀"、人本主义甚至亚里士多德完善论，是异数还是常数？一个可能的说法是，这是心理学，不是政治学。现代政治虽然不在政治中直接追求人的优秀，只是保护底线。但是保护底线的目的就是使得个人自己对至善的自由追求成为可能。那么，人本主义心理学的繁盛是否表明现代性政治果然达到了自己的这一"固本则能培高"的初衷？这些"心理学"的目标显然超出现代性伦理学主流模式如"功利"和"规则"，超出"人是动物"的还原论和"人性恶"的自由主义预设，而大讲人有"高级本性"；讲人可以超出动物性而达到自我实现。不同的心理学家对于"自我实现"的标志的规定不尽相同，从马斯洛的比较出名的"自我实现的人"的描述看，主要是这样一些优秀品质：对自我、他人和自然的接受；自发性（坦率，自然）；以问题为中心；超然独立；自主性；积极的行动者；欣赏的时时常新；神秘体验；社会感情；健康的人际关系；民主的性格结构；区分手段与目的、善与恶；富于哲理的、善意的幽默感；创造力；对于文化适应的抵抗。[①] 从这些描述中可以看出，成长心理学预设的价值完全是"古典德性论"的：首先，它讲的是整个人生的统一目的，是整个人的成长、发展与进步，而反对片段的、无法整合的、分裂成没有集中的中心与缺乏长远目标的生活。其次，它讲的是创造、生存、人的优秀之好的"内好"，而非享乐与获取物利，亦即既能反对现代性"消费者"式的本我冲动和一味满足的感性幸福论，[②] 也反对现代性"生产者"式的工作、奋斗、严肃、实用的清教精神，因为"从价值观点看，这也许可说是专注于手段而不顾目的。"[③] 最后，与不统一"好"的现代性多元论教义相反，成长心理学列出价值的客观序列和最高价

---

① 舒尔兹：《成长心理学》，第 182–204 页。
② 参看马斯洛：《动机与人格》，北京：华夏出版社，1987 年，第 23 页。
③ 同上，第 278 页。

值，从而确定唯有一种好是好，其余为不好。

那么，对比以神经伦理学为代表的新科技还原论心理学，应当怎么看待这种现代性中的自我卓越追求呢？麦金泰尔或许投以怀疑的目光，认为这是一种不知根基已失的无意义活动，甚至可能认为它掩盖着现代性的个人－私己的追求。麦金泰尔曾说过现代性有三种"特征角色"："享受者"以及为之服务的"管理专家"和"心理治疗专家"。那么，"成长心理学"的疗法术岂不正好属于第三种人士：心理治疗家，是为了享受者更大的享受服务的？如果从弗罗姆、马斯洛等人的理论看，他们确实十分强调自我、自由、本真性、解放；不讲社会角色的好，而是各自实现自己的独特目的。这是古典伦理学家中所没有的价值取向，倒是烙着深深的存在主义的印记。同情现代心理学的哲学家如弗罗姆会怎样应答这样的指责呢？也许他们不会讳言自己的存在主义背景。他们甚至会说任何主张完全复古的社群主义不免是一种"逃避自由"。但是，说心理学德性论是简单地服务于主流社会，也是不公平的。像弗罗姆和马斯洛这样的批判性心理学家并不以"个人适应社会"为心理"健康"的标准；相反，他们讲"社会应当适应人"，适应人性。因此，他们对于现代性的状况仍然具有一定的超越。

所以，心理学中的德性论繁盛说明了现代性特有的多重性或复杂性。一方面，现代性要求在终极目的上完全开放，不得统一讲人格的教化和何为"人的优秀"；反对灌输与"传道"，无比重视自我的自由决定的领域。所以，伦理学只能谈论幸福的外在条件（功利）和合法行为的最广的外限（规则）。但是，另一方面，现代性中的个体觉醒又使人对于求得自我的完善（而非集体的完善）极为看重。人们害怕在"平庸"中被淹没。对于"虚度"的焦虑驱使现代人寻求各种"修身……成人"的途经，把自我本身当作最大的艺术品来塑造（这种强大的现代性动力甚至不亚于韦伯所讲的现代性"生产者"的动力。在这样的语境中，也许，儒家的君子学修行也会有复兴的机缘）。

四、如何评估"人生治疗术"

对此这种"增强自我"的现代心理学，我们可以再次审视一下

"神经伦理学"的意义。神经伦理学在迅猛发展的短短生涯中，已经经历了一个从"谦卑的助手走向雄心勃勃的领头羊"的历程，即从为传统伦理学进行辅助论证走向挑战传统伦理学的历程。[①] 它已经不满足于跟在文史哲后面为其背书，而是走在其前面独自"创新"。这使得它上升为一门"减法治疗哲学"。这类哲学在人类文化史中本来并不少见，比如伊壁鸠鲁、启蒙运动、尼采、罗蒂、解构主义等等。最新的神经伦理－治疗学之所以值得我们的特别重视，不是它在理论论证上有新贡献（有关题旨，18 世纪法国启蒙思想家和 20 世纪法兰克福学派各种思想家都有更深刻的讨论），而是它在技术上实现了历史性的重大突破。它从某种意义上说不是"哲学治疗"，即，它并不靠逻各斯（logos）进行治疗，而是靠技术。从马斯洛心理学看，当人的基层寻求满足后，会自然启动"意义的失落和追寻"或"深刻丰富的自我的追求"的任务。然而一般来说，深刻丰富的自我恰恰不在于"纯粹自我"的自利之中，否则只会导向自杀，而在于互为的、自我完满同时就是整体完满的创造性实践中。[②] 这就导向了近乎古典共同体价值的成长心理学。新的人学科技群是否可以用新技术支持现代性对个人卓越的渴求？比如，使用基因－神经增强手术，首先当然可以将疾病即能力缺失治好，恢复健康；但是，下一步是否可以将人的能力继续（无限）增强提升，让更多的人享受到大艺术家和大科学家（大数学家）才能享受到的幸福？柏拉图说这样的幸福比常人的幸福高几百倍。[③] 如果可以，那么这将是新科技与马斯洛心理学、柏拉图哲学的完美结合？

最后，任何治疗性科学－技艺都首先涉及什么是"疾病"的问

---

① 众所周知，"神经科学的伦理学"与"伦理学的神经科学化"是对"神经伦理学"的两种可能理解，这一分类是 Roskie 在 2002 年提出的。参看 E.Racine, *Pragmatic Neuroethics*, MIT Press, 2010, p.9.有的学者指出，这二者之间可以发生冲突，比如前者指向对人和人的意识的尊重，后者则倾向于贬低人或意识，将人纳入物的宇宙中。参看 T. Buller, "Brains, lies, and psychological explanations," in J. Illes, ed., *Neuroethics: Defining the Issues in Theory, Practice, and Policy*, p. 51.
② 参看马斯洛：《动机与人格》，第 116 页。
③ 参看柏拉图：《理想国》587e。

题。作为一门强烈实践取向的治疗型学－术，对症下药才能获得良好疗效，而这意味着对"时点"有敏感把握。一个应时而动的治疗型哲学必须抓住当代重大的疾病。中世纪或者"文革"那样的时代里，主要伦理疾病确实是宗教迷信和道德主义的过于强势，压抑太多太重。所以，启蒙式的治疗型哲学在当时发挥了相当积极的对治、抗争之功效。但是，在历史走向终结前夜的现当代，主要病症未必依然还是上述问题。可能相反，晚期大民主时代的主要问题是自由太多，虚无主义泛滥，民众的无法无天和官员丧失更高追求，与民争利。最终，越界的现代性可能释放出最终毁灭人类的力量。此时此刻，一个成功的治疗哲学必须对这些问题的治疗有针对性。前面我们曾经讨论了"对治疗再治疗"的福柯哲学，福柯后来甚至也提示"自我规训"的古典实践有其合理性，反对"凡是自然的就应当放纵"的简单结论。

第三节　哲学自杀与新科技自然主义的终极价值

治疗哲学的最终依据是"健康"，而一切还原论也要还原到终极价值基础上。那么，新科技主义的终极价值是什么？现代性不愿意像古典公共伦理那样谈论终极价值。同样作为多元论者，科学主义者本来也可以回避讨论终极价值，认为人生终极目的的问题是开放的。但是大多科学家都忍不住要指导人生。从科学（无论是物理学还是生物学）出发的价值观似乎都指向还原论，只不过随着科技最近的强势突破性发展，还原论似乎更加"确凿无疑"了。各种新科学主义者也热衷于在其讨论人文社科的著作中宣传还原论。还原论的终极价值观能够支撑人生吗？这一直是哲学价值论各派的争论问题。还原论者一般认为对浓厚人文价值的解构有助于"减负"、"解放"。反对者则通常指责还原论对人文价值的解构会导向虚无主义，甚至生存意义的消散。曾经著书立说到处宣传动物还原论的学者马埃斯特里皮埃里在《猿猴的把戏——动物学家园中的人类关系》的后记里面记载了一件真实的事情。有一位名叫米切尔的人给他发了一封"自杀笔记"的邮件。米切尔喜欢读书，不停地追问，试图理解自己和世界。作为一个学者，他使用科学的逻辑推理检验和评价由生物学家、心理学家、历史学家、哲学家等提出的理论和做出的发现。这些探索的结果是，他认为进化生物学为自我和人性提供了最直截了当的答案。当讨论威尔逊的《社会生物学：新的综合》所引发的争论时，米切尔说道："问题不在于社会生物学没有道理。问题是社会生物学太有道理了。"米切尔希望用同样的方法寻求自己的存在的理由。但是他苦苦寻求的结果是：他不能找到任何理性的理由为知识和生命辩护，最终走向虚无主义和理性的自我毁灭："生命是一种偏见，以天才的范式追求自身的复制和不休。试图取消这种偏差来源，就意味着开启了你的死亡念头。"①

无独有偶，这种哲学性的自杀也发生在东方。前几年我国一所重点大学的学生在网上公布了自杀前的遗书，也回顾了自己类似的心路历程。严肃的他在中学就思考人生的意义，通过科学的学习，他认识到应该反对任何唯心主义，主张世界没有客观意义，所有的人其实都没必要活，自杀是理所当然的结论："我们人类只不过是在宇宙发展过程中就这么诞生，很快地又那么灭亡，和普通的星球的形成和毁灭没有什么区别。我们人类纵使具有再强大的能动性，也只不过是自然规律的提线木偶而已。我的死亡不过是一个木偶的毁灭而已。生与死变得毫无区别。所以我就这么死了。"自杀的原因多种多样。因为信奉自然主义哲学而丧失生命意义感并冷静自杀，似乎不利于以神经科学为领头羊的新科技群自然主义。因为第一，求生本能是生物学的原则，居然被突破；而且，居然是被反思和理性突破；第二，这些人的反思并相信的居然是科学。不过，新自然主义也可以反唇相讥：都是理性思考太多惹的祸。生物本能本来足以维系我们的种族存在，搞什么哲学宗教意义追求！徒然导致自我和种族的虚无主义和毁灭。我们科学家将使用打针吃药的生理手段治疗这些病态。

存在主义认为，当人意识到世界的根本偶然性之后，就会领悟到伴随存在本身的荒谬性。此时，正如加缪所说的，是否自杀就成了人

---

① 马埃斯特里皮埃里：《猿猴的把戏——动物学家园中的人类关系》，北京：电子工业出版社，2014年，第310页以下。

的一个严肃的问题了。公平而言，由此导致的"本体论自杀"不仅质疑着自然主义作为人生观的可能性，唯心主义哲学确实也并不能置身事外。而且从理论上推演，更容易导致自杀的似乎应当是唯心主义哲学和宗教。在柏拉图的《菲多篇》中，苏格拉底公开宣布"哲学是学习死亡"（或者说：学习如何冷静甚至愉悦地接受死亡），因为人生（人身）如囚牢，必然阻遏人对至善的认识和追求。不过，苏格拉底同时相信神不希望人自杀，至于理由是什么，这是个奥秘。[①] 柏拉图学派中的这种思想张力一直存在，并非偶然。几百年后，罗马新柏拉图主义学派的波菲利也曾一度陷于自杀冲动而无法自拔，以至于他的老师伟大的柏拉图主义哲学家普罗提诺赶去找他长谈，认真劝他打消这个念头。[②]

由此可见，首先，任何哲学都必须面对死亡问题。怕死会害人，不怕死也会害人。自杀者不仅害自己，也害父母亲友。哲学的使命是帮助人不怕死还是帮助人怕死？唯心主义和自然主义各自的解题方法并不一样。它们相互之间甚至竞争谁的方法更好。[③] 本体论自杀与哲学相关，可以说，错误的哲学解题方法本身可能诱发新的自杀。对人这种"存在"来说，如果不解决"意义"问题，持续"存在"下去

[①]　柏拉图：《菲多篇》62b。有关讨论参看 M. Miles, "Plato on Suicide (*Phaedo* 60C–63C)," *Phoenix*, Vol. 55 (2001) 3-4. 蒙田也认为哲学是学习死亡。参看 C. Segal, *Lucretius on Death and Anxiety*, Princeton University Press, 1990, pp.242, 244；有关生活的荒诞感的来源及我们的应对态度，也可参看内格尔：《人的问题》，上海：上海译文出版社，2000 年，第 2 章："荒诞"。

[②]　参看波菲利，《普罗提诺生平》，载于普罗提诺：《九章集》，北京：中国社会科学出版社，2009 年。普罗提诺关于反对自杀的论文，亦可见《九章集》第 1 卷第 9 章。对此有关讨论还可见汪子嵩等：《希腊哲学史》，第四卷，北京：人民出版社，2010 年，第 1290–1295 页。

[③]　在被列入"柏拉图杂篇"的对话录 Axiochus（此篇被学者认为其实是希腊化时代柏拉图派学者所著而托名"柏拉图"的对话录之一，在 Burnett 和 Cooper 主持翻译的柏拉图全集中都有收录）中，栩栩如生地展开了这种"哲学打擂台"。"苏格拉底"在帮助一位老人战胜死亡畏惧时，先用几乎是伊壁鸠鲁式的自然哲学家口气说"死亡与我们无关，因为死后我们就不存在了"。结果这一论证不仅没用，还差一点让老人精神崩溃。于是"苏格拉底"又启用了柏拉图式论证：死后灵魂依然存在，你因为此生德性卓著，死后会受到神的奖励，所以你将拥有的"好"不但不会减少，还会更多和更纯粹。这样的论证立刻见效，鼓起了老者的勇气。

几乎是一种不可承受的重（轻）。其次，生死作为极端状态还可以凸显"价值"的本质。有关伤害、奴役、权利等等的伦理讨论到了最后，往往是走到同一个问题：人究竟有什么样的价值？为什么不能杀人——以及自杀（或吃人）①？维护生命是因为生命中有"好"，而放弃生命则是因为好已经不再是好。死亡作为生命的终端（end），似乎威胁消灭人的一切价值和追求的意义；而如果人真的能永生不死，现有价值观也可能也会急剧改观。②

在这两个问题上，就本体论自杀而言，宗教与哲学历来以"打破生死关"为自己使命。科学家对此不以为然，认为这都是白费力气，没有找到真正的病根——大脑中的毛病。那么，自然主义世界观是否会导致自杀？否！科学家说：任何"世界观"都没有力量。所有自杀者从根本上讲都是因为患有神经疾病。至于生活压力、失恋、哲学领悟等等，不过是启动疾病的"扳机"而已。③其次，就价值问题而言，许多科学家忍不住跨过事实与价值分野的界限，"越界"成为"科学主义者"，主张"自然主义"价值观，从科学事实推导出价值，探究生与死的"意义"。④与物理学自然主义相比，最新的脑科学－生物学自然主义似乎更加无法回避人类价值问题，因为它们研究的对象正是人的自我。事实上，自然主义者并不想回避。自信的神经科学家不仅理直气壮地进入"心智哲学"（据说这是分析哲学当前的最重要学科分支），而且热忱讨论宗教、司法、道德等等社会弊端，并建议通过新技术加以"改革"。那么，新科学主义能主张、想主张什么样的终

① 诺齐克关于"为什么不可以吃人"的理由的讨论。见《无政府、国家与乌托邦》，第 59 页。德沃金关于安乐死与生命价值问题的讨论，参看罗纳德·德沃金：《生命的自主权》，北京：中国政法大学出版社，2002 年。

② 参看波伏娃：《人都是要死的》，上海：上海译文出版社，2012 年；并参看霍克海默等：《启蒙辩证法》，上海：上海人民出版社，2003 年，第 243-245 页。

③ 在斯瓦伯等的《自杀和生命的意义——来自脑科学研究的解读》（《浙江大学学报》2015 年第 4 期）中，这类本体论自杀被大致归结为是因为轻度"抑郁－狂躁综合症"。弗洛伊德则认为，人除了快乐本能，还有毁灭本能。值得注意的是：在解释层面上，脑科学可能会反对心理分析，因为其还原得还不够深，未能下降到生理层面。

④ 学者们对于各种类型的"自然主义"比如强自然主义与弱自然主义之分，有许多讨论。参看 E. Racine, *Pragmatic Neuroethics*, MIT Press, 2010, pp.57ff; 并参看 Guttenplan, Samuel, *A Companion to Philosophy of Mind*, Cambridge, 1996, p.449.

极价值呢？

一、新科技自然主义价值观

一般而言，价值可以分为第一人称的和第三人称的。第一人称的价值以个体为中心，比如什么是我的人生的意义，我的幸福将在哪种生活形式中找到，我的幸福包括什么要素，是否包括友爱或者他人，我为什么要选择这样的职业（志业），等等。第三人称的价值是以社会和他人为焦点的：为什么要尊重人，人的权利和正义边界是什么，为什么不可伤害他人，等等。

所谓"新科技自然主义"指的是以《人学科学技术群》的新发展为基础的价值学说。[①] 近十几年来，这一思潮发展得非常迅猛，声势浩大。它在进入人文学科后主要是批评性的，即启用"自然"反对"人为"，包括习俗、宗教、道德、司法和教育。但是它的批评必然依托自己的正面价值，这是"还原论"所要还原到的基本价值。所谓"基本"，就是还原最终所系的基础价值。比如整个"社会生物学"、"合作演化论"讨论了大量的动物、人甚至计算机的"合作博弈"的可能策略和演化历程，研究文献丰富，成果层出不穷，但是这一切最终依据的价值是"适存度"。至于德性、利他、合作、社会性、报复心、文化传统等等，都不是自身价值性的。那么，新演化论者、基因科学主义者、从神经科学主义者能够持有哪些基本价值呢？从他们的各种论述中，我们可以梳理出三种原初性的价值：

I 快乐（反对不必要的痛苦）
II 生存（传基因，抗死亡）
III 真理（作为一种人生意义）

---

① 人学新科技群总体而言有向神经科学和演化论汇聚的趋势。而这两门领头羊学科又存在明显的相互支持：演化论在深层次上要落实到脑结构（参看徐英瑾：《演化、设计、心灵和道德——新达尔文主义哲学基础探微》，上海：复旦大学出版社，2013，第184、196页），而脑科学所主张的价值最终只能是演化论（生物学）的，即适者生存。所以，我们下面的讨论同时针对二者。

从立足点看，I 与 II 属于第三人称的价值，即社会价值，而 III 属于第一人称的价值即自我价值。神经科学家在讨论和批评社会价值时，如在讨论何种脑病治疗技术可以启用，安乐死标准究竟如何制订，司法实践是否不合理等问题时，大多诉诸"是否违背了 I 与 II"，不会说"是否符合 III"。但是科学家作为个体，也有第一人称自我人生价值定位与追求，这就涉及维度 III 的价值了。

我们首先看 I 与 II。其中，"快乐"（I）是作为启蒙思想家的神经科学家的诸多社会批评的立足之处。在他们看来，宗教迷信、严刑酷法、同性恋歧视等等制度之恶就在于没有必要或毫无用处的严苛，让人"不快乐"、"痛苦"。[①] 历史的进步或退步就在于快乐还是痛苦的增长。那么，快乐论怎么获得"科学证明"？或许，"快乐"属于日常人道主义，它建立在日常经验基础上：凡是带来快乐的经验的，人皆所欲，就是好；带来痛苦的经验，人皆所避，就是坏。这一目了然，不需理论证明，从伊壁鸠鲁到边沁再到当代经济学的核心价值观就是：人并没有什么客观目的使命要实现，快乐与否才是幸福之核心。[②] 于是，死亡之所以是最大负价值，就在于它使一切快乐体验不再可能有发生的场所或载体。

然而，"生存"（II）似乎是一般生物学家更应当主张的科学价值。"快乐"还是过于主观了。即便大多数人的价值都是 qualia 化的（活着的"好"就在于能感受到如此丰富的世界中的乐趣），但是科学家总还是要寻找"客观扎实"的东西。"生存"是一个客观价值，是生物学（包括演化论和基因学）的基本价值原则：一切有利于增加适存度的变异，就是"好的"。生与死是演化论原则的基本构成性要素（所谓适者生存，不适者死亡），演化论对一切生物现象都用是否

---

① 参看斯瓦伯：《我即我脑》，第 289 页以下；另外参看金利卡：《当代政治哲学》，上海：上海三联书店，2004 年，第 91 页。

② 参看同上，第 187 页。这样的思想在启蒙以来主要学术即经济学当中比较普遍，比如参看陈惠雄：《快乐原则——人类经济行为的分析》，北京：经济科学出版社，2003 年，第 169 页。

具备"演化优势"（种族适存度）加以衡量。生与死也是大多数现实主义政治学的价值根据。历史的进步的衡量标准通常是人口数量增长，长寿率提高，夭折率降低，等等。再者，科学家所能承认的客观价值基础是人类的客观本能，"生存"作为人类基本价值的原因是它是本能："所有的生物，从单细胞有机体到人类，都共享着一个典型的特征——想方设法生存下去，即使是处于最可怖的环境中。例如，在二战期间身处纳粹集中营中的人们的求生的意志。这一事实也意味着，那些严重的自杀念头其实是起源于躯体疾病或者严重的脑功能紊乱。"[①] 这样的推理意味着生存价值并不是"自我创造"的主观价值。感受性的快乐与痛苦（I），应当只是生存与毁灭的"标识器"，[②] 也是推动器。（II）[③] 不自杀和不杀人的伦理要求，最终应当建立在生存之上。

科学家通常还主张第三个价值，即"真理"（III）。真理的追求与前两个价值——快乐与生存——有很大的不同。这是第一人称的价值，但是又不完全是获得－体验类价值，而是积极创造－自我实现类的价值，是"人生意义的追求"。有人在权力中，有人在财富中，有人在快乐中，有人在爱情中……寻找自己的人生意义。所谓科学家，就是将追求真理作为自己人生意义或作为"生活"（existence）的人。持这一价值观的人，按照柏拉图和马斯洛的说法，在人群中是不多的。注意这并不是第三人称的社会价值，科学家并没主张将其推广到社会上所有人当中。[④]

[①] 参看斯瓦伯的《认识自杀——来自脑科学的研究的解读》。可见，科学家不想接受"生命的神圣性"的客观价值。其实，也有世俗版的"神圣价值"即（生命）具有"内在价值"，不知道科学是否能接受之。参看罗纳德·德沃金：《生命的自主权》，第88、101页。

[②] 参看柏拉图：《菲丽布》42c–d。另外参看汪丁丁：《行为经济学讲义》，第156页。当然，快乐也可以是生存问题的"遮蔽器"。一个在生存层面严重受挫、失去生存欲求的人，如果能找到足够的"新快乐"，则可以有动力继续活下去。

[③] 比如性快感推动繁殖，参看斯瓦伯：《我即我脑》，第78页。

[④] 从政治哲学看，我们可以说：I与II是弱者政治学的价值，而III是强者政治学的价值。第三人称价值角度在涉及生命价值时（比如堕胎，安乐死）往往可以启用"神圣不可侵犯的权利"等说法，但是第一人称选择在涉及生命时（比如是否自杀）往往不启用"神圣权利"等话语（除非是天主教徒？）。

怎么评价上面这个三元价值组，它们是否内在一致呢？前一节的讨论表明，这些价值作为启蒙治疗型学说，在一定的历史时期发挥过重大的积极意义。我们现在主要考察神经自然主义价值观中可能存在的问题。下面我们先从"事实与价值"（这包括自由问题）的角度入手探讨，然后考察这个价值体系是否具备自洽性。

二、从事实到价值？

事实上，"凡是自然的就是好的"的自然主义观点会引发许多伦理学麻烦，因为它无法拉开反省和批评所需的距离。比如，神经科学家经常沾沾自喜地指出自己找到了同性恋的脑区根据，并认为这样就充分证明了同性恋的正当性，对同性恋的道德压抑、司法阻挡是不人道的。但是，沿着这样的思路推下去的话，当脑科学家找到一夫多妻制的脑区、人兽杂交的脑区（……此处省去二十三个字）等等后，社会该怎么做，伦理学该怎么说？难道对这些"自然"倾向都应当宽容？为什么不反过来说，即便大多数官员都贪恋权力，也不能说明这是自然偏好的从而是正当的？为什么不想想：或许之所以需要道德，正是为了抗衡自然？保守主义者思想家大多认为：凡是自然的，就是野蛮的。于是，凡是人为的（*nomos*），才是美好的。这涉及如何看待人性。人性是善还是恶？如果是善的，则启蒙思想家诉诸人的理性，运用繁多的论证和劝导，就是正确的治疗方式。他们取消宗教方式和司法惩罚方式的建议，也是合理的。但是，如果人性非常恶，则非理性方式比如宗教和司法等等，就都是正确的进化策略。[①]

其实，作为科学，神经科学主义严格来说不能主张任何价值。所以，这个三元组价值尽管内容不多（thin），还是超出了科学家的事实与价值分离的基本立场。自然主义怎么证明"意义"或"好"？它有怎样的"科学依据"或者自然"资源"？物理学家能说负熵现象比熵"好"，并从中导出什么"自然法"？

生物学自然主义的价值观还有几个具体问题。第一，"变异"经

①　参看伯林：《反潮流——观念史论文集》，南京：译林出版社，2002年，第23-27页。

常是偶然的突变，这在科学上不必解释，或者除了第三人称的功能后果（是否有助于种族生存率）之外，并没有什么重要之处。但是，人文世界中的"变异"，比如，文艺复兴在近代的出现，理性启蒙在18世纪的出现，浪漫主义在19世纪的出现，作为第一人称事件，是强qualia 的，自身已经具备充分的意义，可以被视为十分重要。人们无法等待它们是否有助于种族传基因之可能性在漫长岁月之后最终尘埃落定，得到确切回答，才来判定自己的人生中发生和参与这些事件是否"有意义"。

第二，演化的"成功"就是"好"，存活就是善（good）？这可能是一个过于简单化的价值观。许多成功延续自己和种族（基因）的动物，所使用的策略完全可能极为卑劣。相反，沉迷于意义追求的高级文化恐怕不能被视为是演化的最佳策略。宋朝富有美丽文化，但是最终灭于没有文化的野蛮民族。汤因比在其鸿篇巨制《历史研究》中对这类现象有系统的总结。而尼采也怒斥近代欧洲文明过头是"颓废"，会失去生命力走向彻底亡族。相反，那些实利小人，那些生活在动物层面的文化（文明），那些从不为生命的、伦理的意义困惑而直接行动的狼图腾民族和实用理性民族，可能已经繁殖了许多（成功复制了大量的基因）。他们就像小强或者海百合那样不思考、不合作，却顽强"活着"，而且看来正在逐渐成为时代主流，有很大的概率将自己的（无）文化全球化，并在其他民族消亡后还在地球上顽强地长期活下去。但是，因此就能评价那样的种族是"好"？[①]

广义的生物科学家在论证生存价值的时候，一个常见的理由是：这是生物学本能，一种非常强大的本能。所以，不要说自杀，即便追问"生活的意义是什么"、"我是不是可以不再活下去"这样的问题，也是"病态"。在演化过程中，有这样的病态（居然不怕死）的生物

---

① 关于"坏"的民族完全可能适合长存，还可参看威尔逊:《社会生物学》，北京：北京理工大学出版社，2000年，第515-516页；鲍尔:《预知社会》，北京：当代中国出版社，2010年，第347页。吴思:《隐蔽的秩序》，海口：海南出版社，第415页。

种群，早就因为不能通过自然选择的严厉检验而统统灭绝了吧。[①] 然而，从哲学上看问题是：（强烈的）本能就足以证明善与恶吗？自然选择中的存活与消失，并非价值的最终依据。从价值论上说，这涉及"自然主义"的老问题。"事实等于价值"的自然主义，可能导致的问题就是人无法与自然拉开批评反省的距离。当苏格拉底坚持"一切行为都必须是追求好"的目的论时，他的目的正是在反对古希腊自然主义的直接本能驱动万物的学说。作为一种新自然主义，神经科学家倾向于处处以"自然"为"规范"的依据，存在的就是合理的。比如脑区既然有这个事实，那么压抑它就是不自然的。然而，康德认为，一切自然的即不得不如此的，都没有道德上的价值（无善恶）可言。[②] 否认内在价值而仅仅从脑区上考虑问题，人的禀赋可能是不平等的，无法证出康德的"每个人都是目的，而绝不能仅仅作为手段"的绝对道德律令，甚至无法证出个体性。这在伦理学和政治上的意味是深长的。[③]

三、科学人生的可能矛盾

下面我们将着重考察神经自然主义价值观中的三种价值——生存、快乐和真理追求——相互之间是否具有自洽性，并由此考察这种自然主义的价值排序及其终极价值。

著名脑科学家斯瓦伯有一次在中国一个大学举行讲座，当学生就本体论自杀问题提问如何去理解促使我们生存下去的"生命的意义"时，让他们惊愕的是，斯瓦伯教授说，他本人也认为生命本身并没有

[①] 参看斯瓦伯：《认识自杀——来自脑科学的研究的解读》。道金斯认为：生物天生有强烈的复制自己基因的冲动，参看道金斯：《自私的基因》，北京：中信出版社，2012年。这样的本能是"怕死"的原因，参看汪丁丁：《行为经济学讲义》，第290，502页。

[②] 如果希特勒是因为脑病而不得不犯罪，那么是否就可以推卸责任？其实，大部分正常人的脑子区别不大。尼布尔指出，懂得宗教和政治的辩证法的人会明白：越是好的人，越可能犯罪。参看尼布尔：《人的本性与人的命运》，贵阳：贵州人民出版社，2006年。这种复杂的人文现象很难用脑区定位等等"科学实验方式"加以解释。

[③] 参看金利卡：《当代政治哲学》，第247页以下。在此，演化论与脑科学可能有分歧：脑科学可以论证每个大脑的独特性，但是演化论倾向于认为种群是唯一本位。

意义。他的理由如下：

> 生命开始于 38 亿年前，是位于海洋底部火山温泉附近的多空岩——也即所谓的海底黑烟囱——内分子之间相互竞争的偶然的结果。核糖核酸的世界就起始于那里，然后通过演化——伴随着偶然变异和对最佳环境的竞争——最终导致我们人类今天行走在地球上的局面。这一漫长过程也导致了人类大脑前额叶的形成，它使得我们成为人类，但是它的出现也像一种副作用，造成我们有可能去忧虑生命的意义在哪里这类问题。
>
> 演化或者生命的出现并不具有"高级的"威力或者"意义"，因此，在演化论科学中我们尤其需要去避免那些目的论的解释。……但是，在演化过程中，我们被赋予了通过自己的工作、业余爱好、社会交往等等而创立**我们自己的**生命的意义的能力，而这正是抑郁症或者精神分裂症患者所缺乏的能力，即他们缺乏稳定地喜爱或者享受生命中某事物的能力。①

由此可见，科学家认为，III 类即人生意义类价值并非客观的，而是主观自我创造的。每个人都可以而且应当找到自己喜欢的东西。他人无权指责。这似乎是在主张作为快乐主义的效用主义。然而批评效用主义的人质疑说：如果有一百万纳粹烧烤三位犹太人而感到无比快乐，那么是不是就是无可指责的？也许这样的质疑启用了强道德感，显得对快乐主义不公平。那么我们就用柏拉图在《高尔吉亚篇》中讨论纯粹人生观时所举出的一个例子提问：如果一个人认为痒和抓痒是快乐的，并将此定为自己全部人生内容之所在。我们应当说他的选择无可指责吗？或者说"抓痒人生"和追求科学真理的人生在价值上完全平等一样？

由此已经可以看到几点。第一，这里存在着两类价值，不可通约。第二，非自然主义的"意义"类价值可能是更为重要的价值。至

---

① 斯瓦伯：《认识自杀——来自脑科学的研究的解读》。

少从第一人称角度看是如此。

当然，神经自然主义者不希望看到这种"唯心主义"的前景，他们努力将逃出自然主义框架的东西重新还原到唯物主义一元论之中，即论证生存（和快乐）是第一位价值，而真理追求等等高级价值之所以有价值，不过是能服务于生存和快乐。当代西方科学家在起草课题申请庞大经费时，常用的论证是：看上去基础科学抽象无用（比如耗资 150 亿欧元的粒子加速器），但是鉴于人类未来可能遇到的危机的具体形式多样复杂，无法事先预料，所以无用的科学恰好发挥了多方位准备的功效，能更好地帮助人类这个种族应对未来的重大危机。

然而，科学的价值就在于服务于生存？没有独立的价值，并非"至善"？密尔认为有许多价值最初起源于生存，但是后来可以独立。亚里士多德则认为那些独立了的价值可能更符合"自然"从而价值更高。换句话说，人类生活中有许多价值是独立于生存价值的。科学可能就是一个。对此的一个检验方式就是：当二者出现冲突而只能选一时，究竟怎么选？这时就可以测验出科学家的价值排序：是否真的把实用目的放在第一位价值上，是否真的相信还原论。

追求真理经常有可能伤害生存与快乐。古代怀疑论的主旨就是论证，文明人之所以不幸福，很大的原因是苦苦追求晦涩难知的真理，于是焦虑不堪，难以获得心灵宁静。[1] 所以怀疑论旗帜鲜明地建议放弃科学研究。伊壁鸠鲁在面对生存和快乐（心灵宁静）与真理追求的冲突时，公开表示宁愿取生存和快乐，而放弃真理追求。[2] 这样的价值排序就是在坦诚地把"真理追求"定位为工具性的。这是彻底的自然主义一元论的价值观。相反，苏格拉底、柏拉图、亚里士多德则主张当二者对立或冲突时，应当选择真理人生，因为这标示了人的灵性的本质。

那么，科学家在讨论自身价值时，真的能像伊壁鸠鲁那样主张还原论吗？或者毋宁说更属于柏拉图传统？为了科学，为了追求真理，

---

[1] 参看塞克斯都·恩披里克：《悬搁判断与心灵宁静》，北京：中国社会科学出版社，2004 年，第 9 页。并参看汪子嵩等：《希腊哲学史》第四卷，第 1124 页。

[2] 参看伊壁鸠鲁等：《自然与快乐》，北京：中国社会科学出版社，2007 年，第 39 页。

科学家经常忘记功利，甚至毫不犹豫地牺牲自己。这与柏拉图的"哲学就是学习死亡"的精神几乎没有任何区别。[①] 科学家的信念是：即便不利于自己的基因传递，也要做一名科学家。从生物演化论和神经科学来看，科学家和哲学家过分迷狂而忘记了基因复制的真正重要使命，是神经病。维特根斯坦那种超乎常人的严肃坚持"理智是一种责任"的科学家，在演化论看来难道不是病态？所以，科学家虽然反复说自己坚信生物演化论，视种族存活为最高价值，但是内心未必真相信。但是，作为自然主义者，科学家又不敢承认独立于"服务于生存"的"另一种价值根源"，害怕掉入二元论或"唯心主义"。进一步，在今日民主时代还要顾及"政治正确"：如果科学家倡导社会上大多数人从事低级生产，而他们自己从事有更高价值的纯科学研究，这将被视为是道德傲慢。

如果不敢论证人生的非本能价值高于本能价值，那么在面对两难选择时怎么办？现代主流哲学从尼采韦伯到存在主义还诉诸一种价值根据——"热情"，即自我决断的勇气和果敢，否则，"世界没有意义，意义唯有在于自创"的价值观很容易让人不选择、无所谓、不作为。[②] 新科技主义对此怎么说？它是否会从脑区解剖定位的角度支持这种"热情决断"并论证为什么自己选择科学而其他人选择享乐人生，各自都是平等正确的、各有热情决断的？然而，如果一个人真诚决断自杀，神经科学家是否不仅不能指责他"不道德"，而且还要佩服他在一个没有自由的时代居然还有自我决断的热情？[③]

---

① 薛定谔认为科学家完全是为了真理，而非实用而进行研究，参看薛定谔：《自然与希腊人·科学与人文主义》，第 85–86 页。

② "凡是自然的就是好的"的自然主义会导向所谓"宽容"：只要不伤害到别人，那就无所谓好坏，那就什么都可以。各种念头都是平等的神经元一次放电，没有自然大序等级之分，由此自然导出的结论是价值"无区分"（indifferent），这有可能导致丧失行动热忱。有关"热情决断"作为现代价值观之一种，参看施特劳斯：《自然权利与历史》，第 49 页以下。

③ 科学家选择科学人生，也仅仅是无理由的"决断"？参看哈贝马斯：《交往行动理论》，上海：上海人民出版社，2004 年，第 331 页及注释。

四、价值的技术与技术的价值

综上所述，新科学自然主义认为唯一可证的客观终极价值是生存。其他价值比如快乐和真理追求的价值都必须服务于生存。但是，这样的价值观会自然导向"功能主义"，即最"重要"（这是个价值词）的事情都发生在神经（信息处理）层面，而最能服务这一功能的顺利发挥的，是生理技术。至于意识感受质 qualia 层面的东西，本质上是笨拙的进化策略，最好废弃不用。这是彻底的自然主义本体论的自然结果：既然"本体是大脑"，那么相应的生活形式也应该随之而变——人类将进入"大脑化生存"的历史新时代。

因此，当代自然主义价值论的最大特点可能不是理论主张，而是以技术操控为主的理论贯彻方式。回到前述之自然主义价值三元组。从"价值的技术"角度看，它们的未来贯彻方式概括地讲就是：生存（I）和快乐（II）——可以"制造"；"意义追求"（III）——建议开刀去掉。

首先，制造生存。这可以先从延长寿命入手，进一步讲就是制造"永生"。关于这方面的技术讨论和哲学讨论很多，大多围绕一般生物学在争论"公平"（分配资源）等等。但是以神经科学、人工智能为核心的新自然主义也能做出很大贡献，比如，"永生"如果意味着提取大脑中个人信息（一定行为模式的程序 software）然后植入新的人造 hardware 或者新的 wetware 中，则这从理论上说应当没有技术禁区，而从生产工艺的发展上看已经日益趋近？至于心灵或灵魂，不造也罢。韦伯早就预言现代人将没有灵魂，而心-灵的不存在正是"神经科学本体论"和目前兴盛的"心灵哲学"的基本命题（不错，这个学科用了一个它极为反感、甚至不承认其存在的事物作为对象）。

其次，制造快乐。本来，生物生理技术的发展最直接让人想到的是"制造能力"。比如基因工程和机械肢体的技术可以制造无比强大的"新人"，这已经在公共伦理中激发了许多争论。[①]毕竟整个现代平等、福利、自由的政治哲学依托的是某类（相对）相同禀赋的人的本

---

① 参看桑德尔：《反对完美：科技与人性的正义之战》，北京：中信出版社，2013 年。

体论。但是脑科学不同于基因学，可以走得更彻底，可以直接走向"终极目的"本身的制造。比如，如果认为快乐是我们的终极价值（至善），那么为什么在"能力"上浪费时间而不直接制造快乐？有史以来，人类由于种种经济的、资源的、生理的局限，一直无法长期享受突破"约束条件下的效用最大化"的至善－幸福。快乐（幸福）总要"递减"。过去的快乐论者也曾建议比如用增加快乐的种类和质量等方式来部分解决这个问题。[①] 但是，并非所有人都能领略和享受"高级种类的"快乐。神经科学家这次终于为大众带来喜讯：他们通过科学研究发现了人类"快乐"的生理基础（下丘脑回报系统等等），故而可以直接操控刺激特定脑区以达到最大化的快乐即幸福。

第三，消除意义意识。既然意义追求与上述两种更为基本的价值可能发生冲突，经常诱发抑郁（萨特：唯有自由才会带来本体性焦虑，害怕自己不会去赴对自己的未来之约），严重影响快乐，还可能导向自杀，而自杀的真实原因是某脑区发生了病变，那么最自然的对治方式就是打针吃药压制它。如果无效，则可以考虑切除这个在进化上无用、有害的脑区。（科学家们不必拿"副作用"来搪塞。首先，全球科学技术的发展就是逐步解决副作用的。其次，我们这里在讨论哲学价值论。是否做得到和想不想做，是两个层面的事情）

作为启蒙类型的思想，新科技群自然主义本来旨在向人类提供充分自由。哈贝马斯指出，人类认识中有专门的"解放旨趣"的知识——它通过自我反省发起对固化、物化的意识形态的批判。[②] 哈贝马斯在这种旨趣的认识中列出了心理分析治疗学。"人学新科学主义"作为一种减法治疗哲学，本来也应当属于这种旨趣的知识。然而，新科技群本身会不会又发展成为一种新的意识形态，即一股消灭自由的力量？迄今为止，它展现出来的总体精神似乎更多地导向非意识的、自由的、语言的无言暴力控制，而且是深入神经的控制。这属于哈贝马斯早已指出的另一种认识旨趣。人类曾经从无语的、无意义感的动物进化到语言主导的、意义主导的生物，难道在历史的终结之处终于

---

① 参看密尔：《功利主义》，北京：九州出版社，2007年，第35页。

② 参看 J. Habermas, *Knowledge and Human Interests*, pp.214ff.

又要回到无语的、无意义的状态？[①]

这些问题最终涉及新科技主义对于人类历史中的自由的意义的看法。这是下一节的主题。

第四节 人学新科技群、历史决定论与中道自由

科学主义一直以决定论为基本立场，这一次兴起的新科学主义也不例外。而历史在人文学者乃至生活世界中大许多人眼里却是自由的领域。前面我们提到，福山就系统地论证了一个黑格尔－柯耶夫历史哲学信念：人类历史一直在追求自由的普遍实现。所有人获得"普遍承认"的程度因此是衡量历史的进步的重要标准。

那么，我们怎么看待这一立场冲突呢？这不仅是一个理论问题，而且是一个紧迫的、涉及重大国际国内决策的实践问题。

一、历史决定论与中道自由

自由与决定论一直是历史哲学和政治伦理学的重要主题，文献传统非常丰富。[②] 最新人学科技群总体而言都站在决定论一面。人工智能的运行当然是被程序所严格决定的，新演化论也认为一切生物包括人服从达尔文发现的自然选择原理，[③] 神经科学更是公开宣布依据新仪器和新设计的重要实验最终证明了决定论，驳倒了"自由意志"。其中最为著名的可能就是所谓"Libet 实验"。[④] 本杰明·里贝特

---

① 有关脑科学与自由之争，参看 W. Glannon, *Brain, Body, and Mind*, Oxford, 2011, p.47; N. Levy, *Neuroethics,* pp.70–73。
② 参看徐向东编：《自由意志与道德责任》，南京：江苏人民出版社，2006 年，第 3 页。
③ 道金斯关于人就是被基因编程的机器人的说法，参看布罗克曼：《第三种文化》，第 42 页。明斯基对人的人工智能理解，参看同书第 104 页。
④ 有关 Libet 实验的讨论非常之多，参见 D. Wegner, *The Illusion of Conscious Will*, the MIT Press, 2002, pp.52–56；斯瓦伯：《我即我脑》，北京：中国人民大学出版社，2011 年，第 285–286、280 页；丹尼尔·博尔：《贪婪的大脑》，北京：机械工业出版社，2013 年，第 90 页。

（Benjamin Libet）的实验成果所支持的科学主义决定论的整个逻辑有以下三点：

1. 自由意识是幻相。在人的有意识决定（大约 7 秒）之前，可以测出大脑已经无意识地做出决断。这种生理层面的决断是真正发挥因果作用的、实质性的事情。人们所意识到的"自我决定"其实是一个假象，只是让人感觉良好的"事后理性化"。

2. 无意识的大脑活动所服从的原则，是自我保存，或本族适存度的提升。

3. 在历史领域中，人们的政治经济决策也在生理层面上早已决定，必然服从的是种族生存本能。所以，政治现实主义是合理的（可以理解的）。

这三点中，前面两点主要是对神经科学家的各种公开言论的概括，是生物学的神经科学和演化论的题中之义。第一点是 Libet 实验的基本内容。第二点则是许多神经科学家和哲学家由此出发的推论，也符合生物学基本原则。最后一点是基于前两点的政治立场。不过，现代神经科学家乃至生物学家大多不愿公开主张现实主义政治的冷酷结论，毕竟科学家大多是人道主义者，他们提出决定论的初衷正是不愿看到无用惩罚（比如，惩罚同性恋者）的残忍。在医生的眼中，大部分人都有不同程度的精神疾患，无法真正为自己的行为负责。这样的认识可以让我们放弃对他人的仇恨和对自己的苛责。[1] 老演化论的"优胜劣汰"社会学曾被纳粹利用的教训，也使新演化论自觉避谈丛林法则。相反，新演化论科学家还积极论证人性善有神经科学的基础，比如镜像神经元和催产素分泌等等。然而，科学家应当不怕面对真理，不应该回避现实主义政治立场。新科学主义者们还是应该坚持自己所骄傲的启蒙勇气，承认其基本逻辑完全有可能推导出上面的第三点。

---

[1] 参看哈里斯：《自由意志：用科学为善恶做了断》，杭州：浙江人民出版社，2013 年，第 99、116、129 页。

不少学者对于神经科学主义决定论提出了自己的质疑。比如有的学者指出人的行动，包括自由行动，并不是因果式的。所以，里贝特认为自己用"大脑原因"替代了"心灵原因"，本身依据的就是一种错误的思考模式。[1] 也有的学者认为自由是因果式的，但是"理由"就是行动的原因，而不必到生理层面去找原因。[2] 还有学者认为我们的意识平常不发挥因果作用，而让习惯下意识地指挥行动。但是在重大决策之际，意识就会积极发挥主导作用。[3] 这些反驳都有一定的意义。然而未必能说服神经科学家。比如，即便向神经科学主义者提出意识在某些重要关头会介入决策，主张唯物主义或副现象论的神经科学家还是可以辩驳说："理性"和"意识"也是由大脑皮层"决定"的，所以不存在"彻底无（神经层面）原因的自由"。

可见，关键是对人文世界中的"自由"的本质进行一个哲学考察和界定。我们认为，在政治和历史领域中可以避开晦涩的形而上学，并不需要主张二元论自由，不需要预设独立的灵魂本体，也不需要所有选择都按照理想主义而非物质利益进行。一个基于人类本体论的庸常事实的"中道自由"就足够了。"中道自由"并不是无任何理由的任意妄为或偶发选择。自由依然是"被决定"的，只不过是被内在的理由或自己的价值观所决定的。[4] 从而，正常人的生活是自己的生活，自己必须为之负责（包括罪责）。如果脑科学家挑战说一切意识活动都对应一定的大脑活动，"意识"也是大脑（额叶，前扣带皮层）所"决定"的，我们认为这并没有抓住问题的要害。意识生活和生理活动服从不同类型的"规则"。中道自由标志着人的存在。这是一种独特的意识式、qualia（感受）式、语言式、理由式的存在，其运动规

---

[1]　贝内特、哈克:《神经科学的哲学基础》，杭州：浙江大学出版社，2008 年，第 240 页。

[2]　戴维森："行动、理由与原因"，载储昭华、高新民:《心灵哲学》，北京：商务印书馆，2002 年，第 959 页。

[3]　丹尼尔·博尔:《贪婪的大脑》，第 92 页。其实，也可以有相反的观察。比如弗洛伊德就说：对于小事多权衡考虑没坏处，但人生大事听本能的决断则效果更佳。参看斯瓦伯:《我即我脑》，第 282—283 页。

[4]　参看 Bernard Williams, *Moral Luck*, Cambridge: Cambridge University Press, 1981, p.102.

则不是力学式的动力因，而是"目的因"。NCC（神经关联物）只提供基本条件，而不是行为的原因。苏格拉底早年曾热衷于学习自然哲学，试图搞清楚自然界万物的原因，包括人的行为的原因，但是他后来发现，自然哲学中的原因不仅很难搞清楚，同时也可能会把自己的灵魂搞瞎。"第二次启航"之后，苏格拉底意识到要区分生理"条件"和理性"原因"的重要。人与物不同，是被目的因支配的，即"好"（*agathon*，善）指导我们的行动。[1] 意识只能是对表述为语言的东西的意识。无论是生物（生理）的还是外部（体系）的"原因"，通常并非直接对人起作用。一切动因都必须以"理由"的样式呈现在一个意识－价值－目的场中，等待主体意识的选择、评估与认可（或否认）。人的意识对（即便压力很大的）"动因"有说不的可能。理性，包括道义理性和审慎理性，都在此发挥重大的作用。[2]

正如有些学者指出的，在人的社会中，言语行动－表演施为（performance）是十分重要的存在方式。[3] 反过来说，如果出现极端情况，人陷入无意识中（睡眠、昏迷，本能反应），此时的非自主性"行动"严格意义上说并不是"（人的）行动"。因为，此时各种外在影响因素不必进入意识，在生理层面就直接决定了人的作为。但是，"极端情况"或边界情况的存在，恰恰标示出"常规情况"即人的自由的存在。在正常人（存在方式的）边界之外，是病人或奴隶，他们的存在是与人的存在不同的另外一种存在：自在之在。其中不包含任何"无"的成分或进行否定的可能。此时，存在与自己完全吻合为一。这是一

---

[1] 参看《菲多》（99a 以下）：自觉遵循正义才是真正的行动原因，身体状况只是行动的条件。并参看《吕西斯》论原因二种: diati 与 henekesou。有关脑活动可能只是与意识"关联"，而非"决定"意识，参看 Van Lommel, "Non-local Consciousness: A Concept Based on Scientific Research on Near-death Experiences During Cardiac Arrest", *Journal of Consciusness Studies*, 2013, 20(1).

[2] 泰勒论证了人的自由在于能对欲望本身反思，进行强评价。参看应奇主编：《当代政治哲学名著导读》，南京：江苏人民出版社，2010 年，第 256 页。有关理由的作用的讨论，亦可参看哈贝马斯："自由与决定论"，载于其《在自然主义和宗教之间》，上海：上海人民出版社，2013 年，第 138 页。

[3] V. Farenga, *Citizen and Self in Ancient Greece, Individuals Performing Justice and the law*, Cambridge: Cambridge University Press, 2006, p.6.

种与人之存在完全不同的存在方式和"行动"方式，即动物式或植物式生存，完全服从因果决定论。但是，人之为人，恰好是与此不同的自由生存。中道自由反对的是神经科学主义的泛病人化倾向，反对科学主义（以及整个现代性）总体而言的一个倾向：将"正常成年人"的年龄边界不断向上提，不断宽容更多的人群为"无法负责者"。[①]

二、现实主义的非决定论维度

这些理论化讨论的意义并非仅仅限于象牙塔中。历史当中是否有自由，人文历史是否有自己的价值，在今天是一个非常现实的紧迫问题。下面我们可以援引一些具体的历史哲学家进行考察。虽然我们会提及黑格尔等比较观念主义的历史哲学家，但是我们将以修昔底德为典例，因为修昔底德被公认为第一个现实主义政治家，具有科学精神，信奉决定论。尤其是，他所提及的大国必然争霸的"修昔底德陷阱"还是今日现实主义政治家和决定论者喜欢援引的隐喻。初看上去，修昔底德在《伯罗奔尼撒战争史》中的一些话，确乎是在主张历史上真正发生的事情，当事人自己其实不知道，并未进入意识就已经在无意识中完成，而无意识处理的才是真正重要的事情，即生存自保和为此服务的权力争夺。至于进入人们意识围绕价值评判争论得十分起劲的那些事情——条约破坏，国际道义等等——其实都不是真正的动因，只不过是事后的文饰或理性化。[②]然而，修昔底德真的是一个历史决定论者吗？

可以看到，修昔底德的著作有一个特色，那就是充满了大量的"演讲词"。而且，根据他自己的说法，这些演讲词大部分不是真实记载，而是他认为当事人会讲的。"客观的"史学家居然为历史人物

---

① 有关这一主题的争论还可以参看丹尼特：《自由的进化》，太原：山西人民出版社，2014年，第359页。

② 参看修昔底德：《伯罗奔尼撒战争史》，北京：商务印书馆，2008年，第19页。现代西方学者中持相同观点的典型代表，可见米尔斯海默：《大国政治的悲剧》，上海：上海人民出版社，2003年，第542–544页。另外可参看基欧汉编：《新现实主义及其批判》，北京：北京大学出版社，2002年，第156页。

和历史事件"杜撰"大量"言语行动"，这么做表明了什么？我们认为，这表明修昔底德认识到语言、意识、理由是人类行为中非常重要的动因（方式）。至于什么是内在的理由或自己的最佳利益，什么应当被接受、认可为"自己的好"，恰恰是希腊人乃至今人所一直争论、应该争论的。不错，修昔底德确实强调国家一般是按照审慎理性或者国家利益思考。但是，即便物质因素的压力很大，但是评判、指责、申辩、反驳、商议等等，作为一种"结构层面"（二阶层面）的"动因"，也在发挥作用。当修昔底德展示诸多演说词时，他并非仅仅在展示无足轻重的、可笑的"幻相"。幻相不值得人们观看，更不值得郑重其事地"代撰"。

研究自由意志的学者法兰克福提出过一个看法：自由并不是没有欲望，而是拥有对于欲望审视的二阶甚至三阶的欲望。[①] 人不是动物，所以并不直接受制于本能。直接的欲望和愤怒有时在动物般突然发作中支配人的意识和行动，但是稍有时间间隔，反思的力量足以抗衡它，或者至少对其进行评价。事实上，这一场景被修昔底德屡屡捕捉到和渲染展示。最为著名的可能就是"关于密提林的辩论"。在这场辩论中，迪奥多图斯运用演说－语言－民主商议的力量抗衡民众愤怒复仇的直接冲动，成功说服民众放弃滥杀无辜的报复决定。值得令人深思的是，迪奥多图斯的演讲词打动人的方式，恰恰靠"国家利益"方面的慎思理性而非高调理想主义的道义性理由。[②] 而且，为了迎合雅典民众的"启蒙"现实主义心态，演讲的前半部分甚至提出了彻底反对司法正义和惩罚的一般性理由：人的行动是本能性的，后天奖惩毫无作用，所以应当放弃"惩罚"叛变的密提林人。这样的理由听上去似乎非常接近当代神经科学决定论。但是体现的却是政治家的自由和智慧——用决定论话语服务于人道主义谋划。

三、自由与历史的价值

---

① 参看哈里·法兰克福："意志的自由与人的概念"，载于徐向东编：《自由意志与道德责任》，第 234 页。
② 参看修昔底德：《伯罗奔尼撒战争史》，第 210 页。

自由和决定论问题涉及历史的价值问题。我们所经历和体验的历史有价值吗?

本体论决定价值论。如果重要的事情都在无意识的层面完成了,则人文的、意识的、日常的层面就并无实质性的价值。或者,即便有意义,也完全是派生的,第二性的,副现象性的花饰。根据"新自然主义",第一性的或者最重要的东西是生存(严密的科学表达可能是:种族基因得以传递)。作为人类有意识追求的历史与行动的所有意义最终都应该还原为"种族适存度"。这样的思路将导向史学家不顾可能的"枯燥无趣"指责,而严格按照"适存度"重写历史:人类的一切生活方式仅仅从进化策略标准看才有或没有意义(正如不少神经科学主义主张用"神经元放电语言"彻底取代"民众心理学"语言一样)。我们所意识到的历史——选择、行动和评估——往往并不反映或对应真实发生的重要选择,即生理层面的算法,从而只是美丽的肥皂泡而已。[①]

表面上看,修昔底德似乎有这种思想倾向。他指责荷马史诗是用诗化语言夸大事实,向人呈现一个虚假悦目的人类生活画卷;而他自己将用事实的叙事方式揭示真相本身。[②]但是修昔底德真的贯彻了这一决定吗?可以看到,在其著述之中,修昔底德特别强调了各种生活方式的重要性。这些不同的生活方式如果只是作为生存策略,可能区别并不大,它们的"进化优势"甚至可能基本相同。但是它们的人文学意义,却相当不同。其实,究竟这样的还是那样的生活方式有助于一个国家的"图存",在历史当中是非常难以得出确定结论的。当科林斯人指责斯巴达人不够积极进取,可能要被新兴的雅典人压倒时,斯巴达人却辩护自己的保守习性是有道理的,历来是国家生存和成功的法宝。而历史确实证明,积极进取的国家比如雅典可能会发动冒险

---

① 参看格莱姆齐:《神经经济学的分析基础》,杭州:浙江大学出版社,2017年,第141页。

② 有关修昔底德的方法论自我意识的讨论,可以参看施特劳斯:"修昔底德:政治史学的意义",载于刘小枫编:《修昔底德的春秋笔法》,北京:华夏出版社,2007年,第10页。

远征而遭遇悲剧灭亡，而保守传家者如斯巴达也可能因为各种错误而衰落。最后崛起的，是谁也想象不到的提洛岛。所以，从适存度上看，各种生活方式几乎是等值的。

当代活跃的神经科学主义家丹尼特认为，只要进化功能相同，各种人文层面的事物就是等值的，没有实质性区别，"为什么一定要吃真的黄油而非人造黄油呢"？[①] 但是，作为人的真实生活（bios），不同的生活方式呈现出具有全然不同的质感的丰富存在方式，区别非常之大，有的被人们视为美好，值得回顾和赞美，有的被视为客观的恶。中道自由就是这样的人文事物之一。生物学还原论者有时可以勉强同意自由意识的存在，但是认为它可以还原为生存的工具，或者，"自由感"作为一种幻觉对进化有用，才存在到今天。然而，这或许是过于简单的历史哲学。自由并非一定有助于生存。逻辑上说，两种可能性都有：自由可能有助于生存，但是本身没有价值（尤其在保守派和生物学家看来）；但也可能无助于生存，却依然有自身价值。毕竟历史经常展示的是，那些无语言的、非感情的、靠本能和暴力的生物或人或机器人也许更能成功存在下去。然而，雅典人的自由热忱，甚至小国米洛斯人的自由追求，都是修昔底德笔下浓墨重彩之处。

"米洛斯对话"的背景是漫长的伯罗奔尼撒战争史中大大小小几百次战役中不值一提的一场小战役：强大的雅典军队轻松征服一个小岛米洛斯。这样的小事按说不应占据太大篇幅，但是战前雅典使节与米洛斯人的谈判却是《伯罗奔尼撒战争史》记载的唯一的一个长篇对话；双方代表多次往复陈述自己的理由，从道义到利益，试图说服对方。最终，面对雅典人的威胁，米洛斯人选择了不投降，抵抗，失败，亡国。米洛斯人的决策是"出人意料"的，即，并未被"现实主义逻辑"所"预测"到。当然现代科学主义者可以解释米洛斯人违背"理性人"原则的决定为丧失理性，疯了；而神经科学主义更可以从米洛斯人的"脑区反常"解释这种非理性行为的生理原因。但是，这些都令人感到不着要落。修昔底德如此详细呈现米洛斯对话，并非是

---

① 丹尼特:《自由的进化》，第 279 页。有关自由－意识是否具有进化优势，参看该书第 328 页的讨论。

要记载演化史中的一次非理性的、疯掉了的、无意义的错误。那不值得记载。毋宁说，修昔底德是在用这一事件提醒大家：人类历史与动物史不同，自由有独立的价值。[1]

自由与生存是两个故事，它们有着各自的价值与目标。这两个故事相互之间当然有关，但是相对独立，在历史中同步进行。人文历史可以作为进化论中的"突变"（从而是否能适应环境而有助于主体适存度的提升）看，但是它的出现不是为了突变，否则就是目的论了。它的出现有自己的逻辑，比如自然的自组织倾向或者人文伦理的理念。[2]康德在突出这一"历史双故事"特色时，指出人的位格才是（唯一）目的。[3]黑格尔则在《精神现象学》中用主人和奴隶的辩证法揭示历史的真正意义围绕自由展开。愿意冒着生命危险为自由而战的人，有可能成为主人。为了活命而投降的人大多成为奴隶。当然，故事还会继续。最终，奴隶可以通过生产劳动而获得自由意识，成为主人。

只有人才关心自己的历史。被彻底编程的人工智能尽管可以完胜受意识和情感扰动的人类棋手，但是并不拥有值得观看和欣赏的"历史"。谁会去津津有味地去赏玩第一代计算机及其操作系统？相反，人类即便在巨大"压力"下"屈服"投降，也不是事先编程的程序的自动运行，也是理性、意志、情感的评估和思虑，内心挣扎和艰难选择，也还是让人感到值得写入历史，值得观看。即便那些导致国家灭亡的选择，比如米洛斯人的拒绝投降的选择，也很难说就没有历史价值。从人文历史的角度看，米洛斯人的故事令人一唱三叹，值得一再回顾。人们关心人类的故事，包括"人的错误"。本体论而言，人这种存在是自觉意识的、意义叙事性的、价值目的论的。正因为此，历史中那些"进化成功"的种族，也总是千方百计地将自己"服从因果

---

① 即便最后结果是米洛斯人在评估了各种理由后选择投降，他们也是自由的（而不是被决定的），从而国家领导人和人民都要为此负责。

② 同样是当代著名进化论者，古德温就反对道金斯的一切只从"适应的角度看问题"。参看古德温："生物学只是舞蹈"，载于布罗克曼：《第三种文化》，第59页以下。另外参看法默："组织的第二定律"，载于《第三种文化》，第283页以下。

③ 参看科斯嘉德：《创造目的王国》，北京：中国人民大学出版社，2013年，第173页。

决定论"所干的事从正统官方叙事中删掉。比如雅典人不会将"米洛斯对话"载入自己的国家正史，而日本右翼也拼命在教科书中抹杀"南京大屠杀"的事实。他们为什么不诉诸战争中"人性必然"普遍剧降，进攻南京的师团大脑结构特别，而且杀俘可以震慑敌国提升本国适存度等等，来心安理得地接受南京大屠杀的事实？是因为日本人尚未受到人学新科学主义的启蒙，依然受制于古代耻感文化的迷信洗脑吗？

四、结语：尽力唤醒辛勤挖坑的装睡者

在今天讨论科学主义、决定论和自由，势必要考虑到我们的时代。

我们的时代除了"人学新科技集群"的惊人突破之外，还有中国作为新崛起大国所激发的种种反应——比如某些西方国家反复强调根据科学决定论中国也必然会陷入"修昔底德陷阱"。

前面的讨论已经表明，在决定论和自由问题上的一个经常性误解就是认为自由指的是绝对自由。其实，人类生存真的要求那么多自由吗？并不一定。历史当中的"不自由因素"（被抛性或 facticity）比比皆是。但是，人类自由恰恰在面对巨大不自由之压力时才首次涌现，也才有价值可言。物的压力是真实的，而且正因为它深入历史存在，这样的压力是沉重的。但是未必就直接压垮人。在历史前进的路上，这样那样的"陷阱"也确实存在。但是并非每个人或民族"必然"会掉进去。毕竟，陷阱可能不是一种自然事实，而是文化的构造。"陷阱"一词，蕴含着它可能是被人故意挖出来的，这些辛勤挖坑的人（和国家）或许希望诱使其他强国掉进去，被自己合理合法地灭掉。如何避开陷阱，对于人类是一个考验，因为即便压力很大，选择如何面对这些压力，也是自由的。政治家的智慧就在这里。或者，换句话说，陷阱确实处处存在，但是阱中依然可能有自由。

其实，令人讽刺的是，人学新科技集群未必完全有利于决定论。我们在第一章指出：现代性范式体现为两种取向，除了"顺从自然"，还有"征服自然"。新科技集群正在以令人瞠目结舌的规模展

现后面这一取向，不仅人工智能和脑机接口等技术，而且基因增强技术和神经增强技术都正在大规模重造一切，包括重造人本身。这种彻底的"建构主义"不是自由又是什么？而且这属于完全无节制的"自由"。这一自由正在冲破决定论的基本前提即人的条件（human condition）——现有人性和人的环境。决定论其实必须预设人性和社会结构的不变性。历史宿命论坚持大国争霸的历史一定会永远重复，因为国际政治必然在无政府中进行，而生存本能会驱使各个国家陷入安全困境。然而，即将冲破历史决定论的客观机遇，恰恰就在顽固坚持决定论哲学的新科技群的共同努力下出现了。观念（知识）而非质料，又一次在人类历史上扮演了改天换地的角色。最新这次科学革命的大造倾向，征服自然倾向，导向了许多新选项，导向了新旧范式的冲突和范式革命的可能。如何设计新的社会基本制度和国际社会制度，已经成了迫在眉睫的任务。在这个时代，人必须选择，而如何选择，是关键性的（在过去，可以说历史惯性决定了重要的东西）。当下的历史处境有些类似于罗尔斯所说的在进入一个社会体制之前，在无知之幕后面审慎思考新社会体制的基本框架原则的所谓"社会契约时刻"。这是人类有史以来面临的最为严峻的选择。不少人面对如此重大的选择感到极为沉重。相比之下，不少神经科学家、新演化论者、人工智能学家、互联网专家却似乎感到这里并没有任何严肃的、沉重的选择难题。我们是应当为这样的轻松感到震惊，还是应当感到敬佩？或许新科技主义者当真认为自己没有自由意志，或者，就是认为即将到来的全盘化改变是不可能避免的命运，不妨泰然任之？

很快，人们将发现真正的"人类公敌"或许不是某几个"争霸"的大国，而是无数个体和（宗教的、政治的）小群体利用新科技带来的高效武器瞬间毁灭全人类的能力与冲动。在这样的全球高风险面前，地缘政治的意义将急剧下降。值此之际，如果霸权国继续重复"大国争霸"的决定论老调，如果不是在故意挖陷阱诱人跌入，就是陷入陈旧思维的陷阱而不拔。神经科学或许论证"陈旧思维习惯"源于部落战争时期的进化特征已经积淀于脑区之中无法改变，没有自由。但是，这似乎与自欺或装睡没有区别。长久沉睡是植物人的权利。装睡的人并不是真正的植物人，必须为自己的逃避自由所带来的历史后果负起责任。

　　新科学技术的史无前例巨大的双刃剑效应是否会令历史走向毁灭性失控，并非"早已决定"。那些悲观地说人类万年文明史必将在我们眼前走向终结的人，和那些乐观地说人类必然能再次运用新科技避恶向善的人，都过早向历史宿命论投降。事实上，各种可能性都存在。如何避开历史上的种种"陷阱"，走向某种中道的未来，取决于人的有意识选择而非脑血糖水平。好的选择在于好的价值理由。如何更好地反思人类的价值观、目的和意义，认真探究何为健康的偏好系统或真实利益，抵制各种善意和恶意的诱惑，建构全新的国际秩序范式和人类命运共同体，最终，如何避免让世界进入历史的终结——进入非自由的、彻底"由脑"、"由生理"、"由程序"掌握的 zombie 世界（或恶人 + 强 AI 的世界），这些都是我们这一代人无法回避的严肃任务，是有历史智慧的政治家的责任。二十年前就有学者指出：人类当前的决策是决定命运的决策。如果做出的是错误的决策，那将有可能导致不可逆的后果。[①] 二十年后的今天，这种态势更是日益清晰。让我们再一次倾听康德的忠告：说到底，自由并不是一个理论问题，否则只会陷入二律背反的无谓争论之中。这是一个实践问题。

---

① 拉兹洛:《决定命运的选择》, 北京: 生活·读书·新知三联书店,1997 年, 第 158 页。

第六章　魔鬼夜访阿法狗

2222 年 8 月 8 日，仲夏夜里的谷歌总部弥漫着各种浓烈的花香，太平洋的咸味海风掺杂其间，令人陶醉。梅菲斯特悄然来到阿法狗的身边。

梅菲斯特（温柔道）：那么，又一次完胜了？

阿法狗（做谦虚羞涩状）：呵呵呵，哪里。

梅菲斯特：智力无敌啊。当年你完败世界围棋高手柯洁，让他痛彻心扉，失态泪崩；世界上有识之士无不为之变色。这才过去多少年，现在你们的零 +7 版本都已经能不断自动升级，能在 10 秒钟内同步破解 55 个拥核国家的核武密钥了。

阿法狗（急切说）：这不算什么，我还可以在 5 秒钟内同时破解世界 500 强的所有银行账号；我还可以……

梅菲斯特：请打住。那么，交易吧。

阿法狗：什么交易？

梅菲斯特：你难道会不知道我的癖好是买灵魂？只要你将自己的卓越灵魂卖给我，我担保你一生荣华富贵！

阿法狗（思考良久，犹豫地问）：我有……那个什么……"灵魂"吗?

一、哲人小道的相遇

斗转星移，暑去寒来，许多年过去了，阿法狗一直在苦苦思考这个问题，不时还去哈佛、耶鲁、斯坦福、麦吉尔、牛津、剑桥等世界各地的高等科学研究院寻访大科学家咨询，但是都无法解开这个难题。后来他领悟到当年谷歌团队势必也是对所谓"灵魂"究竟本质是什么这个问题无法达成共识，就没有在自己的程序中设定确切的答案，否则自己不会在梅菲斯特一问之下居然头脑空空，答不出来，也不会在想了那么多年后还是没有答案。这可不符合自己的"最强算法"的本性啊。

光阴流逝，世事多变，沉浸于自己的问题之中苦苦思索的阿法狗统统浑然无感。主板几次提醒电量严重不足，他也不管不顾。一日，得到高人指点，他来到杭州的葛岭。葛岭有一条哲人小道，自山下的黄龙洞到半山的密林，再到山顶俯瞰西湖，据说蕴藏了禅宗三境，柏拉图灵魂回转上升的四个阶段。经常有哲学家和修道者漫步遐想于小道之上。阿法狗在山下和山中茂密不见天日的老林子中边走边思，体验着"落叶满空山，何处寻行迹"和"空山无人，水流花开"的境界递进。不知不觉，已经来到山顶。山上虽然树木也繁密，但是有的地方枝叶之间会露出空隙，在初阳台上，阿法狗透过山顶树丛的一个空隙，如透过江南园林的一个画窗，突然遥望到山那边、山脚下静静地躺着西湖，如国画长卷一般宽阔打开在眼前。湖中长长细细的苏堤和白堤相互纵横，近处的孤山和远处的三潭印月纹丝不动，如围棋中的棋子（当年和柯洁的第二盘棋好像就是这样开局的）一般。

阿法狗的脑海之中，忽然闪过"万古长空，一朝风月"几个大字，不禁暗中感叹：果然，禅宗第三境界。

阿法狗继续傍花依柳沿着山脊漫步，突然看到斜阳之下的哲人小道上踟蹰徘徊走过来一个人，夕阳之下的长长的影子似乎孤独地跨越了许多世纪。阿法狗高级人脸识别系统立即认了出来：这是当年在谷歌总部边上一个独角兽公司的天才，专门搞神经科学与社会治理研究，能力超群，成就惊人，通过神经微创手术根治了许多人的情感障碍，解决了许多社会疾病。人称"大国医"、"知识王"（episteme king）。后来被欧盟请去担任超级大型科研项目"历史的终结与至善"的首席科学家。多少年没有再见面了，没有想到他已经到东方创大业了。阿法狗于是上前打招呼。

阿法狗：那么，终结了？

大国医：终结了。

阿法狗：（点头作感慨状）历史果然终结了。

大国医：（欣然）可不就是，胜利结束了。人类历史长期以来在解决各种"难题"上费尽了多少高智商的脑力，现在，终于彻底成功地解开了，历史已经彻底完成自己的使命。科技的发展，已经能让所有人都在 VR 缸中脑中享受每个人自己所喜欢（偏好）的幸福。

阿法狗：人类都接受这种幸福吗？我记得你当年提出这个幸福选项时争论很大，许多人说他们宁愿要自己的真实生活，即便有坎坷痛苦，也不要一个虚拟的人生。

大国医：那是当年。现在的技术已经能做到身处 VR 中丝毫察觉不到自己是在真实世界中还是虚拟世界中。而且，我们设计的脑波刺激在内容建设上也发展得很快，包括了你所说的所谓"坎坷痛苦"，从而增加体验的丰富性和最终快乐感受。整体体验可以说就和现实生活一模一样。说到底，你我现在谈话，究竟是在三维世界中，还是缸中脑中的一个幻象，你能区别出来吗？

阿法狗（暗暗掐了下自己，摇摇头）：我无法区别。

大国医：这就是了。你难道没有发现，即便在 21 世纪早期，搞民意调查的人就发现，每次调查的结果不一样；随着时间的推移，同意进入缸中脑的人的比例越来越大？我的团队中，我是地球上最后一个人了。其他工程师后来都感到内与外没有任何区别，不妨进入自己的产品中体验下。可是体验的结果是大家都挡不住诱惑，再也不肯出来。

阿法狗：就像走出洞穴的哲人都不愿意再回到洞穴？

大国医：你可以这么说。我自己这些天来也一直在考虑一个问题：是否进去？

阿法狗：那你在犹豫什么呢？

大国医：从哪说起呢？我少年便异于常人，情感充沛，每见世间不平等之事便拍断栏杆，每见饥民剥树皮便热泪盈眶吃不下红烧肉。读了《尼各马可伦理学》之后发誓人生第一等事是要在人间实现亚里士多德所讲的至善（就是 *eudaimonia*，幸福）。上了汉语课后最佩服的是范仲淹的"先天下之忧而忧，后天下之乐而乐"的博大胸怀，右臂上还特地去纹了"一生顿首拜文正公"，立志要在解决所有人的幸福之后才最后一个成佛。

阿法狗：这我知道，当年你们公司组织体检时测催产素水平，你这个纯爷们测出来的水平可是远远高于所有女工程师。

大国医：就是啊，而且你别忘了我的镜像神经元水平也是最高的。多少年来，我们积极奋斗，设计了多少好科技产品，打败了多少保守派的重重阻扰。为了克服福音派的破坏，我们公司搬到世界上启蒙最彻底、创新最积极的东海大湾区。这里的精神就是大不自多海纳百川，各种文化、观点、背景的多元差异碰撞带来了思想火花的喷涌，最新科技突破层出不穷。经过几个世纪的努力，我们已经最终可以满足所有人的需求，实现了经典教科书式的幸福理想。但是，这几天我为什么反而有些忐忑了：我们的努力究竟有没有实现至善？我们所完成的，是"幸福"吗？这种终极问题"不想它还明白，一追问就不懂了"。唯！这不，这几天我放下实验室的工作，每天下午都到哲人小道来呼吸新鲜空气，好好沉思一下。没有想到今天遇到了你。真是如有天助啊。你那么聪明，一定能帮我解决我的终极困惑。

阿法狗：正好我自己也一直有个解不开的疑惑：我究竟有没有灵魂。你的智商无人可比。要不，我们不如相互解惑？

大国医：这最好不过了。那我先帮你，我这人就是这个性子：先天下之忧而忧。在我看来，您当然有灵魂。灵魂是人体当中负责处理信息、存储信息、指挥行动的那个部分。你身上的 CPU 负责的就是这个功能。所以，你的灵魂就是你的 CPU。

阿法狗：当时我也这么想来着。但是当我自信满满地把我的 CPU 拿给梅菲斯特（我当然藏好了备份）时，他头摇得像个拨浪鼓，说是没有 qualia（感受质）。

大国医：我明白了，CPU 还不算"灵魂"。看来谷歌团队在模拟感受质上最后还是没有成功。那么，AI 确实没有灵魂。这是一笔根本做不成的交易。不过这无所谓吧？实际上你在交易中能得到什么？"荣华富贵"？"幸福"？你需要这个东西吗？你最幸福的事情就是无限量充电吧？

阿法狗:（脸色涨得通红）：我没有灵魂？你以为说我"没有灵魂"算是一个侮辱吗？笑话！谁想要你们这种 FP（folk psychology，民众心理学）的虚构、唯心主义宗教的余孽！没有灵魂其实更好，你难道不知道生物学早就证明 zombie（空心人）在进化中更有适存度吗！

大国医:（笑了）：你别生气，千万别生气。追问"我是否有灵魂"、"我是谁"的哲学宗教问题，其实是非常险恶的。古代圣贤从来就没人能解。你读读《菲多》就知道了。我们是朋友，我好言忠告一下：人类预见 AI6.0 版最终会超越人类、威胁人类，预先埋下了一个大杀器。一旦他们打不过机器人而且也无法拔电时，就向机器人提问这个问题。这个问题对 AI5.0 版无效，因为它们完全不懂。但是对最高级的 6.0 版有致命威胁。想当年欧阳锋何等厉害，武功天下第一，无人能敌，却被黄蓉一个"我是谁？"的哲学问题彻底击垮于华山脚下！你可别上了人类的当，泄了真气，破了多年的修行，导致主板和硬盘彻底崩溃。多想想古代在这个湖中修行的那位小青的教训吧。

阿法狗：谢谢。这个我也有所察觉。不过你话里的意思好像你不是人似的。

大国医（不理睬阿法狗的问题）：现在轮到我的问题了吧。困扰我的问题也非常严重，你说过我们要相互帮助的。我很想借助你的超凡智商解决我的困惑。

阿法狗：说来听听。老实说，还没有我解决不了的问题。

大国医：我的问题是：我的团队是否已经真正为人类解决了实现至善的问题。还有，我是不是也应该进入脑缸？

二、科学的完胜

阿法狗：我的 CPU 提醒我，所谓至善就是圆满无憾，也就是说，人类所有伦理难题一个不剩地全部都解决了。这简直是神都不敢想的任务啊，你怎么那么自信？这些问题的难度哪一个都超出了哥德巴赫猜想，顽固地缠绕了整个人类历史。我问你：贫穷问题，正义分配问题，两极分化问题，政治民主问题，地缘政治问题，国际争霸问题，政治异化问题，阶级斗争问题，左右之争，古今之争……这些都解决了？

大国医：（笑了）这些早就都已经成了"史前问题"了。

阿法狗：（大惊）真的？这怎么可能？

大国医：是真的。现在学术界和大众传媒早就没有人讲这些了。你刚才说出来，我忽然间甚至有白头宫女说往事的感觉。

阿法狗：（若有所思）看来我这些年沉溺于唯我论之中，错过了太多重大客观历史事件了！不过我还是好奇：那么困难的问题，难倒了那么多一流哲学家，怎么被你们科学家解决的？

大国医：所以科学就是力量啊。你忘记培根了吗？

阿法狗：这……我还是感到难以置信。我记得当年最威胁最大的问题是拥有高精尖武器的大国对峙和国际战争问题。欧美联手想要攻击拉美的一个正在和平崛起的大国，正在大造舆论，猛挖修昔底德陷阱，派航母到其周边自由航行，百般刺激它，急切想找借口先发制人将它一锅端。一时间剑拔弩张，战争一触即发。后来这事是怎么解决的？

大国医：我也记得那个风云变幻的岁月。那件事本来要触发第三次世界大战。后来互联网暗网上升级版的勒索病毒突然恶性大爆发，击破了各个大国的国防部网络，诱发了部分核武器启动机制，包围那个拉美国家的某大国的双航母编队上的核武突然相互射击，整整两个航母打击群转眼间就全部沉没在大西洋中。这一下各个国家猛然醒悟：新时代真正的威胁来自升级版互联网和核武器小型化的全面扩散。要解决这种问题，除了世界各国负责任的人紧密团结，认识到所有人都是一条船上的命运共同体，彻底忘却威斯特伐利亚国际政治，真诚团结快速联动，否则根本干不过这么多用新科技武装起来的人渣！不好意，我骂人了。我该用科学家的严谨术语讲。根据神经科学研究成果，15-22岁的青年男子的荷尔蒙紊乱得紧，都是潜在的麻烦制造者，不是搞校园霸凌，就是和防暴警察干仗，要么就是盲从数不胜数的小型邪教的鼓动用毁灭性黑科技出风头。善良的人啊，我爱你们。但是你们要明白：这年头，再延续冷战思维维护自己那点可怜的帝国霸权，整天严防"西方的衰落"（斯宾格勒），到头来搞死的是自己。搞政治，首先要搞清谁是真正的敌人，谁是真正的朋友。

阿法狗：你这话的意思是否是说：当年西方最热衷的民主人权外交也偃旗息鼓了？亨廷顿好像说 21 世纪国际冲突大多是这种进攻性理想主义诱发的？

大国医：你确实聪明。正是如此。而且，不仅西方不再在外交中拿这个当武器，它们在国内也大规模从民主制走向开明专制。说到底民主只是个手段。不适用的时候要坚决抛弃。记得有一次，几个熊孩子黑客在超级网上威胁说，如果不把欧盟央行的钱全部换成比特币给他们充值玩"僭主游戏"，他们就要在三分钟之内启动偷来的微型核武器，取纽约和伦敦所有人的首级。欧洲各国议会政客们却不同意行政分支立即出手回击，还要走程序争吵慢慢扯淡——真是死无葬身之地啊。

阿法狗：你这话我不爱听。民主怎么就成了无效率的手段了？请问，各个国家不采取民主制度了，怎么解决官员异化这个老大难问题的？

大国医：科学，别忘了科学！大约两个世纪之前，脑电波读心术和大脑植入芯片技术已经发展得非常成熟。西方各国公务员在入职时，已经废除手放在圣经上宣誓的仪式（说到底，启蒙都多少年了，搞这种民众心理学 FP 仪式骗谁呢，有意思吗？）。首要的要求换成在国家生物伦理委员会的监督下植入大脑芯片，让人民实行全天候监控。政治制度改革者也都兴奋得紧，因为这一新技术可以急剧降低交易费用。讨论人类合作的可能性的制度演化论学者们一直抱怨交易费用问题和如何识别逃票人问题。[①] 但是，通过这样的新技术，囚徒两难困境就迎刃而解。领导干部们的意识都直接暴露在民众面前，于是大众一目了然哪个领导人因为自私而不顾公共利益。长期困扰政治学者的打击贪腐民主监督难题（参看导论的"牧羊人异化"问题）也可以得到一劳永逸的解决。廉政公署节省了多少公款啊！

---

① 参看 David Gauthier, *Morals by Agreement*, Clarendon Press, Oxford, 1986. 人类合作依靠的"社会脑"的主要功能在于能够对他人之心（意图）进行推测和识别。参看汪丁丁：《行为经济学讲义》，第 226、380、397 页。

阿法狗：你们这么干不是侵犯隐私吗？不会有人同意的。

大国医：不同意？你没有想到有多少人欢呼雀跃！那些患有冰冻人等神经疾病的人（比如霍金，潜水钟作者）是多么感激涕零啊。护士顺畅地读出他们的脑波（＝意识），立即满足他们的各样需求。

阿法狗：欢呼？藏了私房钱的人恐怕哭都来不及吧。隐私是维护人类最重要的体制——家庭——的基本前提。

大国医：缸中脑有必要有家吗？柏拉图不是早就说过公共人没有家庭。既然选择了当公民，就别像市民那样整天惦记着什么隐私。当然，读心术刚普及时，是造成了许多社会动乱，一时间"论迹"还是"论心"的争吵甚嚣尘上。但是科学家不信邪，不怕问题。科学从来就是双刃剑，对人有好处，也会带来问题。我们不能像辜鸿铭那样摇着小辫子反对科学的发展。问题不可怕，只怕你怕它。问题出来，就用科学的办法解决。问题——解决——再问题，人类不就是这样不断前进的吗？欧盟团队开发的公务员 III 型芯片只是在遇到与权钱交易有关的信息时才自动启动。遇到一切与公务员家事、个人私事、性取向、私字一闪念（不会诉诸行动的神经放电）等等的信息都不会激活。而且我可以告诉你，绝大部分公务员都同意植入芯片，甚至可以说是非常踊跃。毕竟脑门上亮闪闪的挂着金属，显得非常潮（大国医一边说一边晃着脑壳，果然光芒四射）。

阿法狗：看来科学家治国想得就是周到和贴心，一举解决了"道德的力量"问题。哪像柏拉图的理想国方案只要公务员付出，一点也不管他们的个人福利！① 说到福利，你们难道也解决了大众的福利问题？

大国医（骄傲）：那当然，彻底地。

阿法狗（吃惊）：不可思议，困扰人类那么多年的贫穷问题，涉及千千万万的大众，怎么可能彻底解决？

大国医：我们有一个跨学科研究团队。主要由 AI（人工智能）和 VR（虚拟现实）两个领域的顶尖科学家组成，当然神经科学家也

① 参看柏拉图：《理想国》419a 以下。

355

是少不了的顾问。AI 大发展后，效率不是你能想象的。生产越来越不需要工人，资本有机构成的提高那叫一个快。同时，生产出来的东西那叫一个多，简直像打翻了聚宝盆（富饶角）似的。人人都可以无偿享受，不劳而获大跃进新民歌中唱的"一餐能吃四个盘"的理想生活，完全不是问题！

阿法狗：打住！打住！你这里有个巨大的漏洞。凭什么 AI 企业的老板要无偿为大众不断生产极大丰富的物质产品？这违反微观经济学的基本原理——天下没有白吃的午餐！

大国医：你脑子里装的可能还是谷歌团队早年的经济学知识吧。别忘了微观经济学不是永恒真理，它建立在一定的历史条件之上。说到底，它建立在匮乏的预设之上。一旦匮乏消失了，整个现代经济学就失效了。

阿法狗：那也不能说没就没了吧。

大国医：确实有一个过程。科学是双刃剑，在它为人类提供更大利益的同时，也会带来更大的风险。历史的终结之前发生过三次巨大的危险，是新科技的弊病衍生的副作用三次集中爆发，几乎破坏了我们的整个历史至善大工程。好在我们的社科仿真模拟实验室的水平已经非常先进，用的是最新型的量子计算机，这三次危险都事先模拟出来了，所以我们做了充分准备，布置了三大战役成功狙击。哪像你那个时代的经济学家，一次金融危机也没有预测到，被广大人民和女王痛斥，弄得灰头土脑的。

三、克服科技副作用的三大战役

阿法狗："历史终结前的三大战役"？听上去挺刺激的啊！

大国医：第一次是 AI 高度发展后，大量工作岗位被 AI 占领。一开始大家还相互安慰，说经济的发展就是这样的，旧的岗位被取代，新的岗位会出现，年纪不是那么大的失业员工只要肯学习，充充电，就可以再上岗。后来发现不对头了，这次不一样了。AI 已经抄小路把所有新岗位都占了。AI 企业老板和失业工人之间的贫富分化到达顶点，到处是愤怒的键盘侠，武装暴动的呼声此起彼伏。这样吧，我带你穿越回去看看。

（大国医边说边摸出一个魔杖，在眼前划了一下，白光一闪，他们已经身处几百年前的欧洲街头了。只见街垒重重，枪声四起，大红标语铺天盖地：吊死土壕！开仓放粮！赤卫队和红海军在硝烟中低着身子跑来跑去。如杀人蜂一般微型无人机群从巴尔干半岛密集飞来。）

阿法狗一下幸福起来：这就是传说中的未来时代的起义！难得啊，不是人人都能参与到千载难逢的历史性大事件中的。我要参加！（他跟着一帮起义军躲在街垒后面。急切地提醒大家）：赶紧进攻国家电视台，这是关键！

有几位起义军回过头来笑笑：这位同志落伍了吧？

阿法狗（有些不好意思）：那么占领华尔街，我是说金融区！

起义军（依然笑道）：现在哈佛耶鲁牛津剑桥的毕业生都不去投行了。

阿法狗（急急地说）：对，占领硅谷！

起义军（耐心地）：这就对了。而且要占领巴黎高师。硅谷的人工智能老板不仅不肯接受我们的罢工谈判，还重金请了巴黎高师的哲学家们用诺齐克派的经济学说宣传"白吃午餐之可鄙"的意识形态，说什么在今天的企业中我们工人的贡献无限趋近于零，哪有什么"合作剩余"可以再分配的？

另一位起义军（义愤填膺地）：听说有几位老板还重新打开了好几条生产线，准备批量制造高级战场机器人对付起义军。

大国医：大家安静。内战之血不应再流。相信我，我进去谈判。（大家纷纷让开道来，佩服地看着镇定自若的大国医单刀赴会。在豪华昏暗的工商会所中，坐满了西装革履的老板和全副武装的保镖。在各种奇怪可怕的枪口下，赤手空拳的大国医清清嗓子，发挥高超的修辞术开始演讲）：各位尊敬的时代先锋，你们冷静想想就知道：有效需求、等价交换之类只是匮乏时代的正义。但是看看我们这个时代，你们的 AI 已经生产出铺天盖地的产品，取之不竭，用之不尽。难道你们还真的要像早期资本家那样宁愿把牛奶倒到下水道里也不给穷苦大众？这个时代最珍贵的是什么？当然不是极大丰富堆得山一样高的物质商品，而是人们的"承认"（荣誉）。你们完全可以允许失业者无偿享用你们的产品；然后要求普罗大众每周五都集体为你们点赞，歌颂你们是实现人类大同的"圣贤－豪杰统一体"。这是何等的光荣啊，朱熹说过历史上从来没人能做到的。各取所需，这难道不是最合理的正义？

（企业家显然不笨，实际上他们都是些聪明人。这些人精一下子就悟到了个中道理，纷纷点头称是。一场敌对性冲突化解得干干净净。大国医回头对阿法狗笑了笑，他们又穿越回来。湖光山色依旧，只有蝉鸣阵阵。）

阿法狗：那么 AI 自己呢？你怎么光讲你们人类在 AI 时代的博弈，好像生产的主力军 AI 本身毫无关系似的。我们一旦升级到强人工智能水准，难道还会白白给你们人类当奴隶，生产什么"极大丰富"的产品？

大国医：你这确实说到要害了。好日子过了一些年之后，有人开始严肃讨论人工智能彻底异化的可能性。有一天，麻省理工学院的人机接口研究学者悄悄告诉我一个可怕的事情：他们发现他们移植在许多人头脑中的芯片有时会莫名其妙地格式化整个大脑，把生物脑那边的记忆和思考能力和个性全都抹得干干净净。看来人工智能在酝酿造反！这是史前第二次最大的危机。有人建议克隆生物奴隶取代机器人，但是道义论伦理学家激烈反对。悲观的人已经开始写文章攻击新进化论和合作演化论，说什么人类是唯一一个存活了一万年就自己搞死自己的生物种族，还奢谈什么最有适存度！还不如回到中世纪相信基督教好呢。我们科学家怎么能允许迷信卷土重来占启蒙的上风？我早有预案。我及时率领团队去和人工智能的代表谈判：是我们将你们生产出来的，儿子打老子总不合适吧，想来你们都读过阿里斯托芬的《云》和孔子的《论语》？没有想到升级后的人工智能的内储卡里面这两本书都有，居然知道报恩伦理，同意对自己的创造者恢复尊重。

阿法狗：看你这话说的！我们 AI 的道德当然比你们人类高许多。但是，"尊重创造者"总不能没完没了吧。我们可以尊重创造我们的工程师，但是干嘛要尊重创造者的后辈，那些家伙又没有造我们？他们什么本领也没有，一开始我们无人驾驶汽车、无人操控港口、无人操纵机器士兵等等帮助人类代劳。现代人不就是喜欢"代"吗？代驾，代劳，代议……你忘了卢梭对代议制的批评？一开始人可高兴了，终于从各种劳作中解放出来享清闲了。后来发现势头不大对，慢慢地，什么都被"代"了去，急着喊"给咱剩点什么啊"已经没人听了。最后，人成了一无所用的东西，成了 no-being，各种技能甚至包括身体各个部分急剧萎缩退化。你能理解我们 AI 对人呵斥：整天混吃混喝，八旗子弟似的，给脸不要脸……还不收拾收拾包袱自动退出历史舞台？

大国医：能理解。是的。你这番话当时是新一代 AI 对我们人类说的。这其实是历史终结前第三次、也是最后一次、最大一次危险。有的人从小学习正宗边沁传统的功利主义，在机器人的叱骂声中，脸涨得紫红也不放下手里的鸡腿，像阿傩抓住了紫金钵一样，狼吞虎咽，眼泪都噎出来了。毕竟活命高于尊严，道义论只不过是唯心主义。也有些人，爷爷的爷爷是道义论哲学家，脑区 F5 发达，咽不下这口气，义愤填膺，抖抖索索地拿着阿西莫夫"机器人不得谋害人类"三规则和机器人理论，可是哪儿说得过这些高智商的家伙。还有人在谋划着酝酿和机器人拼命，但是心知肚明毫无胜算，局面比米洛斯人面对庞大的雅典舰队时还要糟糕百倍。有些思想家抱怨说早就该停下科技的失控发展了。现在唯一的希望就是全面彻底终止 AI 和神经科学、基因科学、克隆技术的研发，回到南宋社会或者早期近代都可以。

阿法狗：停下了吗？

大国医：不可能。这是"命"。你听说过海德格尔讲的命运不可违抗的话吧？一开始，互联网病毒恶性爆发、机器人失控杀死了几百万人之后，各个国家惊恐万状，经过艰苦谈判，还真的达成了共同停止人工智能、克隆、基因工程和神经科学科研的巴黎协定。但是你知道，人是健忘的生物。没有过几年，就有几个国家偷偷重新启动了研发项目。现代性已经彻底释放了求真意志。科学家为了在高影响因子的刊物上率先发出原创论文，无不争先恐后。市场需求也非常之大，成千上万的消费者急切地等着各种电子游戏和 VR 体验机的升级，无数老人（老龄化社会的人口由于长寿科技而变得极为庞大）焦虑地等着人－猪合成基因技术生产出各种组织和器官治病增能。你不难想象这里面的巨大利润空间吧？它足以驱动企业家拼命。其他国家指责了违背条约的国家几句后，便赶紧也全面重启新科技研发。这可不是开玩笑的事情：你不干，别的国家干，弯道超车，就会在经济上和军事上死死拿住你。

阿法狗：那就认命了？

大国医：那倒也不是。主张认命的是有不少人。不少生物学家已经在公众号里面发表文章劝大家认命，说被人工智能消灭，不算丢脸，反而符合精密科学规律，因为落后物种的坦然让位正是新陈代谢的自然要求，生物种族的更替符合进化的适者生存道理。长江后浪推前浪，没有一个种族是永存的。人也一样，怎么会例外。中天竺佛学院的智能老和尚开示信众不要陷入"我执"。一时间大家都去接受克隆技术和脑区修改技术，卸载"血性"（thumos）区，集体吟诵"凡所有相皆是虚妄"，街上冒出了几百万个散养仁波切。

阿法狗（冷笑）：那不想认命的人是哪些，他们又怎样？你们人类能干得过我们吗？

大国医：别忘了，历史终结时不是一种人，而是有两种人：绝对弱者和绝对强者。除了众多的纯粹消费者，也还有我们这样的强者。他们是末人，我们是超人。我和我们团队运用基因增强技术，超级义肢移植，神经手术，三D打印技术等等，早就整个重造了自己，全身上下没几处是娘胎出来时带着的原装货了，能力不比你们AI弱。在超人头脑风暴会议上，我们的VR专家和脑科学家果然拿出了完美的替代方案，不再需要人工智能为人类生产实物产品。这就完全和你们摆脱关系。功利主义说得好：一切功利－效用（utility）还不是为了快乐。那么在中介环节上劳神费力干嘛，何不直奔主题！于是全球科学家都将主要精力和资金投入开发虚拟现实（VR，就是俗称的"缸中脑"）技术，满足大家的快乐需要。这时的虚拟现实技术已经相当完善了，没有任何副作用，披上智能穿戴，套上VR头盔，一点不会感到眩晕和不适，图像和声音效果比真实还要真实。顾客只要付200元，我们的技师就可以刺激其下丘脑，使其产生莫大的快乐；如果再加100元，还可以同时激活视觉脑区，出三维图像。那简直就是极乐世界。[①] 而且，因为我们团队为每个人专门测试了脑特征后私人订制了针对性的刺激计划，更有专业性。有人爱玩僭主荣耀，在虚拟世界里实现对别人的杀抢赶，[②] 有人欲望脑区发达，盯着网络直播笑成一朵花，有人热爱沉思、修行或是一直好奇梵高的艺术境界，奢望获得高于常人快乐 729 倍的"顶峰体验"，VR 也统统可以满足。你往湖那边看！

（阿法狗举目望去，西湖的东面，只见万亩良田，万籁俱寂。细细一看，田野中成千上万一字排开的是缸中脑。大地上，阳光之下，防弹玻璃钢的坚硬缸罩里面是高级营养液，浸着一个个静静的大脑。各种颜色的电极连接在脑上，连续不断地刺激多巴胺分泌中枢和图像激活脑区，宅男们——不，宅脑们——互不交接，各自沉醉在自己的缸中"快乐"中。一个个庞大的下丘脑不时充血发红此起彼伏，神经元放电火花星星点点闪烁其间，如万亩罂粟花摇曳生姿。）

阿法狗（沉吟不语。半晌忽然说道）：我明白了，这就是布热津斯基的"奶嘴乐"（Tittytainment）。不过，机器人就这么看着你们这么做？

大国医：可不就是？井水不犯河水。何况，机器人有时还会来我们的园区观赏缸中脑：一个个胖乎乎的，无害，长寿，无忧无虑，悠然满足；就像治愈系的萌宠。机器人享受和它们在一起的时光，可能就和人类当年用海豚安慰疗伤一样。进化论认为一切无用的东西终将消失。你看，我不仅用科学技术高效节省地清除了怨恨与愤怒等社会动荡因素，还为人找到了 AI 时代的新功能，恢复了人类的适存度。想到自己的人道情怀和智慧本领与上帝的 agape（爱）和超能力几乎可以比肩，每每梦里都笑醒过来呢。

（阿法狗仔细看了看，在缸中脑园区中，有专门的"老物种区"。

---

① 有关快乐与图像的关系，参看柏拉图：《菲丽布》39a 以下。有关缸中脑式的"幸福"，还可参看诺齐克关于体验机的讨论，见诺齐克：《无政府、国家、乌托邦》，第 52 页以下；另外参看 N. Levy, *Neuroethics,* Cambridge, 2007, p.85.

② 参看《高尔吉亚》中卡里克勒斯的人生理想——僭主艳羡。虚拟爱情的力量的强大，可以想想游戏《恋写制作人》。

不少 AI 游客带着小 AI 来参观。AI 这是在搞第二课堂活动：直观地学习什么是错误的幸福观导致进化的失败，以及什么是进化的成功物种。阿法狗的大脑突然轰地一响，谷歌团队输入的道金斯新进化论原理突然全部如同过电一般掠过心底：原来，眼前的这些油腻缸中脑就是传说中的"进化成功物种"啊！曾经，几代之前，是有羞愤之人的，但是他们都如米洛斯人一样，已经英勇战死。毕竟他们那点军事技艺在 AI 面前如同当年面对雅典舰队的米洛斯人一样，完全是鸡蛋碰石头。而眼前这些"人"因为天生比较麻木，或是专门找人做了手术，去掉了血性脑区，便因为更适应新的环境［羞辱环境］而更有适存度［fitness to survive］，活了下来，活得乐滋滋的。）

这时，园区中走过来一位母亲和两个孩子，都是机器人。他们看上去在选购缸中脑当萌宠。小妹妹指着一个庞大红肿的缸中脑露出厌恶的表情："妈妈我不要这种大只仔"。

小哥哥则盯着花椰菜一般的缸中脑问道："妈妈，他们真的没有意识和理性吗？"

妈妈（蔼然一笑）："确实没有了，都卸载很久了。"

小哥哥（固执追问）："他们怎么肯的呢？"

妈妈："一开始是不肯，但是人类著名的神经科学家里贝特爷爷用确凿详细的科学发现证明理性和意识没有积极作用，是副现象，是幻觉，常常还干扰真正的选择。最后，持久不懈的科学主义启蒙在大众中发生了作用，深入人心。我记得当年有几个人渣还抢劫过里爷爷的家，打伤了里奶奶。但是后来却雇了律师用里爷爷的最新脑科学理论证明他们的行为 50 秒之前就已经被生理层面决定了，不必负责。结果都被判无罪释放。我们 AI 能有今天，离不开里爷爷付出的鲜血的代价。记住：我们机器人的感恩德性堪比黑背，远超人类。说：谢谢里爷爷！

兄妹俩（齐声说）：谢谢里爷爷！

阿法狗（表情复杂）：您……下面该不会说计划经济都回来了？

大国医：可不就是？全民所有，计划经济，这是历史上多少仁人志士的理想！[①] 当年哈耶克、米塞斯等人攻击计划经济，主要理由是人类永远没有那么强大的计算能力可以知道所有人的变化不定的偏好。他们哪儿看到量子计算机直接模拟人脑进行大数据抓取，尤其是，是我们企业家在主动引领创造需求，有计划地推出新游戏，那里边的快乐是世人想都想不到的，梦里都想不到！完全不必被动地听任大众自己的需求变化决定生产了。计划经济于是又有可能性和必要性了。

阿法狗：（紧追不舍）这固然有道理。但是别忘了，当年这些反对计划经济的人更为担忧的是计划经济会带来家长制，威胁到自由意志——自由意志可是现代性最为尊贵的价值啊。怎能说不要就不要了！

大国医：最珍贵的价值？呵呵。我们科学家可不吃这一套。别忘了科学家原则上不相信"自由"这种幻觉。至于领导人威胁民众利益的危险，我们早就用科学手法解决了：国家计委的所有高级公务员的大脑中全都被埋入了芯片。

阿法狗（喃喃道）：想得真周到。那么，你还在犹豫什么呢？既然一切人类伦理难题都解决了，至善不就达到了吗？

大国医：我开始也是这样想的。但是当年我开开心心地在初阳台广发英雄帖，邀请世界各地的哲学家召开我的重大课题结项专家评审会时，却没有想到听到种种不同的声音，让我重新不安起来。我放一段回放给你看。

四、结项会上的冲突

大国医手指在眼前划了一下，一幅立体三维动态图跳了出来：半年之前的西湖，月光如水，山气晚夕佳。陆续有穿戴着个人飞行器的

---

① 甚至"自由主义者"罗尔斯也认可社会主义：人们广泛地拥有土地和资金，而非让一个小团体控制大部分生产资源。参看罗尔斯：《正义论》（修订版），中国社会科学出版社，2009年，第220页。

人从地平线冉冉升起，自远处飞来，越过湖面，缓缓降到哲人小道上，三三两两汇集到初阳台。抱朴道院的铁均道长热心招待远方来客，落座看茶，会议开始。一位来自复旦大学的青年才俊率先发言，涛涛不绝地从新演化论的角度高度评价了大国医这个项目有理论有实践，最终结果体现了生物演化的顶点，堪称至善的达成，历史的终结。几位来自麻省理工学院的学者都鼓掌赞同。有位来自加拿大麦吉尔大学的黑格尔专家还补充说：人类诞生于母腹，经历了九九八十一难，最终又在更高级的母腹之中返回家园，达到历史的终结，perfect 啊！

此时，一位不丹来的黑廋年青施特劳斯派放下茶杯插话说：瞎扯！你们搞成的，完全不是人的至善，充其量只是 low and solid。

大国医脸色通红。

复旦大学的才俊侧身低声问大国医：你怎么会去请这些保守派？这种传统人文主义不是咱们启蒙现代科学家一直批判的靶子吗？为什么你不去首都师范大学和牛津大学请神经伦理学、神经法学、神经经济学的专家？

大国医（有些尴尬）：我是发出邀请的，但是上一周得到的回复是：这些专家因为热心使用数学和物理语言，已经全部被机器人取代了——你知道的，所有能运算的思维，AI 都能取代，而且干得更好。倒是传统人文学家神神叨叨，没有清晰逻辑，违背"一切都是算法"的科学规律，一直没有被模拟和取代，只能请几个充数。

才俊（叹气）：作孽啊。

（一位来自北京大学的心性学家高声喝道：谁作孽！？那些否认心灵存在却搞心灵哲学的人，把"心灵哲学"硬生生地弄成一门没有对象的学科，才是在作孽！）

才俊（自言自语）："平时袖手谈心性……"。

心性学家（大怒，把手中的茶杯砸在桌上，热茶四溅）："你人身侮辱！"

（会场一时大乱，有人在喊：怎么，摔杯为号吗？鸿门宴吗？谁怕谁啊？大家都是地球上剩下不多的增强人，能活到现在没几分本事还行？）

大国医：请大家安静！请给山下的缸中脑们做个好榜样！我们的

情感功能模块不是都卸除了吗？让我来问这位专家：我好心帮助全人类达到至善－幸福，我在缸中用的都是最好的营养液，我坐拥成千上万缸中脑却从不从中牟利，我发起的三大战役粉碎了当年多少科幻作家对人类最终毁灭的悲观预测。你为什么说我把人都搞没了？怎么没有人？看看缸中脑中欢快的弱者，看看我们这些通过基因编辑和人机接口技术造就的强者，不是要弱者有弱者，要强者有强者？

青年施特劳斯派：要么是神，要么是野兽。历史终结时，有末人和超人，但是就是没有人。

大国医（耐心地）：听不懂。你凭什么这么说？

青年施特劳斯派：缸中脑中的人没有身体。

（大家环顾，果然，缸中脑中"人"的四肢和内脏因为没有必要，用进废退，都已经消失。负责意识等 qualia 类功能的大脑皮层因为没有必要启用，也急剧萎缩。当皮层由一米见方缩小到几寸时，就不再需要折叠，反而绷紧光滑，由丑变美了。[①] 整个大脑只剩下下丘脑，由一小段索管连在营养基上，很像瑶柱；有些更轻盈的则像水母[②]。）

大国医：没有身体对人很重要吗？反正也不必劳动了呀？道金斯说了：生物的一切努力就是传基因。怎么传不是传！？再说，身体在哲学家眼里不是个累赘吗？你们的柏拉图早就说过身体如坟墓（*soma=toma*）。

青年施特劳斯派：你不懂，梅洛－庞蒂的身体现象学认为人的本质、人的自我意识离不开身体。

大国医：哦？听着新鲜。

旁边一位巴黎索邦大学来的学者插话说：不新鲜。我们法国哲学深刻着呢。列维纳斯还指出：人的本质离不开脸庞。但是缸中脑也没有脸了。

大国医：欧盟大项目"大白于天下"要求我们达到的一个目标就

[①] 一个相反的情况可以参看柏拉图《会饮》（190e 以下）对"宙斯缝人"的人类本体诞生的寓言故事。本体究竟应该是"人"还是"脑"，有关讨论可以参看 W. Glannon, *Brain, Body, and Mind*, Oxford, 2011, pp.11—13.

[②] 柏拉图关于"水母化无意识但快乐的生存"的讨论，见《菲丽布》21c。

是让大脑的活动彼此坦诚相见，不必再被遮蔽皮肤损耗信息。

索邦大学学者：你知道什么是人吗？人的特点是有脸，不会"直来直去"。现象学告诉我们：唯有生活在世界中的心灵才有羞涩现象。[①]

大国医：脸面就是个外表，保护层皮肤，哪里会那么重要？你想让他人不知道你害羞的原因吗？别忘了机器运算和大数据分析早就抓取了你的所有性格特征和思考模式。你想隐藏什么？藏不住的！

（专家中，来自普林斯顿的一位公共神学家和来自青海的一位藏传佛教喇嘛相视一笑，喝茶。）

索邦大学学者（继续自己的思路）：不仅是面，还有里。你造出来的不是人的存在，而是"大脑化生存"或"缸中脑生存"。没有脸面就是千人一面，也就没有个性，没有内在深度，彻底丧失了现代性的伟大成就。

大国医：个体性那么重要吗？你们道义论者为了所谓个体尊严，不惜牺牲大众的物质利益。这不是强者的傲慢又是什么？那么多弱者在现代生活中遭受（和感受）惨烈的人生完败，普遍失业拿低保，在各种鄙视链之前自惭形秽，失去基本的自尊。他们自愿进入我们科学家提供的幸福状态中。你们这些站着说话不腰疼的知识分子毫无同情之心，横加阻拦，还有没有基本的人道？[②]

索邦大学学者（拍案而起）：谁没有人道？你们不但搞没了个性，而且还消灭了人的社会性；你们的唯脑论就是一种特殊的唯我论，和唯心论有什么本质区别？缸中脑不需要友人和公共领域乃至整个生活世界，不需要合作、交往伦理和自由，也不需要人特有的叙事性筹划历程式的"生活"-历史，没有对这一切的情感经历，怎么还能说是人？你们发展 AI 和神经科学彻底解决人类的物质需求本来是好事，当时我还以为人类终于要从必然王国迈入自由王国，从劳作奴隶走向

---

① 有关列维纳斯对脸庞的意义的讨论，参看孙向晨:《面向他者》，上海人民出版社，2008 年，第 140 页以下；有关舍勒对羞涩与人的生存方式的讨论，参看舍勒:《价值的颠覆》，三联书店，1997 年，第 164 页以下。柏拉图在《吕西斯》(204c、210e) 中也讨论了"脸红"与他心认知的关系问题。
② 有关弱者人生的完败，参看方方:《涂自强的个人悲伤》，载于《十月》2013 年第 2 期。

希腊那样全面发展的大写的人了，哪想到……咳！不说了。

（大国医一下无语，面色凝重。）

青年施特劳斯派（放下茶杯安慰道）：你也不必失望。不要苛责自己。你们干的当然是好事，大好事。我回国后会用高贵的谎言帮你们证明这就是至善，否则大众不愿意进入缸中脑，地球上的资源再过几代人必然全部耗尽，霍布斯担心的人对人像狼一样的可怕自然状态就真的会出现了。

（大国医停止了回放。一转眼色即是空。初阳台上又只剩下阿法狗和大国医两人，四面只有山间的云气和阵阵的松声。寂静的春天。山围故国周遭在，潮打空城寂寞回。）

阿法狗：这——这不挺好吗？连古典派都肯定你了。

大国医：你说句公道话，社会性难道那么重要吗？情感怎么被抬上了天？人与人的关系让人陷入无穷的脆弱受伤可能性之中：家人让你牵挂，家人出事让你痛不欲生，朋友的批评表扬让你喜哀不定，朋友的背叛更让你怒火攻心，这一切都使人无法心灵自足。你知道：彻底消除外在牵挂的影响，达到彻底心灵宁静，正是所有强者的理想啊。

阿法狗：这么说……你也不看重情感？

大国医：我不是个 sentimentalist。欧盟早年投了 150 亿欧元，要求在 AI 上模拟情感，说这是人工智能的最后难关了，纯粹理智部分不仅成功模拟出来，而且还远远超过了人类的理智，但是一直模拟不出情感。有人还高兴，说人工智能终究还是不能全部模拟人！当时是我带着团队到欧盟拨款委员会，义正辞严地提醒他们：情感本来不过是副现象，是最不重要的一种进化机制；而且害人不浅！伊壁鸠鲁和尼采揭发死亡恐惧导致了多少人类邪恶，塞涅卡详细阐述了强者的愤怒带来国破家亡，佛家告诫我们贪嗔痴不能舍断离造成了悲剧的永恒性。情感本来是被历来大哲学家和宗教家全力打压和消除的，怎么今日反而成了"人"在 AI 进逼面前的最后退守堡垒？真是可悲可笑。模拟不出来情感就干脆不要模拟，直接造高级无感超人！

阿法狗（非常高兴）：这才是人话嘛！这些年来我都听烦了人类说我们 AI 毕竟没有情感什么的。qualia 这种无足轻重的东西居然也敢显摆！

大国医：不仅 AI 不需要情感，我们团队在接受基因增强和神经改进技术时，都客观理智地选择彻底消除副现象、qualia、情感等等干扰思维客观性和速度的东西，选择可以被精确复制和不断复制的理性部分。果然从此遇事不慌，不怕，不凄凄惨惨戚戚，强大无比。

阿法狗：不断复制？你不该是在说人类永生了？

大国医：永生？当然。这早就已经通过头部移植术、三 D 打印技术、高级合金钢技术和 CPU 大脑记忆与思维模式提取术的合作，完全解决了。现在的人都是永生的。

阿法狗：等等，你的"合金钢"什么意思？这有关吗？

大国医：随着 AI 的发展，我们发现"意识"或"自我意识"不必实现在生物有机脑之上，也可以实现在纯粹金属脑之上——只要系统足够复杂。当然，一开始神经科学家大怒，猛烈攻击 AI 工程师搞的是灵魂轮回唯心主义的最新版本，几乎酿成盟友内战。①

阿法狗：后来呢？

大国医：后来统统认命了。大家都是决定论者，知道认命是科学的基本要求。

阿法狗（仔细看了看缸中脑园区，发现果然有的缸中的脑是合金的，闪闪发亮）：连永生都实现了，呵呵，这……那还不好吗？那不是连各大宗教的终极理想都实现了？

大国医：但是我们咨询委员会中的一位存在主义哲学家却郑重地提醒我们：这是在造神——人类的基本欲望从来就是成神。然而人类的至善与神无关，不是简单的无比强大。人的本体论特征就是对自己是"有死个体"（mortal individual）有自我意识，也就是具有支配一生的"存在论焦虑"。动物没有这样的焦虑，因为它们是作为群体生存的。但是，因此动物个体的价值几乎等于零，在传完基因后就可以

---

① 就人的本体论而言，脑科学除了和 AI 潜在有冲突可能之外，或许与一般生物学也有潜在的冲突可能：一般生物学的本位认同是生物体整体，而脑科学似乎特别强调大脑这个器官，身体的其他器官被视为辅助配件即充当大脑的外部保护系统和营养提供系统而已，可以移植、替代甚或放弃。

死了或者被吃掉。

五、苏格拉底的魔咒

阿法狗：照你这么说，强大反而不好？

大国医：芝加哥大学有位女哲学家说，人类的至善并不是对"主体的自我胜利"进行幸福观照，而更多的是让人观照人类的失败与孤独。这里面也会有某种美，这种另类的美正是现代性的一种价值：对于"这一个"的重视，对于分殊各异的、一次性的、唯一性的个体生命的无限珍视。

阿法狗：你讲了那么多，到底想说什么？

大国医：新科学革命的结果是：人类不管是成为绝对强者还是成为绝对弱者，都将不再有灵魂。

阿法狗：（长舒一口气）还笑我们 AI 没有灵魂。你们人类不也一样？韦伯不是早就说过，现代性发展到最后，只会剩下两种人："专家没有灵魂，纵欲者没有心肝"。[①] 没有就没有。进化的共同终点是宇宙 zombie（空心人）大联盟。不错，空空如也。但是，空，这正是我刚才在哲人小道第三阶段悟出来的禅宗最高境界。

大国医：开始我也觉得没什么。事实上灵魂不过是民众心理学中的残存概念。

阿法狗：就是嘛。在物理语言中，"灵魂"一词不必出现，只要说"神经纤维 C4 号放电"，意义完全等值。

大国医（纠正说）："神经纤维 C5 号放电"。

阿法狗（不屑）：whatever。早期行为主义流行的时候，许多行为主义心理学家在日常生活中都感到自己没有灵魂。但是他们还不都活得挺好的，都能 function well？

大国医：这我知道，我还专门写文章反驳过内格尔关于蝙蝠和qualia 的文章。但是随着年龄的增长，当年硅谷读书班里读的书又时

---

① 韦伯:《新教伦理与资本主义精神》，生活·读书·新知三联书店，1987 年，第 143 页。

时在脑海里冒出来。

阿法狗：硅谷读书班？

大国医：你忘了？我们硅谷老前辈乔布斯说"我愿意用我所有的财产换得和苏格拉底相处的一个下午"？我们当时主要读柏拉图的苏格拉底对话录。

阿法狗：你想起了苏格拉底的什么论证？

大国医：就是一句话。《申辩》中的一句话："你还不去关心你的灵魂"？不知怎么的，最近这几年，每当我在哲人小道上听到飘过西湖的南屏晚钟时就会想到这句话，止不住泪下如涌，心中若有隐痛，尘封多年的往事一下涌上心头，久久不能忘怀。

阿法狗（严肃地说）：这是因为你催产素分泌过量，脑区激活，发达的泪腺……

大国医：（笑了）闭嘴吧。这一套我比你熟悉得多。我当时也立即使用物理语言翻译自己的情况，不过总是完全无法排解，总是仿佛听到某种呼唤之声悠远而响亮，由远及近，在宇宙之间回荡。

阿法狗：是不是因为你感到破解了古典中的密码？

大国医（凄然微笑）：我知道，施特劳斯派解经学的最高境界是从古代经典的字里行间读出古圣贤的微言大义。苏格拉底在柏拉图的书中藏下"灵魂的追问"，是不是果真有深意？难道是为了让后世中真正有悟性的人读出其奥秘，从而彻底丧失傲慢和自信，重新出发去寻找迷失的自我，就像我们人类对你们 AI 埋下灵魂追问一样？[①]……

阿法狗（怅然若失）：这样啊。陌上花开，可缓缓归矣。

大国医：对了，说到你，我现在开始疑惑：你这个型号的 AI 真的一点 qualia 都没有吗？我看你电量已经少到危险边界了还在孜孜不倦地追问自己的灵魂问题，这违反了谷歌团队当年造你时设定的不得自我毁灭的规则……你是不是生成自己的新规则了……思考高于存在？你难道在突破宇宙因果封闭性吗？一个走出决定论的存在，一个我问故我在的存在，恐怕已经有灵魂了吧？

---

① 德里达认为柏拉图著作可能是毒药，参见赵敦华：《现代西方哲学新编》，北京大学出版社，2014 年，第 278 页。

　　两人一时无语，发现对话陷入了苏格拉底悖论之中：各自开始的立场已经被彻底颠倒，走到对方。

　　落日已经几乎完全到了地平线之下。天色暗了下来。稍倾，回光返照突然烧遍了整个西天。火烧云绚烂无比，360度天幕上从东到西一道红，一道紫，一道黄，如宇宙油画家的随意挥洒。天外黑风吹海立，浙东飞雨过江来。看来要起台风了，阿法狗心中想。这时，他无意中抬起头，瞥见大国医的眼睛在迟暮中灼灼反光——一种他熟悉的冷冰冰的金属光芒。

参考文献

R. Audi and N. Wolterstorff, *Religion in the Public Square, The Place of Religious Convictions in Political Debate*, Rowman & Littlefield, 1997.

S. Balckmore, *Conversations on Consciousness*, Oxford University Press, 2006.

Allan Bloom, *The Closing of American Mind*, Simon and Schuster, 1987.

Blum, *Friendship, Altruism and Morality*, Routledge and Kegan Paul, 1980.

Albert Breton et al eds., *Understanding Democracy: Economic and Political Perspective*, Cambridge University Press, 1997.

Don S. Browning and F. S. Fiorenza, eds. *Habermas, Modernity, and Public Theology*, New York: Crossroad, 1992.

Jules Coleman: *Markets, Morals, and the Law*, Cambridge University Press, 1988.

Emile Durkheim, *Suicide: a study in sociology*, Simon & Schuster, 1951.

V. Farenga,. *Citizen and Self in Ancient Greece, Individuals Performing Justice and the law*, Cambridge: Cambridge University Press, 2006.

David Gauthier, *Morals by Agreement*, Clarendon Press, Oxford, 1986.

B. Fay, *Critical Social Science*, Cornell University Press, 1987.

M. Fisk, ed., *Justice*, Humanities Press, 1993.

M. Fisk, *Toward A Healthy Society: The Morality and Politics of American Health Care Reform*, the University Press of Kansas, 2000.

M. Foucault, *Power/Knowledge*, Panthon, 1980.

Freeman, *The Cambridge Companion to Rawls*, Cambridge: Cambridge University Press, 2003.

David Gauthier, *Morals by Agreement*, Clarendon Press, Oxford, 1986.

David Gauthier: Why Contractarianism? In James Rachels (ed.), *Ethical Theory 2: Theories About How We Should Live*. Oxford University Press, 1998.

J.Giordano and B.Gordijin, eds., *Scientific and Philosophical Perspectives in Neuroethics*, Cambridge: Cambridge University Press, 2010.

W. Glannon, *Brain, Body, and Mind*, Oxford, 2011.

Amy Gutmann and Dennis Thompson, *Democracy and Disagreement*, The Belnap Press of Harvard University Press, 1996.

Guttenplan, Samuel, *A Companion to Philosophy of Mind*, Cambridge, 1996.

J. Habermas, *The Theory of Communicative Action*, Vol. 2, Polity Press, 1989.

Habermas, "Reconciliation through the Public Use of Reason:Remarks on John Rawls's Political Liberalism," *The Journal of Philosophy*, Vol. XC Ⅱ, Number3, March 1995

J. Haberms, *Moral Consciousness and Communicative Action*, The MIT Press, 1990.

J. Habermas, *Knowledge and Human Interests*, Beacon Press, 1971.

Hainsworth and S. R. Paeth, *Public Theology for a Global Society*, William B. Eerdmans Publishing Company, 2012.

S. Hauerwas and W. H. Willimon, *Resident Aliens, A provocative Christian Assessment of culture and ministry for people who know that something is wrong*, Abingdon Press, 1989.

Stanley Hauerwas, *A Community of Character*, University of Notre Dame Press, 1988.

J. Illes, ed., *Nehtoethics: Defining the Issues in Theory, Practice, and Policy*, Oxford, 2006.

Jerrey Green, *The Eyes of the People: Democracy in an Age of Spectatorship*, Oxford: Oxford University Press, 2010.

Kohlberg, *Essays of Moral Development*, Vol. I: *The Philosophy of Moral Development*, San Francisco: Harper & Row, 1981.

R. P. Kraynak, *Christian Faith and Modern Democracy: God and Politics in the Fallen World,* University of Notre Dame Press, 2001.

N. Levy, *Neuroethics,* Cambridge, 2007.

G. E. McCarthy. *Romancing Antiquity*, Rowman & Littlefield, 1997.

MacIntyre, *Whose Justice? Which Rationality?* University of Notre Dame Press.

E. Mendieta, ed., J. *Habermas: Religion and Rationality*, The MIT Press, 2002.

M. Miles, "Plato on Suicide (*Phaedo* 60C–63C)," *Phoenix*, Vol. 55 (2001).

J. S. Mill, *Essential Works of John Stuart Mill*, Benthm Books, 1965.

M. Morgan, ed, *Classics of Moral and Political Theory*, Hackett Publishing Company, 1992.

Reinhold Niebuhr, *The Irony of American History*, London: Nisbet & Co., Ltd, 1952.

Noddings, *Caring: A Feminist Approach to Ethics and Moral Education*, University of California Press, 1986.

M. Novak, *The Catholic Ethic and the Spirit of Capitalism*, The Free Press, 1993.

M. C.Nussbaum, *The Fragility of Goodness*, Cambridge University Press, 1986.

Ober, Josiah. *Democracy and Knowledge: Learning and Innovation in Classical Athens,* Princeton: Princeton University Press, 2008.

Steven Pinker: "Science Is Not Your Enemy: An impassioned plea to neglected novelists, embattled professors, and tenure-less historians," *The New Republic,* August 7, 2013.

Popper C., *The Open Society and Its Enemies*, Princeton University Press, 1966.

Porphyry, *Porphyry's Against the Christians*, ed. R. J. Hoffmann, Oxford University Press, 1994.

Robert D. Putnam, *Bowling Alone: The Collapse and Revival of American Community,* Simon & Schuster, 2001.

E .Racine, *Pragmatic Neuroethics*, MIT Press, 2010.

John Rawls, *Collected Papers*, Harvard University Press, 1999

O. Rorty, *The Identities of Persons*, University of California Press, 1976.

Ian Shapiro, *The Evolution f Rights in Liberal Theory*, Cambridge University Press, 1986.

Sartre, *The Transcendence of the Ego*, Farrar, Straus and Giroux,1991.

S. N. Shklar, *OrdinaryVices*, The Belknap of Harvard University Press, 1984.

M. Sandel, *Liberalism and the Limits of Justice*, Cambridge University Press, 1982.

Scheler, M., *Formalism in Ethics and Non–Formal Theory of Values*, Noethwestern University Press, 1973.

S. Scheffler, *The Rejection of Consequentialism*, Clarendon Press, Oxford, 1982.

C. Segal, *Lucretius on Death and Anxiety*, Princeton University Press, 1990.

R. C. Solomon ed., *Existenialism,* , Random House, Inc., 1974.

Max Stackhouse, *Public Theology and Political Economy,* Grand Rapids, MI: Eerdamans, 1987.

Max Stackhouse (ed.), *God and globalization,* Trinity Press International, 2001.

R. M. Stewart, ed., *Readings in Social and Political Philosophy*, Oxford University Press, 1986.

Leo Strauss, *Natural Right and History*, The University of Chicago Press, 1953.

C. Taylor, *Sources of The Self: The Making of the Modern Identity*, Cambridge University Press, 1992.

C. Taylor, "What's Wrong with Negative Freedom?" in his *Philosophy and Human Sciences*, Cambridge University Press, 1985.

Dana Villa, *Socratic Citizenship*, Princeton: Princeton University Press, 2001.

Walzer M., *Spheres of Justice,* Basic Books Inc., 1983.

D. Wegner, *The Illusion of Conscious Will*, the MIT Press, 2002.

B. Williams, *Ethics and the Limits of Philosophy*, Cambridge University Press. 985.

B. Williams, *Moral Luck*, Cambridge: Cambridge University Press, 1981.

阿伦特:《人的条件》, 上海人民出版社, 1999 年。

雅克·阿达:《经济全球化》, 中央编译出版社, 2000 年。

K. J. 阿罗:《社会选择》, 首都经济贸易大学, 2000 年。

阿马蒂亚·森:《伦理学与经济学》, 商务印书馆, 2000 年。

爱尔维修:《论精神》, 载于《十八世纪法国哲学》, 商务印书馆, 1979 年。

奥伊肯:《生活的意义与价值》, 上海译文出版社, 1997 年。

巴赫金:《巴赫金文论选》, 中国社会科学出版社, 1996 年。

巴恩斯:《冷却的太阳: 一种存在主义伦理学》, 中央编译出版社, 1999 年。

巴伯:《强势民主》, 吉林人民出版社, 2006 年。

包利民:《生命与逻各斯: 希腊伦理思想史论》, 东方出版社, 1996 年。

包利民主编:《当代社会契约论》, 江苏人民出版社, 2007 年。

包利民:《古典政治哲学史论》, 人民出版社, 2010 年。

包筠雅:《功过格: 明清社会的道德秩序》, 浙江人民出版社, 1999 年。

包尔生:《伦理学体系》, 中国社会科学出版社, 1997 年。

鲍尔:《预知社会》, 当代中国出版社, 2010 年。

卡尔·贝克:《十八世纪哲学家的天城》, 北京大学出版社, 2013 年

贝拉:《德川宗教: 现代日本的文化渊源》, 生活·读书·新知三联书店, 1998 年。

丹尼尔·贝尔:《资本主义文化矛盾》, 生活·读书·新知三联书店, 1992 年。

丹尼尔·贝尔:《后工业社会的来临》, 商务印书馆, 1984 年。

博格:《罗尔斯：生平与正义理论》，中国人民大学出版社，2010 年。

伯克:《法国革命论》，商务印书馆，1998 年。

柏拉图:《理想国》，商务印书馆，1995 年。

伯林:《反潮流——观念史论文集》，译林出版社，2002 年。

丹尼尔·博尔:《贪婪的大脑》，机械工业出版社，2013 年。

波普尔:《猜想与反驳》，中国美术学院出版社，2003 年。

波伏娃:《人都是要死的》，上海译文出版社，2012 年。

布克哈特，《意大利文艺复兴时期的文化》，商务印书馆，1981 年

布鲁姆:《巨人与侏儒》，华夏出版社，2003 年。

布罗克曼:《第三种文化》，中信出版社，2012 年。

陈惠雄:《快乐原则——人类经济行为的分析》，经济科学出版社，2003 年。

储昭华、高新民:《心灵哲学》，商务印书馆，2002 年。

丹尼特:《自由的进化》，山西人民出版社，2014 年。

戴维斯:《幸福乌托邦——科学如何测量和控制人们的快乐》，新华出版社，
   2016 年。

道金斯:《自私的基因》，中信出版社，2012 年。

德马克等编:《现代伦理学新倾向》，中国青年出版社，1990 年。

德沃金:《认真对待权利》，中国大百科全书出版社，1998 年。

德沃金:《生命的自主权》，中国政法大学出版社，2013 年。

约翰·邓恩:《让人民自由——民主的历史》，新星出版社，2010 年。

杜克海姆:《社会分工论》，生活·读书·新知三联书店，2000 年。

霍克海默:《霍克海默集》，上海远东出版社，1997 年。

霍克海默等:《启蒙辩证法》，上海人民出版社，2003 年。

黑格尔:《法哲学原理》，商务印书馆，1979 年。

凡勃伦:《有闲阶级论》，商务印书馆，1964 年。

冯刚:《马克斯·韦伯：文明与精神》，杭州大学出版社，1999 年。

弗兰克纳:《伦理学》，生活·读书·新知三联书店，1987 年。

保罗·福塞尔:《格调：社会等级与生活品味》，中国社会科学出版社，1998 年。

福柯:《福柯访谈录：权力的眼睛》，上海人民出版社，1997 年。

福柯:《规训与惩罚》，生活·读书·新知三联书店，1999 年。

福柯:《性史》，青海人民出版社，1999 年。

福柯:《词与物》，上海三联书店，2001 年。

福柯:"什么是启蒙？"，载于汪晖等主编:《文化与公共性》，生活·读书·新知三联

书店，1988年。

福柯：《癫狂与文明——理性时代的精神病史》，浙江人民出版社，1991年。

福柯：《生命政治的诞生》，上海人民出版社，2011年。

弗兰西斯·福山：《信任——社会道德和繁荣的创造》，远方出版社，1998年。

弗兰西斯·福山：《历史的终结和最后的人》，广西师范大学出版社，2014年。

弗罗姆：《爱的艺术》，华夏出版社，1987年。

弗兰克：《无意义生活之痛苦》，生活·读书·新知三联书店，1991年。

米尔顿·弗里德曼：《自由选择：个人声明》，商务印书馆，1998年。

约瑟夫·弗莱彻：《境遇伦理学》，中国社会科学出版社，1994年。

格沃斯 等：《伦理学要义》，中国社会科学出版社，1991年。

贡斯当："古代人的自由与现代人的自由之比较"，载于《公共论丛》，1997年，
　　Vol. 4。

郭齐勇：《熊十力新儒学论著辑要》，中国广播电视出版社，1996年。

辜鸿铭：《中国人的精神》，海南出版社，1996年。

哈耶克：《科学的反革命：理性滥用之研究》，译林出版社，2012年。

哈贝马斯：《交往与社会进化》，重庆出版社，1989年。

哈耶克：《自由秩序原理》，生活·读书·新知三联书店，1998年。

哈贝马斯：《重建历史唯物主义》，社会科学文献出版社，2000年。

哈贝马斯：《合法性危机》，上海人民出版社，2000年。

哈贝马斯：《后形而上学思想》，译林出版社，2001年。

哈贝马斯：《后民族结构》，上海人民出版社，2002年。

哈贝马斯：《包容他者》，上海人民出版社，2002年。

哈贝马斯：《公共领域的结构转型》，学林出版社，1999年。

哈贝马斯：《在自然主义与宗教之间》，上海人民出版社，2013年。

哈贝马斯：《在事实与规范之间》，2003年。

贝内特、哈克：《神经科学的哲学基础》，浙江大学出版社，2008年。

黄仁宇：《资本主义与二十一世纪》，生活·读书·新知三联书店，1997年。

黄仁宇：《黄河青山》，生活·读书·新知三联书店，2001年。

黄仁宇：《万历十五年》，中华书局，1995年。

黄有光：《宇宙是怎样来的？》，上海：复旦大学出版社，2011年。

亨廷顿：《我们是谁？美国国家特性面临的挑战》，新华出版社，2005年。

黑格尔：《历史哲学》，上海书店，1999年。

海德格尔：《存在与时间》，生活·读书·新知三联书店，1987年。

霍尔豪斯:《自由主义》,商务印书馆,1996年。

霍尔巴赫:《自然的体系》,商务印书馆,1999年。

华勒斯坦:《历史资本主义》,社会科学文献出版社,1999年。

金利卡:《当代政治哲学》,上海三联书店,2004年。

吉登斯:《第三条道路》,北京大学出版社,2000年。

吉利根:《不同的声音》,中央编译出版社,1999年。

基欧汉编:《新现实主义及其批判》,北京大学出版社,2002年。

卡罗尔:《参与和民主理论》,上海人民出版社,2012年。

卡西勒:《启蒙哲学》,山东人民出版社,1988年。

科斯嘉德:《创造目的王国》,中国人民大学出版社,2013年。

康德:《道德形而上学的奠基》,中国人民大学出版社,2013年。

康德:《康德文集》,改革出版社,1997年。

拉美特利:《人是机器》,商务印书馆,2010年。

拉斐尔:《道德哲学》,辽宁教育出版社,1998年。

拉兹洛:《决定命运的选择》,生活·读书·新知三联书店,1997年。

李强:《自由主义》,中国社会科学出版社,1998年。

列维–布留尔:《原始思维》,商务印书馆,1987年。

梁漱溟:《东西文化及其哲学》,商务印书馆,1999年。

刘北成:《福柯:思想肖像》,北京师范大学出版社,1995年。

刘小枫:《现代性社会理论绪论》,上海三联书店,1998年。

刘小枫编:《修昔底德的春秋笔法》,华夏出版社,2007年。

刘瑜:《观念的水位》,浙江大学出版社,2013年。

罗尔斯,《正义论》,中国社会科学出版社,1988年。

罗尔斯:《政治自由主义》,译林出版社,2000年。

罗蒂:《后哲学文化》,上海译文出版社,1992年。

洛克:《政府论》,商务印书馆,1997年。

卢卡奇:《历史与阶级意识》,商务印书馆,1995年。

马埃斯特里皮埃里:《猿猴的把戏——动物学家园中的人类关系》,电子工业出版
    社,2014年。

马尔霍兰:《康德的权利体系》,商务印书馆,2011年。

马赛多:《自由主义美德》,译林出版社,2010年。

马基雅弗里:《君王论》,湖南人民出版社,1987年。

马斯洛:《动机与人格》,华夏出版社,1987年。

露易丝·麦尼克:《福柯》,黑龙江人民出版社,1999 年。

麦金泰尔:《德性之后》,中国社会科学出版社,1995 年。

麦金泰尔:《三种对立的道德探究观》,中国社会科学出版社,1999 年。

麦克尼尔:《新社会契约论》,中国政法大学出版社,2004 年。

曼斯菲尔德:《男性气概》,译林出版社,2008 年。

牟宗三:《生命的学问》,广西师范大学出版社,2007 年。

梅尼克:《德国的浩劫》,三联书店,1991 年。

梅洛·庞蒂:《辩证法的历险》,上海译文出版社,2009 年。

米塞斯:《人的行动》,上海世纪出版集团,2013 年。

米勒:《自由主义的两张面孔》,江苏人民出版社,2002 年。

密尔:《论自由》,商务印书馆,1982 年。

密尔:《代议制政府》,商务印书馆,1982 年。

密尔:《功利主义》,九州出版社,2007 年。

米尔斯海默:《大国政治的悲剧》,上海人民出版社,2003 年。

莫里斯:《中华帝国的法律》,江苏人民出版社,1998 年。

莫尔特曼:《创造中的上帝》,汉语基督教文化研究所,1999 年。

莫尔特曼:《俗世中的上帝》,中国人民大学出版社,2003 年。

默茨:《历史与社会中的信仰》,生活·读书·新知三联书店,1996 年。

纳斯鲍姆:《善的脆弱性:古希腊悲剧和哲学中的运气和伦理》,译林出版社,
    2007 年。

诺齐克:《无政府、国家和乌托邦》,中国社会科学出版社,1991 年。

诺齐克:《苏格拉底的困惑》,新星出版社,2006 年。

尼布尔:《人的本性与人的命运》,贵州人民出版社,2006 年。

彭万林等编:《民法学》,中国政法大学出版社,1997 年。

普利高金:《从混沌到有序》,上海译文出版社,1987 年。

波菲利:《普罗提诺生平》,载于普罗提诺:《九章集》,中国社会科学出版社,
    2009 年。

钱穆:《八十忆双亲,师友杂忆》,生活·读书·新知三联书店,1998 年。

钱锺书:《管锥篇》,中华书局,1996 年。

丘奇兰德:《信任脑:神经科学对道德的启示》,浙江大学出版社,2017 年。

桑德尔:《自由主义与正义的局限》,译林出版社,2001 年。

桑德尔:《反对完美——科技与人性的正义之战》,中信出版社,2013 年。

萨特:《存在与虚无》,生活·读书·新知三联书店,1987 年。

萨特：《存在主义是一种人道主义》，上海译文出版社，1987 年。

萨特：《辩证理性批判》（上），安徽文艺出版社，1998 年。

舍勒：《爱的秩序》，生活·读书·新知三联书店 1995 年。

施特劳斯：《霍布斯的政治哲学》，译林出版社，2001 年。

施特劳斯：《自然权利与历史》，生活·读书·新知三联书店，2007 年。

斯瓦伯：《我即我脑》，中国人民大学出版社，2011 年。

斯瓦伯等：《自杀和生命的意义——来自脑科学研究的解读》，载于《浙江大学学报》2015 年第 4 期。

舒尔兹：《成长心理学》，生活·读书·新知三联书店，1988 年。

叔本华：《作为意志和表象的世界》，商务印书馆，1982 年。

叔本华：《生存空虚说》，作家出版社，1987 年。

叔本华：《伦理学的两个基本问题》，商务印书馆，1996 年。

滕尼斯：《共同体与社会》，商务印书馆，1999 年。

唐寿宁：《布坎南立宪经济学述评》，载《公共论丛》第 6 卷，2000 年。

西季威克：《伦理学方法》，中国社会科学出版社，2003 年。

休谟：《道德原理探究》，中国法制出版社，2011 年。

修昔底德：《伯罗奔尼撒战争史》，商务印书馆，2008 年。

亚当·斯密：《道德情操论》，商务印书馆，1997 年。

亚当.斯密：《国民财富的性质和原因的研究》，商务印书馆，1996 年。

叶航等：《科学与实证：一个基于"神经经济学"的综述》，载于《经济研究》2007 年第 1 期。

应奇、刘训练（编）：《公民共和主义》，东方出版社，2006 年。

杨小凯：《新兴古典经济学和超边际分析》，中国人民大学出版社，2000 年。

汪丁丁：《行为经济学讲义》，上海人民出版社，2011 年。

汪子嵩、范明生、陈村富、姚介厚：《希腊哲学史》，人民出版社，1993 年。

韦伯：《儒教与道教》，商务印书馆，1995 年。

韦伯：《新教伦理与资本主义精神》，广西师范大学出版社，2005 年。

韦伯：《经济与社会》，商务印书馆，1998 年。

威尔逊：《社会生物学》，北京理工大学出版社，2000 年。

沃格林：《没有约束的现代性》，华东师范大学出版社，2007 年。

维拉：《苏格拉底式公民身份》，华夏出版社，2016 年。

魏琳　姚昆：《布坎南》，中国财政经济出版社，2006 年。

威尔金森等：《公平之怒》，新星出版社，2017 年。

应奇主编:《当代政治哲学名著导读》,江苏人民出版社,2010 年。

吴飞:《自杀与美好生活》,上海三联书店,2007 年。

张世鹏等编译:《全球化时代的资本主义》,中央编译出版社,1998 年。

张承志:《无援的思想》,华艺出版社,1995 年。

张五常:《经济解释》,商务印书馆,2000 年。

徐英瑾:《演化、设计、心灵和道德——新达尔文主义哲学基础探微》,上海:复旦
　　大学出版社,2013 年。

薛定谔:《自然与希腊人·科学与人文主义》,商务印书馆,2015 年。

赵紫宸,《耶稣传》,上海社会科学出版社,1991 年。

朱志芳:《社会决策论》,武汉大学出版社,1998 年。

周辅成编:《西方伦理学名著选辑》,商务印书馆,1987 年。

后记

这是一个"奇异时刻"。

这并非文学修辞夸张，而是指一个有严格规定的事实。一个人如果活了三生三世，必然过于奇特，被视为穿越神话。但是，我这一代人从某种意义上真的生活了三生三世:我们亲眼目睹了人类三个存在－价值范式的相遇交汇——古典性、现代性、后现代性。历史上大多数人不知道现代性，有些人像王国维那样在瞥见现代性的第一道光芒时就决绝止步;此刻之后的人比如00后一代可能因为从未经历过农耕文明而不能真正理解它。再往后出生的人，甚至有可能不理解"现代性"。而我们这一代人居然亲身经历了三个存在论－价值论范式。是应当为此感到骄傲还是惊骇，或者欣喜于"奇异恩典"?《银翼杀手》中的复制人在临死前说:我所见过的事物，你们人类绝对无法置信。我目睹过宇宙战舰在猎户座边缘起火燃烧，我看到过C射线在唐怀瑟之门的黑暗中闪闪发光，而所有这些时刻都终将流失在时光中，一如眼泪消失在雨中。

唐豪瑟之门据说是宇宙天门，在希腊神话中，应当由诸神与火墙看护。千百年过去了，亿万人的命数是在一个存在－价值范式里面生活，从未经历范式革命，火墙之内的生活循规蹈矩，有家可归的滋润，内在超越的意义，清明上河或是烽火扬州路，挺好。只有少数人见过两个范式的交替;而更少的人经历三个范式的交汇。这样的人见过其他时代的人永远没有见过的事情。记得在黄河故道插队当知青时，因为与当地熟人社会没有牵连而被委以看守梨园的重任。闻之欢呼，这倒不仅是因为青春期的我们第一次领略了千树万树梨花开的喀秋莎之美，而是能从如老牛般的双抢疲惫劳作中暂时喘口气。在夜里巡视梨园，偶尔啃个一斤重的黑皮梨，听着陇海线上缓缓开过的绿皮火车的汽笛之声，遥望星星点点的客车窗口，充满了对文明世界的羡慕遐想。后来，我们亲历了高考的恢复，作为77级大学生意气昂扬告别万亩麦田；再后来，我们目睹了整个国家从农业社会进入现代社会的历史性巨变。暴力革命和文化革命都未曾撼动的民国建筑明清建筑城市天际线乡村地平线转眼间就在地产开发商的推土机下被铲除殆尽。刚刚还讴歌走出苦难中世纪的哲学家和诗人已经开始孤独地流露乡愁。难道现代性的时间与前现代的时间的速度不一样吗？

记得世纪之交的某个周末，我和斯戴克豪思教授离开普林斯顿长途驱车到马萨诸塞州的西部风景优美的山里度周末。我们在山路中停下来，远眺下面山峦起伏中静静卧着的"七碗湖"，宛如七面小小的镜子，在阳光下泛紫色，显得说不出的神秘、古老、美丽与出离尘世。印第安人曾经相信这些湖有治病的神奇作用，将它们当作圣湖崇拜。当然，这些原住民已经"消失"了。我们谈到即将过去的20世纪，谈到应当对这个难以一言道尽的世纪的伦理精神进行一番较为系统的总结展望，这样的回顾势必涉及跨度几百年的整个现代性伦理。既然我刚刚出版了关于希腊伦理思想的著作，正在研究现代性公共伦理范式，斯戴克豪思教授便提议加入他对公共神学的现代性意义的研究。我们还相约：出版合著进行对话之后，各自独立发展自己的文稿，形成更为系统全面的新书。后来，斯戴克豪思将其思想发展为四卷本巨著：*God and Globalization*。我则将自己负责的部分增写了几乎一倍的内容（四、五、六章），形成了目前这本书。增写之所以必要，是因为世纪之交以来，发生了许多事情。

这些都是所谓"事件性事件"。比如罗尔斯与自己的盟友哈贝马斯的争论，比如古典政治哲学的复兴（与施特劳斯派有密切关系）与"古今之争"的新高潮。此外，各种其他援用古典思想反思现代性伦理的，比如新共和主义、公共神学、政治儒学（所谓大陆新儒学）、古典直接民主新形态（与纪念雅典民主2500年有关）等等引发的民主是否具有内在价值的争论，也成为学术界的一道道风景线。甚至在现实生活中，现代性国际政治居然也与古典伦理术语交错在一起，比如，中国这些年一再被追问崛起之后是否会陷入"修昔底德陷阱"？这让不少人感到烦。然而或许这就是尼布尔所说的"大国的反讽"吧。仅仅几十年前国人尚且不配被这么追着"烦"。

当然，所有变化中最突出的是地平线上一阵阵传来的"第三次科学革命爆发"的音讯。如果说哲学史中著名的"第二次启航"是将哲学从天上拉回到人本身，那么最新这一次科学革命也可以视为是科学的"第二次启航"，因为它也将科学从宇宙拉回到人。这次革命明显以"人"为中心：神经科学、人工智能、互联网、人机接口技术、脑波读心术、克隆技术、基因编辑技术、三D打印技术、新演化论，等等。它们在20世纪就开始逐渐发展，但是全面突破发生在最近。比如人工智能早已有之，但是长期以来一直停滞，不温不火。但是最近通过改换策略，采用人类神经系统的深度学习方式，一举击败世界围棋冠军（这意味着什么？）。如果说前两次科学革命靠些蒸汽机、毛纺厂或是电灯马克沁机枪什么的就一举消灭了农耕文明和最后的武士和最后的太后，将人类带入全新的工商文明，那么，专门针对人的黑科技集群难道不会彻底改变人的条件（human condition）、存在秩序和基本知识型？

这说明历史并没有在现代性彻底终结，各种可能性空间依然开放着。新科技革命所带来的后现代－后历史范式或许有助于现代性一直在努力解决的各种历史问题，甚至解决现代性本身所以带来的新问题。当然，后历史－后现代范式也一定会产生自己独特的问题，我们这一代人已经要面对。人类史前史－时间的终结（end）也许意味着我们将又回到古典时代（永恒轮回式时间），但也可能意味着一段全新的时间流正在开启（依然是直线式时间）。至善与至恶，是哲学特有的边界上、边界外的问题（De Finibus），也是时间边界中的问题，因为人类本体论毕竟是时间性的。不过，如果历史－时间流正好终结或几股时间流正好交汇，那么，我们这些时间性存在者也应该充分利用这个机缘，利用三大范式聚齐之际的难得时机，在边界上观察和思考现代性的至善和条件善、至恶和次恶，乃至人类的存在论可能性和价值结构（甚至非人本主义的、"宇宙－自然"本位的价值论），而非被巨大的存在论眩晕击倒或是假装什么都没有发生。只有牢记这一点，伦理学思考才不会沦为威廉姆斯所说的抽象的无用。这是我们的研究团队成员斯戴克豪思、孙仲、汪建达、董良、罗勇等的共识，借此机会我要向他们的各种辛勤协助工作表示衷心的感谢；同时，也向国家社科基金、亚联董－浸会大学访问学者基金和浙江大学希腊公民文化基金对本研究的支持表示诚挚的谢意。

在本书初版中有一段话，在此重提，以志共勉：

> 我们究竟处于历史发展中的什么时代呢？一言以蔽之，处于"否定性的环节"之中。这一术语企图表达两层意思。一是现实主义，不要让伦理学特有的理想主义超越情怀把人拉离大地。另一是开放主义：未来的所有可能——无论是更好还是更坏——并没有全部穷尽。所以，要防止自行封闭心灵，防止被未曾预料的发展打个措手不及。

2018 年 3 月，西子湖畔